충북대학교 인문사회 연구총서

충북대학교 출판부

현대 한국 사회와 정부 조직 관리

가치 · 철학 · 쟁점

이재은 저

현대 한국 사회와 정부 조직 관리

- 가치, 철학, 쟁점 -

저　　자 | 이재은
발 행 처 | 충북대학교 출판부
발 행 인 | 김수갑
주　　소 | 28644 충북 청주시 서원구 충대로1
전　　화 | 043-261-2952, 3014　FAX | 043-274-1256
이 메 일 | presscbu@cbungbuk.ac.kr
등록번호 | 제1983-2001-7호
초판 1쇄 | 2020. 7. 31.
인 쇄 처 | 다　해(02-2266-9247)

ISBN 978-89-7295-511-5　93350

판매가　16,000원

* 이 저서는 2020학년도 충북대학교 국립대학육성사업에 의하여 발간되었음.

현대 한국 사회와 정부 조직 관리

- 가치, 철학, 쟁점 -

이 재 은

머 리 말

인류 역사를 이끌어 온 수많은 학문이 있다. 철학, 문학, 사학을 비롯한 인문학은 어느 학문보다 인류의 삶을 주제로 가장 오랜기간 동안 주류 학문이자 고전 학문으로서 모든 학문의 기반이 되어 왔다. 이들 학문은 인류가 살아가야 할 방향을 제시하고, 인류가 살아가고 있는 이야기를 담고, 인류가 살아온 이야기를 통해 우리 인류 사회의 삶을 구성하고 있다.

인류가 살아가는 사회가 복잡하고 다양해지면서 우리 사회는 다양한 공동체들로 구성되게 되었고, 각 구성원은 자신이 속한 공동체가 설정한 공동의 목표를 어떻게 달성할 것인지에 관심을 갖게 되었다. 사람으로 구성된 사회를 대상으로 과학적인 연구를 할 필요성이 제기된 것이다. 우리가 속해있는 많은 사회 공동체 중에서 국가는 수많은 하위 공동체를 포함하는 가장 중요하면서도 가장 광범위한 공동체다.

이러한 국가사회 공동체를 이끌어가는 조직 또한 무수히 많이 있다. 정부 조직은 민간 시장 영역의 기업과 시민사회 영역의 시민단체 조직과 함께 국가 사회 공동체를 구성하고 이끌어가는 주체임이 틀림없다. 작게 보면 정부 조직은 행정부 조직을 의미하는 것으로 이해할 수 있다. 하지만 조금 더 시야를 넓게 해서 보면, 정부 조직은 행정부는 물론 입법부, 사법부, 공공기관까지 포괄한다는 것을 쉽게 알 수 있다. 공공성을 기반으로 영리를 추구하지 않는 조직으로서 특정 개인이나 집단이 아니라 국민 모두의 보편적이고 평등한 이익을 보장하는 가치와 윤리를 지닌 조직을 의미한다.

현대 사회에서의 정부조직관리는 과거 사회에서의 정부조직관리와는 달라야 한다. 과거 또는 지금까지의 조직관리 이론은 가치중립적인 차원에서 논의되어왔다. 그러다 보니 사회의 주요 쟁점들이나 정부 조직이 나아가야 할 방향이나 가치에 대한 논의가 제외된 채 이론적 측면의 주제들만을 표준화하여 정리하고 제시해왔다. 그러나 오늘날 현대 사회에서는 민간 조직뿐만 아니라 NGO와 같은 비정부 조직이나 비영리 조직과 마찬가지로 정부 조직 또한 분명히 사회를 구성하고 운영해 나가는 중요한 가치 지향적이고 사회적 의제 형성 및 집행의 중심 조직으로 기능하고 있다. 어쩌면 정부 조직은 다른 어느 조직 유형보다도 더 가치 지향적이며 사회적 중심 의제를 선도해나가는 핵심 체계(core system)로서 운영되어야 한다.

따라서 이 책은 정부 조직은 가치 중립적이라기보다는 가치 지향적인 조직이라는 점을 전제로 하여, 지금까지 정부 조직을 다루어 온 행정학에서의 조직관리론 연구서들과는 차별화된 새로운 조직관리 연구서로서의 목차 구성과 내용을 개발하는 데 목적이 있다.

지금까지 우리나라의 행정학에서 다루어 온 조직관리론 교재에서는 정치적, 사회적 가치로부터 중립적인 이론적 주제들, 즉 조직 구조 설계의 주요 변수인 복잡성(complexity), 공식화(formalization), 집권화(centralization)를 설명하는데 많은 부분을 할애하였다. 그리고 이와 함께 조직 구조 설계의 주요 변수들에 영향을 미치는 조직의 규모(size), 전략(strategy), 환경(environment), 기술(technology) 등 기타 변수들을 다루고 조직의 제도와 문화 등을 설명하는데 대부분의 시간과 노력을 기울였다. 그러다 보니 지금까지 한국 사회에서 발행된 대부분의 기본서는 대동소이한 목차와 내용을 지니고 있으며, 교수와 학생들 또한 현대 정부 조직의 기능이나 가치, 역할 등에 대한 이해를 제대로 하지 못한 채 약간의 이론적 내용을 배우는 것이 현실이다.

물론 이러한 이론적인 측면에서의 연구 결과를 설명하는 것도 나름의 의미가 있음을 인정한다. 하지만 이 시점에서 앞으로 우리 사회의 발전을 위해서는 정부의 역할과 기능이 더욱 더 중요하다고 생각한다.

행정학과에서 조직관리론을 강의한 지 20년이 되었다. 어느 날인가 그동안 학생들에게 가르쳐 온 조직관리의 내용을 되돌아 살펴보니, 행정학의 학문적 연구 대상인 정부 조직을 대상으로 한 조직관리론 내용이라기보다는 일반 조직을 대상으로 한 내용이었음을 깨닫게 되었다. 정부 조직 역시 다른 일반적인 조직들과 공통된 속성을 지니는 것은 틀림없다. 하지만 정부 조직은 다른 기업 조직이나 시민단체 조직과는 다른 속성이나 차이점이 있다는 생각이 들었다.

나는 이 책을 이러한 배경에서 집필하기 시작했다. 따라서 이 책에서는 정부 조직을 대상으로 해서 어떤 내용이 차이가 있을지를 구상하게 되었다. 첫째, 현대사회에서의 정부 조직의 의의와 정부 조직이 다른 조직과는 다른 어떤 특징이 있는지, 특히 정부 조직이 지녀야 할 가치와 철학을 살펴보았다.

둘째, 정부 조직이 지녀야 할 공적 가치로는 어떠한 것들이 있는지 궁금했다. 다른 어느 종류의 조직보다 정부 조직은 가치관에 입각한 경영이 필요하고, 특히 공직 윤리와 행정가치를 강조하게 된다. 그리고 무엇보다 정부 조직은 구성원인 공무원의 책임을 강조한다.

셋째, 정부 조직은 어떤 다른 종류의 조직보다도 국민의 신뢰를 기반으로 운영된다. 이런 맥락에서 윤리의 유형과 개념을 살펴보고, 공직자의 이해관계 유형으로 뇌물 수수, 지위 남용, 정보 유출, 금융 거래, 선물과 향응, 외부 취업, 미래 취업, 친척과의 거래 등의 내용을 살펴보았다. 그리고 정부 조직은 국민의 신뢰를 받고 정부 활동의 투명성을 확보하는 것이 중요하다.

넷째, 정부 조직은 국민과의 협력을 통해 업무를 수행한다. 국민과의 직접적인 접촉을 통해 협력을 수행하는 것은 지방정부 조직이기 때문에 지방정부와 주민 간의 협력에 대해 살펴보았다.

다섯째, 현대 민주주의 사회에서 국민은 정부 조직의 각종 의사 결정에 참여하는 것이 당연한 것으로 인식되고 있다. 또한 국민뿐만 아니라 정부 조직의 구성원인 공무원 역시 정부 조직의 의사 결정에 참여할 때 보다 좋은 결정이 이루어질 수 있다는 점을 고려하여, 주민참여뿐만 아니라 공무원 참여도 살펴보았다.

여섯째, 오늘날 정부 조직이 정책 집행을 하는 경우, 정부 조직뿐만 아니라 비정부 조직, NGO가 함께 참여하는 것이 일반화되어 있다. 즉 정책 결정뿐만 아니라 정책 집행에서도 정부 조직과 비정부 조직이 함께 공동의 정책활동가로서 참여한다. 따라서 이 책에서는 정책 집행에서 비정부 조직의 역할을 살펴보았다.

일곱째, 정부 조직은 국가사회와 지역사회의 발전을 도모하고 국민 생활의 안정과 번영을 가져오는 정책을 결정하고 집행하는 역할을 수행한다. 이 과정에서 많은 장애 요인에 부딪치고 위기를 만나게 된다. 그러므로 정부 조직의 관리는 위기를 관리하고 극복하는 것이 필수적이기 때문에 정부 조직의 위기관리를 주요 내용으로 포함하였다.

여덟째, 정부 조직은 국가사회는 물론 지역사회의 수많은 갈등을 조정하고 관리하는 것이 주된 기능과 역할이다. 다원화된 사회에서 이해관계의 충돌과 조정은 필연적이다. 따라서 현대 사회에서 정부 조직의 구성원은 갈등관리 기능과 역할의 중요성을 이해해야 한다.

현대 사회와 정부조직관리론은 기존의 일반적인 조직관리 이론 내용과 정부 조직을 관리하는데 필요한 내용을 새롭게 추가하였다. 이는 행정학의 학문적 정체성을 확립하고 정부 조직의 목표를 달성하는데 필요한 내용은 기업 조직이나 다른 유형의 조직과 다르다고 생각했기 때문이다.

그러면서도 정부 조직 역시 일반 조직의 한 유형이기 때문에 과학적 관리론, 행정 조직 원리론, 관료제론, 신고전적 조직이론을 다루고 있다.

이에 더해 현대 조직이론인 행태론적 조직이론, 생태론적 조직이론, 체계론적 조직이론, 상황론적 조직이론, 발전론적 조직이론, 신행정학적 조직이론, 신공공관리론적 조직이론, 공공 서비스론적 조직이론을 함께 다루고 있다. 이와 함께 조직 구조의 의의와 기본 변수와 상황 변수, 조직 설계에서의 단순 구조, 기계적 관료제, 전문관료제, 사업부제 구조, 애드호크라시를 설명하였다. 마지막으로 정부 조직의 변화와 혁신에서 조직 변화의 의의와 유형, 조직 변화에 대한 압력과 저항, 그리고 극복 방안, 조직 혁신의 의의와 접근 방법을 다루었다.

마지막으로, 이 책 「현대 사회와 정부 조직관리」는 충북대학교의 학술 연구 지원 덕분에 빛을 볼 수 있었고, 따라서 충북대학교의 핵심 역량인 CHANGE 역량을 강화하는 데 목적을 두었음을 밝힌다. 첫째, C (Creative)는 창의성 역량으로 새로운 문제를 발견하고, 이에 적합한 다양한 해결 방안을 탐색하고, 실행가능한 최적의 해결방안을 고안해 낼 수 있는 역량인 창의적 문제해결력을 의미한다. 창의성 역량은 교재 및 수업을 통해 문제의 발견, 정보의 탐색, 문제 정의, 아이디어 개발 및 선정, 해결안 개발 및 실행 계획을 찾는 능력을 개발한다. 둘째, H (Humane)는 휴머니즘 역량으로 조직과 사회의 일원으로서 건강한 가치관과 윤리의식을 갖추고, 인간을 존중하며 법과 제도의 가치를 이해하여 깊이있게 사고하고 표현하는 능력을 말한다. 휴머니즘 역량은 윤리 의식과 인문학적 소양을 기르는데 초점을 맞춘다. 셋째, A (Active)는 능동성 역량으로 자신의 미래 삶에 대한 비전과 소명에 비추어 목표를 설정하고, 행동계획을 수립하며, 다양한 상황에서 목표 달성을 위한 행동을 조절하고 지속할 수 있는 능력을 말한다. 능동성 역량은 자기 효능감, 성장 지향성, 자아 탄력성을 개발하는데 중점을 둔다. 넷째, N (Neighbor-minded) 공동체 정신 역량으로 다른 사람과 적절히 상호작용하며 타인 및 사회와 더불어 살아갈 수 있는 역량을 말한다. 공동체 정신 역량은 의사소통 능력, 조율과 협력, 공감과 배려를 하는 능력을 기르는데 초점을 맞춘다. 다섯째, G (Global)는 글로벌 역량으로 세계의 한 구성원으로 세계의 다양한 문화, 정치, 경제 등에 대한 관심과 정교한 이해를 바탕으로 문화적으로 다른 배경의 개인 및 집단과 적절하고 효과적인 소통과 교류를 할 수 있는 역량이다. 글로벌 역량은 세계를 이해하고 문화 민감성을 기르며, 글로벌 소통 능력을 향상시키는데 주안점을 둔다. 여섯째, E (Expert) 전문성 역량은 지역과 국가를 선도할 수 있는 전문적인 능력을 가지고, 각 분야의 전문성을 바탕으로 사회에 진출하는 실무 능력을 갖춘 인재 역량을 말한다. 전문성 역량은 분야별 전문 지식을 개발하는데 중점을 둔다.

현대 사회에서의 정부 조직을 대상으로 한 이 책을 계기로 앞으로 한국의 정부 조직을 대상으로 한 많은 논의가 정리되기를 바란다. 더불어 이 책을 출판하는데 많은 도움을 준 충북대학교 출판부에 진심으로 깊은 감사의 인사를 드린다.

2020년 5월

저자 씀

현대 사회와 정부조직관리론과 CHANGE 역량 강화를 위한 토론식 수업 방법

□ 이 책의 본문 내용 중에서 각각의 CHANGE 역량인 창의성(C), 휴머니즘(H), 능동성(A), 공동체 정신(N), 글로벌(G), 전문성(E)을 강화하기 위한 조별 토론입니다.

1. 6명을 단위로 조 편성을 하십시오.

2. 6명 각자 CHANGE 역량 강화 지표 중 하나씩을 맡아 본인이 생각하는 역량 지표를 생각하고 설명하십시오.

3. 조원 각자가 맡은 역량 지표와 관련된 핵심 단어(Key word)를 본문의 내용 중에서 찾으십시오.

4. 핵심 단어를 통해 해당 역량 강화와의 관련성을 설명하고, 어떤 방식으로 역량을 강화해야 하는지 토론합니다.

5. 조별 토론 결과를 전체 수업 참여 학생들을 대상으로 간략하게 설명합니다.

목 차

제1장
정부 조직의 이해

제1장 정부 조직의 이해

제1절 현대 사회와 정부 조직

1. 현대 사회의 특징

현대 사회는 지금 우리가 살아가고 있는 사회를 말한다. 현대 사회가 중요한 이유는 우리의 삶이 다른 사람이나 사회 구성 요소에 영향을 주고, 또 다른 사람이나 사회 구성 요소들로부터 영향을 받으면서 살아가기 때문이다. 사실 현대 사회는 과거 사회나 미래 사회와 떼려야 뗄 수 없는 불가분의 관계를 지니고 있다. 개인은 물론이고 가족, 집단, 조직, 국가 등 어느 사회도 과거의 역사가 없는 사회는 없다. 또한 현재 우리가 살아가고 있는 현대 사회는 분명히 미래의 우리 삶이나 사회 구성요소에 영향을 준다. 이러한 측면에서 보면 현대 사회는 과거 사회나 미래 사회[1]와의 밀접한 관련성을 지니면서도 과거나 미래와는 구별되는 특징을 지니고 있다.

---

1) 미래 사회를 스마트 사회(smart society)라고 부른다. 스마트 사회란 기술 발전, 사회 변화가 가속화되는 사회, 상상력·창의성·감성이 중요한 사회이다. 스마트 폰이 대중적으로 보급되고, ICT의 발달로 다양한 모바일 애플리케이션이 개발되고 상용화되면서 정보화가 양적·질적으로 고도화되고 있다. 현 시기는 이러한 정보화의 질적인 고도화에서 한 단계 진일보해 사회 전반적인 변혁을 도모하면서 인본주의(humanism)를 근본으로 하는 사회 문화적 가치를 창출할 수 있는 미래 사회를 그려야 할 시점에 도달했다(명승환, 2011: 1; 임승빈 외, 2019: 37).

이러한 현대 사회가 지니는 특징을 살펴보면 다음과 같다. 첫째, 현대 사회는 가치와 철학이 없으면 무너지는 취약한 사회이다. 현대 사회는 우리가 살아가고 있는 사회이기 때문에 과거의 전통이나 인습으로부터 벗어나고자 한다. 좋은 전통은 받아들이려고 하지만 지금 현재를 살아가고 있는 사람들이 느끼는 필요에 부응하지 않는 전통에 대해서는 바꾸려고 시도하기 마련이다. 그럼에도 불구하고 무엇이 옳고 그른지, 무엇이 필요한지, 무엇을 하는 것이 미래 후손들에게까지 도움이 되는지를 판단하는 데 어려움을 겪는다. 그러므로 지금 현재를 살아가고 있는 사람과 집단, 조직이 판단해야 하는 새로운 가치와 철학이 마련되지 않으면 수많은 의사 결정과 판단이 잘못될 수 있다. 특히 정부 조직이 내리는 의사 결정은 현재 세대뿐만 아니라 미래 세대의 삶에 대해서도 큰 영향을 미친다. 따라서 정부 조직은 국가를 이끌어 갈 가치와 철학을 확고하게 정립하는 것이 필요하다.

둘째, 현대 사회는 투명성(transparency)을 제일의 가치로 삼는 사회가 되어야 한다. 과거 사회는 사회 발전의 원동력을 물적 자본이나 인적 자본에서 찾았다. 따라서 제품 생산의 원료인 물자를 찾아서 식민지를 만들거나, 제품의 부가 가치를 높일 수 있는 고급 인력을 양성하기 위한 노력을 국가 차원에서 기울였던 것이다. 하지만 오늘날 현대 사회에서 사회 발전의 원동력은 사회적 자본(social capital)이라고 본다. 사회적 자본은 투명성, 청렴성, 통합성을 구성 요소로 한다. 사회 구성 요소들 사이의 신뢰가 기반이 되는 사회적 자본을 확보하기 위해서는 무엇보다도 사회 전반의 투명성이 전제되어야 한다.

셋째, 현대 사회는 구성원 간의 신뢰를 확보해야 한다. 현대 사회에서 정부가 펼치는 정책이 성공하려면 다른 무엇보다도 정부 조직에 대한 신뢰, 정부 정책에 대한 신뢰, 정부 지도자에 대한 신뢰가 가장 중요하다. 신뢰가 뒷받침되지 않으면 정부가 아무리 훌륭한 정책을 펼친다 할지라도 실패로 끝날 가능성이 크다. 따라서 국민 모두에게 공정하고 형평성 있는 정책을 펼쳐야 하는 동시에, 국민들이 믿고 따를 수 있는 지도자가 이끄는 정부 조직을 만들어야 한다. 정부 조직의 구성원인 공무원 역시 국민을 정책의 대상으로만 보는 것이 아니라 국민을 정책의 주체로 받아들여야 한다. 국정의 동반자이자 국정 수행자로서 국민을 보는 것이 절대적으로 필요하다.

넷째, 현대 사회는 청렴성이 정부 조직의 기본 요건이다. 청렴성은 비단 정부 조직이나 공공 조직뿐만 아니라 민간 조직에도 필수적으로 요구되는 조건이다. 하지만 국민이 낸 세금으로 운영되는 정부 조직과 이를 운영하는 공무원은 청렴의 의무를 갖고 있으며, 부정한 청탁이나 로비로 인해 편파적인 정채 결정이나 집행이 이루어져서는 안 된다. 특히 이러한 청렴성은 신뢰의 기반이며, 투명성을 이루는 전제이기도 하다.

다섯째, 현대 사회는 위기관리가 기본이 되는 사회이다. 현대 사회는 다양한 위기가 끝없이 연속적으로 이어지는 것을 특징으로 한다. 거의 모든 정부 부처는 크고 작은 위기의 해결을 본질적인 업무로 삼고 있다고 해도 과언이 아니다. 위기를 예방하고 대비하며, 대응하고 복구하는 위기관리 기능이야말로 현대 사회에서 필수적으로 요구된다. 특히 현대 사회는 복잡성, 다양성, 고도화, 초고층화, 고령화, 양극화, 첨단화, 인공지능화 등의 다양한 특징을 지니며, 이러한 특징에서 비롯된 위기 역시 매우 복잡하고 다양하다. 그리고 정부 조직이야말로 이러한 위기를 관리할 1차적 책임을 지니고 있다.

여섯째, 현대 사회는 갈등관리를 위한 제도적 기반을 마련해야 한다. 사회가 발전하고 구성원이 다양할수록 갈등의 발생은 필연적이다. 갈등이 없는 사회는 없다. 다만 갈등이 수면 위로 떠오르지 않았을 뿐이지, 인간 사회에서 갈등이 없는 사회는 있을 수 없다. 그러므로 정부 조직은 갈등을 완전하게 없애는 것이 불가능하기 때문에 이러한 갈등을 얼마나 슬기롭게 관리할 제도를 갖추고 있는가 하는 것이 중요하다. 현대 사회에서는 개인 사이의 사적인 갈등뿐만 아니라 공공 갈등이 더욱 중요하고 심각한 쟁점으로 부각된다. 따라서 갈등을 슬기롭게 관리할 수 있는 제도적 기반을 갖출 필요가 있다.

일곱째, 현대 사회는 협업이 절실히 요구되는 사회이다. 과거 사회와는 달리 현대 사회는 매우 다양한 구성 요소를 지니고 있고, 이를 기반으로 전문성을 확보하기 위해 노력하는 사회이다. 이러한 전문성은 과업의 분화를 바탕으로 달성하는 것이기 때문에 전문화가 진행되면 될수록 협력적 체계 구축이 어렵다고 할 수 있다. 그럼에도 불구하고 다양하고 복잡한 현대 사회의 수요를 충족시키고 각종 쟁점을 파악하고 해결하기 위해서는 다수의 조직이 협업할 필요가 있다.

여덟째, 현대 사회는 정부, 시민단체, 기업 등이 함께 사회를 운영해 나가는 거버넌스(governance) 사회이다. 인류 사회가 조직과 국가를 만들어 사회를 운영해 온 이래 지금까지는 정부 조직이 정책을 결정하고 집행하면서 사회를 이끌어 왔다. 하지만 사회를 구성하는 단위는 정부 조직을 대표로 하는 국가(state) 영역만 있는 것이 아니라, 기업 조직을 대표로 하는 시장(market) 영역, 시민단체를 대표로 하는 시민 사회(civil society) 영역 등이 함께 존재한다. 따라서 사회를 운영하는 기본 프레임을 구성하는 조직으로서 정부 조직과 시민단체 조직, 기업 조직이 모두 함께 참여한다. 그리고 이들 조직이 함께 공동의 문제를 해결하기 위해 의사 결정과 집행을 공유하는 거버넌스를 구성한다.

2. 현대 사회의 정부 조직

현대 사회를 이루는 주요 구성 요소로는 개인, 가족, 집단, 조직, 지역사회, 국가 사회, 국제 사회 등이 있다. 이들 구성요소는 모두 우리의 삶에 큰 영향을 주고 있는 것이 분명하다. 그중에서도 우리의 삶에 가장 큰 영향을 주는 구성요소는 조직이다. 현대인은 조직인이라고 불리울 정도로 우리의 삶 자체가 수많은 다양한 조직과 함께 이루어지고 있다. 이들 조직으로는 병원 조직, 학교 조직, 군대 조직, 기업 조직, 정부 조직, 비영리 조직, 동호회 조직 등이 있다. 그중에서도 우리가 태어나면서부터 죽을 때까지 피할 수 없는 조직은 정부 조직이다.

정부 조직 관리란 무엇인가? 정부 조직 관리는 정부가 지니는 목표를 달성하기 위해 조직의 인적 자원과 물적 자원을 기획, 연계, 조정, 협력하는 과정을 의미한다.

이러한 정부 조직을 관리할 때 지켜야 하는 원리를 살펴보면 다음과 같다.

첫째, 정부 조직은 국민의 보편적 가치를 수용하고 준수해야 한다. 국민 모두가 따르고 있는 보편적 기치를 받아들이는 한편, 이를 기반으로 정책을 결정하고 집행하며, 행정 행위를 해야 한다.

둘째, 정부 조직은 국민의 세금과 공적 자금으로 운영되며 공공의 가치를 추구해야 하기 때문에 공무원 개개인의 사적 이익을 배제해야 한다. 공적인 업무의 수행을 통한 개인의 사적인 이익 추구는 모순된다. 따라서 개인의 사적 이익은 사적 시장을 통해 확보해야 하는 것이지, 다수의 이익을 확보하기 위해 존재하는 공공의 정부 조직을 통해 사적 이익을 추구하는 것은 다수에게 손해를 끼치는 것으로서 잘못된 일이다.

셋째, 정부 조직은 그 행위와 관련해 투명하게 정보를 공개해야 한다. 정부 조직이 달성하고자 하는 목표는 다수의 이익을 보장하는 데 주안점이 있다. 따라서 다수의 이익 보장이라는 공적인 목표를 달성하기 위한 노력이 정말로 그러한지 다수의 국민에게 공개되어야 한다.

넷째, 정부 조직은 청렴성을 확보해야 한다. 정부 조직의 예산은 개인의 사사로운 용도로 사용할 수 있는 사적인 돈이 아니다. 국민이 힘들게 벌어서 낸 세금으로, 한마디로 말하면 남의 돈이다. 남의 돈을 자신의 이익을 위해서 사용해서는 안 된다. 또한 정부 조직에서 예산의 배분권을 활용해 다른 사람이나 기업 등으로부터 돈을 받거나 편의를 제공받아서는 안 된다.

다섯째, 정부 조직은 통합성을 추구해야 한다. 정부 조직은 국민 전체를 대상으로 행정 서비스를 제공하거나 정책을 결정하고 집행해야 한다. 이는 정부 조직의 구성 자체가 국민의 총합적 의사를 반영한 결과인 동시에 국민의 통합을 전제로 공동 목표를 설정했기 때문이다. 국민의 분열과 구분은 국가로서의 일체성을 훼손하는 것이다. 국민 한 사람 한 사람이 지니고 있는 다양한 의견을 기반으로 삼아 국가를 구성했기 때문에, 정부 조직은 국민 개개인의 다양성을 존중하는 가운데 국민적 일체성과 정체성을 이루기 위한 노력을 기울여야 한다.

여섯째, 정부 조직은 국민들 사이의 형평성을 확보해야 한다. 소외된 지역이나 소외된 사람, 소외된 기업이 있어서는 안 된다. 정부 조직은 모든 국민에게 공정하고 형평한 서비스를 제공하기 위해 노력해야 하고, 예산의 배분이나 지원도 다수가 납득할 수 있는 논리에 입각해서 공정하게 해야 한다.

일곱째, 정부 조직은 부처 간, 부서 간 협업을 해야 한다. 정부 조직을 구성하는 각 개별 부처나 부서가 각자 자기 조직의 업무가 가장 중요하다고 고집하거나, 각 조직의 개별 이익을 가장 우선적으로 달성해야 한다고 주장해서는 안 된다. 이는 부처 이기주의 혹은 부서 이기주의로서 배격해야 한다. 물론 개별 조직이 지니는 가치와 철학에 따라 결정된 목표를 달성하는 것도 중요하지만, 국민 전체를 대상으로 설정한 목표를 달성하기 위해 협력할 필요가 있다.

3. 대한민국 정부 조직의 현실

우리가 살아가고 있는 대한민국의 정부 조직은 정말로 우리 국민에게 봉사하기 위해 노력하는 조직인가? 그렇다면 정말로 다행이지만, 그렇지 않다면 우리는 얼마나 불행한 국민인가. 또 다른 질문으로, 대한민국의 정부 조직은 개별 국민들을 위하지는 않지만 국가를 위해 노력하는 존재인가? 그렇다면 그나마 다행이지만, 그렇지 않다면 우리는 얼마나 불행한 국가에서 사는 국민인가.

우리나라 중앙부처나 지방자치단체에 있는 다양한 많은 위원회에 참여하는 민간위원이 국민에게 도움이 되거나 국익에 필요한 내용을 말하기 위해 해당 부서나 담당 공무원을 비판하는 쓴 소리를 하면 다음에 그에게는 어떤 일이 벌어질까? 아마도 대한민국 정부 조직에서 그 민간위원은 위원 명단에서 빠지거나 해당 부서나 부처의 기피 인물로 낙인찍힐 것이다. 만일 이러한 현상을 당연한 것으로 여기거나 또는 해당 민간 위원이 젊어서 그런 것이라든지, 나이가 있더라도 철이 없어서 그렇다고 생각하는 사람이 있다면, 그 사람은 자신을 위해 사는데 익숙한 사람이며, 무엇이 공익인지 무엇이 조직을 위한 것인지 헷갈리는 사람이 분명하다.

많은 경우 정부 조직 공무원들은 자신이 속한 부처나 부서의 이익을 도모하는 것, 자신이 결정하고자 하는 방향만이 지고(至高)의 선(善)이라고 믿는 경향이 있다. 과연 정말 그러한지에 대해 살펴볼 필요가 있다.

정부 조직이란 정부 조직의 목적을 달성하기 위해 형성된 조직이며, 행정권이 그 기능을 수행하기 위해 편성한 조직을 말한다. 조직이란 일정한 환경 속에서 특정 목표를 추구하기 위해 일정한 구조를 가진 사회단위를 의미한다. 조직은 인간의 모든 사회 목적을 달성하기 위한 수단으로서의 성격을 띠고 있으나, 그 개념에 내포된 고도의 추상성으로 말미암아 정확한 개념을 밝히기란 어려운 일이다.

조직의 개념을 정립하고 파악하려면 조직이 다음과 같은 특질을 가진다는 것을 인식할 필요가 있다. 첫째, 조직은 목표 지향적이며 인간의 복잡한 집합체이다. 둘째, 조직은 합리성을 의도한다. 셋째, 조직은 한정된 특정 목표를 가진다. 넷째, 조직은 규모가 커서 대면적 리더십을 허용하지 않는다. 다섯째, 조직은 체계로서 파악되며 환경과 끊임없는 상호 작용을 한다. 여섯째, 조직은 보편성을 가진다. 일곱째, 조직은 좀 더 큰 사회 체계 속에 통합되어 있다. 여덟째, 조직은 각 구성원의 존재와는 별개의 실체이다.

현대 정부 조직이 지니는 특징을 살펴보면 다음과 같다.

첫째, 정부 조직의 팽창과 거대화 현상이다. 현대 정부 조직은 다수의 공무원, 방대한 예산, 거대한 기구, 중앙과 지방의 제도적 중층성 등으로 엄청나게 팽창하고 비대화되고 있다. 특히 우리나라는 근대화에 따라 정치, 경제, 사회가 발전하면서 국민의 정부에 대한 요구는 증가되고 있으며, 이러한 행정 수요를 충족시키기 위해 정부 조직도 팽창일로로 나아가고 있다. 정부 조직의 팽창은 행정의 처리 체계를 복잡하게 하고, 다원적인 분립과 계층의 증대를 초래해 조정과 통제를 어렵게 하고 있다.

둘째, 정부 조직의 통합성과 계층성을 지니고 있다. 현대 정부 조직은 서로 조정과 커뮤니케이션을 유지하면서도 전체로서 통합적 성격을 가지지 않으면 안 된다. 따라서 정부 조직은 전체 구조가 통일적인 피라미드형을 구성하면서 그 속에서 서로 상하의 계층을 이루고 지휘 감독 등의 방법에 의해 행정 목적의 통일적인 실현을 도모하게 된다. 일반적으로 정부 조직은 이러한 통합성과 계층성을 그 특징으로 하지만 행정의 공평성·독립성을 보장할 필요가 있는 경우에는 예외를 두고 있다.

셋째, 정부 조직의 단독제와 책임의 명확성을 지니고 있다. 현대 행정은 신속성·능률성과 책임의 명확성을 확보하기 위해 일반적으로 단독제

(monocracy)의 조직형태를 취하고 있다. 그러나 정책의 지속성을 확보하고 여러 가지 이해 관계를 공정하게 반영하고 법령의 작성이나 실시에 관해 협의를 거쳐야 할 필요가 있는 행정에 대해서는 합의제(polycracy)의 정부 조직을 취하고 있다.

넷째, 정부 조직의 관료제화 현상이다. 행정이 비대화와 복잡화의 경향으로 나아감에 따라 기술적·전문적 성격을 띠게 된다. 기술적·전문적인 행정을 운영해 나가기 위해서는 정부 조직이 통합적·합리적으로 편성되는 것만으로는 충분치 않으며, 이러한 행정을 효율적으로 다룰 수 있는 인적 구성을 필요로 한다. 따라서 직업공무원이 요구되며, 전문적 자격을 갖춘 직업공무원을 중심으로 하는 관료제가 행정을 움직이게 된다.

다섯째, 정부 조직의 민주 통제 현상이다. 행정에 필연적으로 수반되는 관료제화에 대응해서 국민에 대한 행정의 책임성을 확보하기 위해 민주성이 보장되지 않으면 안 된다. 정부 조직의 민주성은 국민에 대한 행정의 책임성을 확보하기 위한 민주 통제뿐만 아니라 정부 조직 내 민주주의 실현과도 관련된다. 특히 우리나라의 권위주의적·전근대적 관료제의 잔재는 정부 조직 내부에서의 민주성의 확보를 주요 과제로 삼고 있다.

정부 조직에 작용하는 변수에는 정치, 경제, 사회와 관련되는 요인을 비롯해서 문화, 교육, 기술, 정보, 지리적 조건, 인구와 관료제의 성격 등 헤아리기 어려운 여러 가지 요인이 있으며, 이러한 요인도 복잡하게 상호 작용하고 있을 뿐만 아니라 그 자체도 환경 변화에 따른 동태적 성격을 띤다. 특히 특정 국가가 전체적으로 어느 정도의 정치적·경제적·사회적 발전 수준에 도달하고 있는가는 조직의 기능과 역할을 실질적으로 좌우한다고 볼 수 있다.

정부 조직에 영향을 미치는 주요 변수를 다음과 같이 고찰할 수 있다.

첫째, 정치적 요인이다. 정부 조직의 가장 중요한 변수는 정치적 요인이다. 정치 풍토, 정치 체계의 성격, 국민의 정치적 기대와 요구 등은 정부 조직에 변수로서 작용하며, 정부 조직의 활동은 공익을 지향해야 한다.

둘째, 경제적·사회적 요인이다. 경제 체계와 사회 체계의 성격, 경제 발전 수준과 사회적 역할, 계층 구조 등은 정부 조직과 밀접한 관계가 있다.

셋째, 구조적·기술적 요인이다. 의사소통 체계, 권위와 역할, 조직과 집단의 규모, 문제 해결을 위한 새로운 기술·지식·정보 등은 주요한 구조적·기술적 요인이라 할 수 있다.

넷째, 인간적 요인이다. 행정의 가치관이나 정부 조직 구성원의 성격·태도·욕구, 대인 관계, 리더십의 특징 등은 조직의 활동 및 기능에 큰 영향을 미친다.

이러한 변수 외에도 환경적 요인, 재난을 비롯한 각종 위기 요인, 국제적 요인 등 다양한 요인이 정부 조직에 영향을 미치는 것이 현실이다. 그렇기 때문에 이러한 정부 조직을 관리하려면 다양한 내용을 고려할 필요가 있다. 정부 조직이 지녀야 하는 특징으로는 보편적 가치의 준수, 공무원의 사적 이익 배제, 투명한 정보 공개, 청렴성의 확보, 통합성의 추구, 형평성의 확보, 소외된 지역, 사람, 기업에 대한 지원, 부처 간, 부서 간 협업 등이 그것이다. 이를 기반으로 정부 조직을 관리할 때 이해해야 할 필수적인 내용을 살펴보면 다음과 같다.

첫째, 정부 조직은 가치와 철학이 없으면 현대의 복잡다양한 사회의 중심 역할을 수행하기 어려우며 무너질 수 밖에 없는 취약한 사회이다

둘째, 정부 조직은 투명성을 제일의 가치로 삼아야 한다.

셋째, 정부 조직은 청렴성을 지닌 공무원으로 구성되어야 한다.

넷째, 정부 조직은 예측 불가능한 위기를 관리할 수 있는 위기관리 역량을 지녀야 한다.

다섯째, 정부 조직은 갈등관리 역량을 구축할 수 있는 제도적 기반을 지녀야 한다.

여섯째, 정부 조직은 정부 조직의 활동과 관련해서 구성원 및 외부 이해 관계자들과 참된 의견을 교환하기 위해 노력하는 소통 관리를 할 수 있어야 한다.

일곱째, 정부 조직은 리더십을 관리해야 한다. 정부 조직의 리더십 관리는 시민, 기업, 정부, 전문가 등의 다양한 이해 관계자가 공공 목표를 조화롭게 달성할 수 있게 하는 능력을 키우기 위한 기획, 협력, 연계, 조정의 과정을 의미한다.

여덟째, 정부 조직은 정책 학습을 할 수 있어야 한다. 정부 조직 관리에서 정책 학습은 과거에 시행된 정부 정책의 결과에 대한 평가를 통해 정부 조직 정책의 형성, 집행, 평가와 관련된 행태가 바람직한 방향으로 변화한 것을 의미한다.

아홉째, 정부 조직은 정부와 국민, 국민과 국민 사이의 신뢰를 확보해야 한다.

열째, 정부 조직은 협업을 통해 정부의 목표를 달성할 수 있어야 한다.

열한째, 정부 조직은 정부, 시민 사회, 기업 등이 함께 사회를 운영해 나가는 거버넌스의 지원 역량을 갖춰야 한다.

열두째, 정부 조직의 인력 관리는 좋은 인재를 선발하고 교육해 협력을 하게 함으로써 정부 조직의 존립 의의를 확보하고, 목표를 달성하기 위해 기획, 조정, 협력, 연계하는 과정을 말한다.

대한민국 정부의 공직 사회가 도덕 불감증과 비리 불감증에 빠져 있다고 해도 과언이 아니다. 국민에게 봉사하는 것을 책무로 삼아야 하는 고위 공직자들은 국민 위에 군림하면서 자신들이 특권 의식을 갖는 것이 당연하게 생각하고 있다. 또 부정과 부패에 둔감하고, 국민 정서와는 맞지 않는 천황 폐하 만세를 공개적으로 외치면서도 무엇이 잘못되었는지

조차 모르는 공직자들이 있다. 더욱이 국민을 개나 되어지로 치부하는 발언을 서슴없이 하는 고위 공직자가 국가 교육 정책을 담당하고 있다는 사실도 우리의 정부 조직에 심각한 문제가 있음을 일깨워 준다.

거대한 대한민국 정부 조직 규모와 비교해 봤을 때 이 같은 행위가 극소수 공무원이 저지른 개인적 일탈 행위나 실수로 치부할 수 있는 것인지 궁금하다. 오히려 개인의 문제라기보다는 대한민국 정부 조직이 갖고 있는 인력 관리 시스템에 중차대한 문제가 내재되었다고 볼 수 있다. 어느 조직이건 간에 다수가 건전한 상식과 판단 능력을 지니고 있다면 용인하기 어려운 일탈행위를 저지르는 사람들이 고위층까지 승진할 수 없을 것이기 때문이다.

정부 조직에서 공무원들이 원하는 최대의 보상 또는 인센티브는 승진이다. 승진을 위해서는 상관의 의중을 정확하게 파악하려고 노력했을 것이고, 동료들과 원할한 소통을 통한 공감대 형성이 있었을 것이며, 부하 직원들에게도 자신의 철학과 정책에 대한 확신을 갖고 설득하는 노력을 기울였을 것이다. 그리고 이러한 과정에서 공직자들 사이의 갈등이나 문세 제기 등이 없었다는 점도 주목할 만한 현상이다. 결국 심각한 문제를 안고 있는 이들 고위 공직자는 대한민국 정부 조직의 부적응자가 아니라 오히려 정부 조직을 이끌어가는 집단에 속해있는 구성원일 것이다. 이들과 같은 생각을 갖고 있거나 또는 이들의 생각에 동조하는 공직자들이 대한민국 정부 조직에 다수가 있거나, 동조하지 않더라도 묵인하거나 방관하는 공무원들이 많았다는 문제점이 남는다.

어떤 경우라 하더라도 대한민국 정부 조직의 인력 관리는 문제가 있으며, 새로운 인사 제도의 도입, 공직자의 올바른 가치 함양, 공무원 채용 제도의 혁신, 공직 가치에 대한 철저한 교육과 훈련, 공직자 의식 및 생각 조사 등이 요구된다.

제2절 정부 조직의 의의

정부 조직은 국민 또는 지방정부 주민의 공통의 목표를 달성하기 위해 설치된 행정 조직을 의미한다. 정부 조직을 넓은 의미로 사용하는 경우에는 입법부와 사법부의 조직을 포함하지만 일반적으로는 행정부의 조직을 의미한다. 그리고 가치 지향성(value orientation)이란 어떤 가치를 달성하기 위해 노력하는 정향성으로서, 조직이 의사 결정을 하거나 집행을 하려고 할 때, 대상이나 수단 등 여러 가지 선택 상황에 직면하게 되는데, 그 경우 어떤 특정 가치나 규범 등을 의도적으로 추구하거나 따르도록 힘이 작용하는 것을 말한다. 사람은 사회화 과정에서 그 사회의 가치 체계를 내면화하며, 구체적인 선택 상황에 직면했을 때 그것을 기준으로 행동하게 된다. 이러한 경우도 가치 지향이라 한다.

정부 조직 또한 조직의 한 형태로서 조직 문화가 존재한다(김규정, 1987: 284-292). 김준식 외(2007)는 조직 문화가 공동체를 하나로 묶어주는 공유가치의 기능을 한다는 점을 강조한다. 조직 문화는 구성원들에게 자신의 일의 의미와 방향을 제시함으로써 행동을 유발하는 역할을 하는 것이다. 그 때문에 조직 문화는 조직의 전략 수행이나 조직 내의 갈등, 조직 결속력, 생산성 등에 영향을 미친다. 따라서 조직 문화는 다양하고 급변하는 환경에 대응하기 위한 경영 전략의 일부가 될 수 있고, 조직 목표 달성을 위한 수단으로서 조직 문화를 의도적으로 변화시킬 수도 있다.

이러한 조직 문화를 형성하는 요인 중 하나가 조직의 가치 지향성이다. 조직의 가치 지향성에 따라 설정된 핵심 가치는 조직 내 구성원들의 의사 결정과 행동 방식의 기준이 되어 일체감을 강화하고, 때로는 위기 극복을 위한 구심점이 되기도 하는 등 조직의 성공 DNA 역할을 하기도 한다. 조직의 철학과 정체성을 이해하고 공유함으로써 모든 조직의 구성원이 공통된 가치관을 가지고 조직의 목표로 나아갈 수 있다.

정부 조직의 근본적인 가치는 행정 이념에 따른다. 행정 이념이란 행정이 지향해야 할 당위적인 방향이나 규범을 의미한다. 행정 가치는 행정이 추구해야 하는 바람직하고 객관적인 요소 또는 당위를 의미한다. 일반적인 가치로서 행정 이념에는 자유, 평등, 정의, 공익 등이 있으며, 수단적인 가치로서 상위 가치를 실현하는 수단으로서 합법성, 능률성, 효과성, 민주성, 합리성, 중립성, 사회적 형평성 등이 있다. 정부 조직에서는 이러한 행정 이념에 의해서 가치 지향성이 설정되며, 조직 문화를 형성하게 되고 목표 달성에 영향을 미치게 된다.

행정 조직은 행정의 합리화와 능률화를 중심으로 조직되어야 하지만, 현실적으로는 국가관에 따라 좌우되는 일이 많다. 19세기 근대 국가 시대에는 자유주의를 기본 원리로 삼았기 때문에 행정 조직에서도 분리와 독립이 하나의 특색을 이루어 분권제, 합의제, 분립제, 엽관제가 지배적이었다. 그러나 현대 국가의 행정 조직은 이와 같은 순수한 자유주의적 요소를 탈피하고 집권제, 단독제, 통합제, 관료제로 옮겨가고 있다. 그것은 현대 국가가 사회 전반을 육성하고 통제하는 직능 국가로서의 성격을 지니고 있으므로, 양적으로 확대되고 질적으로 변모하는 행정 활동을 효과적으로 전개하려면 행정 조직을 통일하고 강화해 그 운영 기술을 극대화해야 하기 때문이다.

조직의 가치 지향성은 효용보다 가치가 더 클 때 주로 사용하는 개념이다. 정부 조직은 국민을 대상으로 공공의 가치를 실현해야 하기 때문에, 정부 조직의 가치 지향성은 일반 조직의 가치 지향성에 비해 중요성이 크다.

> **"모든 인간은 존엄성과 권리 안에서 자유롭고 평등하다...**
> **모든 인간은 서로를 형제애의 마음으로 대해야 한다."**
> **세계인권선언문 제1조, 1948**
>
> 인권 개념의 핵심은 모든 사람의 인간 존엄성을 보호하고자 하는 것으로, 이것은 인간을 관심의 중심에 둔다. 이것은 삶의 존엄성에 기여하는 공통 보편의 가치 시스템에 기초를 둔다. 그리고 국제적으로 용인된 규범과 기준에 의해 보호되는 인권 시스템을 구축하기 위한 프레임을 만드는 것이다. 20세기를 지나는 동안, 인권은 도덕적, 정치적 그리고 법률적 체계로 진화해 왔다. 그리고 공포로부터 해방, 결핍으로부터 해방된 세상으로 발전시키기 위한 가이드라인으로서 진화되었다. 21세기에 들어서는 인권을 알리고 이해시키는 것 그리고 이것을 가치 있게 만드는 것이 그 어느 때보다 중요하다.

또한 정부 조직이 바람직한 가치 지향성을 설정함으로써 국민의 신뢰를 얻을 수 있고, 조직구성원과 국민을 연결해 준다. 그리고 공유된 가치는 구성원 간의 갈등을 줄여주고 협동심을 유발하며, 구성원에게 행위 기준을 설정해 주고, 구성원 간의 상호 작용을 촉진시켜 주며, 조직의 신념과 가치관에 몰입하게 해준다.

정부 조직에서 가치 지향성은 필수적으로 고려되어야 하며, 국민의 요구에 따라 설정되어야 한다. 행정 이론은 시대적 요구에 따라 필요한 가치를 설정하며 발전해 왔다. 예를 들면, 한국의 정부3.0의 개방, 공유, 소통, 협업의 가치는 20세기 말, 분할, 경쟁, 인센티브 제공에 기반한 신공공관리(NPM)의 원리가 21세기로 넘어오면서 통합, 협동, 성과 공유에 기반한 협치로 전환되는 큰 흐름을 반영하고 있다. 정부 조직은 가치 지향성을 설정하며 시대적 변화와 국민의 요구에 대응할 수 있어야 한다.

하지만 정부 조직의 가치 지향성에서 변치 않고 지켜야 할 가치가 있다. 예를 들면, 행정 과정에서 구체적 지침이 되는 규범적 기준이 그것이다. 이 범주에는 흔히 행정 이념으로 지적되는 능률성, 효과성, 합법성, 합리성, 민주성 등이 포함될 수 있다. 정부 조직에서 이러한 가치들이 설정되지 않고 지켜지지 않는다면, 국가 기반인 정부 조직이 흔들리고, 국민은 크나큰 피해를 입게 될 것이다. 따라서 정부 조직에서의 올바른 가치 지향성의 설정은 규범으로서 국가를 유지하는 데 필수적이다.

제3절 정부 조직의 특징

1. 정부 조직의 가치 지향성

정부 조직에 대한 가치 지향성은 정부 조직의 특성상 공공성을 반영한다. 정부 조직에 대한 가치 지향성의 특징은 다음과 같다(김규정, 1987: 284-292).

첫째, 국민의 요구를 반영한다. 정부 조직은 국민의 요구와 지지를 통해 정책을 결정하며, 국민의 요구를 효과적으로 수렴하고 충족시키기 위해 조직을 개편하기도 한다.

둘째, 시대적 요구를 반영한다. 당대의 사상과 이념에 따라 정부 조직은 다른 가치를 설정하기도 한다.

셋째, 정부의 신뢰도에 영향을 미친다. 정부 조직이 설정한 가치 지향성으로 인해 국가가 위기에 빠진다면 국민은 정부를 신뢰하지 않을 것이다.

넷째, 가치 지향성을 정책에 반영한다. 이를테면, 청렴이라는 가치 지향성에 따라 부패한 관료들을 정리하는 정책이 시행될 수 있다.

다섯째, 정부 조직의 목표를 알 수 있다. 정부 조직이 설정한 가치 지향성을 통해 정부가 지향하는 목표를 확인할 수 있다.

여섯째, 정부 조직의 조직 문화에 영향을 미친다. 일반적으로 가치 지향성은 조직 문화에 영향을 미친다. 조직 문화에 의해 가치가 형성되기도 하지만 가치를 설정해서 조직의 한계나 문제점을 극복할 수도 있다. 설정된 가치에 따라 바람직한 조직 문화가 형성되면 조직의 성과에도 영향을 미친다.

2. 정부 조직의 행정 이념

지금 사회에서는 윤리와 신뢰가 사회를 지배하는 최고의 지향 가치로 부상했다. 온라인의 파급 효과가 모바일 환경에 정착되면서 국민은 이전과 비교해 몇 배 이상의 영향력을 갖게 되었다. 소셜미디어의 발전으로 소통의 양이 점점 증가함에 따라 스마트 사회의 권력이 거대 미디어 그룹에서 네티즌으로, 조직에서 개인으로, 생산자에서 소비자로 이동하고 있다. 스마트 사회에서 국민들은 윤리라는 도덕적 기준 앞에 무한한 공감대를 형성한다. 스미트 사회에서 국민의 권리가 강화되면서 신뢰, 도덕성, 공정함 등의 윤리적 덕목이 우리 사회를 지배하는 새로운 코드로 부상했다. 일반적으로 정부 조직에서 가치는 다음과 같은 기능을 한다.

첫째, 구성원들이 같은 목표를 달성할 수 있도록 구성원들을 정렬한다.

둘째, 구성원들이 의사 결정과 행동을 할 때 지침이 되는 방향을 제시한다.

셋째, 구성원들의 업무 몰입을 유도한다.

넷째, 구성원들의 화합을 돕는다. 그리고 정부 조직에서의 가치 지향성은 행정 이념으로 나타나며, 행정 이념에는 다음과 같은 것들이 있다.

(1) 합법성

합법성(legality)은 시민권과 자유권의 보호에 관심을 두었던 19세기

입법국가 시대에 대두된 이념으로서, 입법 국가와 자유민주주의 국가에서의 모든 행정 행위와 행정 과정은 법률에 따르거나 법률에 적합하지 않으면 안 된다는 합법성이 중시되었다.

그러나 합법성이 지나치게 강조될 경우, 기술성, 전문성, 신속성을 확보해야 하는 행정은 그 본래의 목표가 왜곡되는 동조과잉 현상과 형식주의를 초래하게 된다. 또한 신분 보장의 폭이 넓어진 공무원들이 법규의 형식적 준수에 안주하거나 법령을 자의적으로 해석, 적용하려는 것도 경계해야 한다.

오늘날은 적극적, 능동적인 행정이 요구되고 있고, 행정 대상의 복잡화, 전문화, 기술화의 경향은 행정에 대한 위임입법과 자유재량권을 확대시키고 있다. 이는 행정에 대한 엄격한 합법성의 적용을 어렵게 하며, 동시에 지나친 합법성의 강조는 민주적이고 능률적인 행정 업무 수행을 저해하는 요인으로 작용할 수도 있다.

(2) 능률성

능률성(efficiency)은 일반적으로 투입(input)에 대한 산출(output)의 비율로 표현된다. 즉, 산출에 대한 합리적 비용의 관계라는 조직 내의 조건으로 이해된다. 행정학에서 능률의 문제는 행정과 경영의 유사성을 강조한 초기 정치·행정이원론 시대에 발달한 과학적 관리론이 도입되면서 본격화되었다.

능률주의자들은 능률성을 따르게 되면, 행정 업무 수행이나 정책 집행에 최선의 방법이 있으며, 행정관료는 그러한 최선의 길을 발견하기 위해 노력해야 한다고 가정했다. 이러한 능률관을 기계적 능률(mechanical efficiency)이라고 하며, 능률이야말로 제1의 공리 또는 기본적 선이라고 보았다. 그러나 귤릭(Luther H. Gulick)은 이러한 능률성이 민주성과 상충될 수도 있으므로 경우에 따라서는 능률성의 수정도 필요할 것이라고 했다. 또한 다알(Robert A. Dahl)도 행정에서 능률을 최상의 가치로 보았으나. 능률성은 민주적 이념과 상충하기 때문에 양자를 조정하는 것이 용이하지 않다고 보았다.

한편 사회적 능률(social efficiency)은 1930년대 중반 이후 인간관계론의 등장으로 사용하기 시작한 개념으로서, 특히 디목(Marshall E. Dimock)이 강조한 행정의 가치이다. 사회적 능률은 조직 내적인 목표와 생산성보다는 인간적 가치의 실현, 사회 목적의 구현 등 사회적 차원에서 추구되는 능률관이다. 따라서 사회적 능률은 민주성(democracy)의 개념과 동일하게 이해되기도 한다.

(3) 효과성

능률성이 투입 대 산출의 비율을 의미하는데 비해, 효과성(effectiveness)은 투입 대 효과의 개념을 사용한다. 또한 능률성은 정태적, 기계적, 경제학적 개념인데 반해 효과성은 동태적, 기능적, 사회학적 개념이다.

따라서 효과성은 목표의 달성도를 나타내는 개념으로서 조직과 그 효과가 나타나는 환경과의 관계를 의미한다. 이렇게 보면 능률성은 수단적 개념인데 비해 효과성은 목적적 개념이며, 이 때문에 효과는 산출보다 한 차원 높은 수준에 있는 것으로써 양자가 구별된다. 효과성의 개념은 1960년대 이후의 발전행정적 사고에 의해 행정이 사전적, 정책적, 계획적으로 의도한 발전 목표를 어느 정도 달성했느냐가 중요시되면서 강조되었다.

(4) 합리성

합리성(rationality)은 바람직한 목표 설정(정치적 결정)과 관련될 뿐만 아니라 주어진 목표 내에서 최선 또는 차선의 대안을 선택하는 행위, 즉 대안 선택 과정의 절차(경제적 결정)와 관계 있는 것으로서 의도적이고 분석적이며 과학적인 방법이나 수단과 관련된다.

(5) 민주성

행정 이념으로서 민주성(democracy)이란 행정이 국민의 의사를 충실히 반영하고 절차와 과정에서 국민을 위하는 것이어야 함을 의미한다. 행정의 민주성을 두 가지 측면에서 살펴보면, 하나는 행정과 국민의 관계에서의 민주성이며, 다른 하나는 행정 조직 내부에서의 민주화이다. 민주성의 가치는 행정 과정상의 민주적 절차도 포함하기 때문에 행정의 반응성(responsiveness)이나 책임성(responsibility)과도 관련이 있다. 국민과 주민을 위하는 행정이라는 점에서 민주성은 합법성, 즉 법에 근거한 행정보다 적극적인 개념이다.

(6) 정치적 중립성

정치적 중립성(political neutrality)이란 원래 행정을 능률적으로 수행하기 위해서는 정치와 행정을 분리해야 한다는 정치·행정이원론에 입각한 것이다. 미국에서 1883년 제정된 펜들턴법(Pendleton Act)과 해치법(Hatch Act)은 공무원의 정치적 활동을 금지한 법률이다.

행정은 정치 권력의 구조 형성에 개입해서는 안 되며, 정치로부터 부당한 영향을 받아서도 안 된다. 이러한 정치적 중립성과 자율성의 확보를 위해 공무원의 신분 보장, 전문화, 실적주의를 제도화하는 것이 하나의 방안이 되고 있다. 이를 통해 안정성, 계속성, 능률성을 유지해야 한다는 것이다. 따라서 행정의 정치적 중립은 능률적 행정을 가능하게 하는 이점이 있으며, 또한 실적주의(merit system)의 근간이 된다.

(7) 사회적 형평성

사회적 형평성(social equity)이 현대에 와서 강조되기 시작한 것은 신행정론이 대두되면서부터이다. 신행정론자들은 1960년대 이후 발생한 문제 등은 비민주적이고 대표성을 상실한 기존 관료제의 무관심에 의한 것이라고 보았다. 신행정학에서 강조되는 사회적 형평의 이념은 적극적인 분배의 평등관을 함축하고 있고, 이것은 사회적·경제적·정치적 환경이 언제나 불리한 계층에게 더 많은 그리고 양질의 행정 서비스를 제공하는 것을 의미한다.

제4절 정부 조직이 지녀야 할 가치와 철학

정부 조직 관리에서 가치는 정부 공무원의 행태에 영향을 미칠 수 있는 바람직한 이념 성향으로 정의할 수 있다. 정부 조직 관리에서의 철학은 정부가 국민을 위해 무엇을 어떻게 해야 좋은지에 대한 끊임없는 탐구를 의미한다. 우리나라 공무원들에게 가장 우선시되는 가치는 무엇인지, 어떤 가치와 철학을 지니고 살아가고 있는지 궁금하다.

2016년 "민중은 개 돼지다", "신분제를 공고화시켜야 한다"는 발언으로 교육부 고위 간부 나향욱이 파면되었다. 영화 〈내부자〉에서 조국일보 논설 주간 이강희가 "어차피 대중은 개 돼지들입니다. 적당히 짖다가 알아서 조용해질 겁니다"라고 한 말을 그대로 내뱉은 것이다. 그의 말 한마디는 엘리트 사회의 뿌리깊은 선민 의식을 제대로 보여주고 있다.

많은 사람이 한국 사회는 부모의 신분에 따라 운명이 결정되는 '신분제' 사회로 변하고 있다고 생각한다. 우리가 요즘 말하는 금수저, 은수저, 흙수저, 무수저 논의가 대표적이다. 개천에서 용나는 시절은 지나갔다라는 말과 함께 대부분의 사람은 이제 스스로의 힘으로 신분 상승을 이루기는 어렵다고 생각한다.

또한 자기 힘으로 창업한 부자는 10명 중 3명에도 못 미친다. 오늘날 젊은 세대들은 부모의 경쟁력에 따라 자기의 운명이 결정된다고 믿는다. 부모의 능력에 따라 자녀의 운명이 결정되는 세습 사회가 등장하면서, 주요 통로인 교육 기회가 부모의 경제력에 따라 결정되면서 균등한 기회라는 민주주의 가치가 사라지고 있다. 이렇게 부모의 힘만으로 금수저로 자란 아이들이 성인이 되어서 권력 남용을 하게 된다면, 한국 사회는 불평등한 사회에서 벗어나지 못할 것이다.

한번 환경부는 영원한 환경부?
퇴직 공무원 모임 환경동우회, 30년째 운영 ... 현직과 교류

한 번 해병은 영원한 해병이란 말이 있다. 해병대를 대표하는 이 말은 해병대 출신의 강한 연대 의식이 어디서 나오는지 짐작케 한다. 하지만 해병대뿐만이 아니었다.

1987년 결성한 환경동우회는 30년 간 유지되면서 전·현직 환경부 공무원을 결속시키는 역할을 해 왔다. 회원 가입도 반강제적(?)이다. 환경부 본부나 국립환경과학원, 국립생물자원관, 국립환경인력개발원, 온실가스종합정보센터 및 지방 환경청 등의 소속기관에서 근무한 후 퇴직한 전직 공무원은 별도의 가입 절차 없이 모두가 환경동우회 회원으로 자격을 인정한다고 정하고 있다.

문제는 퇴직 공무원 교류에서 끝나지 않는다는 것이다. 환경동우회는 정기적으로 현직 환경부 공무원과 함께 하는 프로그램을 운영하고 있다. 환경부의 용역 사업도 수행하고 있다.

동우 회원은 물론 현직 공무원들의 경조사도 챙긴다. 환경동우회 홈페이지에는 경조사란을 별도로 운영하고 있다. 최근 수개월간 게시물을 확인한 결과 월 평균 6건의 경조사 안내문이 게시됐다. 이 중 절반 이상이 현직 환경부 공무원들의 경조사다. 홈페이지에는 경조금 전달 계좌까지 안내하고 있다.

한 관계자는 산악회나 골프모임을 통해 서로 교류한다. 업체나 기관 할 것 없이 전직 환경부 공무원이 포함되어 있지 않은 곳이 없다. 법대로 일을 처리하는지 의문이 생길 수 밖에 없다고 지적했다.

폐기물처리업체는 물론 구체적인 설계를 해 환경부에 제출하는 환경컨설팅 업체에 이르기까지 퇴직 환경부 공무원이 곳곳에서 활동하고 있다는 것이 관계자들의 설명이다.

(출처: 충청리뷰, 2016년 8월 12일자, 3면).

예루살렘의 아이히만(Adolf Eichmann)처럼 '영혼 없는 관료'들은 시민에게 악의 얼굴로 다가온다. 정부가 환경 탓과 예산 탓만 한다면, 빈곤의 악순환은 더욱 심해져 빈곤의 세대화, 빈곤의 세습화로 이어질 것이다. 그러나 정부가 예산의 제약 속에서도 지혜를 모으고 슬기롭게 정책을 개발하면, 선(善)의 평범성과 취업의 선순환 구조를 풀어낼 수 있을 것이다.

우리가 바라는 정부는 시민 속으로 파고들어 나라 살림에 최선을 다하는 '시민 속의 정부'이다. 시민 속으로 파고들어 시민의 뜻과 혼연일체가 되려는 시민 속의 정부, 우리들의 정부만이 시민과의 제도화된 사회적 합의 아래서, 시민과 생활 문제를 해결하는 데 유용한 사람을 위한 정책들을 입안할 수 있다. 조직의 역할은 선량한 시민을 위한 정의로운 곳에 써야 하며, 부당한 특권과 반칙을 용납하거나 방관하지 않는 '우리들의 정부' 모습을 원한다.

정부 조직은 대통령의 국정 철학을 반영하고 국정 목표를 효과적으로 달성하기 위한 조직의 인프라로서, 정부 운영에 가장 기본적인 과정이다. 철학의 문제는 그 사회에서 가장 옳다고 생각하는 것이 무엇인가를 파악하는 것을 기본 출발점으로 삼아야 한다.

정부 조직이 갖추어야 할 기본적 자세
국민에게 가장 좋은 정부는 가장 적게 다스리는 정부이며, 더 나아가서는 전혀 다스리지 않는 정부이다. 그러나 소수의 권력자들이 정부를 자신의 도구로 이용해서 문제가 발생한다. 우리는 먼저 인간이어야 하고, 그 다음에 국민이어야 한다. 법에 대한 존경심보다는 먼저 정의에 대한 존경심을 길러야 한다. 법에 대한 존경심 때문에 선량한 사람들조차도 매일 불의(不義)의 하수인이 되고 있다. 정부는 치료약을 더 나쁘게 만든다. 왜 정부는 항상 눈을 크게 뜨고 잘못을 지적해달라고 시민들을 독려해 스스로 잘못을 교정하려 하지 않는가? 정부라는 기계가 불의를 행하는 하수인이 되라고 요구하면 법을 어겨라. 시작이 얼마나 작아 보이는가는 중요하지 않다. 어떤 일이든 한 번 제대로 행해지면 영원히 행해지기 때문이다. 소수가 온 힘을 다해 불의를 가로 막으면 그 힘은 불가항력이 된다. 정부는 피치자의 허락과 동의를 얻어야 한다. 내가 양도한 것 말고 정부는 내 신체나 재산에 대해 어떠한 순수한 권리도 갖고 있지 않다. 국가가 자신의 권력과 권위의 원천으로 개인을 더욱 고귀하고 독립된 힘으로 인정하고 대접받지 않는 한, 진정으로 자유롭고 계몽된 국가는 없다.
출처: 『월든(Walden)』(1854)의 저자이자 시민불복종 선언의 주창자 소로(Henry D. Thoreau)의 『시민불복종(One Civil Disobedience)』(1849) 원문.

역대 대통령의 국정 운영 철학	
대통령	국정 운영 철학
이승만	민주주의, 평화와 자유, 국민화합
윤보선	민주주의, 경제적 자유와 정치적 자유, 부패 척결
박정희	경제발전, 자주의식, 민주와 번영, 민조적 주체성, 반부패
최규하	민주주의, 자유에 대한 책임, 권리에 대한 의무
전두환	민주주의, 복지, 정의, 자주국방, 교육혁신, 문화창달
노태우	민주주의, 지도층의 도덕성, 국민화합, 부의 고른 분배
김영삼	부정부패 척결, 경제회생, 민주주의, 국가기강 확립, 분배의 정의 실현, 교육
김대중	민주주의, 남북교류, 개혁, 경쟁과 시장경제

노무현	지방분권, 혁신도시 건설, 지방간 균형발전
이명박	공정사회 구현, 경제발전, 녹색성장
박근혜	창조경제, 비정상의 정상화, 공기업 개혁, 노동개혁, 금융개혁
문재인	권위주의 청산, 국민통합, 화합 소통, 권력 분산

정치, 경제, 사회 부문에서 국정 철학을 보면, 민주주의를 위협하는 전쟁, 경제위기, 내전 등의 위기가 존재할 때, 정부는 위기에 대해 비정상적 운영을 하게 된다. 미국의 남북전쟁, 제1, 2차 세계대전, 대공황 때의 지도자의 모습이 그렇다.

전쟁 중에는 정부가 모든 정부 조직과 사회 제도를 전쟁 지원 체계로 전환시켜야 하기 때문에 정부의 권한은 강화되고 국민의 권리는 제약된다.

또 내전 시에는 많은 사람이 정부의 정당성을 공개적으로 부정하게 되며, 대공황과 같은 경제위기도 민주주의에 위협이 될 수 있다.

극도의 위기를 벗어난 상황에서야 비로소 민주주의라는 가치가 실현되기 시작하는 것이다. 1940년 대부터 경제성장론과 경제 발달 단계론이 주창되었는데, 이들은 국가의 부(富를, wealth) 증대시키는 데 가치를 둔 철학이었고, 이를 어떻게 실현하느냐에 중점을 두었다.

국가가 경제를 정책 수단으로 어떻게 사용하느냐에 대해서 케인스(John M. Keynes)와 같은 시각이 지배하기도 했다. 경제성장을 유일한 가치로 주장한 철학자는 거의 없다. 그보다는 아리스토텔레스(Aristoteles)를 비롯한 많은 사상가가 경제적 측면을 포함해 모든 면에서 산술적 평등, 비례적 평등의 문제를 심도있게 논의했다(백종현, 2004).

간디의 일곱 가지 악덕
인도의 민족운동 지도자이자 인도 건국의 아버지 마하트마 간디(Mahatma Gandhi)의 추모공원인 야무나(Yamuna) 공원에는 간디가 말한 다음과 같은 일곱 가지 악덕(惡德)이 쓰여 있다. ① 철학 없는 정치, ② 도덕 없는 경제, ③ 노동 없는 부, ④ 인격 없는 교육, ⑤ 인간성 없는 과학, ⑥ 윤리 없는 쾌락, ⑦ 헌신 없는 종교

제5절 정부 조직의 분화와 운영

1. 정부 조직의 수평적 분화

정부 조직의 수평적 분화란 정부가 하나의 부처가 아닌 여러 부처로 나뉘어 있는 현상을 말한다. 부처를 어느 정도까지 나눌 것인가에 대해 논리적 근거를 제공하는 경제학 이론을 찾기는 쉽지 않다. 단지 상식적인 차원에서 다음과 같은 기준을 나열할 수 있을 뿐이다(고영선, 2010: 15-16).

첫째, 업무의 유사성 또는 연계성이다. 유사하거나 연계가 높은 업무는 한 부처 안에 통합하는 것이 바람직하다. 예컨대, 현재 기획재정부에는 예산 기능, 세제 기능, 국고 기능이 통합되어 있는데, 이들 간에는 어느 정도 유사성과 연계성이 있다고 보이므로 바람직하다고 평가할 수 있다. 물론 나라에 따라 이들 기능이 분리되어 있는 경우도 많다. 한편 금융 정책과 관련해 기획재정부는 국제 금융을, 금융위원회는 국내 금융을 담당하고 있는데, 이번 글로벌 금융위기에서 확인된 것처럼 국제 금융과 국내 금융이 불가분의 관계에 있음을 고려할 때 이는 바람직하지 않은 수평적 분화로 판단된다.

둘째, 장관의 통솔 범위(scope of control)이다. 장관이 처리할 수 있는 업무의 양이 한정되어 있음을 고려하면 지나치게 넓은 범위의 기능을 한 부처에 두는 것은 바람직하지 않다. 예컨대, 외환위기 이전에 재정경제원 안에는 예산실, 세제실, 금융정책실 등 매우 많은 부서가 있어 장관이 모든 업무를 제대로 챙기기 어려웠다는 비판이 있었고, 외환위기 이후 재정경제원은 기획예산위원회와 재정경제부로 분화되었다.

셋째, 대립적 목표를 추구하는 조직의 경우 분화되는 것이 바람직하다. 대표적인 예로는 국토 개발과 환경 보존을 들 수 있다. 그 밖에 금융 감독과 금융 정책도 때로는 대립적인 관계에 있게 된다고 인식된다. 금융감독 기구의 임무는 부실 금융기관을 법규에 따라 엄정히 제재하는 데 있다. 이를 통해 금융 기관의 도덕적 해이(moral hazard)를 방지하고, 궁극적으로 금융 산업과 금융 시장의 안정적 발전을 도모하게 된다. 이런 궁극적인 목적은 금융 정책 기구도 공유하는 것이지만, 단기적으로는 부실 금융기관의 제재가 금융 시장의 불안을 가져올 것으로 예상되는 경우 금융 정책 기구는 부실 금융 기관의 제재를 원치 않을 수 있다. 특히, 금융 정책을 담당하는 공무원들이 근시안적 시각에서 자신의 임기 중에 문제를 덮어두고자 하는 유혹을 가질 수 있다. 따라서 금융 감독과 금융 정책은 분리되는 것이 타당하다는 점에 대부분의 전문가가 동의하고 있다. 그럼에도 불구하고 우리나라에서는 이 기능이 금융위원회에 사실상 일원화되어 있는 상태이다.

넷째, 정책 업무와 집행 업무의 분리이다. 예컨대, 기획재정부 세제실은 세법의 제·개정을 통해 조세 정책을 수립하는 역할을 담당하고 국세청은 세법에 따라 조세를 징수하는 역할을 담당한다. 이처럼 정책과 집행을 분리하는 목적은 규모의 비경제를 극복하는 한편, 성과관리 적용이 비교적 쉬운 집행 기능에 대해 성과관리를 적용할 수 있도록 하는 데 있다. 또 정책 기능이 특정 이익집단의 포로가 되는 현상을 방지하는 것도 목적으로 제시된다. 정책 기능이 집행 기능까지 담당할 경우 집행 대상인 이익집단과의 거리가 너무 가까워질 수 있다는 것이다. 그러나 정책 업무와 집행 업무의 분리가 언제나 바람직한 것은 아니다. 집행 과정에서 정책 결정을 내려야 할 경우가 많고, 집행 과정에 대한 지식이 정책 수립에 필수적일 수 있기 때문이다. 뉴질랜드 사례를 살펴보면, 1989년에 국방부(Ministry of Defense)와 뉴질랜드 방위군(New Zealand Defense Force)을 분리했다. 그러나 정책 입안에서 방위군의 영향력이 줄어들지 않은 것으로 나타났다(고영선, 1997).

2. 정부 조직의 운영

정부 조직의 수직적 분화 및 수평적 분화가 최적의 상태로 이루어지더라도 정부 조직의 성과가 반드시 극대화되는 것은 아니다(고영선, 2010: 16-18). 정부 조직에서 성과 향상을 저해하는 중요한 문제는 일반 기업에서와 같은 주인-대리인 문제이다. 민주 국가에서 정부의 주인은 국민이다. 대통령은 국민을 대리해서 행정부를 지배한다. 그리고 부처는 다시 대통령을 대리해서 정책을 입안하고 집행한다. 이처럼 국민(주인) → 대통령(대리인) → 부처(복대리인)로 이어지는 여러 단계의 주인-대리인(principal-agent) 관계로 인해 공무원들의 책임 의식이 약화되기 쉽다. 이런 관점에서 공공선택이론(public choice theory)은 공무원들이 국민보다 자신의 이익을 앞세워 예산 및 인력 확보, 조직 확대, 영향력 확대, 규제 포획(regulatory capture) 등의 행태를 보이게 된다고 주장한다. 이것은 특별히 공무원들이 비도덕적이라는 의미가 아니라 다른 모든 사람과 동일하게 자신의 효용을 극대화하려는 유인 구조에 따라서 행동한다는 의미이다. 주인-대리인 문제의 본질은 주인과 대리인 사이의 정보 비대칭성(information asymmetry)에 있다. 민간 기업의 경우 대리인인 최고관리자가 주인인 주주의 장기적 이익을 무시하고 단기적 성과에 집착할 가능성이 문제로 제기된다. 공공 부문에서도 유사한 문제가 발생할 수 있다. 그리고 이에 더해 공공 부문에서는 민간 기업과 달리 장기적 성과뿐 아니라 단기적 성과도 정확히 측정하기 어려움에 따라 공무원들이 자신의 이익을 추구할 여지가 더 커지게 된다. 이러한 주인-대리인 문제를 해결하기 위해서는 신공공행정론에서 이야기하듯 명확한 성과 목표를 설정하고 책임과 자율을 확대하는 방안을 추진할 수 있다. 대표적인 사례로 뉴질랜드에서는 부처의 책임자인 사무차관(chief executive)이 정치인인 장관과 성과계약을 맺는다. 그러나 실제로 정부 조직에서 계약관계를 활용하기는 어려울 수 있다. 무엇보다 정부 부처에서는 성과측정의 가능성이 낮다는 점을 기억해야 한다. 특히, 개별 구성원의 성과 목표가 소수의 구체적인 지표로 한정될 경우, 공복(公僕)으로서 국민에게 지는 좀더 광범위한 의무(responsibility)를 잊어버리거나 동료 또는 다른 부서와의 협조를 등한시하게 될 가능성도 있다. 만일 적절한 성과목표를 찾을 수 있다 하더라도 개발도상국에서는 계약 관계가 실제로 작동하지 못할 가능성이 높다. 쉬크(Allen Schick)에 따르면 뉴질랜드형 정부 개혁의 요체는 '계약에 근거한 정부(government by contract)'인데, 개도국에는 경제 내에 비공식 부문이 광범위하게 존재하고 법질서가 확립되어 있지 못해 계약에 근거한 정부가 원천적으로 불가능할 뿐 아니라 많은 위험을 내포한다. 그는 뉴질랜드에서도 성과계약은 시장형 계약이 아니라 관계형(relational) 계약이며, 장관과 사무차관이 논의할 근거(terms of reference)를 제공할 뿐이라고 말한다.

이 관점에서 보면, 성과 계약이 주인-대리인 문제를 모두 해결하기는 어렵다. 결국 공공 조직의 장단기 성과는 공무원들의 긍지와 자발적 윤리 의식에 상당 부분 의존할 수밖에 없다. 또 공무원들의 성과 극대화 노력을 저해하는 잘못된 유인 구조가 있다면 이를 해결할 필요도 있다.

우리나라의 경우 특히 문제가 되는 것은 잦은 인사 이동이다. 중앙인사위원회의 조사에 따르면 과장급 이상 직위의 평균 재직 기간은 1년을 약간 넘는 수준이다. 이러한 잦은 인사 이동은 공무원의 전문성과 업무의 연속성을 저해함으로써 성과에 심각한 부정적 영향을 미치고 있다고 인식된다.

문제는 계급분류제 하에서 Z자형 보직 이동이 관행으로 굳어져 있고, 이로 인해 잦은 인사 이동을 공무원들 스스로 원하고 있다는 사실이다. Z자형 보직 이동이란 동일직급 내에서도 자리의 가치에서 보면 하위인 보직에서부터 상위인 보직이 연쇄적으로 존재해, 한 직급 내에서 하위 보직으로부터 상위 보직으로의 이동을 마치면 상위직급의 하위보직으로 승진해 다시 해당 직급의 상위보직으로의 이동을 계속하는 것이다(김광호, 2007). 따라서 조직 내의 한 직급에서 결원이 발생하면 동일 직급의 하위 보직에 있던 사람들은 모두 각자 한 단계 위의 상위 보직으로 이동하게 되고, 그렇게 해서 비게 되는 해당 직급의 최하위 보직은 바로 밑의 직급의 최상위 보직에 있던 사람이 채우게 되는 일대 연쇄 이동이 발생하게 된다.

제2장

정부 조직의 가치와 철학

제2장 정부 조직의 가치와 철학

> 우리는 다음과 같은 사실을 자명한 진리로 받아들인다.
> 모든 사람은 평등하게 태어났고 창조주는 몇 개의 양도할 수 없는 권리를 부과했다.
> 그 권리 중에는 생명과 자유와 행복의 추구가 있다.
> 이 권리를 지키기 위해 인류는 정부를 조직했으며,
> 이 정부의 정당한 권력은 인민의 동의로부터 유래한다.
>
> 미국 독립선언서, 1776

제1절 정부 조직의 공적 가치

인간은 자신이 속한 공동체의 문화와 전통에 의해 길러지거나 길들여진 세계관·사회관·인간관의 프리즘을 통해 세상을 인식하며 그에 따라 자신의 행동을 선택한다. 문화는 한 사회가 공유하는 지식이라는 측면과 세상을 보는 인지 모형(mental model)을 제공한다는 측면을 지닌다. 어떤 시각이건 공유된 지식과 정보는 세상에 대한 유사한 믿음과 세계관을 부여한다. 문화는 공유된 믿음 체계(shared belief system)이기 때문에 인간은 이성적으로만 세상을 해석할 수 없다. 문화에 대한 정의는 다양하지만, 경제학자들은 이 용어를 집단 내에 널리 공유된 개인의 가치라는 의미로 사용한다. 그러나 오늘날 인류학자, 사회학자는 규칙(rules)과 규범(norms), 행동(actions), 의례(rituals)에 의해 유지되고 키워지는 인지 모형 혹은 "틀(schemas)"이라고 정의한다(강은숙·김종석, 2019: 105-106).

이와 달리 공적 가치는 ① 국민이 받을 권리와 혜택, ② 사회와 국가, 그리고 서로에 대한 의무, ③ 정부와 정책의 토대가 되는 원칙, 이들에 관한 규범적 합의를 도출할 수 있는 기반이다. 사적인 가치를 신중하게 고려하는 것 그 자체가 중요한 공적 가치가 될 수 있음은 물론이다. 예를 들면, 자유주의자들이 사적 가치를 높이고 공공의 영역을 최소화하려는 것은 그 자체가 강력한 공적 가치를 지닌 것으로 간주할 수 있다. 경제적 개인주의에서 사적·경제적 가치를 높이려는 것은 근본적으로 유일한 공적 가치이기 때문이다.

이러한 공적 가치에 대한 결정을 내리기 위해 우리는 어떤 논리를 사용해야 하는가라는 질문을 할 수 있다. 한 가지 대답은 시민들의 선호도를 측정하는 것이다. 이것은 특정 정책 문제에 대한 국민 투표나 총선거를 의미하는 것이 아니라, 일반적인 통치 선호도를 고려해야 한다는 것이다. 일반적으로 가치는 개인에 의해 선택될 수 있으며, 모든 개인은 상충되는 가치를 지닌다. 또한 가치는 행동과 선택을 위한 근거를 제공하는데, 사회의 공적 가치를 판단하지 않고 정부 조직이 행동과 선택을 할 수 있을까? 정부 조직은 의사 결정 과정과 정책을 형성하고 집행하며 평가하는 모든 과정에서 공적 가치를 인정하고 존중하게 될 수밖에 없다.

공적 가치에서 흥미로운 한 가지는 본질적 가치(intrinsic value)[2]와 수

2) 본질적 가치는 어떤 대상이 다른 것의 수단이기 때문에가 아니라, 그 자체가 목적이기 때문에 가지게 되는 가치를 말한다. 외재적 가치 또는 수단적 가치의 반대이다. 예를 들면, 낚시질은 물고기를 얻는 수단으로서 추구될 수도 있고, 다른 것에서 맛볼 수 없는 독특한 즐거움으로 추구될 수도 있는데, 후자의 경우에 부여되는 가치, 즉 낚시질에만 있는(그 자체에 내재하는) 고유한 가치를 본질적 가치라고 한다. 듀이(John Dewey)에 따르면, 모든 대상은 목적으로서 추구될 수도 있고 다른 것의 수단으로서 추구될 수도 있으므로, 본질적 가치와 수단적 가치의 구분은 대상을 보는 상황에 따른 구분일 뿐이지 대상에 따른 절대적 구분이 아니라고 했다. 그러나 대상 중에는 '행복', '생명', 등과 같이 오직 목적일 뿐 수단이 될 수 없는 것들도 있는데, 이를 목적적 가치라고도 한다(네이버 지식백과, 2018.2.21).

단적 가치(instrumental value)[3] 사이의 구별에 특별히 유의해야 한다는 것이다. 본질적 가치는 일단 달성하면 선호의 최종 상태를 대표한다. 예를 들면, 누군가는 공중보건을 본질적 가치로 본다. 하지만 수단적 가치는 그 자체로는 가치가 없지만 본질적 가치와 관련이 있다. 따라서 공중보건 예방접종은 지역 사회의 건강 증진으로 이어질 것으로 기대하기 때문에 가치가 있는 것이다.

공적 가치 역시 본질적 가치와 수단적 가치를 갖게 된다(Bozeman, 2007: 113-131). 예를 들면, 맥주잔이 아주 크고 많은 양의 맥주를 담을 수 있어서 (수단적) 가치를 지니고 있다고 느낄 수 있다. 이와 동시에 맥주잔이 친한 친구로부터 선물로 받은 것이고, 맥주잔을 볼 때마다 그(녀)를 떠올리게 해서 (본질적) 가치가 있다고 생각할 수 있다. 만약 맥주잔에 금이 가거나 더 이상 맥주를 담을 수 없을 때, 잔은 도구적 가치는 잃지만, 반드시 본질적 가치를 잃는 것은 아니다. 물론 가치 평가에 대한 변화는 맥주잔에 금이 간 것뿐만 아니라 우정에 금이 간 경우를 포함해서 여러 가지 이유로 발생 가능하다.

또 공적 가치도, 어느 정부 조직이 해상의 안전을 지킬 수 있는 인력과 장비를 지니고 있어서 (수단적) 가치를 지니고 있다고 생각할 수 있다. 그리고 배가 침몰하는 과정에서 정부 조직이 승객의 생명과 안전을 지키는 (본질적) 가치가 있다고 볼 수 있다. 하지만 해상에서 배가 침몰하고 있는 중에 정부 조직이 국민의 생명과 안전을 지키기 위해 노력을 하지 않을 때, 이 정부 조직은 수단적 가치는 유지하고 있지만, 본질적

3) 수단적 가치는 그 자체가 목적이기 때문이 아니라, 어떤 목적을 실현하는 수단이기 때문에 가지게 되는 가치를 말한다. 예컨대, 돈을 모으는 데서 만족을 느끼고 돈 자체를 목적으로서 추구하는 수전노(守錢奴)가 아닐 경우에 우리는 다른 목적을 실현하기 위한 수단으로서 돈을 추구한다. 그러므로 우리가 돈에 부여하는 가치는 수단적 가치이다. 이때, 참된 가치는 돈의 외부에 있는 셈이므로, 수단적 가치는 흔히 외재적(外在的) 가치라고도 부른다. 한편, 미술작품의 내재적 속성에 가치를 부여하지 않으면서도 상업수단으로 그것을 사 모으는 화상(畵商)의 경우처럼, 내재적 가치를 가지는 대상에도 수단적·외재적 가치가 부여될 수 있다(네이버 지식백과, 2018.2.21.)

가치를 지니고 있는 것으로 보기는 어렵다. 재난 상황이 종료된 후에는 국민의 생명과 안전을 지키기 위해 정부 조직의 위기관리 전문성 강화와 인력 보강을 해야 하는 (본질적) 가치의 중요성을 잊어버린 채, 위기관리의 전문성 확보나 전문 인력 보강과는 관계없이 해당 정부 조직의 인력 증원과 조직 확대, 예산 증액만 해 주는 것은 수단적 가치에 매몰되어 본질적 가치를 망각한 경우이다.

그렇기 때문에 수단적 가치의 특성을 좀 더 자세하게 이해할 필요가 있다. 예를 들어, 돈은 개인들이 특정한 형태의 종이(돈)를 교환의 도구로 사용할 수 있다는 데 동의했기 때문에 수단적 가치를 지닌다고 할 수 있다. 5만 원짜리 지폐 한 묶음 자체는 본질적 가치가 없다. 5만 원권 지폐는 화폐를 수집하는 화폐 수집가에게는 본질적 가치가 있을 수 있지만, 대부분의 사람은 5만 원권 지폐를 쓸 수 있는 방법 때문에 흥미를 갖는다. 돈(수단적 가치)은 음식(본질적 가치)과 교환하거나 교통카드(다른 수단적 가치)와 교환 가능하다는 데 관심을 갖는 것이다.

가치 평가 역시 어느 한 시점에서는 수단적 가치로, 그리고 다른 어느 한 시점에서는 본질적 가치가 될 수 있다. 누군가가 몸매를 유지하거나 체중을 감량하기 위해 조깅을 시작했다가, 시간이 지남에 따라 조깅이 갖는 이점(휴식, 일과, 세로토닌의 증가)을 즐길 수도 있다. 이러한 가치의 변화는 점진적으로 눈에 잘 띄지 않게 발생한다.

행정 가치는 행정의 각 단계마다 행위자(actor)인 공무원들이 행정 행위(action)에 앞서 반드시 참고하고 준수해야 할 지도적 행동 원리(principle of action)나 실천에 옮겨야 할 최고의 행동 규범으로써 작용한다. 공무원이 좋은 아이디어나 큰 고민 없이 행정 행위를 즉흥적, 주먹구구식으로 해대면 아무래도 일을 할 때 실수나 오류를 범할 가능성이 높기 때문이다.

정부 운영 핵심기조 '사회적 가치'

문재인 정부는 2018년 3월 19일 '정부혁신 종합 추진계획'을 발표하며 정부 운영 핵심 기조로 '사회적 가치'를 전면에 내세웠다. 행정안전부에 따르면 정부는 '사회적 가치'를 사회와 경제, 환경, 문화 등 모든 영역에서 공공의 이익과 공동체의 발전에 기여할 수 있는 가치로 정의했다. 그간 효율과 성장 중심의 국정운영으로 국민경제 규모는 커졌지만, 양극화와 불평등으로 국민이 체감하는 삶의 질은 나아지지 않았다는 판단에 따른 것이다.

정부는 현 상황을 보여주는 대표적인 지표 사례로 경제협력개발기구(OECD)의 '유리천장 지수'가 회원국 중에서 5년 연속 '꼴찌'에 머물러 있고, 공동체지수 38위, 환경지수도 36위로 하위권을 맴돌고 있다는 점을 제시했다. 이제는 양적 성장을 넘어 국민의 삶의 질을 개선하기 위해 사회적 가치라는 명제가 국정운영의 중심이 돼야 한다는 것이다. 정부는 예산편성 때부터 사회적 가치를 중심에 두겠다는 계획을 분명히 했다.

우선, 내년도 예산편성 지침에 안전과 환경, 사회적 약자 배려라는 사회적 가치 구현사업에 투자를 확대하고, 사회적 경제활성화 지원도 강화하기로 했다. 이를 위해 민간주도로 3천억원 규모의 '사회가치기금' 설립을 지원하고, 신용보증기금 내 사회적 경제 지원 계정을 별도로 신설하겠다는 입장을 내놨다. 또 2022년까지 행정·공공기관에 친환경차 비율을 60%까지 달성하기 위해 친환경차 의무 구매 및 임차비율을 점진적으로 높여 가기로 했다. 재정사업 성과 평가 때에는 일자리 창출, 양극화 해소 등 사회적 가치 구현사업에 대해 가점을 부여하는 방안도 추진된다.

정부는 이 같은 방향의 재정혁신과 함께 정부 인사와 조직에도 사회적 가치를 반영해 변화를 주기로 했다. 2022년까지 여성 고위공무원단 내 여성비율을 10%까지 확대하는 내용의 공공부문 여성임용 목표제를 도입하고, 공공부문 기관의 성과평가 때에도 사회적 가치 평가지표를 넣어 배점에 반영할 방침이다.

정부는 사회적 가치와 함께 국민 참여와 협력, 신뢰받는 정부를 '정부혁신 3대 전략'으로 제시했다. 국민 참여확대 방안으로는 정부 출범 당시 국민 아이디어 접수 창구였던 '광화문1번가'를 상설화하는 것 외에도 공공기관 주차장과 회의실 등을 공휴일에 국민에게 개방하겠다는 계획을 내놨다. 신뢰받는 정부로 이행을 위해 ▲ 데이터 기반 '디지털 행정 서비스 혁신' ▲ 벤처형 조직 시범운영 ▲ 국민 불편 규제 혁파 ▲ 모바일 전자결재 확

정부 운영 핵심기조 '사회적 가치'
대 등 불필요 행·재정 낭비 제로(zero) 등 4대 행정혁신을 주요 과제로 담았다. 정부는 전문가 위주, 계획수립과 하달, 내부 혁신에만 골몰했던 과거 정부의 정부운영 방식을 탈피해 국민이 혁신과정에 직접 참여하고, 자율적으로 모인 의견을 상향식으로 전달하는 혁신을 이루겠다고 밝혔다. (출처: 연합뉴스, 2018. 03. 19).

제2절 정부 조직의 가치관 경영

철학은 사물과 현상에 대한 가치 평가의 기준이 된다. 인간은 가치를 추구하며, 사회적 가치로 환원되고, 거기에 조직도 포함된다. 조직의 철학은 조직이 지향해야 할 가치에 관한 사고와 판단의 기준이라고 할 수 있다. 이러한 조직 철학은 여러 효용성이 있는데, 먼저 조직의 목적 및 목표를 설정하는 기준이 된다. 또한 조직이 어떤 전략을 통해 경쟁력을 높여야 하는가에 지침을 주고, 조직 체계의 구성, 운영의 준거를 제공한다. 추가적으로 조직구성원의 행동 지침이 되고, 조직 평가의 기준 제공, 마지막으로 미래 조직 성장의 방향을 제시한다.

어느 조직이든지 조직만의 철학이 있어야 조직의 정체성(identity)을 세울 수 있다. 조직 내 팀원들의 열정을 끌어올리고 동기 부여까지 할 수 있다면 얼마나 좋은가. 다만 조직의 비전(vision)과 철학에 대한 내부 구성원들의 공감과 공유가 먼저 선행되어야 한다는 전제 조건이 있어야 한다. 그 전제 조건이 충족되지 않은 상태에서는 아무리 리더가 노력을 해도 결코 조직의 기대치를 채우기 어렵다. 그렇다고 조직을 잘 이해하지 못하는 외부의 철학자에게 조직의 철학을 수립하거나 운영해달라고 하지 않는다. 대부분의 경우, 조직의 오너나 리더의 철학을 조직 전체에 강요하게 되는 것이다.

미래 사회에서도 마찬가지이다. 미래 스마트 사회의 신정부 모델은 ① 정부-민간의 협력 강화 요인을 중심으로 하는 협력형 정부, ② 국민의 요구를 수용하기 위한 행정서비스 강화 요인을 중심으로 하는 지능형 정부, ③ 소통·참여·신뢰 요인을 중심으로 하는 투명한 정부를 말한다. 즉 스마트 정부란 협력형 정부, 정부-민간의 협력 강화 요인을 중심으로 하는 정부이면서, 지능형 정부이고, 투명한 정부를 말한다. 이 세 가지 특징은 공유, 참여, 개방에서 개인화, 지능화라는 단어로 축약된다. 이러한 미래 사회에서도 가치와 철학이야 말로 조직을 관리하는 기본이 된다.

가치관 경영(value management)은 가치를 중심으로 기업을 이끌어 가는 방식이라고 정의할 수 있다. 조직에 대한 가치관은 크게 세 가지 요소로 구분할 수 있다.

첫째, 사명으로 우리 조직은 왜 존재하는가? 사명은 조직의 존재 이유를 규정한 것이다.

둘째, 핵심 가치로 어떤 방식으로 사업을 할 것인가? 조직의 임직원들이 반드시 공유하며 추가해야 할 요소를 의미한다.

셋째, 비전으로 우리 조직은 무엇이 될 것인가? 비전은 조직의 미래를 위한 구체적 전략을 말한다.

이러한 가치관 경영이 중요한 이유는 다음과 같다.

최고관리자(CEO)가 명확한 '철학'을 제시해야 직원도 움직인다는 것이다. 변화는 기업을 경영하는 모든 최고관리자의 꿈이다. 늘 더 좋은 조직을 만들고 더 나은 가치를 사회에 제공하고 더 많은 고객에게 사랑받는 것을 꿈꾸며 사는 사람들이 CEO이기 때문이다. 하지만 이 꿈을 이루기는 쉽지 않다. 왜냐하면 혼자서는 이룰 수 없다. 더욱이 CEO와 다른 생각을 가진 직원이 많으면 많을수록 꿈을 이루기는 어렵다. 이러한 문제를 해결하기 위한 방법으로는, CEO가 기업이 지향하는 가치 체계를 새롭게 세워 직원들이 받아들이게 해야 한다. 가치관을 바로 세우면 직원들은 변하지 말라고 해도 변하게 되기 때문이다.

이를 위해서는 리더 스스로 확실한 가치관을 정립해야 한다. 리더가 가치관 경영을 실천하는 방법으로는 다음 세 가지 방법이 있다.

첫째, 사람들의 마음과 자신의 가치관을 철저하게 이해해야 한다(comprehend).

둘째, 리더 자신의 가치관과 조직 및 구성원들을 연결할 수 있어야 한다(connect).

셋째, 리더 자신이 가치관 실천에 대해 솔선수범하고 구성원들에게도 가치관이 살아 숨쉬도록 지속시켜야 한다(continue).

이러한 가치관 경영이 왜 필요한가? 가치관 경영의 필요성에 대해서는 세 가지로 나누어 볼 수 있다.

첫째, 직원들에게 일이 아닌 '일의 의미'를 가르친다. 자신이 하고 있는 일의 가치를 아는 직원은 기업의 주인처럼 일한다. 자신이 기여할 수 있는 일을 스스로 찾아서 한다.

둘째, 직원들에게 일의 우선순위를 정해 준다. 그러면 CEO가 일일이 업무를 지시할 필요가 없어진다. 직원 스스로가 잡념 없이 일에 매진할 수 있게 해준다. 매일매일의 결정을 내릴 수 있도록 지침을 준다.

셋째, 직원들에게 꿈을 심어 준다. 논쟁이 필요없어지고 일사불란하게 꿈을 향해 하나로 움직인다. 우리 기업의 10년 후를 고민하게 된다. 기업에 대한 충성도를 높여 준다.

제3절 공직 윤리와 행정 가치

1. 공직 윤리의 개념

공직 윤리란 정부 조직에 종사하는 공무원들이 지켜야 할 윤리 규범으로서, 공무원이 조직구성원으로서 지켜야 할 직업 윤리를 말한다(행정학사전, 2019). 공무원은 국민 전체에 대한 봉사자로서 마땅히 지켜야 할 직업 윤리가 있다. 공직 윤리는 현실적으로 행정을 직접 담당하는 공무원의 윤리관에 의해 정립되며 또 구현된다. 바꿔 말해서 공직 윤리의 주체는 바로 공무원이다. 그러므로 공무원에게는 그 누구보다도 올바른 윤리관이 확립되어 있지 않으면 안 된다. 공무원에게 올바른 윤리관을 갖게 하기 위해서는 공무원의 윤리적 행위 규범을 법제화하는 것도 필요하지만, 그보다도 공무원 스스로의 자율적 윤리관 확립이 더욱 중요하다. 그 방법으로는 공무원을 처음 채용할 때부터 올바른 직업관과 바람직한 가치관을 지닌 인물을 선발하도록 해야 하며, 또 임용 후에도 공무원 스스로가 도덕적 행동 성향을 높이고 인 격 도야와 윤리 수준을 향상시킬 수 있도록 정부가 적극적으로 교화 활동을 전개해야 한다(노영숙, 2019: 33-34). 직업 윤리의 하나인 공직 윤리는 한 나라의 공직자들이 공무 수행 과정에서 마땅히 지키고 반드시 준수해야 할 행동 규범이다(이서행, 1991: 25). 공직 윤리에 대한 학자들의 개념 정의를 좀 더 자세히 살펴보자(이도형, 2004: 143-147).

전(Jun, 1986: 275)에 따르면, 공직 윤리는 올바른 행정은 무엇인지 그 답을 찾기 위한 일종의 성찰 과정으로서, 그 핵심은 공직자의 자아 성찰과 책임 의식의 제고이다. 공직자가 갖는 공익 실현에의 책임감이야말로 국민에 대한 최대한의 윤리적 의무이다. 도덕이 기존 도덕 사상의 전수에 목적이 있는 반면, 공직 윤리는 공직자가 자아 성찰을 통해 스스로 올바른 행위 규범을 발견하게 하는 데 목적이 있다.

로젠블룸(Rosenbloom, 1989: 464)에 따르면, 공직 윤리는 공직자들이 국민의 신뢰를 얻게 해 주는 내부 통제장치로서, 공직자들의 행위에 정당성을 부여해 주는 공식적·비공식적 제약이다. 따라서 공직 윤리를 구현하려 할 때는 공무원의 행위 규범의 정당성 기준과 그들의 성찰을 통한 판단 능력이 중시된다(문태현, 2000: 192-193).

왈도(Waldo, 1980: 101-110)는 공직 윤리라는 직접적인 표현을 쓰지는 않았지만, 공무원들이 반드시 준수해야 할 보편적 의무로서, 국가에 대한 충성심, 질서 유지, 생산성, 경제성, 능률성과 같은 개념들을 강조하고 있다. 공직 윤리에 대한 위의 개념 정의들은 다소 추상적이어서 그 의미들이 선뜻 들어오지 않는다. 따라서 몇몇 사람의 살아 있는 격언 속에서 공직 윤리 개념을 좀 더 쉽게 이해해 보자.

베일리(Bailey, 1964)는 "정부 안의 고위관리층은 수목 한계선(above timber line: 고도가 높아 수목의 성장이 더 이상 불가능해지는 지역 한계선) 위에 있는 사람들"이라고 말한다. 즉, 이들의 행동거지가 그만큼 쉽게 노출되어 있기 때문에, 이들의 공직 윤리 문제는 매우 엄격한 심판의 대상이 된다.

무엇보다 미국의 초대 대통령인 워싱턴(George Washington)이 인사 청탁을 하러 온 친구에게 한 다음과 같은 말, 즉 "조지 워싱턴으로서의 나는 내 힘이 닿는 한 자네를 위해 모든 것을 할 수 있지만, 대통령으로서의 나는 관직을 부탁하러 온 자네에게 그 어느 것도 해 줄 수 없다네"(Waldo, 1980: 99)라는 명언은, 공직 윤리에 대한 어떤 개념 정의보다도 명확하게 우리에게 공직 윤리의 진수를 보여준다.

2. 공직 윤리의 행정철학적 함의

공직 윤리는 행정학 분야에서 얼마나 큰 비중을 차지하고 있는가? 행정학자들은 윤리의 문제를 행정 연구에 통합시킬 필요성을 비교적 뒤늦게 인식했다. 초기의 행정학 문헌들은 절약과 능률을 최상의 행정 목표로 간주했다. 따라서 공직 윤리는 정치·행정 이분법 하에서는 그 의미가 매우 희박했다. 그러나 20세기에 들어와 행정국가(administrative state) 현상의 대두와 더불어 정부가 정책 형성까지 맡게 되고, 따라서 공무원들의 정치적 책임성이 강조되면서, 그들의 자의적 재량 행위를 통제하려는 전략적 필요성(Martinez, 1998: 704-706)에서, 공직 윤리에 대한 본격적 연구가 이루어지게 되었다.

그러면 공직 윤리의 행정철학적 함의는 과연 무엇인가? 행정국가 하에서 정책 결정권까지 행사하게 된 직업공무원들에게는 국민의 권한을 위임받은 참된 수탁자(trustee)로서 국민의 뜻을 잘 받들어 행정을 수행해야 할 민주적 책임성과 더불어 국민의 세금을 아껴 써야 할 능률적 책임감이 크게 부여된다.

따라서 뇌물 수수, 공금 횡령, 사익 추구 등 부정부패와 특혜 부여 등의 비윤리적 행위를 해서는 안 된다는 소극적 윤리뿐만 아니라, 국민의 뜻에 적극 부응하고 국민의 요구로 아직 구체화되기 전이라도 바람직한 행정 상황을 먼저 만들어 내는 등 주도적인 정책 역할을 해야 한다는 적극적 윤리가 이들에게 요구된다.

로젠블룸(Rosenbloom, 1983)은 이러한 소극적 윤리와 적극적 윤리를 법규 준수와 일에의 열정으로 다르게 표현한다. 법규 준수(legal compliance)는 공무원의 행위가 법규와 윤리 강령에 저촉되지 않아야 한다는 소극적 윤리를, 한편 일에의 열정(aspiration)은 국민이 요구하지 않더라도 공무원 스스로가 판단해 자유, 형평, 대응성 등 다양한 행정 가치를 추구해야 한다는 적극적 윤리를 뜻한다.

공직 윤리는 이런 점에서 뇌물 수수, 부정부패, 매관매직 등의 단순한 비리 문제뿐 아니라 국민의 삶에 중대한 영향을 미치는 모든 정책 과정에 본질적으로 내재하는 가치 함축적인 문제가 된다(이서행, 1991: 28). 따라서 공무원은 윤리적 공간(ethical space) 속에서 존재해야 하고, 가치 중립적인 단순한 심부름꾼처럼 행동해서는 안 된다. 그들의 행정 행위는 고도의 도덕 원칙으로 구성된 일련의 가치 세트에 뿌리를 두어야 한다(Woller, 1998: 86).

국민의 기대에 부응하도록 공직 사회의 윤리 수준을 강화하기 위해서는 공직자들이 일상적이고 보편적인 업무 활동을 수행할 때 좀 더 공정하고 성실하게 국민을 위한 행정 서비스를 제공하도록 접근할 필요가 있다. 이를 위해 정부 부처를 포함한 공공기관은 소속 공직자들이 관행적인 문제 요소를 해소하고 좀 더 중립적이고 공정하며 성실하게 업무에 임할 수 있도록 기관의 특성에 부합되는 자율적이고 예방적인 차원의 기준과 지침, 즉 세부적인 행동강령 이행세칙, 이해 충돌 방지를 위한 기준과 지침 등을 마련해야 한다. 공직 윤리 강화 차원에서 우선적인 접근이 요구되는 사안은 그간 공직 사회에서 관행적으로 행해지는 부조리와 부당행위에 대한 규명과 개선이다.

3. 공직 윤리와 행정 가치 간의 관계

공직 윤리는 공무원들이 행정 가치를 구현하는 방법이며, 또 그들의 의사 결정을 올바르게 인도하는 지침이다(Bowman, 1991: 2). 즉, 행정 가치가 행정의 주요 단계에서마다 모든 공무원이 지향하고 실천해야 할 지도적 행정 원리(principle of action)라면, 공직 윤리는 이에 입각해 공무원들이 행정 가치를 행동으로 옮기게 하는 구체적인 세부 행동 지침

(codes of action)을 말한다.

예컨대 국가공무원법상의 공무원 복무규정은 성실 의무, 복종 의무, 직장 이탈 금지, 친절 의무, 공정 의무, 비밀 엄수 의무, 청렴 의무, 영예 등의 수령 규제, 품위 유지 의무, 영리 업무 및 겸직 금지, 집단행위 금지, 정치운동 금지 등 많은 의무를 공무원에게 부과한다. 그런데 이 중에서 친절 의무는 민주성 가치의 구현, 청렴과 겸직 금지의 의무는 능률성 가치의 구현, 공정 의무는 형평성 가치의 구현, 영리 업무 및 집단행위의 금지 의무는 공익 가치의 구현과 각각 직접적인 관계가 있다.

공직 윤리는 이처럼 행정 가치를 구현해 책임 행정을 도모하기 위한 공무원들의 구체적 행동 지침으로서, 행정 가치의 가외성(加外性, redundancy)과 같은 것이다. 공직 윤리라는 바람직한 행동 규준이 하나 더 자세히 마련되어 있음으로써, 행정 가치 구현의 가능성은 그만큼 기하급수적으로 올라가는 것이다.

4. 공직 윤리와 전문직업주의

공직 윤리는 전문직업주의(professionalism) 추세에 있는 현 공직 업무에 전문직업인으로서의 직업 윤리 정신을 듬뿍 담아 주기 위한 실천적 의미도 갖는다. 전문가는 일반인은 아무나 못 갖고 있는 전문 지식과 기술에 의거해 남에게 힘을 행사한다. 이를 전문가적 권력(professional power)이라 하는데, 전문가는 가능한 한 이런 지식과 기술을 타인에 대한 전문적 사회봉사에 써야지 개인적 입신양명(立身揚名)의 수단으로 써서는 안 된다. 따라서 의사, 변호사 등 전문직업인들은 그런 실수를 막기 위해 '직업윤리강령'을 자율적 속박 장치로 두게 된다.

공직도 마찬가지이다. 현대 국가를 운영할 때 공무원들의 업무와 관련된 일거수일투족은 국민의 삶에 직·간접적으로 큰 영향을 미친다. 또 오늘의 행정은 복잡화·전문화되어 프로 행정가를 요구하고 있다. 따라서 공직 수행과 관련해 공무원의 전문직업주의 정신과 윤리강령이 좀 더 세련된 형태로 존재해야 한다.

제4절 책임과 공직 윤리

우리가 책임 충돌을 경험하게 되는 또 다른 방식은 자신의 사적 이해 관계가 공직자로서의 의무나 전문직업적 가치와 일치하지 않는 상황과 관련이 있다. 우리는 역할 충돌과 권위 출처 사이의 긴장이라는 두 문제의 결합을 대면할 수 있지만, 더욱 전형적으로 이러한 경우 우리가 공직을 이용해 자신의 사적 이득이나 친구 또는 친척의 사적 이득을 추구할 기회를 제공할 수 있다. 이러한 경우가 공적 역할과 자기 이해 관계의 사이, 그리고 객관적 책임과 개인적 이득이나 편의 사이의 충돌을 대표한다(Cooper, 2013: 152-164).

광의의 관점에서 이해 관계(interest)는 데이비스(Michael Davis)가 시사하는 것처럼 제대로 된(competent) 판단을 "그렇지 않은 것보다 신뢰할 수 없게" 만들어 버릴 수 있는 "모든 영향력, 충성, 관심, 감정 등"(Davis, 1982: 23)을 포함한다. 이해 관계의 충돌은 이러한 여러 종류의 영향력과 우리가 섬기는 공공 이익 사이의 충돌과 관련되어 있다.

이러한 충돌이 제시하는 윤리 문제는 다른 사람이 우리의 전문직업적 판단에 대한 신뢰를 잃어버린다면 공익을 책임져야 하는 신탁의 역할이 위태로워질 수 있다는 것이다. 만일 어떤 사사로운 개인적 이해 관계가 우리의 이성과 행동에 영향을 줄 수 있다면 시민의 이익보다는 사적 이해 관계를 추구할 수 있고, 또는 최소한 우리가 그렇게 하는 것으로 인식될 수 있다는 것이다. 우리의 판단은 이처럼 훼손되거나 그렇게 보일 수 있다. 어느 경우가 되었든 이는 공익의 대변자로서 우리의 신뢰성에 의문을 제기할 것이다.

터스맨(Joseph Tussman)은 이러한 충돌의 근원을 서구의 개인주의 정신에서 찾는다. 개인이 정치적·사회적 권리와 의무의 중심으로 떠오르면서 각 개인을 "주로 가치, 욕망, 충동이나 이해 관계의 복합체로서"(Tussman, 1960: 17) 보는 경향이 나타난다. 이러한 시각을 고려할 때 개인이 자신의 이익을 추구하는 것은 지극히 당연해 보인다. 사적인 욕망을 충족하고 자신의 삶을 향상하는 것은 정당한 행동양식으로 보인다. 그는 이렇게 행동할 권리는 인정하는 것이 일반적으로 "개인에 대한 존중"이라는 말의 의미라고 지적한다.

그럼에도 터스맨이 서둘러 관찰하고 있는 것처럼 우리는 공공의 집단 이익에 봉사하는 의무를 정당하게 사익을 추구하는 이 개인에게 지우고자 한다. 어떤 개인은 시민을 위한 공공 대리인으로서, 일반적으로는 공적 관할 구역의 (선출직 또는 임명직) 공직자로서 광범위한 의무를 갖게 된다. 더욱이 시민의 역할은 이러한 집단적 의무의 가장 보편적인 형식이다. 시민이 된다고 하는 것은 공공선 대신에 자신의 공적 역할에서 행동하는 정치 체계 구성원이면서도 모든 자기 이해 관계를 추구하는 개인이어야 함을 요구한다.

개인에 대한 집단의 이러한 주장은 인정은 되지만 꺼려지면서도 모호하다. 우리는 서구 자유주의 유산 때문에 개인의 자아실현에 대한 어떠한 제약도 의심스러우면서도 불편하게 보게 된다. 그럼에도 우리가 궁극적으로 이러한 공적 조장을 지지한다는 사실은 터스맨의 주장에 따르면 "어떤 공적 신뢰는 자기 이해 관계에 의해 배치될 때 우리가 느끼는 분노로 증명되며, 공공행위자 자신의 의무를 이행할 것"으로 기대된다(Tussman, 1960: 18).

이해 관계의 충돌에서 우리는 기본적으로 이러한 "이해 관계와 의무

사이, 개인생활의 경향성(inclination)과 공공 역할의 의무감 사이에서 발생하는 불가피한 긴장"에 직면한다. 이러한 긴장이 불가피한 이유는 개인주의의 이상이 서구 세계를 오랫동안 지배해 왔으면서도 책임과 의무가 근대 사회의 구조와 역학 관계에 내재되어 있기 때문이다. 다시 말하면, 근대화는 이처럼 고귀한 개인이 끊임없이 집단적 요구를 부과하는 복합적인 상호 관계와 상호 의존의 네트워크에 놓이게 한다. 도시 산업 사회는 이렇게 터스맨이 발견한 긴장을 심화시키며, 탈근대 조건은 우리가 해결책을 찾는 데 도움이 될 수 있는 그 어떤 확고한 규범적 토대도 무너뜨려 버린다. 그렇다면 공직자로 채용된 사람들, 특히 선출직 행정 역할을 담당하는 공직자가 공익과 사익 간의 빈번한 긴장과 이러한 이해관계를 관리하는 방식에 대한 난국을 경험하는 것은 놀라운 일도 아니다.

에메트(Dorothy Emmet)는 우리가 복잡한 근대 조직에 있는 두 차원 사이의 괴리에 주목함으로써 행정인에 대한 특정한 문제에 초점을 두도록 한다. 그녀는 조직이 "공동 목적을 가진 공동체"로, 동시에 "사람들이 커리어 쌓기를 원하는 장(場)으로"(Emmet, 1967: 196) 이해해야 한다고 주장한다. 행정인에게 공조직은 어떤 공익에 봉사하기 위해 수립된 집합체일 뿐만 아니라 개인의 경력 향상을 통해 자신의 이익을 실현하려고 하는 영역이기도 하다는 것이다. 그렇게 된다면 탈근대의 조건에 의해 촉발된 이 다양성을 강조함으로써 강화된 근대 사회의 다원주의적 성격이 직접적으로 시사하는 것은 충돌이 개인의 이해 관계와 조직의 이해관계 사이에서 발생할 것이라는 점이다.

아마도 이러한 긴장이 해결되는 방식은 개인이 자신의 삶을 사적 영역과 공적 영역으로 귀속시키는 상대적 가치에 크게 의존하게 될 것이다. 세네트(Richard Sennett)는 지난 2세기 이상의 추세가 사적 영역을 고양하기 위해 공적 영역을 폄하하는 방향으로 진행되어 왔다고 결론지었다. 그는 근대 사회에서 우리가 개인적 정체성의 토대로서 내적 감정에 병적으로 몰입함(narcissistic preoccupation)으로써 비정의적(impersonal) 공무(公務)의 세계가 그다지 중요하지 않은 것으로 믿게 되었다고 주장한다. 만일 그가 옳다면 사익을 선호하며 긴장을 풀려는 경향을 발견하는 것은 대수로운 일임이 분명하다(Sennett, 1974).

스몰(Small)은 미국 정부 내 이해 관계의 충돌 문제에 관한 조사 연구에서 이러한 경향이 근대 사회에서 증가해 왔다는 결론을 지지하는 연구 결과를 보여주었다. 그는 "20세기 말에는 지나치게 단순하고 너무도 사적인 이해 관계를 공익에서 분리하기가 더욱더 어려워지고 있다. 이러한 이해 관계가 중첩되어 더는 분리될 수 없기에 옳음과 그름, 가치 또는 몰가치에 대한 과거 규범이 적절하지 않다."(Small, 1976: 554). 그러면서 그는 사익을 취하기 위해 공적 소스(public sources)에서 돈과 권력을 추구하는 것은 "인간 조건의 한 부분이다"라고 결론내린다.

만일 이러한 종류의 행동이 인간의 조건에 속한다면, 이는 아마 삶의 공적 영역이 다른 공유 재산의 자원과 별반 다르지 않기 때문일 것이다. 세네트(Sennett, 1974)가 제시하는 것처럼, 정부의 업무와 이민의 공동자원이 사적 개인의 이해 관계보다 덜 중요한 것으로 생각된다면 이들이 착취되는 것으로 보일 가능성이 높다. 하딘(Garrett Hardin)의 『공유지의 비극』(1977)에 대한 분석은 왜 이러한 일이 일어나는지를 이해하는 데 도움을 줄 것이다.

하딘은 우리에게 마을의 모든 목축 업자가 자기 가축에 풀을 뜯어 먹일 수 있도록 개방된 공동 목장을 상상해 보라고 한다. 그러면 각 목축 업자는 아주 합리적으로 자신의 이익을 극대화하려고 노력한다. 그렇게 하는 것이 개인주의의 논리적 결과이다. 자기 자신을 위해 최고의 혜택을 누리려 할 때 각 목축 업자는 다소간 의식적으로 자신의 가축을 한 마리 더 늘리는 효용이 무엇일까를 생각할 것이다. 하딘은 이 효용이 두

구성 요소, 즉 긍정적인 것과 부정적인 것으로 되어 있다고 지적한다. 긍정적인 측면은 한 마리를 늘릴 때의 상관 요소이다. 이때 업자는 한 마리를 더 판매함으로써 얻은 모든 이익을 취하게 된다. 부정적인 측면은 가축을 추가함으로써 유발된 과도 방목의 상관 요소이다. 하지만 이러한 과도 방목의 결과는 모든 업자에게서 나타나기 때문에 개인 업자에게 돌아가는 부정적 효용은 이러한 결과의 일부분에 불과하다.

이 결과는 긍정적 효용과 부정적인 부분 효용을 합산하면 분명 순이익이 있을 것이며(there is a clear net gain), "합리적인 목축 업자가 추구할 수 있는 유일하게 현명한 길은 자기 가축으로 한 마리를 추가하는 것이다. 그리고 또 한 마리를 ..."(Hardin, 1977: 20). 문제는 물론 모든 다른 목축업자도 똑같은 결론에 도달한다는 것이다. 각 업자가 목장이 과도 방목으로 결국 아무도 사용할 수 없게 될 때까지 자신의 가축을 무한히 늘려야겠다고 느낀다는 것이다. 하딘은 이 시나리오를 통해 다음과 같이 관찰한다. "파멸은 모든 사람이 치닫고 있는 목적지이다. 즉, 공유지의 자유를 신봉하는 사회에서는 각자가 자기 자신을 위한 최선의 이해관계를 추구하기 때문이다. 공유지(commons) 안에서의 자유는 모든 사람에게 파멸을 가져온다"(Hardin, 1977: 20).

공공 영역은 이처럼 남용되고 있는 공유지일지도 모른다. 이는 개인의 이익 추구에 비하면 부차적이기에 우리는 항상 과도하게 방목하려는 유혹을 받는다. 단기적으로 보면, 우리는 사익과 공익 사이의 충돌을 자신에게 호의적으로 해결함으로써 개인적 이득을 경험하는 것으로 보인다. 하지만 개인의 이득을 극대화하려는 수백만의 개별 시민과 시민-공복에 의한 이런 행동 과정의 장기적 결과는 우리가 정부라고 부르는 공유지의 파멸이다.

그러므로 이해 관계의 충돌은 특히 행정인에게는 방심할 수 없는 어려운 문제이다. 행정적 지위를 가진 시민은 대다수 일반 시민이 접근하지 못하는 정부 공유지에 특별히 접근할 수 있다. 이러한 접근은 흔치 않은 기회를 제공하게 되고, 자연히 정부 자원을 개인의 이득을 위해 이용하려는 유혹을 받는다. 더 나아가서는 흔히 행정 책임에는 유사한 기회와 유혹에 직면한 다른 사람의 행동을 감독하고 조정하며 감시할 의무가 포함된다. 공익의 신탁자로서 행정인은 자신의 이해 관계 충돌뿐만 아니라 어느 정도까지는 동료, 부하 직원, 상사, 개인으로서 시민의 이해 관계 충돌관리에 대한 책임도 진다.

얀테의 법칙(Law of Jante)

북유럽은 세계에서 가장 살기 좋은 나라의 단연 상위 순위를 독차지했다. 1위 노르웨이를 비롯해 덴마크, 스웨덴, 네덜란드, 핀란드, 아이슬란드 등이 톱 10에 이름을 올려 '인간다운 삶'을 최고 가치로 여긴다는 북유럽의 현주소를 유감없이 보여줬다. 이를 가능케 하는 것은 잘 알려진대로 북유럽의 정신을 통틀어서 견인한다는 '얀테의 법칙'이다.

덴마크 태생의 노르웨이 소설가 악셀 산데모제(Aksel Sandemose, 1899-1965)는 어려서부터 힘든 방랑 생활을 하면서 삶의 보편적 가치를 향한 끝없는 고민을 한다. 그러다가 소설가가 된 이후로는 인간을 짓누르는 사회 관습이나 선과 악의 이중성에 천착하며 '사회의 억압이 결국 폭력을 낳는다'고 진단하고 자신의 작품에서도 주로 이를 다뤘다고 한다.

얀테(Jante)는 그의 소설에 등장하는 가상의 덴마크 마을로 그가 언급한 열 가지 원칙은 결국 자신이 평생 꿈꿔온 평등한 사회, 살기 좋은 사회를 위한 선결 조건인 셈이다.

◦ 네가 특별한 사람이라고 믿지 말라.
◦ 네가 다른 사람보다 더 가치 있다고 믿지 말라.
◦ 네가 다른 사람보다 더 현명하다고 믿지 말라.
◦ 네가 다른 사람보다 잘났다고 믿지 말라.
◦ 네가 다른 사람보다 더 많이 안다고 믿지 말라.
◦ 네가 다른 사람보다 위대하다고 믿지 말라.

안테의 법칙(Law of Jante)

◦ 네가 무엇을 잘한다고 믿지 말라.
◦ 다른 사람을 비웃지 말라.
◦ 누가 혹시라도 너에게 관심을 갖는다고 믿지 말라.
◦ 네가 행여나 누구를 가르칠 수 있다고 믿지 말라.

듣기에 따라서는 개인의 가치와 고유성을 지나치게 제한하고 격하한다고도 할 수 있으나 이같은 신념의 종착지는 다름 아닌 복지국가의 모델이 되고 있는 북유럽식 사회민주주의, 다시 말해 개인이 완전한 평등에 대한 실체적 실현의 의시인 것이다.

이들 나라는 교육에서도 어려서부터 경쟁과 차별의 내성을 키우는 게 아니라 상호 존중과 평등의 공동체, 그리고 사람마다의 차별이 아닌 서로 다름을 가르친다고 한다. 세월이 급속도로 바뀌고 다른 선진국들이 사회적 인프라에서 모든 것을 압도한다고 해도 북유럽이 흔들리지 않게 살기 좋은 나라의 집합소로 자리 매김 하기까지는 이러한 안테의 법칙을 국민 모두가 체질화하기 때문에 가능했다.

출처: 한덕현. 너희들은 절대로 잘나지 않았다. 『충청리뷰』 2018. 3. 30. 30면.

이와 같은 개념적 배경을 염두에 두면서 이해 관계의 충돌에 대한 몇몇 구체적인 정의와 유형을 생각해 보자. 뉴욕시변호사협회의 한 특별위원회가 행한 연구(The Association of the Bar of the City of New York, 1960)에는 행동의 적법성에 관심을 가진 사람들이 좁은 의미의 이해 관계 충돌 정의를 선택하려는 분명한 경향이 반영되어 있다. 한쪽 끝에는 뇌물 수수에서 시작해 다른 쪽에는 정책 충돌에 이르기까지 상황의 연속을 확인한 후, 이 보고서는 관심 영역을 공직자의 의무와 자신의 개인적인 경제적 이해 관계 사이의 충돌에 한정한다. 이 결과 공적 행위에 영향을 주기 위해 공공연한 지불을 하는 뇌물 수수가 이해 관계 충돌의 가장 분명한 예로 제시되고 있다. 그 반대편 끝에서는 과거나 현재의 우호

관계에까지 기인할지도 모르는 공공 정책에 대한 차이점이 경제적 이해 관계에서 너무 동떨어져 있는 것으로 간주되어 고려 대상에서 제외된다. 정의의 이러한 제약이 리버맨(M. Liberman)의 접근 방법에서도 발견된다. 그는 "정부에서 근무하는 직원의 공식적인 책임과 자신의 사적인 경제적 이해 관계 사이의 충돌"(Liberman, 1973: 206)을 공무에서 일반적으로 받아들여지는 이해 관계의 충돌이라고 이야기한다.

이러한 법적 접근 방법 내에서 엄격한 정의는 가장 효과적인 법적 구제책에 대한 관심에서 아주 합당하게 나온 것으로 보인다. 이 변호사협회 보고서가 1962년의 미국연방이해충돌법 통과에 공헌한 것은 대체로 협의의 법적 정향 때문인 것으로 보인다. 하지만 보고서는 경제적 이해 관계에 대한 제한을 다음과 같은 세 가지 근거에서 정당화했나. "가장 단순한 이유는 부적절한 행동을 전혀 통제하지 않는 것보다 경제적 동기에 연유하는 부적절한 행동을 조금이라도 통제하는 것이 더 좋다는 것이다. 두 번째 이유는 규제의 구도가 관리되어야 한다는 것이다. 외부의 경제적 제휴에 대한 제한은 합리적이면서도 상세하게 작성될 수 있으며, 적절한 예견이 가능하도록 집행될 수 있다. 아직까지는 그 누구도 다른 사람들이 아닌 일부 사람과의 공식 관계를 허용하는 규정에 사용할 목적으로 지인, 친구, 친척, 애인을 분류하는 방법을 고안해 내지 못했다"(The Association of the Bar of the City of New York, 1960: 17-18). 마지막 이유는 이 연구를 행하는 협회가 공공의 주요 관심사는 정부의 경제적 부패라고 믿었다는 것이다. 이 협회의 견해에 따르면, 공적 신뢰가 이해 관계 충돌 문제의 주요 고려 사항이기에 경제 문제가 초미의 관심사가 되어야 한다는 것이다.

뉴욕시변호사협회 보고서 이후에도 논쟁은 이해 관계 충돌에 관한 더 넓은 정의와 더 좁은 정의를 두고 계속되었다. 어떤 변호사들은 이 충돌이 역할 충돌을 포괄하는 것으로 매우 광범위하게 이해한다(Margolis,

1979). 다른 변호사들은 이를 일종의 역할, 즉 다른 사람의 이익을 대신해서 행동하는 신탁 책임을 갖는 역할과 광범위한 개인적 이해 관계, 즉 물질적·심리적·도덕적 이해 관계 사이의 충돌로 보는 것을 선호한다(Davis, 1982). 또 다른 변호사들은 법률 조항과 일관성이 있는 제한적 정의를 계속해서 주장한다. 그들은 신탁적 역할과 개인의 물질적 이해 관계, 보통은 재정적 이해 관계 사이의 충돌에 주안점을 둔다(Luebke, 1987).

이렇게 엄격히 범위를 정하는 것이 아주 적절하다고 보는 입장으로는 사회적으로 가장 관리 가능한 유형의 이해 관계 충돌에 주로 관심을 두는 사람들과 이어서 경제적 이해 관계를 법제정으로 가장 잘 처리할 수 있는데 주안점을 두고 있는 사람들이 있다. 하지만 상충하는 이해 관계에 대한 윤리의 검토는 좀 더 광의의 관점에서 진행될 필요가 있다. 우리의 관심사는 행정 책임의 원칙적이고 체계적이며 합리적인 시행에 있다. 따라서 우리는 법에 따라 통제될 수 없는 것만이 아니라, 행동에 영향을 미칠 수 있는 인간 이해 관계의 모든 영역을 윤리적으로 추정하는 것을 고려해야 한다. 경제적 이해 관계가 강력하기는 해도 이는 다만 이해 관계의 한 종류일 뿐이다. 다른 중요한 이해 관계는 애정(affection), 사회적 지위, 권력, 사회적 관계성, 예견, 개인의 행복, 특별한 타자의 행복, 인정(recognition) 등을 포함한다.

법에 금지된 행동들도 확실히 우리의 범위에 해당하지만 우리의 경계는 좀 더 포괄적이어야 한다. 법이 사회에 의해 형성된 최소한의 도덕으로서 이해되어야 하므로 법은 행동의 표준으로서 넓게 수용되어야 한다는 것이다. 윤리적 고려는 법률에 따라 수용될 수 있는 것만이 아니라, 확실한 윤리적 규범과 원칙에 필적할 수 없는 행동을 검토하기 위해서 이러한 최소한의 기준을 넘어서야 한다. 어떤 행동이 적법하다는 사실이 이 행위를 반드시 윤리적이게 하지는 않는다. 니거(nigger, 깜둥이), 브로

드(broad, 계집) 또는 패그(fag, 동성애자)와 같은 용어를 사용하는 것이 적법일 수는 있지만, 이러한 용어를 발설하는 것은 사회의 도덕적 비난을 일으킬 수 있다. 왜냐하면 이 용어들은 다른 사람의 존엄성을 떨어뜨리는 것으로 이해되기 때문이다. 다른 사람들보다 일부 사람들이 행정의 의사 결정자에게 더 잘 접근할 수 있도록 허용하는 일은 불법이 아닐지 모르나 시민 공동체의 입장에서는 불공정한 것으로 판단되는 것이 당연하다.

더욱이 어떤 상황에서 우리는 사회의 최소 도덕 기준에 부합하지 못하는 윤리적 근거에 관한 법률의 정당성에 도전할 수도 있다. 이는 1960년대의 민권운동, 그리고 1970년대와 1980년대의 여권운동 및 환경운동이 발생했던 것처럼 시민불복종과 판례가 된 소송사건의 세대고 이어질 수 있다. 이러한 종류의 개혁운동이 만일 폭넓은 대중적 지지를 얻는 데 성공한다면, 비록 아직은 윤리적 고려 사항을 선취하지 않았다 하더라도 행동에 대한 새롭고 최소한의 높은 기준을 형성할 수 있을 것이다.

따라서 비록 이해 관계 충돌에 주어지는 많은 관심이 경제적 이해 관계와 법적 구제책에 집중된다 하더라도 책임의 갈등에 관한 이런 종류의 다른 중요한 차원이 있다는 사실을 기억하는 것은 지극히 중요하다. 포스터(Foster, 1981)가 지적한 것처럼, 윤리 입법은 윤리적 성찰을 선취하려는 경향이 있다. 일단 공동체의 도덕적 판단이 법 형식으로 정형화되면 우리는 어떤 행동 방침이 법적인지 아닌지의 질문에 대한 자신의 생각을 편협화하는 경향이 있다. 적법성은 우리를 고정해 어떤 행동이 윤리적인지 아닌지에 관한 질문을 망각하거나 평가 절하하는 경향이 있다. 이러한 경향을 거부하는 것이 매우 중요할 것이다. 이해 관계의 갈등은 경제적 문제를 넘어서서 더 멀리 확장되어야 하며, 윤리적 평가는 물론 법적 규제를 요구한다.

이해 관계의 충돌에 관한 일부 분석은 좀 더 일반적 정의를 채택하고 있거나 변호사협회의 정의와 유사한 것을 사용하지만, 그 때에도 경제적 이해 관계를 더 광범위하게 이해한다. 예를 들면, 비어드와 혼(Beard & Horn, 1975)은 변호사협회의 개념을 사용하지만 거기에서도 다섯 가지의 행동 유형을 확인하고 있으며, 이것의 일부는 변호사협회 연구의 경계를 넘어서고 있다.

캐나다 행정연구소를 위해 커나헌(Kenneth Kernaghan)이 준비한 보고서는 우리의 목적에 충분할 정도로 광의의 개념을 제공하는 것으로 보인다. "이해 관계의 충돌이란 공무원이 자신의 객관적 공무 수행에 영향을 주거나 그러기에 충분한 사적 또는 개인적 이해 관계를 갖게 되는 상황으로 정의될 수 있다"(Kernaghan, 1975: 13). 그래서 개인의 이해 관계는 경제적 문제 그 이상을 포괄한다. 이러한 정의에 따라서 커나헌이 확인한 일곱 가지 상황은 지위 남용, 금융 거래, 외부 취업, 미래 취업, 친척과의 거래, 선물과 향응, 뇌물 수수이다. 이러한 이해 관계 유형의 충돌 배열을 확정짓기 위해 여기서는 비어드와 혼(Beard & Horn, 1975)이 발견한 정보 유출을 여덟 번째 유형으로 추가한다(Cooper, 2013).

제3장

정부 조직관리와 조직이론

제3장 정부 조직관리와 조직이론

제1절 과학적 관리론

1. 내용

1) 의의

과학적 관리론(scientific management theory)은 미국에서 19세기 말에 대두해 20세기 초기에 발전한 조직관리의 이론이며 사상이다(윤재풍, 2014: 39-42). 19세기 초 급격한 산업혁명의 진행과 더불어 격화된 경쟁으로 독점기업이 형성되고, 불황에 의한 공장 폐쇄, 조업 단축, 파업, 임금률 인하(rate cutting) 등의 사태가 속출되었으며, 도처에서 파업과 노동운동이 전개되었다. 이러한 사회적 배경 아래 종래의 생산과 관리 방식에 대한 비판이 제기되고 그 개선의 필요성이 고조되었다. 테일러(Frederick W. Taylor)를 비롯한 여러 경영관리론자들은 이와 같은 필요성을 인식하고, 관리 문제에 대해 과학적 방법의 이론을 내세우고, 과학적 관리 운동의 일환으로서 과학적 관리법을 확립했다(오세덕 외, 2019: 57-58).

과학적 관리론은 업무 과제를 달성하기 위해 가장 능률적인 절차를 설계하도록 시간-동작 연구(time and motion studies)와 같은 체제적인 분석을 옹호하였다(정우일 외, 2011: 31). 과학적 관리론은 공학기술자인 테일러(Frederick W. Taylor)와 그 추종자들이 발표한 저서와 논문 등을 통해 확립되었다. 그것은 조직관리의 핵심적인 과정, 특히 조직구성원의 작업 과정과 과업을 과학적으로 분석해 편성하고 관리함으로써 조직의 생산성과 능률성을 제고하고자 하는 이론이다. 테일러는 당시에 산업혁명과 자본주의의 발전 과정에서 기업의 생산성과 능률성을 향상시키기 위해서는 기존의 관습적·전통적 관리 방법이나 주먹구구식(rule of thumb) 혹은 관리자의 독단적인 직관(intuition)에 의존하는 방법을 지양하고 객관적으로 확립된 과학적 원리와 방법을 연구해 적용하려고 했다. 그는 실용적인 기능적 관점에서 작업 현장의 노동자에 관심을 두고, 그들이 최대의 노동력과 잉여 가치를 산출할 수 있는 방법을 찾았다.

2) 목적

테일러는 과학적 관리의 핵심은 개인적 기술에 있는 것이 아니라 관리에 대한 새로운 태도에 있다는 점을 강조하면서, 그의 새로운 철학과 원리를 확장시켜 나갔다(오세덕 외, 2019: 58). 그는 과학적 관리의 연구 목적을 다음과 같은 세 가지로 규정했다(Taylor, 1911: 7).

첫째, 조직의 비능률에서 생겨나는 국가 전체의 커다란 손실을 막아야 한다.

둘째, 조직의 비능률을 제가하기 위해서는 비범하고 특별한 인간에게 의지하기 보다는 체계적이며 과학적인 관리 방법을 연구해 적용해야 한다.

셋째, 명확히 정의된 법칙과 원리에 입각한 조직관리가 가장 과학적임을 증명하고, 그것을 개인의 단순한 작업으로부터 고도의 협동을 요하는 대규모 조직 활동에 이르기까지 적용하며, 그러한 적용이 경이로운 결과를 가져온다는 점을 확신시켜야 한다.

테일러는 생산과 능률을 중요시하는 당시의 지배적인 가치에 따라 기업이나 공장에서 비능률을 해결하는 일을 하나의 도덕적 문제로 간주했다. 그는 당시에 공장 조직에서 일하는 노동자를 다음과 같이 보았다.

하루 종일 일하는 것을 피하기 위해 고의적으로 천천히 일하는 행위, 이른바 잔꾀를 부리며(soldiering) 몸을 사리는 행위(underworking)가 산업 현장에서는 거의 보편화되어 있고, 건설업에서도 상당히 만연되어 있으며, 이것은 영국과 미국의 노동자들이 지니고 있는 가장 큰 악이라고 규정했다(Taylor, 1911: 13-14). 이와 같은 현상을 해결하기 위한 처방으로서 과학적 관리가 필요함을 역설했다.

3) 주요 내용

테일러가 발전시킨 과학적 관리론은 노동자의 작업과 그 절차를 과학적으로 분석하고 표준화해서 체계적으로 관리하는 방법을 고안해 조직의 생산성과 능률성을 제고하는 데 집중했다. 그 핵심적인 사항을 간추려 보면 다음과 같다.

(1) 시간 및 동작 연구와 과업관리

노동자의 작업에 소요되는 시간과 실제로 이루어지는 기본적 동작을 연구(time and motion study)해 표준화하고 객관화된 과업(task)을 정해 노동자들에게 할당하고 그 과업의 관리를 철저히 하는 방법을 고안했다.

(2) 개별적 성과급의 지급

노동자의 개인적 성과에 따라 보수를 지급하는 방법을 연구했다. 테일러는 사람을 이기적이고 경제적·합리성을 추구하는 존재로 보았다. 따라서 개인적인 성과에 따라 보수를 지급하면 훨씬 더 조직의 능률성 향성에 도움이 된다고 생각했다. 개개인이 수행한 성과에 따라 보수를 지불하는 방법이 집단이 달성한 성과에 따라 보수를 지급하는 것보다 조직의 생산성을 더 높이고 개인들을 더욱 적절하게 동기 부여한다는 것이다.

(3) 기능적 감독 제도의 적용

전문적인 기능적 감독자(functional foremanship)를 고용해 노동자의 업무 수행 방법, 기계의 속도, 업무 수행 진도와 우선순위 등을 결정하고 적용해야 한다는 것이다.

(4) 노동자의 과학적인 선발과 능력 발전

과업을 담당할 수 있는 육체적·정신적 능력이 있는가를 측정해 노동자를 선발하고, 임무를 부여하며, 훈련을 통해 능력을 발전시켜야 한다는 것이다.

(5) 관리층과 노동자의 협동

생산량 증대를 통한 이윤 확대가 관리층뿐만 아니라 노동자에게도 이익이 되므로, 관리층과 노동자는 서로 협동해 과업이 위와 같은 원리에 따라 이루어지도록 해야 한다는 것이다.

2. 평가

1) 공헌

과학적 관리론은 현대 조직이론의 기초를 놓았으며, 조직관리의 기능적 합리성을 제고하는 데 크게 기여했다. 다시 말하면, 능률과 생산성 그리고 이윤 추구를 기본 이념으로 추구하는 기업 조직에서 인간을 최대한 기능적·합리적인 방법으로 생산과정에 활용하는 지식과 기술의 체계를 확립하고 적용하는 데 일정한 공헌을 했다. 또한 이러한 관리법은 공공부문인 정부 행정 조직의 편성과 관리 운영에도 적용되어 능률성과 생산성을 향상시켰으며, 학교·군대·교회 등 사회 조직의 관리 운영에도 괄목할 만하게 적용되었다.

2) 문제점

과학적 관리론은 사회적·감정적·정서적인 속성을 지닌 인간을 단순히 기계적·합리적·비인간적인 도구로 취급하고, 물리적이며 금전적인 수단에 의한 조작적 관리 대상으로 관리함으로써 오히려 인간의 자발적인 생산성을 저하시킨다는 비판을 받는다. 또한 과학적 관리론은 작업 현장의 하위 계층 노동자의 조직과 관리에 주로 초점을 둔 나머지 관리자의 입장에서 조직 전체를 거시적으로 조직하고 관리하는 원리와 방법의 탐구를 등한시했다.

과학적 관리론의 내용을 행정에 그대로 적용하기에는 한계가 있다. 공익을 우선으로 하는 행정에 있어서는 이윤 추구를 목적으로 하고 경영원칙이 지배하는 기업에 있어서와는 달리 기계적인 능률 원리를 적용하는데 일정한 한계가 있다(오세덕 외, 2019: 59).

제2절 행정 조직 원리론

1. 의의

많은 학자들이 광범위한 행정 기능을 포함하는 관리 이론을 처음으로 발전시키기 시작했다. 관리론자들은 기획, 조직, 감독, 통제, 그리고 권한 위임과 같은 기능들을 관리자들에게 지도하기 위해 행정 원리를 발전시키려고 노력했다. 이러한 원리가 능률을 극대화할 수 있는 효과적인 조직을 제공할 것으로 보았다(정우일 외, 2011: 49).

앞서 살펴 본 과학적 관리론은 주로 조직 현장의 하위층에서 일하는 노동자가 수행하는 과업을 분석하고 관리하는 데 초점을 두는 미시적(micro) 접근 방법이다. 따라서 조직을 편성하고 관리하는 관리자에 초점을 두는 거시적(macro) 수준의 일반적·보편적 원리를 정립하는데 미흡했던 것이다. 거시적 원리의 정립은 페이욜(Henri Fayol)의 산업 및 일반 관리론(1916), 윌로비(William F. Willoughby)의 행정원리론(1927), 특히 1930년대에 귤릭(Luther H. Gulick) 등이 체계를 세운 행정 원리 및 조직원리론 등에 의해 이루어졌다. 여기서 말하는 관리론 혹은 원리론이란 조직을 편성하고 관리하는 보편적·일반적이며 거시적인 원칙론을 말한다(윤재풍, 2014: 42-48).

2. 주요 이론 및 원리

1) 페이욜의 일반관리론

(1) 페이욜 이론의 의의

테일러(Frederick W. Taylor)의 과학적 관리론이 한창 위세를 떨치고 있던 1916년에 프랑스의 엔지니어이며 관리자인 페이욜(Henri Fayol)은 『산업 및 일반 관리론(General and Industrial Management)』을 발간하였다. 페이욜이 기여한 주요 내용은 행정 활동을 기획(planning), 조직(organizing), 명령(commanding), 조정(coordinating), 통제(control) 기능으로 분류했다는 점이다(정우일 외, 2011: 49). 페이욜은 두 가지 면에서 조직관리론에 중요한 의미를 제시했다.

첫째, 테일러의 과학적 관리론과 마찬가지로 조직의 관리 문제를 해결하고자 하는 동기를 지니고 있으면서도 그 접근 방법에서 차이가 있으며, 서로를 보완하고 있는 점이다. 즉, 테일러는 공장의 하위 단위(노동자)로부터 거슬러 올라가는 방법을 취한 반면, 페이욜은 관리자로부터 아래로 내려가는 방법을 취했다. 테일러는 관리를 직무분석, 표준 시간, 노동자의 대우 문제로 풀어갔으나, 페이욜은 조직의 계획 수립, 조직화, 명령·조정·통제 등의 관리 기능에 초점을 두었다.

둘째, 페이욜의 이론은 1930년대에 귤릭(Luther Gulick), 어윅(Lyndall F. Urwick), 무니(James D. Mooney) 등의 행정관리론 및 원리론을 형성하는 데 기본적인 개념과 접근 방법을 제공했다.

(2) 조직 기능과 관리 요소

페이욜에 따르면, 조직은 단순하든 복잡하든, 규모가 크든 작든 여섯 가지의 활동 영역을 가지고 있다고 규정하는데, ① 기술 활동, ② 영업 활동, ③ 재무 활동, ④ 보호 활동, ⑤ 회계 활동, ⑥ 관리 활동 등이다(Fayol, 1945).

그런데 이와 같은 여섯 가지 활동 영역 중에서, 특히 여섯 번째의 관리 활동은 기획, 조직, 명령, 조정, 통제 등의 요소로 이루어지며, 그 기능은 다른 다섯 가지 기능과는 구분되면서도 동시에 다섯 가지 기능 수행과 밀접히 관련되는 전체적 혹은 일반적인 기능이다.

(3) 조직관리의 원리

페이욜은 이러한 다섯 가지의 관리 요소가 효율적으로 수행되기 위해 갖추어야 할 14가지 원리를 제시하고 있다(Fayol, 1949: 19-42). 이 원리들은 조직의 관리층, 특히 최고관리층이 실행해야 할 중요한 관리 규범을 포함한다. 그러나 그는 이러한 원리들은 절대적인 것이 아니며, 변화하는 상황이나 특수한 여건 하에서는 융통성이 있어야 한다고 주장한다. 그가 제시한 관리의 원리는 ① 분업, ② 권한과 책임, ③ 규율, ④ 명령 통일, ⑤ 지시의 일원화, ⑥ 조직 전체의 이익에 대한 개인 이익의 종속,

⑦ 보수, ⑧ 집권화와 분권화, ⑨ 계층의 연쇄, ⑩ 질서, ⑪ 공평, ⑫ 고용의 안정, ⑬ 자발성, ⑭ 단결심이다.

페이욜의 이론에 대해 어윅은 "페이욜이 미국의 테일러와 비견할 만한 유일한 유럽의 학자였다. 그는 더 나은 관리가 노동의 산출을 개선한다고 주장하며, 조직의 하위 단위들보다는 조직의 최고관리층에 관심을 두었다. 역사상 동일한 분야에 종사한 어떤 사람들보다도 페이욜과 테일러만큼 그 방법이나 경력에서 날카롭게 차이가 나고, 그럼에도 불구하고 서로 보완적인 저작을 내놓은 경우는 없었다"(Urwick, 1937: 129)고 평가한다.

2) 귤릭, 어윅 등의 행정조직원리론

페이욜의 일반관리론이 나온 후, 1930년대 미국에서는 이른바 행정원리론이 전개되었다.

(1) 귤릭의 이론

귤릭은 조직이 주어진 목표와 과업을 능률적으로 달성하려면 조직의 관리자가 조직 분업을 활성화하고 조정을 촉진하며, 단일의 명령 체계를 확립하고 유지하는 것이 필요함을 강조했다(Gulick & Urwick, 1937: 3-45). 특히 귤릭의 이론 중 두드러지게 유명한 것은 최고관리자의 기능론과 동질성의 원리 혹은 부처 조직 편성의 기준에 관한 것이다.

① POSDCoRB의 원리

귤릭은 POSDCoRB라는 유명한 개념을 창안했다. 이것은 최고관리층이 수행해야 할 일곱 가지 기능을 일컫는 말이다. 즉, P(Planning, 계획), O(Organizing, 조직화), S(Staffing, 인사), D(Directing, 지휘), Co(Coordinating, 조정), R(Reporting, 보고), B(Budgeting, 예산)이다. 이

것은 앞에 언급한 페이욜의 관리 기능보다는 범위를 확대한 것으로 볼 수 있다(Gulick & Urwick, 1937: 13).

· 계획이란 조직이 설정한 목표와 그것을 달성하는 데 필요한 수단과 방법의 대강을 말한다.
· 조직화란 규정된 목표를 달성하기 위해 공식적으로 업무를 배분하고 조정하는 것이다.
· 인사란 직원을 충원하고 육성하며 적합한 작업 환경을 유지하는 일이다.
· 지휘란 의사 결정을 하고 명령과 지시를 통해 그것을 수행하는 것이다.
· 조정이란 조직의 여러 하위 단위와 부문들의 노력을 통합하고 조화를 이루는 것이다.
· 보고란 조직에서 진행 중인 일을 최고 관리층에 알리는 기능이다.
· 예산은 조직에서 이루어지는 일을 돕기 위한 재정 및 회계 기능을 말한다.

POSDCoRB의 개념은 최고관리층의 기능을 지칭할 뿐만 아니라 최고관리층 내부의 분업과 행정의 관리 과정을 의미하는 다양한 뜻이 함축되어 있다. 이와 같은 일곱 가지 관리 기능에서 보는 바와 같이 귤릭은 조직을 위로부터 아래로(top down) 분화하는 체계를 구성하는 데 관심을 기울였다.

② 동질화의 원리 혹은 부처 조직 편성의 원리

귤릭은 동질화의 원리(principle of homogeneity) 혹은 부처 조직의 편성 기준에 관한 이론을 제시했다. 즉, 조직을 편성할 때는 동질적인 네 가지 기준에 따라 해야 한다는 것이다. 그와 같이 함으로써 기준이 명확하고 운영이 능률적으로 된다는 것이다. 조직을 편성하는 데 적용될 네 가지 기준은 ① 목적 혹은 기능, ② 과정 혹은 절차, ③ 수혜자(고객) 혹은 취급 물자, ④ 장소 혹은 지역이다(Gulick & Urwick, 1937: 15-27).

(2) 어윅의 이론

어윅도 여러 가지 조직의 원리를 제시하고 있다. 조정, 계층 과정(scalar process), 전문화, 통솔 범위, 계선과 막료의 원리가 그것이다. 이러한 원리 중에서 특히 중요한 것은 조정의 원리라고 주장한다. 즉, "조직에 관한 여러 가지 원리가 있지만 그것들은 조정의 원리 속에 포함되는 것"이다(Gulick & Urwick, 1937: 49-59).

3) 조직의 기본 원리

위와 같은 이론 및 원리 중에서 특히 기본적인 몇 가지를 정리하면 다음과 같다.

(1) 분업 및 전문화의 원리

분업(division of labour)이란 조직의 업무를 세분화해 구성원이나 조직의 구성 단위에 그것을 배정함으로써 생산성을 높이고 능률을 향상시키고자 하는 것이다. 분업의 결과는 전문화(specialization)를 촉진한다. 그러므로 분업과 전문화는 같은 뜻을 지닌 개념이라고 할 수 있다. 최고관리층의 기능을 POSDCoRB로 분류하는 것이나 정부 조직을 편성할 때 동질성 원리를 적용하는 것도 분업 및 전문화와 관련된다.

(2) 계층제의 원리

대규모의 조직은 그 전체의 구조가 수직적인 피라미드형의 계층제를 형성한다. 계층제(hierarchy)의 원리란 조직 내의 권한과 책임의 정도에 따라 상하의 계층을 설정하는 것을 의미한다. 이와 같은 조직의 수직적 분화 구조를 형성함으로써 조직 내에 명령 복종 체계를 확립하고 질서와 조정을 촉진한다.

(3) 명령 통일의 원리

명령 통일(unit of command)의 원리란 조직체의 어떤 구성원이라 할지라도 오직 한 사람의 상관으로부터만 명령을 받고, 그에게만 보고해야 한다는 것이다. 바꿔 말하면, 하나의 조직에는 오직 한 명의 장이 있어야 함을 말한다. 이 한 명의 장에게 그 조직을 운영할 최종 권위가 부여되어야 하며, 그렇게 함으로써 조직의 질서와 안정이 확보된다는 것이다.

(4) 통솔 범위의 원리

통솔 범위(span of control)의 원리란 상관 또는 감독자가 직접 몇 사람의 피감독자 혹은 부하를 통솔하는 것이 그의 주의력과 능력에 비추어 적합한가를 설명하는 이론이다. 조직을 구성하고 부하를 감독 혹은 관리할 때 이 문제가 제기되는 것은 인간의 주의 능력의 범위(span of attention), 즉 통솔력에는 일정한 지적·심리적·물리적 한계가 있기 때문이다. 가령 인간의 주의력의 범위가 무한대로 넓다면, 한 사람의 조직의 장이 수백 명 혹은 수천 명의 직원을 직접 통솔할 수 있으므로 이러한 문제가 제기되지 않을 것이다.

(5) 조정의 원리

고직의 공통된 목표나 목적을 달성하기 위해 조직구성원들의 행동과 노력을 질서정연하게 결합·배열·조화시키는 기능을 조정(coordination)이라 한다. 행정원리론자들은 특히 최고관리층의 조정 능력이 조직의 성패와 효율적 운영에 가장 중요한 요소라고 주장한다.

3. 평가

1) 공헌

행정조직원리론은 조직을 편성하고 관리하는 일반적·보편적·거시적인 원칙론을 제시하고 정립하는 데 공헌했다. 행정원리론자들은 세상에 존재하는 모든 조직에 적용될 유일·최선의 보편적 원리가 존재한다는 신념에 근거해 원리를 탐색하고 구상해 제시했다. 그런 점에서 원리론은 조직이론 발전에 하나의 중요한 이정표를 세웠다고 해도 과언이 아니다. 그러나 그 내용은 다음과 같은 문제점을 지니고 있다.

2) 문제점

(1) 최선·유일의 보편적 이론의 한계

세상에 존재하는 조직은 다양하고 성격도 차이가 있다. 더욱이 각 조직을 둘러싼 환경과 상황이 다양하며, 또한 그러한 환경과 상황은 변화하고 있다. 그러므로 모든 조직을 관통하는 최선·유일의 보편적 이론과 원리를 확립하는 것은 현실적으로 그 의미가 제한적일 수 밖에 없다.

(2) 원리의 문제점

행정원리론에서 정립한 이른바 원리(principle)라고 하는 것들은 경험적 검증을 거치지 않은 단순한 규범적 혹은 가설적 수준의 명제일 뿐이다. 명령 통일의 원리나 통솔 범위의 원리 등은 실제 조직 안에서 이루어지는 사실과 차이가 있다. 예를 들면, 현실적으로 상급자가 능력이 있으면 부하를 많이 통솔할 수 있으며, 능력이 없으면 소수의 부하도 잘 통솔할 수 없다. 또한 현실적으로 상급자는 직속 부하에게만 명령을 하고, 부하는 직속 상급자로부터만 명령을 받는 것은 아니다. 그러므로

1940년대 들어 논리실증주의자(logical positivist)인 사이먼(Herbert A. Simon)은 소위 그들이 말하는 원리란 경험(실험)을 거치지 않은 격언(proverb)에 불과하다(Simon, 1945; 1957; 44)고 말했다.

(3) 비인간적 도구

한마디로 행정원리론은 과학적 관리론과 마찬가지로 조직 속의 인간을 관리의 목적에 맞게 통제할 도구로 보는 이론이다.

제3절 관료제론

1. 의의

관료제에 대한 논의는 18세기부터 시작되었다. 앨브로(Martin Albrow)에 따르면, 이 단어를 처음 사용한 사람은 1745년 드 구르네(de Gournay)이다. 그는 책상과 사무실을 의미하는 bureau라는 단어에 통치를 뜻하는 그리스어의 접미사에서 파생된 단어(-cracy)를 붙여서 관료제(bureaucracy)가 되었으므로, 관료제는 관리들의 통치를 나타낸다고 한다. 즉, 그 당시 군주제나 귀족제와 대조되는 통치 형태(form of government)의 하나로서 관료제가 언급되었다. 그 뒤 19세기에는 이러한 통치 형태 이외에 독일의 행정 제도(administrative arrangements)나 비능률적인 정부를 지칭할 때 사용되기도 했다(Albrow, 1970: 16). 이것은 주로 정치적인 측면에서 본 관료제의 개념이다(김병섭 외, 2008: 79-86).

그러나 이러한 19세기의 관료제에 대한 세 가지 정치적 개념은 모스카(Gaetano Mosca)나 미헬스(Robert Michels)를 거쳐 베버(Max Weber)로 이어지는 동안 사회학적 시각으로 전환되었다. 정치학 분야 내에서도 합의가 이루어지고 있지 않은데, 사용되는 분야가 더욱 확장된 것이다. 그리고 이러한 경향은 오늘날 더욱 확장되고 그래서 관료제의 개념은 더욱 다양해졌다. 그래서 오늘날 정치학, 사회학, 행정학, 경영학 등 여러 학문 분야에서 관료제를 연구하고 있지만, 이들은 서로 다른 현상을 연구하고 있는 경우도 많다.

오늘날 사용되고 있는 다양한 정의를 마르크스(Marx)는 네 가지로 정리하고 있다. 특정한 조직 형태로서의 관료제, 조직의 병폐로서의 관료제, 거대한 정부로서의 관료제, 그리고 고발 대상인 정부로서의 관료제가 그것이다(Marx, 1957). 한편, 앨브로(Albrow, 1970: 84-105)는 관료제가 일곱 가지나 다른 경우로 사용되고 있다고 하면서, 그 출처를 밝혔다. 즉, 합리적 조직(Blau, 1956), 비능률적인 조직(Crozier, 1964), 관리에 의한 통치(Finer, 1945), 중립적인 행위자로서의 행정(Marx, 1957), 관료에 의한 행정(Bendix, 1957), 대규모 조직(Heady, 1966), 현대 사회 자체(Presthus, 1966) 등으로 나누고 있다.

이러한 관료제에 대한 정의의 다양성은 관료제의 설명 및 비판이 정의에 따라서 전혀 달라질 수 있음을 시사해 준다. 따라서 관료제를 좀 더 정확하게 정의한 뒤에 논의를 계속할 필요가 있다.

2. 관료제 이념형

이 세상에는 무수히 많은 조직이 있다. 정부, 기업, 교도소, 학교, 병원, 군대 등등 그 종류가 다양할 뿐만 아니라 같은 종류의 조직이라도 그 형태가 너무도 다양하다. 이렇게 다양한 조직들 가운데 어떤 조직을 관료제라고 칭하는가? 여기서 한 가지 지적할 것은 관료제라는 용어가 있은 후에 그러한 관료제의 조직 형태가 결정된 것이 아니고, 여러 가지 조직 형태 중에서 하나의 형태를 관료제라 이름지었다는 사실이다.

이렇게 이름을 짓고 나면, 이 이름지어진 것(여기서는 관료제)은 현실을 설명하고 이해하는 데 도움을 준다. 가령 어떤 조직이 실제로 관료제적인 특성을 얼마나 가지는지를 파악할 수 있게 되며, 이렇게 될 경우 관료제적인 특성을 많이 가진 조직이 그렇지 않은 조직 형태보다 생산성이 높은지 아닌지를 분석할 수 있게 된다.

이와 같이 특정한 사회 현상을 설명하기 위해서 사용되는 방편이 바로 이념형(ideal type)이다. 사회 현상은 너무 복잡다양하고 유동적이어서 그 참모습을 파악하기가 힘들기 때문에 개념적으로 하나의 통일적인 모습을 설정해 그것을 이념형이라고 한다(Shils, 1949).

베버는 관료제의 이념형을 다음과 같은 특성을 가지는 것으로 구성했다(Gerth & Mills, 1948). 그에 따르면, 조직이 업무를 수행하는 데 세 가지 주요한 권위의 유형이 있다.

첫째, 어떤 인물이 지닌 신성한 혹은 비범한 특징들에 대한 믿음 때문에 그로부터 제시되는 명령이 정당화되는 경우가 있다. 이는 베버가 카리스마적 권위(charismatic authority)라고 이름 붙인 권위 유형이다.

둘째, 어떤 명령은 전통이나 관습에 의해서 정당화되어 왔기 때문에 복종될 수 있다. 이를 베버는 전통적 권위(traditional authority)라고 이름 붙였다.

셋째, 현대 조직에서 가장 중요한 권위로서, 사람들이 법규에 규정되어 있기 때문에 그 명령에 복종하는 경우다. 이러한 형태의 복종을 이끄는 것을 법적 권위(legal authority)라고 한다.

앨브로(Albrow, 1970: 43)는 법적 권위가 인정되고 수용되는 것은 다음과 같은 신념이 가능하기 때문이라고 한다.

첫째, 조직구성원들로 하여금 복종을 요구할 수 있는 규정이 제정될 수 있다.

둘째, 법규는 특정 사례에 적용되는 추상적 규칙들의 체계로, 조직의 이익을 실현하기 위해서 집행된다.

셋째, 권위를 행사하는 사람 또한 이러한 비인격적인 지시에 복종한다.

넷째, 복종은 권위를 지닌 인물 때문이 아니라 그에게 이런 지위를 부여한 비인격적 지시 때문에 이루어진다.

이러한 정당성 개념을 기초로 해서 베버는 합법적 권위 체계를 가진 조직은 다음과 같은 특징을 가진다고 설명하고 있다. 다시 말해서, 이러한 특징을 가진 조직의 형태를 관료제라고 칭한다.

첫째, 직위의 관할 범위는 법규에 따라서 규정된다. 조직의 목적 달성을 위해서 규칙적으로 수행되는 활동은 공식적 임무로서 규정에 따라서 배정되어야 한다. 이 같은 임무의 수행에 필요한 명령권 역시 명확하게 배정되어야 하며, 할당된 강제 수단 역시 법규에 따라 엄격히 한계지어진다. 서비스의 제공은 이러한 임무의 규칙적이고도 끊임없는 수행과 임무에 상응하는 권리의 행사에 달려 있다. 이러한 특성은 현대 국가의 정부 조직에는 거의 예외 없이 나타나지만, 기업의 경우에는 가장 발전된 자본주의 제도에서만 나타난다.

둘째, 모든 직위는 계층제에 의해서 계층을 이루며, 상위 계층은 명령하고 하위 계층은 복종하는 상명하복의 질서정연한 체제이다. 따라서 상급자는 명확하게 정해진 규정에 따라 하급자의 결정을 관할하고 감독한다. 그러나 이것이 곧 하급직의 관할권이 전혀 없다는 말은 아니다. 하급직에도 나름대로의 권한이 부여되어 있으며 이것은 영속적이다.

셋째, 사무실은 서류와 문서(file)에 기초해 운영되며, 문서는 원본이나 초안의 형태로 보존된다. 문서철은 사무실의 한 구성 요소가 된다.

넷째, 사무실의 운영은 철저하고도 전문적인 훈련을 필요 조건으로 한다. 이는 정부뿐만 아니라 사기업에서도 증가하는 추세이다.

다섯째, 사무실 안에서 관료의 활동은 업무 시간이 정해져 있기는 하지만 그의 모든 능력을 다해서 일할 것을 요구한다. 옛날에는 겸직 등으로 사무실의 일은 이차적이었다. 그래서 그의 시간과 능력을 사무실에 전적으로 배정하지 못했다. 그러나 정부 조직이든 사기업이든 간에 발달된 관료제적 조직은 온갖 노력을 다해 맡은 바 일을 수행하는 전임성(專任性)이 요구된다.

여섯째, 사무실의 운영은 다소 안정적이고 모든 것을 규정한 총칙에 따라 움직인다. 이 총칙에 관한 지식은 관료들이 배워서 소유하면 기술이 된다.

관료제의 가장 큰 특징은 사무의 수평적 및 수직적 배치와 운영이 모두 법규와 규정에 따라 이루어진다는 것이다. 즉, 관료제는 이전 같았으면, 말로 행해졌을 일을 문서로 수행한다는 데 그 특징이 있다.

관료제에 종사하는 관료들의 지위는 다음과 같이 설명할 수 있다. 첫째 관직은 하나의 직업(vocation)이다. 이 직업을 가지기 위해서는 명확히 규정된 교육 또는 자격을 가지거나 시험을 통과해야 한다. 자기의 모든 능력을 발휘하는 전임성이 요구된다. 이러한 전임성은 이 일을 통해서 생계를 유지할 수 있으며, 또 일시적이 아니라 일생 동안 종사한다는 의미가 포함되어 있다.

둘째, 관료의 개인적 지위는 다음과 같은 형태로 나타난다. ① 사적이건 공적이건 오늘날의 관료들은 피지배자에 비해 현저하게 높은 사회적 존경을 향유한다. ② 순수한 형태의 관료제는 관료가 상관에 의해서 임명된다. 관료가 선거에 의해서 임명되며, 이 관료는 자기의 지위가 아래로부터 얻어지는 것이므로 아래에 대해서 관심을 보이지, 상관에게 보이지 않는다. 따라서 상관에 대한 계층제적 복종을 어렵게 한다. ③ 지위는 종신성(終身性)을 가진다. 정부 조직이나 이와 유사한 조직은 직원의 근무를 일생 동안 보장하는 종신제(tenure for life)를 채택하는 경우가 많다. 이러한 종신제는 관료들이 안정적으로 자기의 개인적 문제를 벗어나 맡은 바 일에 열중하게 하는 데 기여한다. 그러나 이것이 지나치면 나태

해지고 기술적 능률성을 기하기 어렵게 만든다. ④ 관료는 고정된 봉급과 노년의 안정을 위한 연금을 받는다. 이 봉급은 수행한 일에 의해서 결정되는 것이 아니고, '지위' 즉 서열과 근무 기간에 따라서 주어진다. 사회적 존경을 받을 뿐만 아니라 수입이 안정적이기 때문에 관직에 대한 열망이 높으므로 관료의 봉급은 비교적 낮게 책정된다. ⑤ 관료는 계층제에서 경력직으로 인식된다. 관료는 일도 덜 중요하고 보수도 적은 하위직에서 상위직으로 상승 이동을 한다. 관료는 승진의 규정 조항이 연장자 순이나 전문적 시험의 성취 등급에 따르기를 바란다.

이상에서 설명한 특성을 가지는 조직 형태를 관료제라고 한다. 이 형태는 이 세상에 존재하는 모든 조직의 평균적인 모습은 아니다. 그렇다고 해서 관료제의 이념형이 실제 현실에서는 존재하지 않는 것은 아니다. 현상을 설명하기 위해서 만들어진 것이 이념형이기 때문에 이념형은 실제 현실의 특정한 모습을 추상적으로 추출한 것이다. 이것은 같은 독일의 조직 형태를 관찰한 헤겔(Georg W. F. Hegel)이 관료제의 이념형을 베버와 유사하게 설명하고 있다는 점에서 더욱 분명해진다(Shaw, 1992).

그런데 베버(Weber, 1948)에 따르면, 근대 유럽의 절대군주제 이후 모든 정부 조직에서 그리고 대규모의 복잡한 자본주의 기업 조직에서 관료제의 이념이 순수하게 나타나는 경우가 많아지고 있다고 한다. 그 이유를 그는 관료제가 다른 모든 형태의 조직보다 기술적인 우위를 가지기 때문이라고 한다. 즉, 완전히 발전된 관료제적 형태가 다른 조직 형태와 비교해서 우위를 가질 수 있는 것은 기계제 생산 양식이 비(非)기계제 생산 양식보다 우위성을 지니는 것과 같다는 것이다.

3. 평가

베버의 관료제론에 대한 평가는 대단히 많다. 그런데 이들 평가는 크게 이론적인 것과 실천적인 것으로 나누어 볼 수 있는데(오석홍, 1991), 여기에서는 이론적인 것만 설명하고자 한다. 그 이유는 실천적인 측면의 비판이 과연 베버의 이념형이 받아야 할 비판인가 하는 점과 설령 그렇다고 하더라도 고전적 조직이론 전체의 문제이지 관료제에 국한되는 것이 아닌 것이 많기 때문이다. 따라서 이 부분에 관한 설명은 편의상 고전적 이론 전체에 대한 평가에서 다루고자 한다.

가령 베버가 비공식적인 면을 간과하고 관료제의 역기능과 비효율성을 경시했다고 보는 비판은 적절한가? 이 물음에 대한 답은 이념형이 무엇을 의미하는가에 관한 이해를 전제로 한다. 이념형이 실제 지어질 집의 모습을 그대로 보여주려는 아파트의 모델하우스와 같은 것이라면 이러한 비판은 일리가 있다. 실제 조직에는 비공식적인 측면이 있고, 이 비공식적인 측면을 잘 살리는 것이 능률성을 올리는 데 더 중요할 수도 있을 것이다. 따라서 관료제 이념형은 이러한 면을 설명하고 있지 않기 때문에 비판을 받을 만하다.

그러나 베버의 이념형이 실제 현실을 가능한 한 있는 그대로 모두 기술하기 보다 어떤 조직 형태의 특성을 파악하려는 데 있다고 한다면 이러한 비판은 받아들이기 어렵다. 가령 봉건제적인 조직과 비교해 본 관료제적 조직의 특징을 설명하는 것이 이념형 구성의 목적이라고 할 수도 있다. 그렇다면 관료제에 비공식적 측면이 있다는 사실과 봉건제적인 조직에도 나름대로의 규칙이 있는데, 이 규칙이 지켜지지 않는다는 사실은 그렇게 중요하지 않다.

그리고 어떤 학자들은 베버의 정의에 따라 관료제로 보이는 조직에서 이념형의 몇몇 특성은 나타나고 있지 않기 때문에, 이 특성은 관료제의 특성에서 제외해야 한다고 주장한다(Udy, 1959). 이러한 주장도 관료제가 실제 현실을 반영한다는 주장에 기초하고 있으므로 베버의 이념형에 대한 이해와 일치하지 않는다.

그리고 또 관료제가 계층제적 구조를 가지기 때문에 변화에 저항적이라고 하지만 이념형이 제시하고 있는 층이 몇 단계인지 그리고 몇 단계가 되어야 변화에 저항적인지에 대한 설명이 없기 때문에 이러한 주장을 하기가 곤란한다.

따라서 관료제의 이념형에 대한 비판은 이념형 그 자체에 대한 비판에 초점을 맞추어야 한다. 이 비판은 크게 두 가지로 나누어 볼 수 있다. 하나는 이념형의 내용과 관련된 것이고, 다른 하나는 이념형의 구성과 관련된 것이다. 먼저, 그의 이념형에는 서로 모순되는 주장이 섞여 있다. 가령 한편으로는 권한이 직위에 따라 결정된다고 하면서 또 다른 한편으로는 권한이 전문 기술적 능력에 달려 있다고 해서 서로 모순되는 주장을 하고 있다. 상관이 더 높은 전문적 기술을 가진다면 이러한 갈등은 해소되었지만 그렇지 않은 한 전문성과 계층제에서의 상관의 권위는 충돌하기 쉽다(Albrow, 1970).

다음으로는 이념형의 구성상의 문제이다. 베버의 관료제의 이념형에서 요소들간에 일관성과 논리를 제공해주는 특성은 합리성이다. 모든 특성은 합리성을 지향한다는 말이다. 그런데 관료제에 내포된 특성은 반드시 최상의 능률성을 보장하는 것은 아니다. 관료제적인 특성은 상황에 따라서 능률적이기도 하고 비능률적이기도 하다(Mouzelis, 1975).

제4절 고전적 조직 구조론의 평가

세 가지 조직이론의 차이점을 살펴보면 다음과 같다.

첫째, 분석 수준과 관련해 볼 때 과학적 관리론이 작업장 수준에서 근로자 노동생산성을 향상시키는 방안에 관한 연구라고 하면, 행정관리론은 조직의 상층부에서 관리자가 모든 조직구성원을 통합하기 위한 방안에 관한 연구라고 할 수 있다. 관료제론은 조직 전체 수준에서 조직이 개인과 무관하게 움직일 수 있도록 하는 공식화 및 표준화와 관련이 있다. 하지만 이들 세 이론은 공통점을 가지고 있기 때문에 일반적으로 이들을 고전적 조직이론이라고 한다(김병섭 외, 2008: 86-89). 고전 이론의 공통된 특성을 다음과 같이 살펴볼 수 있다(오석홍, 1991).

첫째, 단일 가치 기준으로서의 능률이다. 이들 세 이론은 조직이 추구해야 할 가장 중요한 가치는 능률이라고 본다. 이것은 이들 이론이 출발한 시대적 배경을 생각하면 충분히 인정될 수 있다. 테일러의 관심은 능률성에 있고, 행정관리론자들도 행정의 목적은 자원을 가장 능률적으로 활용하는 것이라고 한다(White, 1926: 2). 관료제적 형태의 조직은 가장 높은 수준의 능률을 달성하는데 있다(Weber, 1947: 337).

둘째, 공식적 구조와 과정의 중시이다. 이들은 조직의 목표를 능률적으로 달성하기 위해서 무엇보다도 중요한 변수를 조직의 공식적 구조라고 보았다. 비공식적인 측면을 모르지는 않았지만 중요하게 생각하지는 않았다. 조직의 성공과 실패는 조직 구조의 적절성에 달려 있다고 보았다. 따라서 이들을 고전적 구조론이라고도 한다.

셋째, 폐쇄 체계적 관점이다. 이들은 환경과 그 영향을 고려하지 않았다. 이것은 그 당시의 시대적 환경이 상대적으로 안정적이었기 때문이라고 생각된다. 이렇게 환경을 고려하지 않았기 때문에 이들은 폐쇄 체계론이라고 한다.

넷째, 합리적, 경제적 인간관이다. 고전이론이 가정하고 있는 인간관은 기본적으로 합리적이고 경제적인 인간관이다. 여기서 경제적이라는 말은 인간이 경제적인 욕구를 다른 욕구보다 우선해서 추구하는 존재라는 의미이고, 합리적이라는 말은 이러한 경제적 욕구를 실현하는 데 가장 적합한 대안을 비교 평가해서 최선의 대안을 선택하려 한다는 말이다. 그런데 과학적 관리론에서는 분명히 경제적·합리적 인간을 가정하고 있다고 본다. 그러나 행정관리론과 관료제론에서는 그렇게 분명하지 않다. 노력에 상응한 보상을 해야 한다는 보상 원리를 볼 때 경제적인 측면을 생각할 수 있으나 전체 이익을 우선한다든가 단결을 강조해야 한다는 점을 볼 때 사회적 욕구 또한 분명히 강조하고 있다. 그리고 관료제론에서는 사회적 존경과 안정 때문에 경제적 보수를 상대적으로 적게 하고 있다고 해서 경제적 욕구를 강하게 주장하고 있지 않다. 오히려 이들 세 이론이 가정하는 개인 행동의 준거 기준은 의무론적 동기(deontic motivation)에 의존한다고 본다. 사람들이 행동을 할 때 무엇인가 자기에게 이익이 되는지 아닌지를 따지면서 행동을 하는 것이 아니라 그저 자기에게 주어진 일이니까 습관적으로 또 자기가 해야 할 일이니까 의무적으로 일을 한다는 것이다(March & Olson, 1984; Schwartz, 1983).

다섯째, 과학성의 추구와 미숙함이다. 고전이론은 개별 노동자의 노동생산성을 가장 많이 올릴 수 있는 시간 및 동작을 연구하고 관리의 원리를 밝히고 있으나 이들 연구가 과학적이지 못하다는 지적이다. 그러나 행정의 원리가 모든 경우에 적용될 수 있는 원리가 아니고 일종의 속담에 불과하다는 사이먼(Simon, 1946)의 주장은 일리가 있으나 과학적 관리론이 과학적이지 못하다는 비판은 무엇을 과학으로 보는가에 따라 달라질 수 있다고 생각된다.

고전적 조직이론의 이러한 특성은 나중에 등장하는 조직이론들의 비판을 받는 동시에 이들 이론의 출발점이 된다.

첫째, 조직이 추구하는 가치가 능률성 하나뿐인가 하는 비판이다. 조직은 조직 효과성에서 살펴보았듯이 능률성 이외의 다른 가치도 추구한다. 능률성이 가치라면 누구를 위한 능률성인가가 문제가 된다. 그리고 고전적 조직이론은 근로자의 소외와 억압을 중요한 문제로 고려하지 않는다. 그래서 이를 비판하고 전개되는 이론이 현상학적 조직이론(예: Harmon, 1981)이나 비판적 조직이론(예: Denhardt, 1984)이다. 그리고 구성원들은 능률보다는 자기들의 개인적인 이익을 추구한다는 비판도 제기되는데, 이러한 비판을 토대로 전개되는 이론이 바로 정치 권력적 접근 방법에 속한 이론들이다.

둘째, 공식적 구조가 과연 조직의 성공에 중요한 변수인가 하는 비판이다. 구조가 아니라 인간적인 측면, 비공식적인 측면이 중요하다는 비판이 제기되는데, 이 비판은 인적 자원적 접근 방법이 출발하는 기본적인 전제이다. 그러나 구조가 여전히 중요한 변수라는 입장을 여전히 견지하는 이론이 있는데, 이들 이론을 묶어 구조적 접근 방법이라고 한다.

셋째, 오늘날 환경의 영향을 인정하지 않는 폐쇄 체계적 이론은 거의 없다고 해도 과언이 아니다. 구조론적 입장을 취하면서도 고전이론과 그 후의 구조론을 갈라놓는 결정적인 차이점은 바로 이 환경에 대한 인지 여부이다.

넷째, 인간이 의무론적 동기에 의해서 행동을 하는 것이 아니라 개인적 선호의 충족 여부를 따지면서 행동한다는 비판이 제기되는데, 이 비판을 토대로 전개되는 이론은 인적자원론이나 정치 권력적 접근이다. 물론 구조적 접근 방법에서도 인간을 자기의 욕구 충족 여부를 따지면서 행동하는 존재로 이해하는 이론도 있다. 그러나 의무론적 동기론은 오로지 구조적 접근 방법만 취하는 입장이다.

제5절 신고전적 조직이론

호손(Hawthorne) 연구는 테일러(F. W. Taylor)의 과학적 관리법과 버나드(Chester I. Barnard)의 연구는 페이욜(Henri Fayol)의 연구와 대비된다. 호손 연구는 작업장 수준의 연구인 점이 테일러의 과학적 관리법과 같다. 그러나 과학적 관리법과 달리, 작업 조건의 개선이 생산성 제고에 결정적인 것이 아니라 사람의 태도가 결정적이라는 사실을 밝혀냈다. 버나드는 최고관리자의 관점에서 효과적인 관리 방안을 모색한 점이 페이욜과 같다. 그러나 페이욜의 행정관리론이 공식적 측면에 치중했다면, 버나드는 비공식적 측면을 함께 고려한 점이 다르다(김병섭 외, 2008: 375-386).

1. 호손 연구

1924년에 웨스턴 일렉트릭(Western Electric) 산하에 있는 호손 공장에서 능률성 분석 전문가들은 조명이 생산성에 미치는 효과를 집중적으로 연구하기 시작했다. 이들의 가설은 "조명 밝기의 증가가 생산성 향상을 가져온다"는 것이었다. 이 연구를 위해 실험집단과 통제집단으로 불리는 두 집단의 노동자가 선발되었는데, 실험집단에는 여러 가지 종류의 조명 처리가 가해진 반면, 통제집단은 조명 상태를 그대로 유지했다. 실험 결과, 예상했던 대로 조명의 밝기가 증가함에 따라 실험집단의 생산성은 향상되었다. 하지만 예기치 못한 결과가 발생했는데, 즉 통제집단의 경우, 조명 상태에 변화를 전혀 주지 않았음에도 불구하고 실험집단의 경우처럼 생산성의 증가가 현저히 나타났다. 이러한 일련의 당혹스러운 실험 결과를 더욱 분명히 하기 위해서 능률성 분석 전문가들은 호손 공장에서 행한 연구를 더욱 확대시켰다.

이러한 실험을 통해 그들은 기술적 및 물리적 변화 이외의 다른 행태적 요인이 영향을 미친다고 가정했다. 메이요(George Elton Mayo)와 그의 동료들은 전화 계전기를 조립하는 여공들을 대상으로 실험한 결과 놀

라운 사실을 발견했다. 메이요 연구팀은 휴식시간제, 회사 급식, 근무시간의 단축 등과 같은 물리적 환경을 변화시켜 작업 환경을 개선하려 했는데, 그 결과 의도한 대로 생산성은 크게 향상되었다. 이번에는 여공들에게 제공되는 각종 혜택을 모두 철회했는데도 불구하고 생산성은 최고의 수준까지 올라갔다. 연구팀은 이러한 현상의 근본 원인이 물리적 작업 환경의 변화에 있는 것이 아니라 인간적 측면에서 비롯된다고 결론내렸다. 즉, 관심을 보여준 결과, 실험 대상자인 여공들은 그들 자신을 회사에서 특별한 존재(something special)로 인식하고 있었다. 이전에 근로자들이 경험하지 못했던 집단의 소속감, 상관의 인정, 업무 성취감 등이 충족됨에 따라 생산성은 현저히 향상되었다.

이러한 발견들을 일반화하기 위해서 메이요를 비롯한 하버드 연구팀은 그 회사의 모든 부서에 소속되어 있는 20,000명의 종업원에 대해서 광범위한 면접을 실시했다. 이러한 면접을 통해서 연구자들은 근로자들이 업무, 작업 조건, 상급 감독자에 대해 지니고 있는 불만 등을 파악하려 했으며, 나아가 이러한 요인들이 생산성과 어떤 관계를 가지고 있는가를 밝히려고 했다. 몇 차례의 면접조사 후, 메이요 연구팀은 구조화된 문답식 면접을 통해서는 원하는 정보를 근로자로부터 얻을 수 없다는 것을 깨닫고 그들로 하여금 자기들이 중요하다고 생각하는 사실들을 자유롭게 개진하도록 유도했다.

이러한 면접을 통해 아주 귀중한 결과를 확인했다. 첫째, 이들 면접은 치료요 법적인 성격을 지니고 있어, 근로자들은 이를 통해서 평소에 지니고 있던 불만의 상당 부분을 토로했다. 이것은 결국 작업자들의 태도를 근본적으로 변화시켰다. 근로자들은 자기들이 제안한 대부분의 내용이 실행에 옮겨졌기 때문에 관리층이 이제는 그들을 개인 혹은 집단 차원에서 상당히 중요한 존재로 다루어 주고 있다고 인식하게 되었다. 그들에게 업무는 과거처럼 따분한 것이 아니라 해볼 만한 가치가 있는 것으로 여겨졌다.

둘째, 호손 연구는 관리자들로 하여금 조직구성원들 사이의 상호 관계를 철저히 이해할 필요가 있다는 사실을 환기시켰다. 조직의 생산성에 영향을 미치는 요인은 보수나 작업환경이 아니라 일을 통해 형성해 나가는 대인 관계가 중요한 것으로 밝혀졌다. 메이요는 비공식집단이 관리층과 일체감을 느낄 때 생산성은 증가했으며, 반면에 이들 집단 간의 목표가 관리층과 일치하지 않을 때 생산성은 아주 낮은 수준에 머무른다는 사실을 발견했다. 이러한 현상은 근로자가 직무나 작업 환경에 대해서 세심한 감독을 받거나 재량권이 없을 때 자주 발생했다. 이것은 결국 생산성의 향상을 위해서는 근로자들을 조직 목표의 설정 및 결정 그리고 집행 단계에 참여케 할 필요가 있다는 사실을 관리자층에 주지시켰다. 그러나 일반적인 측면에서 보면 메이요가 연구를 수행할 당시 미국 내 산업체의 관리자들은 인간의 본성에 대해서 부정적인 견해를 가지고 있었다. 그들에 따르면, 인간의 대부분은 생리적 및 안전 욕구 추구라는 본능을 가지고 있으며, 관리자는 이들 욕구만 충족시켜 주면 조직 목표는 큰 차질 없이 달성될 수 있을 것으로 믿었다. 이러한 현실 상황에 대해 메이요 팀의 연구는 많은 시사점을 던져 주었다.

셋째, 그를 비롯한 연구팀은 개인 태도에 관한 연구보다도 집단 연구(group study)가 더 중요하다고 느꼈다. 이를 위해서 연구자들은 배전기권선작업관찰실(Bank Wiring Observation Room)에서 작업을 하던 근로자와 검사자 집단들을 연구 대상으로 삼았다. 7개월여 동안 이들 집단을 면밀히 관찰한 결과 그들은 놀랄 만한 사실을 발견했는데, 하루의 생산량이 근로자집단에 의해서 의도적으로 통제된다는 것이었다. 이들은 생산량을 통제하기 위해서 주로 두 가지 기법을 사용했는데 하나는 어의(語義)에 관한 것이었고, 다른 하나는 물리적인 것이었다. 너무 많은 양을 생산한 근로자에게는 별명이 붙여지거나 혹은 경미한 체벌이 가해졌다. 또한 근로자 집단은 주로 네 가지의 신념 체계를 이용해서 생산량을 의도적으로 조정·통제하고 있었다. 구체적으로 보면 ① 규칙 위반자(rate-buster)가 되지 말 것(할당량보다 지나치게 많은 양을 생산하지 말 것), ② 잔꾀를 부리는 사람(chiseller)가 되지 말 것(할당된 양보다 지나치게 적은 양을 생산하지 말 것), ③ 밀고자(squealer)가 되지 말 것(동료 집단에 해가 되는 사실을 상급자에게 말하지 말 것), ④ 쓸데없이 친절을 베푸는 행위를 하지 말 것(비공식집단의 명령에 순응할 것) 등이다.

2. 버나드의 조직이론

합리적 분업과 계층제의 확립을 통해서 조직에 대한 통제를 강화하려 했던 고전적 조직이론은 20세기 초에 들어와 대두된 노동조합 운동으로 인한 산업체의 소요 현상을 다루는 데 많은 한계를 노출시켰다.

이러한 상황을 실제 목격하고 뉴저지에 있는 벨 전화 연구소(Bell Telephone Laboratories)의 시장으로 재임하면서 얻은 실무 경험을 바탕으로 버나드는 1938년에 『관리자의 기능(The Functions of the Executive)』이라는 책을 출판했다. 이 책은 기존의 고전적 조직과는 상반되는 모형을 제시하고 있다. 이 모형이 관심 있게 다루는 주제는 조정, 의사 결정, 의사 소통, 권위 체계, 관리자의 역할, 비공식 조직에 관한 것으로 요약될 수 있는데, 대단히 포괄적으로 체계적이어서 단지 인간관계론뿐만 아니라 현대 조직이론의 바탕을 확립하는 데도 크게 기여했다.

구체적으로 보면, 지난 30여 년 동안 조직이론사의 3대 주류를 형성하고 있는 제도학파(institutional school), 의사 결정학파(decision-making school), 그리고 인간관계론자들이 버나드의 연구에 이론적 모태를 두고 있다[4].

---

4) ① 셀즈닉(Philip Selznick)으로 대표되는 제도학파는 조직과 전체 사회와의 상호 침투성

버나드는 그의 조직관을 제시하기 전에 조직에 대한 정의를 고전적 이론과 다른 각도에서 내리고 있다. 공식 조직을 의도적으로 조정된 2인 이상의 활동 혹은 힘의 체계로 정의하면서 조직구성원의 협동이 조직 목표를 달성하는데 가장 핵심적인 것으로 보았다. 조직은 사람들로 구성되므로 사람이 없다면 조직은 존재할 수 없다. 따라서 조직을 유지하기 위해서는 구성원 각자의 조직 목표에 대한 공헌이 필요하다.

그런데 버나드에게 조직 목표는 도덕적이어야 한다. 다시 말해, 조직이 조직구성원의 영리 추구, 권력욕, 정치적 이데올로기를 달성하기 위한 노구가 되어서는 안 된다. 조직이 추구하는 유일한 목표는 조직구성원 전체나 혹은 조직이 다루고 있는 고객에 대한 봉사이다. 셀즈닉도 버나드의 견해에 동조하면서 조직이 유지, 존속하려면, 조직이 추구하는 목표가 사회구성원에 의해서 정당화되어야 하며 그렇게 하기 위해 조직은 도덕적 정신을 추구해야 한다고 주장한다. 버나드에게 조직이 도덕적이어야 하는 또 다른 이유는 그것은 협동 체계이기 때문이다. 조직구성원은 조직에 자발적으로 참여하며 또한 그들은 조직 목표를 향해서 협동한다. 따라서 조직이 추구하는 목표는 조직 전체 참여자의 공동 목표가 되어야 하며 동시에 도덕적이어야만 한다.

(interpenetra- tion)을 강조한다. 여기서 조직은 사회의 가치를 보호하고 반영해야 할 책임이 있으며, 따라서 조직의 지도자와 정치가들의 역할이 중시된다. 그러나 조직의 목표가 사회 전체와 충돌할 때 조직이 추구하는 가치가 전체 사회에 강요될 수 있는 가능성을 완전히 배제할 수 없다.

② 사이먼(Herbert A. Simon)으로 대표되는 의사 결정학파는 의사 결정이야말로 조직의 가장 중요한 활동이라고 규정하고 어떻게 조직과 개인이 의사 결정을 통해서 평형 상태에 도달하는지에 관심을 보인다. 따라서 그들은 구조보다는 개인의 합리적 인지(rational cognition) 과정에 더 역점을 둔다. 그러나 이들은 의사 결정의 평형 상태가 조직이 보유하고 있는 강력한 힘에 의해서 조작될 수 있다는 가능성을 또한 시사한다.

③ 마지막으로 메이요(G. E. Mayo), 뢰슬리스버거(Fritz J. Roethlisberger), 그리고 딕슨(W. J. Dixon)에 의해서 대표되는 인간관계학파는 비공식집단의 부정적 영향을 강조함으로써 이들이 조직 목표 달성을 위해 순기능을 할 수 있다는 측면을 간과한다. 이들에 따르면, 임금이나 물질적 유인책은 근로자들을 동기화시키는 데 별로 중요한 역할을 하지 못하며, 개인의 인지 능력이나 합리성보다는 집단의 것이 더 우월하다고 본다.

조직과 개인의 문제에 관해서 버나드는 다음과 같은 견해를 피력한다. 조직은 단순히 사람이나 기계와 같은 것으로 구성되는 것이 아니라 일종의 힘들(forces)로 이루어진다. 이러한 힘들은 조직을 구성하고 있는 사람들로부터 나오게 되는데 엄밀한 의미에서 보면 사람 그 자체는 조직의 구성물이 아니며, 단지 조직 환경의 한 부분이다. 이런 점에서 버나드에게 조직은 그 속성상 비개인적이다. 그는 또한 사람들의 조직적 측면과 개인적 측면을 구별하고 있는데, 조직에 참여하는 모든 구성원은 조직적 인격(organizational personality)과 개인적 인격(individual personality)이라는 이중 인격(dual personality)을 가지고 있다.

버나드가 언급하는 조직적 인격은 조직의 구성원으로서 행동하는 모든 개인에게 스며들어 있다. 이러한 입장은 그로 하여금 조직 자체를 '물화(物化, reification)'할 뿐 아니라 개인 선택의 중요성을 극소화한다. 관리자는 의사 결정을 하고 대안 간의 선택을 하지만 이러한 일련의 행동이 개인적 선택을 반영하지는 않는다. 버나드에게 조직은 합리적인 반면, 개인은 그렇지 못하기 때문에 조직이 개인보다 우월한 위치를 점유한다. 그런데 조직이 갖는 합리성은 조직적 인격으로부터 나오며, 따라서 개인은 조직을 통해서만 합리적 의사 결정을 할 수 있게 된다.

버나드는 조직의 도덕성을 좀 더 사실적으로 설명하기 위해서 하나의 실례를 들고 있다. 외딴 섬에 근무하고 있는 여자 교환수가 있었는데, 그곳에서 얼마 멀지 않은 집에 그녀의 늙은 홀어머니가 병으로 거동을 못하고 누워 있었다. 그녀는 지금까지 어머니와 가사를 돌보아야 했기 때문에 다른 유혹에도 불구하고 현재의 이 직업에 종사하고 있었다. 어느 날 전화교환대 앞에서 업무를 보다가 자기 집이 불타고 있는 것을 발견했다. 그러한 상황에서 어떠한 공공 및 조직 법규도 그녀의 행동을 통제할 수 없었고 그녀 또한 자기의 업무를 위반할 수도 있었다. 하지만 그녀는 도덕적 용기(moral courage)를 발휘해서 자기의 본연의 업무 - 전화 서비스의 계속적 제공이라는 조직의 도덕적 필요성 - 를 충실히 수행했다. 이것은 조직 법규를 준수하려고 하는 그녀의 높은 책임성 때문에 가능했다.

이 밖에도 하몬과 메이어(Harmon & Mayer, 1986)가 지적하듯이, 버나드의 이론을 분명히 이해하기 위해서는 체계로서의 조직, 공식 및 비공식 조직, 그리고 관리자의 역할에 대한 세 가지 영역에서의 연구가 이루어져야 한다. 체계로서의 조직에 관해서는 앞에서 간략히 언급했기 때문에 우리는 여기서 공식 및 비공식 조직 그리고 관리자의 역할에 대해 살펴볼 필요가 있다.

먼저, 공식 및 비공식 조직에 관해 살펴보자. 버나드에게 공식적 조직은 의도적으로 조정된 사람의 활동으로 구성되고, 비공식적 조직은 동일한 개인의 무의식적 집단 감정, 열정 그리고 행동으로 이루어진다. 공식 조직의 구조와 관계가 잘 운영되고 유지되기 위해서는 일종의 윤활유 역할을 하는 비공식 조직의 존재가 필수적이다. 그는 비공식 조직이 공식 조직을 지탱해주는 세 가지 방식을 말하는데, 그중에서도 가장 중요한 기능이 의사소통의 유지 및 조장이다. 일반적으로 비공식 조직에시 의사소통은 흔히 언어의 힘을 빌리지 않고서도 조직 상황이나 여건뿐 아니라, 구성원의 의도까지도 파악할 수 있는 능력으로 여겨지기 때문에 의사소통은 조직 전체에 쉽게 확산되는 경향이 있다.

공식 조직에서 비공식 조직의 두 번째 기능은 조직구성원들의 봉사하려는 의욕 및 객관적 권위의 안정성을 조절해 줌으로써 조직의 응집성을 유지시켜 주는 역할과 관련되어 있다. 버나드는 상급자가 가진 권위의 허구성을 지적하고 있다. 구체적으로 말해 "권위가 위에서부터 혹은 전체에서 부분으로 나온다"는 고전적 이론가들이 가지고 있는 신념은 허구라고 주장한다. 이와 관련해 버나드는 조직구성원이 명령을 받아들이는 세 가지 범주를 말한다. ① 분명히 수용할 수 없기 때문에 따를 수 없는 명령이 있고, ② 거의 받아들일 수 없는 명령이 있으며, ③ 무관심권(zone of indifference)에 속해 있기 때문에 의심할 여지없이 받아들일 수 있는 명령이 있다. 이를 통해 버나드는 공식적 권위의 허구성(fiction of aythority)을 지적하지만 비공식 조직 구성원의 응집성과 안정성이 조장되는 한 권위의 허구성은 유지될 수 있다고 본다.

비공식 조직의 세 번째 기능은 개인적 도덕성, 자긍심, 독립적 선택의 유지와 관련된다. 버나드에게 공식 조직은 비인격성을 견지해야 하기 때문에 이러한 것에 관심을 기울일 수 없고 비공식 조직을 통해서만 개인의 정의적(情誼的) 태도가 형성되고 강화될 수 있다. 버나드는 개인의 선택권을 강조하지만 이러한 행위는 관리자의 조직구성원에 대한 훈련, 태도의 교육(inculcation), 유인 제도의 확립을 통해서 조정될 수 있다.

조직관리자의 기능으로서 버나드는 세 가지를 말하고 있는데, 구체적으로 보면 다음과 같다.

첫 번째 언급한 관리자의 기능은 통제 및 지시 권한을 가지고 조직 내 의사소통망을 설계하고 유지하는 것이다. 의사소통이란 조직 내의 의사전달 흐름으로 파악할 수 있는데, 이러한 의사소통은 조직의 설계-조직구조의 분화, 직무와 책임의 명확화 등-와 인력 배치 및 그에 따른 유인체계, 설득, 객관적 권위의 개발에 관심을 갖는다.

두 번째 관리자의 기능은 일단 개인이 조직 목표의 공헌에 동의했기 때문에 이들로부터 조직 목표 달성에 필요한 서비스를 획득해 내는 것이다. 이렇게 하기 위해서 조직은 그 구성원들에게 여러 가지 인센티브를 제공해야 하는데, 대표적인 것으로 사기(士氣) 유지에 필요한 유인 체계의 유지, 감독 및 통제, 검사, 교육 및 훈련 등을 들 수 있다(Harmon & Mayer, 1986: 110).

세 번째 기능으로서 조직 목표의 구체화 작업은 단일 방향적(unilateral direction)이 아니라 최고관리층에서부터 시작해서 조직의 말단 구성원에 이르기까지 일련의 상호 작용 과정을 거치면서 이루어지는데, 이때 조직의 목표는 수정 혹은 변경된다.

지금까지 언급한 관리자의 세 가지 기능은 단지 리더십에 대한 기술적 측면만을 포함하고 있으나 이 밖에도 버나드는 또 다른 측면의 리더십을 언급하고 있다. 하몬과 메이어(Harmon & Mayer, 1986)에 따르면, 이러한 리더십은 조직의 존재뿐만 아니라 조직의 이름 아래 취해진 행동을 정당화시켜 주는 조직내의 도덕적 요소와 관련되어 있다. 관리자의 지위는 본질적으로 복합적인 도덕성과 책임성이 요구될 뿐 아니라 또한 조직구성원을 위한 윤리도 창조해야 하는 기능도 수반된다. 버나드에게서 이러한 창조적 도덕성(creative morality)이야말로 바로 리더십의 요체이며 관리자의 책무에 대한 가장 높은 수준의 평가가 될 수 있다. 페로(Charles Perrow)는 버나드의 조직관을 베버의 것과 대비시키고 있다. 즉, 베버가 보는 조직은 기계적 체계, 생산 중심, 경직성을 띤 권위적 조직인데 비해서, 버나드의 조직은 유기적 체계, 고용자 중심, 환경에 적응하고 대응성이 높은 민주적 조직이다.

3. 고전적 인간관계론의 평가

1) 호손 연구에 대한 비판

호손 연구는 그 명성 못지않게 많은 비판을 받아 왔다. 많은 연구자들, 특히 사회학자들은 연구를 통해서 밝혀진 내용뿐만 아니라 결과를 이끌어 낸 과정에 대해서도 의문을 제기했다. 내용 면에서 보면, 첫째 메이요를 비롯한 연구팀은 조직 내의 친경영자 측 관점에서 생산성 향상 방안에 대한 해결책을 모색하고 있다는 것이다. 업무를 통한 조직 내 구성원들의 진정한 만족감 제고보다는 어떻게 하면 높은 생산성을 이끌어 내기 위한 관리층이 고용자들을 효과적으로 조종할 수 있는가에 더 관심을 보였다.

둘째, 호손 연구팀은 조직 내의 관리자와 고용자 간에 존재하는 갈등을 부정적인 시각에서 파악하고 이를 인정하지 않음으로써 갈등이 가져다주는 순기능을 간과했다. 랜드스버거(Landsberger, 1958)가 지적하듯이 갈등은 적절히 다루어지면 조직구성원이 조직 목표에 좀 더 효과적으로 적응할 수 있게 하는 기능을 갖고 있다. 하지만 갈등의 존재를 간과하거나 방치할 경우 생산성 저하는 물론 조직의 붕괴까지도 초래될 수 있다.

셋째, 호손 연구는 분석 대상을 고용자에게만 한정시킴으로써 조직의 전체 현상을 정확하게 파악하는 것을 어렵게 해서 공식 조직보다는 비공식 조직의 역할을 지나치게 강조하는 결과를 낳았다. 연구 범위를 중간관리층뿐만 아니라 최고관리층까지 확대함으로써 공식 조직과 비공식 조직 간의 관계를 더욱 명료하게 이해할 수 있게 했다.

한편, 방법론적인 측면에서, 실험심리학자들은 실험조사 방법과 연구결과의 타당성에 비판을 가한다. 이러한 비판은 주로 영국 학자들에 의해 이루어졌는데, 그들에 따르면 호손 연구의 결정은 실험 상황에 대한 불충분한 통제(예: 호손 효과), 비우호적이고 작업 속도가 느린 노동자를 우호적이고 작업 속도가 빠른 노동자로 교체함으로써 발생하는 영향에 대한 평가와 연구자의 가설과 배치되는 증거를 무시하는데서 비롯되었다고 주장한다. 심지어 일부 연구는 이러한 변수들이 통제되었을 때 호손 연구에서 강조하고 있는 사회적 요인은 생산성 향상에 주요한 결정인자로 작용하지 못한다고 주장한다(Carey, 1967; Francke & Kaul, 1978).

2) 버나드 이론에 대한 비판

버나드는 그동안 지배적 위치를 점해 오던 고전적 이론이 갖는 현실과의 괴리가 얼마나 큰가를 논리적으로 밝혀냈지만, 그럼에도 불구하고 그의 이론은 고전적 이론의 테두리를 완전히 벗어나지 못했다. 하태권(1991: 103)에 따르면, 버나드는 조직을 비정의적·합리적, 논리적 존재로 놓는 반면에, 개인은 정의적·비합리적·비논리적 존재로 간주함으로써 언제나 조직이 개인보다 우월한 위치에 놓이도록 해 놓았다. 따라서 개인의 동기나 선택권은 심한 제약을 받게 되며, 만일 개인이 추구하는 목표가 조직 목표와 일치하지 않을 때 당연히 조직 목표가 우선시되며, 관리자는 교화(indoctrination)를 통해서 개인 목표가 조직 목표에 일치하도록 수정을 강요하게 된다.

또 다른 비판은 페로에 의해서 제기되는데, 그에 의하면 버나드의 이론은 극단의 기능주의에 빠질 우려가 있다는 것이다. 그는 조직의 본질은 협동에 있다고 강조함으로써 조직과 그 구성원들 간에 발생할지도 모를 갈등의 측면을 간과하고 있다. 만일 모든 조직이 그 구성원의 조직목표에 대한 자발적 협동 체계로 이루어져 있다면, 그가 역점을 두고 강조한 관리자의 기능들은 중요성을 상실하게 되는 자기 모순의 논리에 빠지게 된다.

마지막으로 지적할 수 있는 비판은 비공식 조직의 역할에 대해 버나드는 지나치게 순기능적 측면만 강조하고 있다는 것이다. 조석준(1988: 200)도 지적하고 있듯이, 비공식 조직은 역기능적인 측면도 가지고 있다. 즉, 비공식 조직의 규범이나 조직구성원이 추구하는 목표가 공식 조직의 목표와 정면으로 배치될 때 비공식 조직에 대한 조직구성원의 높은 귀속감은 장래 조직 목표 달성을 더욱 어렵게 할 뿐만 아니라, 한 걸음 나아가서 조직의 생존마저 위협하게 된다.

지금까지 메이요와 버나드의 인간관계론적 접근이 조직이론의 발전에 미친 영향을 간략하게 살펴보았다. 고전이론이 팽배하던 시기에 이들 이론이 갖는 한계를 비판하고 조직 내에서의 인간의 중요성을 강조한 그들의 인간관계론적 관점이야말로 조직이론사를 정립하는 데 하나의 코페르니쿠스적 전환을 가져왔다고 볼 수 있다. 또한 여러 비판가의 지적에도 불구하고, 그들이 주장한 중심적 사고는 인적 자원 접근론자들에 의해서 더욱 세련되고 체계성을 갖추게 되었다.

제6절 현대 조직이론

1. 행태론적 조직이론

현대 조직관리 이론의 하나로 자리 잡은 조직행태론에서는 인간이나 집단의 가치관, 사고, 태도, 의견 등의 '행태(behavior)'에 중점을 두고 조직이론을 전개한다. 즉, 행태론이란 "전통적인 거시적인 이념·구조·제도보다는 인간이 어떤 가치관·태도·동기를 가지고 있는가를 면접이나 설문조사와 같은 사회심리학적인 방법론을 통해 개인의 표출된 행태를 객관적·실증적으로 분석하는 논리실증주의(logical positivism)적 방법론"을 택하고 있다(이상철, 2012: 42-49).

1940년대에 사이먼(Herbert A. Simon, 1916-2001)은 버나드가 『관리자의 기능』(1938)에서 주장한 "조직관리란 특정 목표 달성을 위한 구성원의 협동적 집단행동"이라는 '구성원 간의 협력'에 초점을 두고 이를 계승해 조직이론을 체계화했다. 1940년대 중반부터 대두된 행정행태론은 공조직과 사조직을 구별하지 않고 조직관리를 하나의 사회적 집단행동으로 파악하며, 제도보다는 인간 행동 연구에 주된 관심을 두는 것이 특징이다. 또한 이것은 가치 판단을 배제하고 순수한 과학성을 추구한다는 점을 주목할 필요가 있다.

공·사 조직의 본질적인 차이를 인정하지 않는다는 점에서 행태이론은 행정관리설과 유사하나, 행정관리설이 행정관리 과정에서의 효율성에 중점을 둔 반면에 행태이론은 과학적으로 인간의 행정 행태를 연구한다는 측면에서 차이가 있다. 행태론은 또한 조직의 구성원이 제한된 합리성을 추구하는 인간임을 가정해 과학적 관리론 등이 가정하는 경제인이나 경제적 합리성의 비현실성을 비판하기도 했다. 행태론은 명백한 자극과 반응으로 볼 수 있는 행위 또는 행동만을 연구 대상으로 하는 '심리학적 행동주의'와는 달리 특정 질문에 따른 반응을 통해 파악해 볼 수 있는 인간의 태도·의견·개성 등도 행태에 포함시킨다는 점에서 심리학적 행동주의와도 근본적으로 차이가 있다.

행태론은 조직이론의 과학성을 확립하는 데 기여했으며, 구체적으로 집단 및 개인의 의사 결정, 갈등관리, 리더십과 권위, 동기부여 등의 문제를 연구하는 데 공헌했다.

2. 생태론적 조직이론

생태론(ecology)적 조직이론은 리그스(Fred W. Riggs)를 중심으로 1940년대 후반부터 1950년대에 걸쳐 유행했는데, 조직을 하나의 유기체로 파악하고 조직과 환경과의 상호 작용 관계를 중심으로 조직 현상을 연구하는 학파이다. 공공 조직 연구에서 유기체란 행정 주체인 행정 조직은 환경과 교호 작용을 하는 것을 말하는데, 여기서 환경이란 조직을 둘러싸고 그 영향을 주고 받으며 정치, 경제, 사회, 문화 등 외부적 여건을 총체적으로 포괄하는 개념이다.

생태론은 조직이란 목표 달성을 위해 존재하는 단순한 내적인 업무 분업 체계가 아니라 살아 움직이는 생명체 또는 유기체로 인식하고, 이러한 유기체로서 조직이 환경이나 문화로부터 어떤 영향을 받는가를 연구하는 학파이다. 생태론은 조직과 환경의 상호 작용 관계를 밝히는 일종의 생물학적·개방적 이론이라고 할 수 있다. 생태론은 환경에 대한 조직의 종속 변수적 측면을 강조한 이론으로서, 조직에 영향을 미치는 환경과의 관계를 처음으로 연구한 거시적 접근법이라는 점에 새로운 의미를 부여할 수 있다(mybox.happycampus.com).

3. 체계론적 조직이론

체계론(system theory)이란 조직은 상호 관련된 하위 체계(sub-system)로 구성되어 있다는 개념에 기초해 단위 조직을 분석하는 이론이다. 체계란 손으로 만져볼 수 있는 구체적인 실체가 아니라 일련의 요소들을 매개로 하여 서로가 맺고 있는 상호관계(interrelation)를 의미한다(이태종, 1995). 이스턴(David Easton)과 샤칸스키(Ira Sharkansky)는 조직은 환경으로부터 투입(input)된 요구와 지지를 받아 전환(conversion) 과정을 거쳐 산출(output)하고 이를 다시 환류(feedback)하는 체계라고 했다(이종수, 2009).

체계론에서 조직은 환경의 영향을 받지만 환경도 조직의 영향을 받는다는 전제에서 출발한다. 따라서 체계론은 생태론에 비해 조직과 환경의 상호 작용 관계를 한층 더 강조한 이론이다. 조직 체계의 산출은 환류 과정을 통해 체계 속으로 들어가고 또 다른 일부는 환경으로 흘러들어가기 때문이다(강신택, 1987). 이러한 측면에서 체계론은 조직이라는 유기체를 그 환경과의 상호 작용 관계에서 파악함으로써 생태론의 한계점인 조직은 환경의 종속 변수라고 하는 조직문화결정론을 극복했다.

그러나 체계이론은 자기 유지 기능이나 내부의 조화적인 균형이론에 치우침으로써 체계의 내부적 혁신이나 변화를 설명하기에는 부적절하다는 지적이 있다. 따라서 변동이 심한 조직보다는 안정적이고 점진적인 변화를 도모하는 조직을 설명하기에 적합한 이론이다.

4. 상황론적 조직이론

1950년대부터 등장하기 시작한 상황론(contingency theory)은 때와 장소를 불문하고 적용될 수 있는 보편적인 조직관리 원리와 유일한 최선의 관리 방법은 없다고 주장한다. 상황론자들이 강조하는 기본 전제는 "바꾸기 힘든 환경보다는 변화하는 환경에 따라 조직의 구조를 변경하는 것이 바람직하다"는 것이다.

상황론이 전개된 배경은 1953년 우드워드(John Woodward)가 영국의 한 지역에 소재하는 기업을 대상으로 과학적 관리법이나 행정관리론에서 주장하는 조직관리 원칙이 적용되고 있는지를 실증적으로 검증해 보려고 시도하면서 시작되었다. 그러나 그는 어느 조직에서도 공통된 관리 원리와 원칙이 적용되는 것을 찾아볼 수가 없었다.

오히려 그는 해당 기업이 일반적으로 기술 수준에 적합한 조직 구조를 가질수록 생산성이 높게 나타난다는 것을 발견했다. 그의 뒤를 이어 페로(Perrow, 1986)는 정형화된 기술을 가진 조직은 비정형화된 기술을 가진 조직보다도 복잡성(complexity)은 낮고, 공식화(formalization)는 높으며, 통솔 범위가 넓다는 것을 검증했다. 그는 "정형화된 기술을 가진 조직은 집권화가 용이하나 비정형화된 조직에서는 분권화가 바람직하다"는 가설을 실증적으로 증명하려고 노력했다. 그러나 이러한 평범한 논리조차도 뒤에 비판의 대상이 되곤 했다. 가령 정형화된 기술 조직이라고 하더라도 공식화가 덜 되어 있는 경우에는 집권화가 필요하지만 공식화가 잘 되어 있는 경우에는 오히려 분권화하는 것이 더 통제의 효율성을 높일 수 있다고 한다(Hage & Aiken, 1969).

한편 블라우와 쇤허(Blau & Schönherr, 1971)는 기술보다는 규모가 조직 구조에 더 많은 영향을 미친다고 했고, 차일드(Child, 1972)는 조직의 규모가 커질수록 전문화, 계층화, 문서화, 공식화, 규칙화가 심화된다고 했다.

로빈스(Robins, 1974)는 조직 규모와 조직 구조의 관계를 일반화하려고 노력했는데, 그는 “조직의 규모가 커지면 수직적·수평적 분화가 확대되고 공식화되며 집권화보다는 분권화가 일어나기 쉽다”고 주장했다. 이러한 논리 역시 일반화하는 데에는 많은 제약이 있음이 후속 연구에서 밝혀졌다. 심지어는 조직 규모가 조직 구조에 영향을 미친다고 하기보다는 조직 구조가 조직 규모에 더 많은 영향을 미친다는 역설적 주장이 제기되기도 했다(Aldrich, 1979). 가령 조직의 공식화가 확대되어 조직의 운영 탄력성이 떨어진다면 조직 규모는 커질 수밖에 없다는 논리이다.

5. 발전론적 조직이론

발전행정(development administration)은 1950년대의 비교행정의 한 분야로 출발해 1960년대 유행했으나 1970년대 신행정학이 대두되면서 다소 약화된 이론이다.

에스만(Milton J. Esman)과 와이드너(Edward W. Weidner)는 행정을 수행하는 공조직은 사회를 발전시키고 변화를 유도하는 역할을 수행해야 한다는 입장이다. 발전론자에 따르면, 공공 조직의 관료제가 강조하고 있는 좁은 분야에 전문적인 지식을 가진 관료는 사회 변화에 신속하게 적응하는 것을 어렵게 만든다고 한다. 법령에 따른 행정이 존중되어야 하지만 그 해석에서는 형식적 합리성보다는 국가 발전 목표에 초점을 둔 합목적적인 적용이 요청된다는 것이다. 또한 계층제도 조직의 상하 구성원의 명령·복종 관계로 볼 것이 아니라 분업을 통해 직원들의 동기를 부여하는 수단으로 이해하고 활용할 것을 강조했다.

6. 신행정학적 조직이론

1970년대에 마리니(Frank Marini)와 프레드릭슨(Horace G. Frederickson) 등을 중심으로 소장 행정학자들은 행정의 현실 참여를 통한 사회적·시대적 문제의 적극적인 처방을 주장하는 신행정학(new public administration)을 주장했다. 그들은 공공 조직, 특히 관료제는 조직 지향적인 것보다는 수혜자 지향적이 되어야 하고, 가치 중립적인 것보다는 목적 지향적이 되어야 한다고 강조했다.

신행정학은 행태론의 인식론적 근거가 되는 논리실증주의를 비판하면서 당시의 사회 문제인 빈곤과 형평의 문제를 해결하기 위해서는 현실적합성(relevance)과 실천성(action)을 가지는 처방적 조직이론이 필요하다고 했다. 신행정학은 근본적으로 공공 조직은 고객의 가치를 인정하고 고객에 대한 능동적이고 적극적인 관심을 강조했는데, 실증주의 조직이론에서 벗어나 가치와 규범을 중시하고, 사회적 형평성을 추구하는 조직이론으로 발전할 것을 주문했다.

7. 신공공관리론적 조직이론

1980년대 정부 재정 적자가 가속화되고 사회적 가치가 전면적으로 변화되는 것을 계기로 신공공관리론(new public management theory)이 등장하면서 전통적인 관료제 조직의 행정은 또 다른 비판을 받게 된다. 신공공관리론은 관료제가 강조하고 있는 조직의 능률적 운영에는 동의하면서도 정부를 비롯한 모든 공공 조직은 민간 부문의 기본 패러다임인 경쟁과 동기 유발 메커니즘을 적극적으로 도입해야 한다고 주장했다. 즉, 공공관료제는 <표 3-1>에서 보는 바와 같이 규칙보다는 목표, 엄격한 분업화보다는 유연한 통합관리, 하향식 계층제보다는 네트워크 시스템, 내부 통제보다는 수요자 중심의 고객관리, 기술적 능률성만이 아닌 효과성 등 다양한 행정 이념 추구, 신자유주의적 인식[5]에 바탕을 둔 관료들의 거시적 방향 잡기(steering)와 전략적 경영관리를 강조하고 있다[6]. 한마디로 전통적인 엄격한 관료제에서 벗어난 탈관료적 행정관리가 절실하다고 주장했다.

〈표 3-1〉 전통적 관료제와 신공공관리론의 특징

전통적 관료제	신공공관리론
명확한 법령 및 규칙에 의한 관리	목표와 업적에 의한 관리
단일 직무에 특화된 분업·전문화	조직 통합 원칙과 업무 수행의 유연성 제고
철저한 계층제 시스템(하향식 통제 원리)	느슨한 네트워크 시스템(업적 평가의 단위인 소규모 조직 간의 계약에 의한 관리)
내부 규제(통제) 메커니즘	시장경쟁 메커니즘
고객(국민·이용자)에 대한 온정주의적 관계	공급 측면보다는 고객 수요를 반영한 관리
미시적 관리	거시적이고 전략적인 경영 관리
단일의 행정 이념(능률성)	다양한 이념(능률성, 생산성, 효율성, 효과성)
관료의 노젓기(rowing)	관료의 방향잡기(steering)
현실주의적 인식	신자유주의적 인식

출처: 이상철(2012: 47).

8. 공공 서비스론적 조직이론

덴하트와 덴하트(Denhardt & Denhardt, 1999)는 전통적 관료제 조직

5) 신공공관리론은 신자유주의의 사상적 배경을 가지고 있지만 신자유주의는 정부의 역할을 시장으로 대폭 넘길 것을 주장하는데 비해 신공공관리론은 시장 경쟁 원리가 관료제의 계층제적 통제를 대체해야 한다고 강조한다.

6) 신공공관리론에서는 관료들이 단순히 행정 업무의 집행을 의미하는 노젓기(rowing)에 집중할 것이 아니라 거시적 전략적 경영을 의미하는 방향잡기(steering)에 더 많은 관심을 가져야 한다고 주장한다.

은 정치적 중립성, 집권적·폐쇄적 환경, 하향적 통제, 능률을 지나치게 강조한 나머지 시민에 대한 민주적 봉사와 시민의 적극적 참여를 지원하는 데 적합한 모형이 아니라고 비판하면서 신공공 서비스론(new public service theory)을 주장했다. 이 이론에서 관료제 조직은 주인으로서의 시민, 적극적인 시민 의식(citizenship), 다양한 세력과의 협력, 시민에 대한 관료의 봉사 등을 특별히 강조한다(우양호, 2009).

공공 서비스론의 이념과 방향을 명확하게 이해하기 위해서는 지금까지 논의한 전통적 행정이론이나 신공공관리론과 비교해 볼 필요가 있다. <표 3-2>에서 보는 바와 같이 공공 서비스론은 다른 이론에 비해 공공 조직의 시민에 대한 봉사, 의사 결정 방법으로서 전략적 합리성에 바탕을 둔 민주적 담론, 지역 커뮤니티와 연계한 협동적인 리더십을 특징으로 한다.

〈표 3-2〉 신공공 서비스론의 특징

구분	구행정이론	신공공관리론	신공공 서비스론
이론의 토대	초기 사회과학	경제이론: 실증적 사회과학에 기초	민주주의 이론: 실증주의·담론이론을 포함한 다양한 접근
의사 결정의 합리성	개괄적 합리성	기술적·경제적 합리성	전략적 합리성: 정치적·경제적·조직적 합리성의 다양한 검증
공익에 대한 입장	법률로 결정된 정치적 결정	개인들의 총이익 향상	공유 가치에 대한 담론의 결과
정부의 역할	노젓기(정치적으로 결정된 단일 목표에 초점을 맞춘 정책의 입안과 집행)	방향잡기(시장의 힘을 이용한 촉진자나 촉매자)	봉사(시민과 공동체 내의 이익을 협상하고 중재해 공유 가치 창출)
관료의 반응 대상	고객과 유권자	고객	시민

구분	구행정이론	신공공관리론	신공공 서비스론
행정 재량	관료에게 제한된 재량만 허용	기업적 목적을 달성하기 위해 넓은 재량 허용	재량은 필요하지만 제약과 책임 수반
조직 구조	계층적 관료제 구조	기본적 통제를 수행하는 분권화된 공공조직	조직 내외적으로 공유된 리더십을 갖는 협동적 구조
동기 유발	임금과 편익: 공무원 보호	기업가 정신: 정부 규모를 축소하려는 이데올로기적 욕구	공공 서비스: 사회에 기여하려는 욕구
행정 책임	계층제에 의해 행정인은 민주적으로 선출된 정치지도자에 반응 및 책임	시장 지향적인 고객에게 바람직한 결과 창출	다면적(공무원은 법, 지역공동체 가치, 정치 규범 및 시민들의 이익에 대한 책임)

출처: Denhardt & Denhardt(2007).

제4장

조직 구조 설계와 변수

제4장 조직 구조 설계와 변수

제1절 조직 구조의 의의와 특성

1. 의의

조직(organization)은 단순히 우발적으로 그 구성원들의 감정이나 욕구에 따라서만 행동하는 것이 아니다. 그것들과는 별도로 이미 확립되고 조직화되어 있는 일정한 배열(arrangement), 패턴(patterns) 및 관계(relationships)에 영향을 받는나. 이런 경우 우리는 조직이 구조(structure)에 근거해 작용한다고 말한다(윤재풍, 2014: 219-224). 조직 구조(organizational structure)는 조직을 구성하는 각 부문 간의 확립된 관계의 유형으로서 조직 활동의 형태, 기준, 조직 부서 간 조정 방법 등을 포함하는 개념이다. 그리고 조직의 목표를 달성할 수 있도록 조직 구조를 만들고 조정하는 과정이 조직 설계이다(오세덕 외, 2019: 139-140).

1) 구조와 조직 구조

구조(structure)란 어떤 사물이나 일의 배열 형태(arrangement configuration)를 의미한다. 이러한 관점에서 조직 구조(organizational structure)란 "조직의 목표 달성을 위한 사람(people)과 과업(tasks)의 배열"(Dubrin, 2006: 262), 혹은 "조직 내부의 직무(jobs)의 공식적 배열

(formal arrangement)"(Robbins, 2005: 234)을 의미한다.

또한 구조란 어떤 사물·일·행동 등을 구성하는 부문들 간에 확립된 관계의 패턴(established pattern of relationships)을 의미한다. 이러한 관점에서 조직 구조란 "조직을 구성하는 부분들(components or parts), 즉 일이나 행동 간에 확립된 관계의 패턴"(Kast & Rosenzweig, 1974: 207)을 의미한다. 마치(James G. March)와 사이먼(Herbert A. Simon)은 "조직 구조란 비교적 안정되고 완만하게 지속하는 조직 행동 패턴의 여러 국면(aspects)으로 구성된다"(March & Simon, 1958: 170; 윤재풍, 1977: 262)고 설명한다. 이는 특히 조직에 확립된 행동 패턴 혹은 행동의 관계적 총체가 조직 구조의 핵심 개념이라는 것을 강조하는 것이다.

2) 조직 구조의 실제

조직에는 사람·일(직무·과업)·상위 목표와 하위 목표가 배열되어 있고, 그것들이 서로 관계되는 어떤 형태를 이루고 있다. 조직은 계층·목표·분업 및 조정 등의 요소로 구성되고, 그들 간에는 일정한 관계의 패턴을 이룬다. 목표가 설정되고, 그것을 달성하기 위해 분업이 이루어지며, 분업 활동을 조정하는 기능이 존재하고, 조정과 통제를 효율적으로 수행하기 위해 계층제가 작용한다. 또한 명령·복종·의사소통·의사 결정·역할 등의 행동이 존재하고, 그러한 행동 간에, 그리고 각 행동의 구성 요소 간에 일정한 관계의 패턴이 확립되어 기능을 수행한다. 조직에 이와 같은 배열의 형태, 그리고 관계와 행위의 패턴이 확립되어 일정한 기간 반복적으로 지속되고 정형화되어 작용하게 되면 그것이 곧 조직 구조가 되는 것이다.

3) 조직 구조와 조직도

조직 구조는 조직도(organizational chart) 혹은 기구표를 통해서도 살펴볼 수 있다. 조직도 및 기구표는 조직 내부의 직위, 부서, 부서 간 관계, 계층 구조, 분업 구조, 권한과 의사소통의 체계, 의사 결정 통로, 명령과 보고 체계 등을 보여주는 도표이다.

2. 조직 구조의 기능

1) 목적 수행 기능

조직은 그 구조를 통해 산출물을 생산하고 목적을 달성하는 기능을 수행한다. 조직의 구조는 그 자체가 목적이 아니고 조직의 목표를 달성하는 데 필요한 수단적 장치, 혹은 목표 달성을 돕는 기능자(enabler)이다. 따라서 조직의 효과성 및 효율성은 조직 구조에 영향을 받는다.

2) 조직 행위의 일정한 배열 및 패턴화

조직 구조는 조직 내의 다양한 개인과 단위들이 행사하는 노력과 행위가 일정한 배열과 패턴 속에서 이루어지도록 한다. 즉, 분업·조정·권한의 행사와 역할·정보의 흐름·의사소통 및 의사 결정이 일정한 배열과 확립된 관계와 패턴 속에서 이루어지도록 한다(Hall, 1982: 52).

3) 다른 조직과의 차이 형성

세상의 모든 조직은 각각의 구조를 가지고 있으며, 그 구조의 차이에 따라 다른 조직과 구별되는 특성을 갖는다. 건축가들이 건물을 설계하고 지을 때 하나의 건축물을 구성하는 부분 간의 관계와 배열을 어떻게 하느냐에 따라 각양각색의 건축물이 나타나는 경우와 같다.

3. 조직 구조의 기본적 특성

어떤 조직이 구조적인 면에서 어떤 특성을 지니는가는 일반적으로 그 조직이 지니고 있는 복잡성(complexity), 공식화(formalization) 및 집권화(centralization)의 상태에 따라서 설명할 수 있다. 이 세 가지 개념은 조직 구조를 형성하는 핵심적 차원(core dimension)이며, 기본적 변수라고 할 수 있다(Robbins, 1983: 45-87).

1) 복잡성: 분화의 정도

(1) 복잡성의 의의

조직의 복잡성(complexity)이란 조직의 분화의 정도(degree of differentiation)를 말한다. 여기서 분화란 조직목표의 달성을 위해 구성원과 자원을 과업에 할당하고 업무와 권한을 세분화하는 과정을 말한다(오세덕 외, 2019: 144). 즉 조직이 여러 하위 단위(subunit)로 세분화되고 각 단위 간에 차이가 발생하는 현상을 말한다. 조직 내에 분화의 정도가 높으면 그만큼 조직은 구조적으로 복잡해진다.

분화의 상대적 개념은 통합(integration)이다. 분화가 심해 조직의 각 하위 단위들의 활동과 노력이 너무 차이가 생기면 조직 전체의 공통적 목표를 수행하기 어려워진다. 그러므로 조직 단위들이 각각의 차이를 넘어 공통 목표를 달성하는 데 기여하도록 통일된 행동과 협력적 구조를 형성해야 한다. 이와 같이 조직의 구성 단위들이 통일된 행동과 협력적 구조를 형성하는 것을 통합이라고 한다. 통합은 조직의 분화 정도, 즉 복잡성이 낮추어진 형태이다.

(2) 분화의 세 가지 형태

조직의 분화는 수평적 분화(horizontal differentiation), 수직적·계층적 분화(vertical or hierarchical differentiation), 공간적 분산(spatial dispersion)의 형태로 설명할 수 있다.

① 수평적 분화

조직의 수평적 분화란 조직을 그 기능 및 직무의 성질에 따라서 수평적으로 나누어 차별화하는 것을 말한다. 조직의 수평적 분화는 업무의 전문화(work specialization)와 부문화(departmentalization)를 통해 이루어진다. 업무의 전문화란 조직 내부의 과업들이 별개의 직무로 세분화되어 있는 정도를 말하며, 부문화란 일정한 기준에 따라서 조직을 분화하는 것을 말한다. 예를 들면, 기능별로 집단화하는 것(기능별 부문화), 생산하는 제품이나 서비스별로 집단화하는 것(제품별 부문화), 지역을 기준으로 집단화하는 것(지역별 부문화), 그리고 고객별로 집단화하는 것(고객별 부문화) 등이다. 분업 및 전문화는 조직의 규모가 확대되고, 업무 처리의 전문성이 증가하면 증가할수록 더욱 요구된다(오세덕 외, 2019: 144).

② 수직적 분화

조직의 수직적 분화는 구조의 깊이를 의미하는 것으로서 계층적 분화라고도 한다. 그것은 조직 속에 몇 개의 수직적 계층을 만들고 계층에 따라 다른 권한과 책임을 부여하는 것을 말한다. 계층의 수가 많아지면 의사소통이 왜곡될 가능성이 높아지고, 관리직에 있는 간부들은 결정을 조정하기도 어려우며, 관리자들이 실무자들의 업무 수행을 감독하는 임무가 더욱 어려워진다(정우일 외, 2011: 168-169). 수직적·계층적 분화를 통해 계층 간에 기능 분화가 이루어진다. 말하자면 고위 계층에서는 주로 정책 결정과 계획 기능을 수행하며, 하위 계층은 집행 기능을 수행한다. 또한 계층적 분화를 통해 조직은 명령·복종 및 지휘 감독의 체계와 상하의 의사소통 체계를 확립한다. 계층이 높은 곳에는 더욱 많은 권한과 책임이 배분된다. 수직적 분화는 조직의 높이(tall) 혹은 깊이(deep)를 결정하는 요소이기도 하다. 계층을 몇으로 설정하느냐에 따라 조직의 높이와 깊이의 정도가 결정된다.

수직적 및 수평적 분화는 서로 상반되는 관계를 갖는다. 수평적 분화의 폭을 넓게 하면 상대적으로 수직적 분화 구조는 낮아지며, 반대로 수직적 구조를 높게 하면 수평적 분화 구조의 폭이 좁아지기 때문이다.

③ 공간적 분산

조직의 공간적 분산 혹은 분화는 조직의 사무실, 공장 및 직원들이 지리적으로 분산되어 있는 정도를 말하는 것으로서, 조직을 구성하는 인원이나 시설 및 하위 조직 등이 지역적으로 분산되는 것이다. 그것은 수평적인 분산일 수도 있고, 수직적인 분산일 수도 있다. 수평적 분산은 지역적으로 분산되는 조직이 수평적으로 동등한 수준에 있는 것을 말하며, 수직적 분산은 일종의 계층적 분화 구조를 이루는 경우를 말한다. 계층적 분화는 특히 정부 조직의 경우 중앙행정기관과 그 기관의 일선기관간의 관계에서 엿볼 수 있다. 공간적인 분화는 수평적 및 수직적 분화의 연장된 측면으로 볼 수 있다. 공간적인 분산은 수직적 분화에도 적용될 수 있다. 권위의 다른 계층들이 지리적으로 분산되어 있다면 한 곳에 집중되어 있는 조직보다 더 복잡하다(정우일 외, 2011: 169).

(3) 분화의 장점과 문제점

조직의 분화 구조가 발달하면 분화된 각 조직 단위별로 업무가 분업되고 전문적으로 수행되므로 해당 업무를 효율적으로 수행할 수 있다.

말하자면 수직적 분화의 경우 계층 간의 업무와 권한 및 책임 한계가 명확해지고, 수평적 분화의 경우 기능적 분업과 전문화에 따라 각 조직 단위에서 수행하는 일의 숙련도를 높여 효율화를 촉진한다. 또한 공간적 분산의 경우 작업 현장에 적실하게 업무를 수행하는 조직과 방법을 발달시킨다.

그러나 분화 구조는 문제점도 갖고 있다. 계층제 구조는 의사소통의 왜곡과 지연·의사 결정의 교착과 지연, 하급자들의 상급자 눈치보기, 계층 간에 과도한 권력 격차가 발생할 우려가 있다. 또한 수평적 분화는 각 조직 단위 간의 조직이기주의 및 할거주의, 원활하지 못한 의사소통과 비협조 현상 등이 나타나며, 공간적 분산의 경우에도 각 조직 단위들의 할거주의 현상이 나타날 수 있다. 조직의 분화 구조가 발달해 조직의 복잡성이 증대할수록 전체 조직의 관리자는 조직의 모든 단위의 활동과 노력을 통합·조정하는 역할이 필요하다.

2) 공식화: 규정 및 규칙화 정도

(1) 공식화의 의의

공식화(formalization)는 조직의 업무가 표준화되어 있는 정도를 말한다(정우일 외, 2011: 170). 즉 조직에서 이루어지는 일·활동·절차·관계 및 역할 등을 공식적인 법·규정·규칙으로 성문화하는 정도이다. 말하자면, 조직의 인사관리는 인사 법규에 근거해서 해야 하고, 의사 결정과 명령·지시·보고·회람 등은 일정한 절차와 규정에 따라서 하도록 하는 것이다. 공식화는 표준화(standardization) 혹은 표준운영절차(Standard Operation Procedure: SOP)와도 서로 관계를 갖는다. 정부 조직의 중요한 가치로서 예측성, 안정성, 질서는 세분화 혹은 표준화된 업무에서 얻을 수 있다. 공공조직에서 업무의 표준화는 자유재량의 최소화와 동일한 업무에 동일한 봉급을 기준으로 하는 공무원제의 발달을 가져오는 장점들을 지적할 수 있다.

조직 안에서 사람들이 일정한 규정에 따라서 똑같은 투입물을 똑같은 방법으로 처리해 똑같은 산출을 하는 것이 표준화이며, 조직의 운영 절차를 표준화하는 것을 표준운영절차라고 한다. 조직에서 이루어지는 일이 규정화·성문화·문서화 및 표준화될수록 공식화가 높고, 그것들이 낮을수록 공식화가 낮은 것이다.

(2) 공식화의 장점과 문제점

조직에 공식화된 절차나 행태의 패턴이 확립됨으로써 조직관리 및 활동의 객관성·안정성·질서·일관성·통일성·예측 가능성을 확보한다. 특히 전체 조직 내부의 다양한 집난 및 개인에 따라 나타날 수 있는 변이성(variability)을 줄인다. 또한 직무 수행 절차를 가시적이며 체계적으로 연결하고 통합하기 쉽다.

그러나 공식화가 지나치면 공식적인 규정과 절차에 얽매어 조직이 상황 변화에 유연하게 적응하지 못하며, 조직구성원의 재량과 자율적 행위를 제약한다.

3) 집권화: 의사 결정권의 소재

(1) 집권화의 의의

조직에서 집권화(centralization)란 조직 내부의 의사 결정(decision making) 권한의 소재(locus)에 관련되는 개념이다. 의사 결정 권한이 비교적 조직의 상위층에 집중되는 현상을 집권화라고 한다. 반대로 조직의 하위층에 의사 결정 권한이 많이 분산되는 현상을 분권화(decentralization)라고 한다. 집권화 개념은 조직구성원들이 조직 내의 의사 결정 과정에 참여하는 수준과도 관계된다. 즉, 조직의 전략적인 주요 결정에 소수의 고위층만 참여하는 경우에는 집권화가 높다고 할 것이며, 반대로 중·하위층 조직구성원의 다수가 결정을 주도하는 경우에는 분권화가 높은 조직이라고 할 것이다.

(2) 집권화의 장점과 문제점

집권화는 조직의 문제를 조직 전체의 관점에서 보고 통일적·종합적·통합적인 결정을 하며, 그것을 수행하는 데 적합하다. 또한 조직 전체가 돌발적인 상황이나 위기에 처할 때 그에 신속하고 강력하게 대응하는 의사 결정을 하고 행동을 할 수 있다. 그러나 집권화는 조직의 상급자에게 과중한 업무를 부담시키고, 조직을 구성하는 하위 단위의 실정에 적응하는 결정을 하기 어려우며, 하급자의 자율성을 저해하고, 조직 내의 참여적 의사 결정을 제약하며, 하급자를 장래의 관리지로 육성할 기회를 제한할 수 있다.

분권화는 조직 하위 단위의 실정에 적합한 의사 결정·조직구성원의 참여감 증대, 사기 앙양, 조직의 유연성 향상, 후계 관리자의 육성에 유리하다. 그러나 하위 계층 인력의 능력이 부족한 경우 비효율적인 의사 결정, 조직 내의 부서 이기주의, 조직 내에 상충되고 중복되는 목표와 업무 수행 등이 발생할 수 있다.

제2절 조직 구조의 결정 요인: 상황 변수 및 맥락 요인

조직 구조의 결정에 작용하는 요인은 무엇인가? 왜 어떤 조직은 공식화와 집권화가 높은 기계적 구조(mechanic structure) 및 고전적 관료제 조직 구조 형태를 지니는데, 어떤 조직은 공식화가 낮고 유연하며 분권적인 유기적 구조(organic structure) 및 탈관료제적 구조 형태를 갖는가? 왜 어떤 조직은 수직적 계층 수가 많은 구조(tall structure)이며, 어떤 조직은 계층 수가 적은 구조(flat structure)인가?

이러한 조직 구조 형태를 선택하고 설계하는 데 영향을 미치는 요인은 여러 가지다(윤재풍, 2014: 224-239). 조직 구조 형태의 선택과 설계에 영향을 미치거나 제약하는 요인을 상황 변수 및 맥락(context) 요인이라고 한다. 여기서 말하는 맥락이란 조직에 작용하는 상황을 의미하며, 상황 변수란 곧 맥락 요인과 같은 뜻이다.

조직 구조의 결정에 작용하는 요인, 즉 상황 변수 혹은 맥락 요인으로서 중요한 것을 예를 들면 조직 규모·기술·환경·권력 및 정치·정보화·인적 자원·전략적 선택 등이다. 이러한 상황 변수들은 조직 구조의 특성 및 기본 변수의 결정에 영향을 미치며, 나아가서는 조직 구조 형태를 결정하는 데 작용한다.

1. 조직 규모

1) 의의

조직의 구조를 결정하는 요인의 하나는 그 규모(size)이다. 조직의 규모란 조직의 크기를 말한다. 그러나 조직이 크거나 작다는 것은 무엇을 기준으로 규정하는가? 그 대답은 간단하지 않다. 블라우(Peter M. Blau)는 조직 규모란 "조직책임의 범위"라고 하며(Blau, 1972: 3), 앨드리치(H. Aldrich)는 "과업의 범위(scale)"(Aldrich, 1972: 32), 홀(Robert H. Hall)은 "조직구성원의 수"(Hall, 1977: 106)라고 정의한다. 또한 킴벌리(John A. R. Kimberly)는 규모의 개념을 네 가지 차원으로 나누고 있다. 즉, ① 조직의 물리적인 용량, ② 구성원 수, ③ 투입·산출량, ④ 이용할 수 있는 자원의 양 등이다(Kimberly, 1976: 571-597).

위와 같이 조직 규모의 개념은 여러 가지 차원에서 정의할 수 있지만 일반적으로 조직의 규모란 조직을 구성하는 사람 수가 많으냐 적으냐를 말한다. 사람 수가 많으면 큰 규모의 조직이고, 적으면 작은 규모의 조직이라는 것이다.

2) 조직의 규모와 조직 구조의 관계

(1) 조직 규모와 조직 구조

조직의 규모가 크거나 작은 것은 조직 구조의 외형적 모습을 나타내는 하나의 요소다. 조직의 규모는 여러 가지 측면에서 조직 구조를 결정하는 데 작용한다. 테리엔(F. W. Terrien)과 밀스(David L. Mills)는 "조직의 규모가 커지면 조직의 구조적 분화를 촉진시키며 분화의 비율은 처음에는 규모의 증대에 정비례해서 증대하지만 차츰 체감한다. 또한 하나의 조직이 규모가 커져 분화하면 그 조직 안의 하위 부문에서도 분화가 일어난다"는 명제를 제시한다(Blau & Schönherr, 1971). 그리고 애스턴(Aston) 그룹에 소속된 퍼그(Derek S. Pugh) 등은 "조직 규모가 확대되면 조직의 공식화와 표준화가 증가하고 나아가서 조직의 관료제화(bureaucratization)를 촉진한다"(Pugh, *et. al.*, 1969: 91-114)고 주장한다. 요컨대 조직 규모는 조직 구조 결정에 다음과 같은 영향을 미친다고 설명할 수 있다.

(2) 조직 규모가 큰 경우의 조직 구조

① 분화의 촉진

조직의 규모가 커지면 그 내부의 구성 부문과 단위를 분화해야 한다. 분화는 세 가지 측면에서 일어난다. 수직적·종적 분화와 수평적·횡적 분화, 그리고 지역적·횡적 분산이다. 이러한 분화 구조가 발달할수록 조직의 복잡성(complexity)은 증가한다.

② 공식화·제도화 촉진

조직의 규모가 커지면 조직의 공식화 혹은 제도화가 발전한다. 객관적인 법·규칙·절차를 세밀하게 만들어야 획일적이고 통일적이며 객관적이고 질서 있게 조직구성원을 관리할 수 있는 것이다. 공식화가 발달하면 구성원들이 수행하는 과업의 단위와 절차가 표준화된다. 그렇게 함으로써 구성원들의 활동을 용이하게 관리하고 통제할 수 있다. 조직의 공식화, 제도화, 표준화가 발전하게 되면 그에 비례해 조직의 관료제화가 촉진된다.

③ 권한위임

조직의 규모가 커지면 관리자는 단독으로 의사 결정과 집행·관리적 기능을 적절하게 행사할 수 없다. 따라서 관리자는 분화된 하위 단위 조직에 자신이 가지고 있는 의사 결정과 집행·관리 등의 권한을 위임해야 한다. 조직이 집권화보다는 분권화 구조를 가짐으로써 각 하위 단위는 각자의 상황에 적합하게 결정하고 운영할 것이다.

이상의 세 가지는 조직의 규모가 커지는 경우에 조직 구조의 설계와 선택이 어떤 영향을 받는가를 설명한 것이다. 이와는 반대로 조직의 규모가 작아지는 경우에는 조직의 분화·공식화·제도화·표준화 수준이 낮아지는 반면 집권화 수준은 높아진다고 할 수 있다.

2. 기술

1) 조직 기술의 의의

조직의 기술(technology)이란 조직이 그 투입물을 산출물로 변환(transformation)시키는 방법이나 과정이라고 할 수 있다. 모든 조직은 그 조직의 투입 요소인 인적·물적 자원을 특정한 생산물이나 서비스로 변환하는 방법이나 과정을 갖는다. 다시 말하면, 조직은 특정한 기술을 가지고 있다. 정부 조직은 국민의 세금을 써서 국민이 원하는 어떤 서비스를 생산하고 공급하는 방법(기술)을 가지고 있으며, 기업은 자본·노동·토지 등의 생산 요소를 투입해 특정한 생산물을 산출하는 방법을 가지고 있다. 따라서 조직과 기술이 적합한 관계를 가짐으로써 조직은 그 존재 목적을 효율적으로 실현하게 된다.

2) 기술과 조직 구조에 관한 이론 모형

기술과 조직 구조의 상호 관계를 설명하는 세 가지 이론 모형이 있다.

(1) 우드워드의 이론: 생산 기술

조직 구조와 기술의 관계에 관한 최초의 연구는 1965년 사우스-이스트 엑세스(South-East Essex)의 우드워드(Joan Woodward)와 그의 동료들에서 비롯한다(Woodward, 1965). 그녀는 영국 남부에 있는 100여 개의 제조업체를 표본으로 선택해 연구했다.

우드워드는 고전적 조직원리론에서 말하는 조직 구조(계층제·통솔 범위·공식화 등)와 조직의 효과성 간의 상관 관계를 밝히기 위해 여러 사업체로부터 많은 관련 출처를 얻어 분석했다. 분석 결과 소위 고전적 조직원리론자들이 강조하는 원리(혹은 구조론)는 사실과 맞지 않음을 발견했다. 연구 대상 중 효과성이 높고 성공적인 대부분의 조직은 고전이론에서 이상적으로 생각하는 표준화나 공식화가 잘 되어 있기 보다는 오히려 그것이 느슨하고 자유분방한 유기적 현상을 보였다.

그리하여 우드워드는 새로운 가설을 세워 그것을 입증하려고 시도했다. 그 결과 조직관리에서 유일 최선의 보편적 원리나 방법은 있을 수 없으며 어디까지나 상황조건적합적(contingent) 맥락에서 이해해야 한다는 생각을 하게 되었다. 그녀는 특히 조직의 효과성을 기술(제조 방법 및 과정)과 조직 구조의 적합(fit) 관계에서 밝혔다. 그녀는 우선 세 가지 유형의 생산 기술을 기준으로 세 가지 유형으로 조직을 나누었다.

① 단위·소량 생산 기술

단위 및 소량 생산(unit and small-batch production) 기술을 적용하는 조직은 주문에 따라 생산이 이루어지고, 조직의 분화와 공식화가 낮으며, 제품의 표준화가 낮고, 과정은 비일상적임을 밝혀냈다(예: 양복 제조 과정).

② 대량 생산 기술

대량 생산(large-batch and mass production) 기술을 적용하는 조직은 보통의 수직적 분화, 높은 수평적 분화와 공식화 구조를 가지며, 제품이 표준화되어 있고 일상적·기계적 생산을 하며, 생산 단계가 안정적이고 예측 가능하다고 밝혔다(예: 냉장고나 포드자동차의 생산 과정).

③ 연속적 공정 생산 기술

연속적 공정 생산(long-run process production) 기술을 적용하는 조직은 수직적 분화는 높으나 수평적 분화가 낮으며, 생산물이 표준화되고,

반복적이며, 비교적 생산 공정이 예측 가능하지만(예: 석유화학 공정) 모든 생산 공정에서 계속 새로운 과학적인 지식을 응용할 수 있는 전문적인 능력이 요구되고, 생산 공정에서 발생하는 우연하고 비일상적인 문제에 대비하는 체계를 갖추고 있음을 발견했다.

우드워드는 이와 같은 생산 기술과 조직 구조 간의 관계를 다음과 같이 설명했다. 첫째, 단위·소량(주문) 생산과 연속적 공정 생산 기술을 적용하는 조직은 구조가 느슨한 비관료제적 특성을 지니고 있으므로, 생산 과정에서 발생하는 비일상적이고 우발적인 문제를 다루는 데 신축성·유기성·효과성이 있다고 언급했다. 둘째, 대량 생산 기술을 적용하는 조직은 관료제적 구조·기계적 조직 모형에 부합한다고 설명했다.

〈표 4-1〉 우드워드의 기술 분류와 조직 구조

기술	단위·소량생산 기술	대량생산 기술	연속적 공정생산 기술
구조적 특성	낮은 수직적·수평적 분화와 공식화·제품의 낮은 표준화 낮은 관료제 특성	보통의 수직적 분화·높은 수평적 분화와 공식화·제품의 높은 표준화 높은 관료제 특성	높은 수직적 분화·낮은 수평적 분화와 공식화·제품의 높은 표준화 낮은 관료제 특성
효과적인 구조	유기적 구조	기계적 구조	유기적 구조

출처: 윤재풍(2014: 229).

(2) 페로의 이론: 지식기술

페로(Charles Perrow)는 지식 기술(knowledge-based technology)에 주목한다. 그는 "기술이란 조직이나 개인이 도구나 기계적 장치의 도움을 받거나 받지 않고 어떤 대상을 변화시키기 위해 그 대상에 대해 행하는 행위"(Perrow, 1967: 194-208)라고 정의한다.

그는 조직은 환경으로부터 일정한 원료를 투입으로 받아들여 그것을 변환해 환경으로 산출하는 체계이며, 원료의 변환에는 일정한 행위(기술)가 필요하다고 본다. 그러나 그러한 일은 조직이 언제나 완전하게 통제해 수행하는 것이 아니라 예외적인 사태에 적절하게 대처하면서 이루어진다는 것이다. 그러한 관점에서 그는 다음과 같은 두 가지 차원을 설정하고 그에 따르는 세 가지 기술을 설명한다(Perrow, 1967).

첫째 차원은 과업의 변이성(task variability)이다. 과업의 변이성이란 작업에서 예외적 현상이 발생하는 빈도를 말한다. 조직에서 이루어지는 작업에는 예외적 현상이 거의 없는 일상적(routine)인 작업(예: 기계적인 작업)과 많은 예외적 현상 및 고도의 다양성을 갖는 비일상적(non-routine)인 작업(예: 고위관리층·자문직 등)이 있다.

둘째 차원은 문제의 분석 가능성(problem analyzability)이다. 문제의 분석 가능성이란 작업 과정에서 발생하는 예외에 대한 문제 해결 방법을 탐구하는 것과 관련된다. 여기에는 논리적이며 분석적인 사고를 통해 잘 정의되고 분석되는 측면과 직관·경험·주먹구구식 혹은 시행착오 등과 같이 논리적 정의나 분석이 어려운 측면이 있다.

첫째, 일상적 기술은 과업의 변이성(예외)이 거의 없으며, 문제의 분석이 용이한 기술이다(예: 자동차, 강철 산업 등).

둘째, 엔지니어링 기술은 예외적인 현상이 많으나 문제가 비교적 용이하게 분석되고 처리될 수 있는 기술이다(예: 중기계).

셋째, 공예기술은 비교적 어려운 문제를 다루지만 예외적인 현상이 적은 기술이다(예: 신발 제작·가구 수선 등).

넷째, 비일상적 기술은 많은 예외적 현상이 있으며 분석이 어려운 기술이다(예: 항공 산업·우주탐사 산업 등).

[그림 4-1] 페로의 기술 분류

		과업의 변이성(예외의 빈도)	
		거의 없으며 일상적	많고 다양하며 비일상적
문제 분석 가능성	문제의 정의와 분석이 쉬움	일상적(routine) 기술 (1)	엔지니어링(engineering) 기술 (2)
	문제의 정의와 분석이 어려움	공예(장인)(craft) 기술 (3)	비일상적(non-routine) 기술 (4)

출처: 윤재풍(2014: 230).

그러면 위와 같은 기술과 조직 구조는 어떤 경우에 적합 관계를 갖는가? 일상적 기술을 갖는 조직은 과업의 예외가 없고 문제의 분석이 쉬우므로 고도로 구조화된 기계적 조직이 적합하며, 비일상적 기술의 경우는 구조적인 유연성을 갖는 유기적 조직이 적합하다. 또한 엔지니어링 기술은 문제 분석이 용이하지만 예외가 많기 때문에 유기적 조직이 적합하고, 공예적 기술은 과업의 예외가 없기는 하나 문제가 잘 분석되지 않으므로 역시 유기적인 조직이 적합하다는 것이다.

(3) 톰슨의 이론: 기술적 불확실성

톰슨(James D. Thompson)은 기술적 불확실성(technological uncertainty)에 주목한다. 그는 조직이 기술적 합리성을 실현하는 데에는 여러 가지 불확실한 요소의 영향을 받는다고 한다. 그것은 인과 관계에 관한 지식 자체의 불확실성·환경에서 오는 불확실성 혹은 조직 구성 단위 간의 상호 의존성에서 초래되는 불확실성 등이다. 그러므로, 이러한 불확실성에 대응하는 것이 조직의 효율성을 확보하기 위한 근본적 문제가 되어야 한다고 말한다. 그는 조직을 다음과 같이 세 가지 기술 형태로 나누고 각기 그 속에서 발생하는 불확실성에 대응하는 방법을 설명하고 있다(Thompson, 1967: 15-17).

① 장(長) 연결 기술

장 연결 기술(long-linked technology)이란 어떤 과업들이 일련의 선후 관계로 연결되어 수행되는 것으로 뒤에 수행되는 과업은 선행 방법과 과정에 의존한다(예: 대량 생산의 조립 공정). 앞뒤로 이어지는 상호 의존적인 과업과 활동이 효율성을 확보하려면 각 단위 간에 분업과 협조가 잘 이루어져야 한다. 장 연결 기술에 의존하는 조직의 불확실성은 특히 조직의 투입(원료의 확보)과 산출(예: 생산물을 시장에 내보내는 것) 양쪽에 존재한다.

② 중개 기술

중개 기술(mediating technology)이란 상호 의존적인 고객(혹은 수혜자)을 중개(연결)하는 기술을 말한다(예: 은행·전화국·우체국 등). 중개자는 독립적인 단위들을 연결시키는 교환 기능을 수행한다. 그렇게 하기 위해 조직의 과업 활동을 표준화하고 고객의 기대를 잘 파악해야 한다. 예금자와 대출자는 상호간에 알지 못하지만 은행은 그들 간의 관계를 연결시키는 일을 하는 것이다. 중개적 기술은 고객에 의존하고 있으며, 그 자체가 불확실성의 요인이 된다. 대출을 원하는 은행의 고객은 많은데 예금을 원하는 고객이 적은 경우, 혹은 그 반대의 경우가 발생하는 예를 상상할 수 있다. 조직이 이러한 불확실성을 극복하려면 서비스 대상의 고객을 수평적으로 확대해야 한다. 고객이 많을수록 일부 고객에 주로 의존하는 현상을 줄일 수 있다.

③ 집약적 기술

집약적 기술(intensive technology)이란 조직이 어떤 대상을 변환시키기 위해 집약적으로 이용하는 기술을 말한다(예: 종합병원·대학·연구소 등에서 주로 사용하는 기술). 집약적 기술은 종합병원에서 가장 뚜렷하게 볼 수 있다. 예를 들면 어떤 환자에 대해서는 다양한 전문 의학, 약제 서비스, 사회적 서비스, 정신적·종교적 치료 및 식이 요법을 집약적으로 이용해 치료하는 경우도 있다. 그러나 기술을 집약하는 경우에 어떤 기술을 집약해서 사용해야 할지 판단하기 어려운 경우도 있다. 이러한 불확실성을 극복하기 위해 병원은 여러 가지 가용 기술을 확보하고 있어야 한다.

3) 기술과 조직 구조의 적합 관계 모형

(1) 기술의 유형: 일상적 기술-비일상적 기술

조직의 기술은 여러 가지 유형으로 나눌 수 있지만 그것을 이원적으로 단순화할 수 있다. 하나의 차원은 일상적 기술(혹은 단순한 기술·반복적 기술)이다. 우드워드의 대량 생산 기술, 페로의 일상적 기술, 톰슨의 장 연결 기술과 중개 기술이 여기에 속한다. 또 하나의 차원은 비일상적 기술(혹은 복잡한 기술, 불확실성이 심한 기술)이다. 우드워드의 단위·소량 생산 기술과 과정 생산 기술, 페로의 비일상적 기술·공예 기술·엔지니어링 기술, 톰슨의 집약적 기술이 여기에 해당한다.

(2) 조직 구조의 형태: 기계적 구조-유기적 구조

조직의 구조는 통합적 구조-분화적 구조, 집권적 구조-분권적 구조, 공식성이 높은 구조-공식성이 낮은 구조, 관료제 구조-탈관료제 구조, 기계적 구조-유기적 구조로 나눌 수 있지만, 여기에서는 기계적 구조와 유기적 구조로 단순화한다.

(3) 기술과 조직 구조의 적합 관계

<표 4-2>는 기술과 조직 구조가 서로 어떤 적합 관계를 갖는가를 요약해 나타내고 있다.기술을 일상적 기술과 비일상적 기술로 이원화하고 조직 구조를 기계적 구조와 유기적 구조로 이원화해 살펴보면 일상적 기술을 적용하는 조직은 단순하고 반복적인 방법으로 조직의 과업을 수행하므로 공식화·표준화가 높은 기계적 조직 구조가 바람직하고 적합하다. 그러나 비일상적 기술을 사용하는 조직은 복잡하고 비정형화된 방법으로 과업을 수행하므로 공식화·표준화가 낮고, 대체로 분권성이 높은 유기적 조직 구조가 적합하다고 할 수 있다.

〈표 4-2〉 기술과 조직 구조의 적합 관계 모형

조직 구조	
기계적 조직 구조	유기적 조직 구조
일상적 기술 우드워드의 대량 생산 기술 페로의 일상적 기술 톰슨의 장 연결 기술·중개 기술	비일상적 기술 우드워드의 단위·소량 생산 기술, 연속 공정 생산 기술 페로의 비일상적 기술, 공예 기술, 엔지니어링 기술 톰슨의 집약적 기술

3. 환경

정치적·경제적·사회적 환경은 조직 구조의 형성과 변화에 영향을 미치는 중요한 요인의 하나이다. 조직은 내외의 상황과 환경을 고려해 전략과 목표를 수립하고 변화시키며 전략과 목표를 수행하는 데 적합하도록 조직의 구조를 설계해야 한다.

환경이 안정되고 확실하며 단순하고 동질적인 경우에는 공식화화 집권화가 높은 조직 구조를 갖는 것이 효율적이다. 고전적 관료제 조직은 바로 그와 같은 구조적 특성을 갖는다. 그러나 환경이 불확실하고 불안정하며, 복잡하고 이질적인 경우는 공식화 수준을 낮추고 집권화보다는 분권화 구조를 갖는 것이 효율적이다.

환경의 변화가 정태적이고 일상적인 경우는 기계적 조직 구조가 효율적이다. 그러나 그 변화가 동태적이고 격변하는 환경에서는 유기적 조직 구조(예: 애드호크라시)가 바람직하다. 유기적 조직 구조는 복잡성(분화)과 공식화가 낮은 반면, 분권화된 형태를 가지며 또한 역동성과 적응성이 높은 조직의 형태이다.

4. 권력과 정치

1) 조직 구조 결정과 권력 및 정치적 요인의 관계

조직 구조가 왜 A 형태가 아니고 B 형태로 이루어지는가를 설명하는데, 권력과 정치적 요인이 어느 정도 현실적인 설명력을 갖는다. 조직은 "자신의 집단 이익이나 자신들이 해석한 이익을 위해 서로 경쟁하는 권력집단의 집합체"(Strauss, 1964: 164)라고 할 수 있다. 권력 혹은 정치적 입장에서 조직 구조를 설명하는 논자들은 다음과 같은 가정을 한다.

조직 구조란 어떤 특정한 시점에 조직에서 자신들의 이익을 얻고자 하는 정치 세력이나 권력자, 기득권을 유지하고자 하는 세력 혹은 이해집단 세력들에 의한 권력 투쟁의 결과(result of power struggle)이거나 정치적 의사 결정의 결과라는 것이다. 이는 조직 구조의 결정 요인에 대한 정치적 설명(political explanation)이 함축되어 있다. 로빈스(Stephan P. Robbins)에 의하면, 위에서 설명한 조직의 규모, 기술 및 환경 등은 그들을 모두 합친다 해도 조직 구조의 결정 요인으로서 50~60%만을 설명할 수 있을 뿐이라고 한다(Robbins, 1983: 166). 조직 구조의 결정에 권력과 정치(power and politics)가 중요한 변수로 작용함을 시사한 말이다.

2) 조직 구조 결정에 미치는 권력 및 정치의 영향

조직 구조 결정에서 권력과 정치적 요인이 개입하는 것은 정부의 공공 조직이나 기업의 조직이나 마찬가지이다. 다만, 조직의 권력성·정치성이 강한 정부 조직의 경우 더욱 심할 뿐이다. 한국 정부의 경우, 1987년 이후 5년마다 정권이 바뀌고 정치 세력이 교체될 때마다 정치적 갈등 속에서 정부 조직 개편이 대폭적으로 이루어져 왔다. 또한 정부 조직 내부에서도 하부 조직 구조를 설계하고 선택하는 과정에 내부 세력 간의 권력 및 정치행동이 발생하고 있다.

조직 구조의 결정에서 권력과 정치 세력들은 공정하고 중립적인 태도만 고집하지 않는다. 각각의 입장에 따라 다양한 전략과 전술을 사용하며 영향력을 미치려고 한다. 유력한 세력일수록 조직 구조의 분화·공식화·집권화 및 분권화의 결정에 깊이 개입해 조직을 권력으로 통제한다. 조직 전체의 효과성을 극대화하기 위해 조직의 구조가 어떻게 설계되어야 하느냐보다는 조직의 어떤 구조가 누구의 이익과 선호를 실현하는 데 적합한가에 관심을 갖는다. 이런 경우 조직 구조의 결정은 그 의사 결정에 큰 영향력을 미치는 자가 누구인가에 따라 결정된다. 페퍼(Jeffrey Pfeffer)는 조직 구조의 결정에서 그에 이해 관계를 갖는 이익연합체들 간의 권력 투쟁 과정에 주목하면서 어떻게 조직 구조가 그들의 뜻대로 결정되는가를 권력·통제 모형(the power-control model)에서· 보여주고 있다(Pfeffer, 1978: 223).

조직은 전략·규모·기술·한경 등과 같은 조직 구조 결정 영향 요인(A)을 고려해 조직이 달성할 만족스러운 효과성 수준(B)에 적합한 일련의 대안적 조직 구조를 설계(C), 그것을 새로운 조직 구조(D)로 결정한다.

이러한 결정 과정은 정치·권력이 전혀 개입하지 않은 경우이다. 그런데 그 결정 과정에 권력이 강하고 유력한 정치적 행위자 및 연합체가 대안적 조직 구조의 선택에 자신의 선호와 이익을 반영하면서 새로운 조직 구조의 결정에 개입하고 있음을 볼 수 있다.

3) 정치권력자들이 선호하는 조직 구조

조직의 권력을 장악하고자 하거나 장악한 자(개인·집단 및 연합체)는 일반적으로 다음과 같은 생각을 가지고 조직 구조를 선호하고 유지하려고 한다(Robbins, 1983: 181-185).

첫째, 그들은 일상적인 기술을 이용하는 조직의 구조와 운영을 선호한다. 그것은 대체 가능성이 높고, 권력의 집중화를 촉진하며 통제력이 높기 때문이다.

둘째, 조직의 복잡성, 즉 분화를 최소화하려고 한다. 그렇게 함으로써 쉽게 조직을 통제할 수 있기 때문이다.

셋째, 조직의 편성과 운영이 고도로 공식화된 구조를 선호한다. 그렇게 함으로써 구성원을 효과적으로 통제하기 때문이다.

넷째, 집권화된 조직 구조를 선호한다. 그렇게 함으로써 의사 결정권을 장악하기 때문이다.

5. 전략적 선택

1) 의의와 특성

(1) 의의

조직 구조란 조직이 설정해 추구하는 전략(strategy)의 달성을 위한 수단이다. 따라서 조직 구조는 조직의 전략에 따라 선택되고 설계된다고 설명하는 것이 전략적 선택론이다. 조직이 안정을 위한 전략을 선택한 경우에는 그것에 적합한 조직 구조를 선택해야 하며, 혁신전략을 내세운다면 혁신을 잘 수행할 수 있는 조직 구조를 설계해 운영해야 할 것이다. 조직의 전략은 조직을 둘러싸고 있는 환경의 변화에 대응해 수동적으로 구상해 표명할 수도 있지만 능동적으로 환경을 자신에게 유리하게 변화시키기 위한 전략을 설정할 수도 있다. 어떤 경우이든 전략의 실행을 효과적으로 하기 위해서는 전략에 적합한 조직 구조와 형태를 설계하고 선택해야 한다.

〈표 4-3〉 전략과 조직 구조의 관계 예시

전략	적합한 조직 구조
• 혁신을 전략으로 내세우는 경우	• 조직 구조는 유기적인 것이 적합, 즉 유연하고, 낮은 공식화·분권화 구조
• 안정을 전략으로 내세우는 경우	• 조직 구조는 기계적인 것이 적합, 즉 엄격한 통제구조, 높은 공식화, 높은 집권화 구조

출처: 윤재풍(2014: 237).

(2) 특성

조직 구조의 다섯 가지 결정 요인은 조직 구조의 결정에서 조직의 선택을 수동적·소극적으로 생각하는 것이다. 그러나 여기서 말하는 전략적 선택 모형은 조직의 구조나 형태의 결정에서 조직의 적극성과 자율성을 옹호하며 주장하는 특별한 성격을 지닌다. 전략(strategy)이란 조직의 목표와 목표 달성을 위한 수단을 포함하는 조직의 행동 방침(a course of action)을 말한다. 전략은 특히 경쟁적인 환경 속에서 무엇을 어떻게 달성할 것인가에 초점을 둔다.

(3) 차일드의 소론

전략적 선택(strategic choice) 개념은 차일드(John Child)에 의해 처음 사용되었다(Child, 1972: 1-22). 그의 소론(所論)은 다음과 같다.

첫째, 조직의 주요 의사 결정자인 관리자들은 조직 구조의 선택·결정에서 환경이나 기술 등의 상황적 요인들에 영향을 받지만 수동적으로만 대응하지 않으며, 자율성을 가지고 조직에 유리하도록 환경을 다루는 전략을 설정할 수 있다.

둘째, 조직관리자들은 자신의 경험을 기초로 환경을 평가·해석하고 그것을 이용해 조직 내부 구조의 선택과 설계에 영향을 미칠 수 있다.

요컨대, 전략과 조직 구조 간에는 상관관계가 있으며, 조직 구조는 조직의 전략에 따라 선택될 수 있다고 주장한다. 말하자면, 조직은 달성하고자 하는 전략에 적합한 구조나 형태를 선택하는 것이 바람직하다는 것이다.

2) 조직의 전략 유형과 조직 구조의 관계

마일스(Raymond E. Miles)와 스노(Charles C. Snow) 등은 조직이 환경 변화에 대응해 취할 수 있는 네 가지 전략 유형을 가정하고, 각 전략 유형에 따라 어떤 조직 구조와 관리 방법을 선택할 수 있는가를 설명하고 있다(Miles & Snow, 1978: 552-556).

(1) 방어적 전략형

방어적 전략형(defenders)이란 조직이 환경의 변화에 방어적으로 대응하는 전략 유형을 말한다. 이 경우 조직관리자는 밖에서 일어나는 변화가 자기 조직에 크게 영향을 미치지 않게 조직을 관리하며 안정성을 추구하는 전략을 선호한다. 따라서 한정된 제품이나 서비스만을 생산해 환경에 제공할 뿐 새로운 기회를 찾기 위해 환경을 분석하거나 적극적인 대응을 하지 않는다. 조직의 안정과 기계적 능률의 확보가 중요시 되며, 공식화의 정도가 높은 기능적 구조(functional structure), 집권적인 통제 체계, 수직적 정보 시스템을 갖추고 계층제를 통해 내부 갈등을 잘 해결할 수 있는 조직 구조를 택한다.

(2) 탐사적 전략형

탐사적 전략형(prospectors)이란 조직이 적극적으로 환경의 변화를 조사·분석하고 능동적이며 공격적으로 대응하는 전략 유형을 말한다. 이 경우 관리자는 역동적인 환경 변화를 받아들이고, 그곳에서 조직이 나아갈 적극적인 전략을 설정하며, 그 전략에 적합한 조직 구조를 선택한다. 즉, 환경에 영향을 미칠 수 있는 새로운 제품과 서비스를 개발하는 전략을 택하고, 조직을 둘러싸고 있는 광범위한 상황과 사건 등을 조사·분석하며, 창의성과 능력을 개발하는 행동을 한다. 기술 혁신이 중요시되고 조직의 유연성(flexibility)이 강조되며, 공식화의 정도가 낮고 분권화가 높으며, 의사소통이 원활하게 이루어지는 유기적 조직 구조를 선택한다.

(3) 분석적 전략형

분석적 전략형(analyzers)이란 방어적 전략형과 탐사적 전략형의 장점을 이용해 환경에 대응하는 전략 유형이다. 이 유형은 환경의 변화 속에서 안정성을 추구하는 한편, 능동적이고 유연한 변화를 탐색한다. 따라서 새로운 제품이나 서비스 개발을 탐색하면서도 그것들이 환경에서 받아들여지고 생존 능력(잠재력)이 있음을 확신한 뒤에 실행하게 된다. 이와 같은 이중적 목표를 달성하기 위해 조직도 이중의 구조를 선택한다. 한편으로는 안정과 능률을 위해 고도의 공식화·표준화·일상화된 기계적·기능적 구조를 선택하며, 다른 한편으로는 유연성을 높이기 위해 공식화·표준화·일상화가 낮은 유기적인 적응적 구조를 선택한다.

(4) 반작용적 전략형

반작용적 전략형(reactors)이란 조직이 환경의 변화에 직면했을 때 방어적 전략이나 탐사적 전략, 혹은 분석적 전략과 같은 일관성 있는 어떤 전략이 없이 임기응변적으로 대응하는 유형을 말한다. 이러한 조직은 변화에 적절하게 작용 혹은 대응하는 일정한 전략이 없으므로 불안하고 조직관리가 비일관적이다. 따라서 전략이 불확실하기 때문에 일정한 조직구조의 선택이나 설계도 확실치 않다.

제5장

조직 설계와 구조

제5장 조직 설계와 구조

제1절 조직 설계의 의의

1970년대 이래로 조직의 공통적인 형태를 조사하기 위한 많은 연구가 있었다. 이러한 연구를 하는 가운데 믿을 수 있는 것은 형태의 범주 내에 서로 공통적인 일련의 구조 형태가 있다는 가정이다(정우일 외, 2011: 228-258).

만약 구조의 형태가 수백 개가 넘는다면 누구든지 그들을 전부 이해한다는 것은 불가능하며, 더욱이 유용한 방법으로 활용하기는 어려울 것이다. 그렇다고 관리할 수 있는 구조의 형태를 도출할 수 있는 과학적인 방안이 없다면 활용하기 위한 유익한 분류방안이라고 부를 수 없을 것이다.

특히 민츠버그(Henry Mintzberg)는 관리자들이 선택할 수 있는 구조들의 형태를 제시하면서 구조에 대한 문헌들을 검토하고 이론을 발달시킨 학자로서 잘 알려져 있다. 아래 Mintzberg의 조직분류를 포함해 학계에서 자주 거론되고 있는 다양한 조직 설계 형태를 설명할 것이다.

조직을 분류하기 위해 보편적으로 동의하고 있는 틀은 없으나 민츠버그는 조직의 주요한 구성 요소들을 설명하기 위해 그 자신의 이론을 가지고 시작했다. 다음과 같이 그는 어느 조직이나 보편적으로 다섯 개의 기본 요소가 있다고 주장한다(Mintzberg, 1979; Perrow, 1986: 37).

① 핵심 운영(operating core): 조직의 기본적인 일에 직접적으로 개인된 사람들. 상품과 서비스의 생산에 관련된 기본적인 업무를 수행하는 직원 혹은 근로자(예: 경찰, 기계운영자, 교사 등)

② 최고 정상(strategic apex): 조직의 전반적인 책임을 지고 있는 최고의 관리자(예: 이사회, 대통령, 대통령의 막료 등)

③ 중간 관리자(middle line): 감독과 집행을 통해 핵심 운영을 하는 기술직 고용인과 최고관리자를 연결하는 중간관리자

④ 기술 구조(techno structure): 조직에서 작업, 생산 및 기술의 표준화에 종사하는 분석가들로 구성한다(예: 정책분석가, 프로그램 평가사, 전략기획원, 시스템 엔지니어 및 공무원 훈련하는 직원 등)

⑤ 지원 업무(support staff): 핵심 운영을 위한 작업 흐름을 원활하게 하기 위해 외부에서 조직에 지원하는 업무(예: 우편담당, 식당 및 공보활동 등)

위의 다섯 개의 요소 가운데 어떠한 요소가 핵심인지에 따라 조직의 구조 형태를 결정해 준다. 민츠버그에 따르면 다섯 개의 다른 조직 설계의 형태가 있으며, 이들의 형태는 위의 다섯 개의 기본적인 요소 가운데 어느 하나의 지배적 특성에 따라 결정될 것이다. 예를 들어 통제력이 운영의 핵심부에 놓여 있다면 의사 결정은 분권화된다. 이것은 전문관료제를 창조한다.

최고 정상이 지배적인 경우 조직은 집권화되며 역시 단순 구조(simple structure)를 만든다. 만약 중간관리자가 통제 권력을 가지고 있다면 분할구조에서 활동하는 자치적인 집단을 발견하게 될 것이다. 기술 구조의 분석가들이 지배적인 권력을 장악하고 있다면 통제는 표준화를 통해서 이루어지고, 결국 구조는 기계적인 관료제가 될 것이다. 지원 부서가 지배적인 상황에서 통제 권력이 상호 조정을 통해 이루어지며, 그리고 임

시 조직이 나타나게 될 것이다. 이 설계 형태는 각각 장점과 단점을 가지고 있으며, 상황에 따라 선호하는 조직의 설계 형태가 결정될 것이다.

제2절 조직 설계의 형태

1. 단순 구조

근래 신설한 소규모 정부기관, 일인 기업인에 의해 운영되는 소규모 기업, 그리고 강한 리더가 운영하고 신설한 공격적인 조직들은 일반적으로 거의 단순 구조(simple structure)를 채택한다. 이 조직의 구조 형태는 복잡성이 낮고, 공식화는 적으며, 권위는 한 사람에게 집중되어 있다. 특히 이 구조는 최고관리자에 의해 수직적 및 수평적으로 집권화 되어 조정되는 경향이 있다. 그러나 강한 법률 회사 및 연구 조직과 같이 고도로 전문화된 집단으로 구성된 이들 조직의 단순 구조는 업무의 표준화가 아닌 기술의 전문화에 의해 조정되고 분권화되는 전문관료제로 발전할 가능성이 있다.

1) 단순 구조의 장점과 단점

(1) 장점

① 간편성
② 빠르고 융통성이 있으며 유지 비용이 적게 든다.
③ 책무성이 명확하다.
④ 조직의 구성원들은 조직의 목적에 따라 쉽게 구분될 수 있고 그들의 역할이 조직의 목적에 어떻게 기여하는지 알 수 있기 때문에 조

직 목적의 모호성이 적은 경향이 있다.

(2) 단점

① 조직 규모가 증가한다면 이 구조는 적절치 못하다.

② 한 사람에게 권력이 집중되어 있다. 그러므로 권력의 남용이 일어날 위험이 있다.

③ 권력의 집중은 조직의 효과성과 생존에 영향을 끼칠 수 있다.

④ 한 사람의 건강과 변덕에 따라 조직은 영향을 받기 때문에 가장 위험이 따르는 구조로 묘사될 수 있다.

2) 단순 구조의 유용성

단순 구조 형태는 조직의 규모가 작거나, 발전의 초기 단계에 있을 때, 주위 환경이 단순하고 동태적일 때, 조직이 위기에 직면할 때, 최고관리자가 조직의 소유자이며 권력을 소유하려고 할 때, 쉽게 볼 수 있는 조직의 설계 형태이다.

조직의 규모가 작은 경우 조직의 하위 생산 계층인 핵심 운영 영역에서 반복적인 업무는 불필요하기 때문에 표준화를 별로 선호하지는 않는다. 오히려 비공식 의사전달이 편리해서 자주 일어난다. 조직이 작은 경우 한 사람이 모든 활동을 통제하고 중요한 문제를 파악할 수 있으며, 모든 중요한 의사 결정을 수행할 수 있다.

단순 구조는 조직이 형성되는 초기 단계에 조직의 필요를 충족시킬 수 있다. 새로운 조직은 행정 구조를 충분히 고려할 시간적 여유를 가지고 있지 않기 때문에 환경이나 기술적인 체계를 불문하고 단순한 구조를 선택하는 경향이 있다. 그러므로 거의 모든 조직은 단순 구조 과정을 거쳤을 것으로 예상된다.

단순하고 동태적인 환경은 집권적인 의사 결정구조와 유기적인 핵심 운영 계층을 가진 단순한 구조 형태인 평면조직을 갖는 경향이 있다. 단순한 환경은 사람들이 쉽게 이해할 수 있고 그러므로 사람들이 의사 결정 과정을 쉽게 통제할 수 있다. 동태적인 환경은 예측할 수 있는 상황에 대처할 수 있도록 유기적인 구조를 요구할 것이다.

규모에 관계없이 조직이 갑자기 불리한 환경에 직면하게 될 때 관리자는 단순 구조에 의존하게 된다. 그러한 이유는 조직이 생존 위협을 느낄 때 최고관리자는 통제를 원활하게 하는 위기관리를 하게 된다. 평상시의 운영 절차는 당분간 정지된다.

권력을 확보하려는 최고관리자는 단순 구조를 선호하리라는 예측이다. 이러한 예측이 어느 정도 확인되었지만 권력을 한 장소에 집중하는 데 단순 구조는 유리한 입장이다. 일반적으로 이 설계 형태는 권력이 통합된 소규모 혹은 중간 규모의 조직에서 사용된다. 조직의 소유자인 동시에 관리자는 상당한 권력을 가지며 강한 통제력을 허용할 수 있는 구조를 유지하면서 권력을 주장하는 것은 흔한 현상이다. 역시 규모에 관계없이 최고관리자가 권력을 장악하려 하고 사신들의 자유재량을 최대화하기 위해 고의로 높은 공식화를 피하려고 하는 경우 조직은 자연히 단순 구조를 채택할 것이다.

단순 구조의 전형적인 형태는 기능 구조(functional structure)이며, 마케팅, 제조, 판매, 재정 및 연구 개발(R&D)과 같은 주요한 기능에 의해 조직화된다. 이 구조의 장점은 기능단위들의 규모 경제이다. 법률 부서의 모든 변호사는 각기 다른 부서들이 서로 소유할 수도 있는 도서관을 사용하는 것이 아니라 같은 도서관을 이용하며, 제조에 종사하는 사람들은 같은 공장과 시설을 이용한다. 각 부서들은 그들의 기능에 집중하고 자신들의 전문화된 기술을 향상시키는 장점 또한 있으나 단점으로는 전반적인 상품의 질과 필요한 변화에 대한 적응을 보장하기 위해 각 부서들이 조정하는 데 어려움이 있다.

2. 기계적 관료제

기계적 관료제(machine bureaucracy)는 공·사 영역에서 볼 수 있는 전형적인 대규모 관료제이다. 단순 구조로부터 발전하는 이 구조는 일반적으로 조직의 성장, 노쇠, 그리고 외부의 통제기관들이 작업 과정의 표준화를 강조하게 함으로써 기계적 관료제로 변화하는 원인이 된다. 모든 기계적 관료제의 중요한 개념은 표준화이다. 조정과 통제를 위해 이 관료제는 표준화에 의존한다. 정부기관인 공공기계적 관료제는 정치적 통제를 용이하게 하기 위해 더욱 표준화될 것을 요구하고 있다. 기계적 관료제는 더욱더 성장함에 따라 생산 지향적인 하위 부서들의 규모의 경제가 초래되기 때문에 분할 구조 형태로 발전하는 경향을 나타낸다. 즉, 조직이 다양한 기능인 제조 및 마케팅 부서를 가진 생산 부서로 분업하는 것이 더욱 비용 절감이 된다는 것이다.

그러나 민츠버그는 공공관료제는 이를 시도할 수 없다고 한다. 공공조직은 업적을 객관적으로 평가할 수 있는 이윤과 판매를 위한 측정치들이 거의 없으며 또한 엄격한 정치적 통제 하에서 공공 조직이 사영역의 조직보다 자치적으로 부서를 분권화하는 데 상대적으로 많은 제약이 따른다.

기계적 관료제의 특징으로는 일상적인 업무, 공식화된 규칙과 규정, 기능적인 부서 그룹으로 나뉜 업무, 집권화된 권위, 명령 계통을 따르는 의사 결정, 계선과 막료 간의 활동을 구별하는 행정 구조 등을 들 수 있다. 예를 들어, 기계적 관료제는 유사하고 관련된 업무들을 서로 그룹으로 묶어 놓은 기능적인 전문 부서들이다. 마케팅, 연구, 관리 및 인사 등이 기능적인 관리자들에 의해 전형적인 부서로 집단화된다. 이 관리자들은 자신에게 주어진 업무를 감독하고 전반적인 조정자로서 활동하며 중앙본부가 책임을 지고 있다.

1) 기계적 관료제의 장점과 단점

(1) 장점

① 업무의 표준화 및 높은 공식화

② 유사한 전문성을 한데 묶어 놓음으로써 발생하는 규모의 경제, 인사와 장비의 중복을 피하고 유사한 전문성을 가진 사람을 같은 업무에 종사하게 그룹을 지어 줌으로써 고용자들이 갖는 만족감이 크다.

③ 다소 낮은 전문성을 가진 중간 및 낮은 수준의 관리자를 채용할 수 있어 비용을 절감할 수 있다.

④ 자유재량을 내체할 수 있는 규칙과 규정

(2) 단점

① 기능 부서 간의 갈등

② 규칙에 과도한 집착

③ 비일상적인 문제를 다루는 데 적합하지 않다.

2) 기계적 관료제의 유용성

기계적 관료제는 규모가 크고, 단순하고 안정적인 환경에서 표준화할 수 있는 일상적인 업무를 위한 기술을 가지고 있을 때 가장 능률적이다. 흔히 우리는 자동차 및 철강 산업과 같은 대량 생산 기업에서, 단순하고 반복적인 활동을 하는 조직인 감옥, 보험 회사 및 전화 회사, 우체국, 국세청으로 그리고 특수한 안전을 필요로 하는 항공 회사 및 소방서 등과 같은 정부 조직에서 기계적 관료제 구조를 볼 수 있다. 이 조직들은 모두 일상적이고 높은 표준화된 활동을 가지고 있다. 그들이 일어날 수 있는 일들의 대부분은 이미 일어났었기에 예측이 가능하며, 더욱이 공식화된 절차를 만들기 수월하다.

3. 전문관료제

전문관료제(professional bureaucracy)는 표준화로부터 효율성을 달성하는 반면 핵심 운영 부서에 고도로 훈련된 전문인을 채용하는 조직을 의미한다. 이 조직의 특징은 표준화와 분권화를 겸비한다. 오늘날 조직은 사람들에게 고도의 전문성을 요구한다. 점점 더 많은 조직이 채용 기순으로 대학의 졸업 학위는 물론 석사 학위 혹은 박사 학위를 요구하는 경우도 쉽게 볼 수 있다. 지식의 폭발은 조직의 모든 계층에서 전문인들로 하여금 상품과 서비스를 생산하게 했다. 이러한 조직의 예들은 병원, 대학, 박물관, 도서관, 사회복지기관 및 공인회계 조직 등을 들 수 있다. 이것은 기능의 전문화보다 오히려 사회의 전문화에 따르도록 조직을 설계할 필요성을 요구한다. 사회의 전문화란 노동의 분업보다는 오히려 각 개인들이 소유하는 기술의 전문화를 말한다. 이러한 조직 설계는 강력한 권력이 핵심적인 운영 부서에 놓여 있으며, 이 부서의 직원들은 조직이 필요로 하는 중요한 기술을 소유하고 있기 때문에 그들의 전문성을 응용할 수 있는 자율성을 가지고 있다. 전문관료제의 다른 점은 지원 부서인데, 이들은 운영 핵심 부서를 돕는 데 초점을 두고 있다. 대학 도서관을 예로 들어보자. 도서관은 출처 수집 기술, 목록 작성 기술, 참고 문헌 기술, 정부 출처 및 간행물의 수집 및 분류 기술 그리고 유사한 전문성에 의존한다. 이 전문인들은 그들의 활동을 비교적 자유롭게 수행하나 구조는 대단히 복잡하다. 그리고 규율과 규정은 있으나 공식화는 조직이 부과한 것보다는 오히려 내면화되어 있다.

1) 전문관료제의 장점과 단점

(1) 장점

첫째, 기계적 관료제가 줄 수 있는 능률은 물론 고도로 훈련된 전문가들의 기술을 요구하는 전문화 업무를 수행할 수 있다.

둘째, 전문가들은 그들의 업무를 효율적으로 수행하기 위해 자율성을 가질 수 있다.

(2) 단점

첫째, 여러 전문 기능은 다른 기능들의 이익이나 조직 전체의 이익을 고려하지 않고 자신들의 전문화된 좁은 시야의 목적을 추구하려 하기 때문에 하위 부서들 간의 갈등이 일어나기 쉽다. 이러한 현상은 기계적 관료제에서도 일어난다.

둘째, 전문관료제의 전문가들은 그들이 만들어 놓은 규칙을 따르도록 강요하는 경향이 있다. 전문가들이 만들어 놓은 기준과 윤리의 행동 규약은 그들의 훈련 과정 동안 자신들에게는 이미 사회화되어 있는 것들이다. 그들이 전문인으로서 업무에 자율성을 가지고 있는 반면에 그들의 업무가 어떻게 완성되는지에 관해서도 전문적 기준은 너무 엄격하다. 따라서 이러한 엄격한 기준들이 변화하는 환경에 적응하기 어려운 경우에는 조직의 효과성에 저해가 될 수도 있다.

2) 전문관료제의 유용성

전문관료제는 조직의 규모가 크고, 복잡하며 안정적인 환경 그리고 전문화를 통해 내면화된 일상적인 기술과 걸맞을 때 가장 유용성이 있다. 조직의 핵심 운영 부서는 거의 재능이 있는 전문인으로 구성되어 있다. 복잡하고 안정적인 환경이란 정규 교육과 훈련 프로그램을 통해 이미 배운 복잡하고 어려운 기술을 사용하는데 적절한 환경이며, 아울러 이러한 기술들은 잘 정의되어 있으며 표준화될 만큼 충분히 안정적인 환경을 의미한다.

교육의 중요성이 보편화됨에 따라 1980년대에 발생했던 폭발적인 지식은 전문관료제를 선택하는 것을 가능하게 만들었다. 즉, 교육을 받은 전문인들이 늘어나고, 거의 모든 조직은 이들을 고용하는 데 어려움은 없었으므로 전문관료제는 단점을 가지고 있는 기계적 관료제의 장점을 유지하면서 의사 결정을 분권화하는 대안을 선택했다. 물론 권력 및 통제적인 측면에서는 전문관료제는 기계적 관료제보다 열악한 면이 있는 것은 사실이다.

4. 사업부제 구조

사업부제 구조(divisional structure)의 권력은 조직의 중간 계층에 놓여 있다. 그 이유로 사업부제 구조는 각각의 자치적인 부서들이 기술관료제의 전형적인 형태로 분할되어 있는 것을 의미하며, 중앙본부에 의해 조정된다. 또한 각 부서들은 자치적이기 때문에 중간관리자, 즉 부서장들이 많은 통제력을 갖게 된다.

사업부제 구조 형태는 여러 조직에서 사용되고 있는데, 예를 들어 조직에서 분화된 부서들은 그 조직의 사장이나 혹은 부사장에 의해 통제를 받고 조정된다. 각 부서는 일반적으로 자치 권한이 부여되고 각 부서장은 업적을 위해 책임을 지는 동시에 전략과 운영을 위한 의사 결정 권한을 가진다. 이 형태는 역시 각 부서를 위해 지원 서비스를 공급하는 중앙본부를 설치하고 있다.

중앙본부는 업적을 평가하고 통제하는 외부의 감독자로서 역할을 한다. 그러므로 부서들은 주어진 영역 내에서만 자치권이 인정된다. 1920년대에 사업부제 구조를 창시한 제너럴 모터스(General Motors)의 슬로

언(Alfred Sloan)이 주장한 격언을 따르면, 분권적인 운영은 조정과 통제에 따른 책임성이 있어야 한다. 따라서 각 부서장들은 중앙본부에서 제정한 전반적인 지침에 벗어나지 않는 한 책임을 지고 있는 부서를 운영하는 데 자유가 보장되어야 한다.

사업부제 구조를 자세히 들여다보면 각 부서들은 기계 관료제에서 설계된 일련의 작은 회사의 성격을 가지고 있다. 왜냐하면 부서들은 일반적으로 높은 노동의 분업, 높은 공식화 및 부서장들의 집권적 권위를 가지고 있는 기능집단으로 조직화되는 경향이 있기 때문이다.

1) 사업부제 구조의 장점과 단점

(1) 장점

첫째, 기계적 관료제의 문제점은 기능 단위의 목적이 조직의 전반적 목적을 무시하는 경향이 있다는 것이다. 그러나 사업부제 구조에서는 생산 혹은 서비스를 위한 충분한 책임을 부서장들에게 부여하기 때문에 이러한 문제는 어느 정도 치유가 된다. 그러므로 사업부제 구조의 장점은 기계적 관료제보다 부서장들이 더 많은 책무감을 갖고 결과에 집중할 수 있다는 것이다.

둘째, 사업부제 구조는 중앙본부가 장기적인 목적에 관심을 둘 수 있도록 일상적으로 매일 일어나는 세세한 문제들에서 벗어나게 한다는 것이다. 청사진과 전략적인 의사 결정은 본부에서 만든다. 예를 들어 제너럴 모터스(General Motors)의 본부가 있는 디트로이트(Detroit)의 최고관리자들은 세계의 미래 자동차 시장의 필요성에 대해 고심하는 반면 각 부서장들은 쉐보레(Chevrolets)나 뷰익(Buicks)과 같은 자동차를 가능한 한 능률적으로 생산하는 데 전념한다. 부서와 부서장들에게 부여한 자치권과 아울러 자급자족적인 특징들은 부서 운영에 대한 전반적인 경험을 갖게 되므로 최고관리자를 양성하는 데 좋은 기구인 것은 분명하다.

셋째, 각 부서들은 자치권을 가지고 있기 때문에 전체 조직에 끼치는 영향은 미약할 수 있다. 즉, 한 부서의 비효과적인 업적이 다른 부서에 주는 영향은 적다는 것이다.

넷째, 사업부제 구조 형태의 가장 중요한 장점은 각 부서들이 부응성, 책무감, 세분화의 장점 그리고 마치 그들이 조직 내의 조직과 같이 정보를 스스로 처리할 수 있다는 것이다.

(2) 단점

첫째, 활동과 자원의 중복성을 들 수 있다. 예를 들어 각 부서들은 시장을 연구하는 기구를 가질 수 있다. 시장을 연구하는 기구가 통합되면 분할하는 데 들어가는 비용을 절감할 수 있다는 것이다.

둘째, 각 부서들이 할거주의에 의해 서로 갈등을 자극하는 성향이 있다. 사업부제 구조 형태는 각 부서들 사이에 서로 협조를 장려하는 구조적 설계로서 동기 부여하는 데는 미약하다. 본부가 지원 서비스를 어느 부서에 주어야 하는지 논의할 때 각 부서들은 갈등을 초래할 수 있다.

셋째, 조정 문제를 야기할 수 있다. 한 부서의 경쟁과 관할 영역 보호주의는 본부의 조정을 극도로 어렵게 만든다. 직원들은 부서 간의 이동이 어렵다. 특히 서로 아주 다른 생산과 서비스 시장에 종사할 경우 더욱 불가능하다. 이것은 본부의 관리자들이 인사를 분배하고 조정하는 데 융통성을 제한한다는 것이다. 만약 부서들이 서로 경쟁하고 시장이 서로 인접한다면 판매를 위해 서로 경쟁하지 않을 수 없다. 이러한 경우 서로 다른 부서에서 교체할 수 있는 상품을 만들 때는 경쟁이 더욱 심할 수 있다.

2) 사업부제 구조의 유용성

한 조직이 다양한 상품을 만들고 다양한 시장을 가지고 다원화된 전략을 선택하는 경우 사업부제 구조 형태는 기계적 관료제보다 더욱 유리하다. 조직이 다양화될 때 기능 간의 수평적 분화가 증가되는 경우 갈등은 심각할 수 있다. 이러한 경우 다른 구조적 설계가 필요하다.

또한 다른 필요한 경우는 규모, 기술, 그리고 환경을 고려할 때 사업부제 구조 형태가 선호되는 것을 볼 수 있다. 규모가 커지면 기능 단위들을 조정하기 어려워지고 아울러 각 단위의 구성원들은 할거주의에 의해 전체 조직의 목적에 전념하게 하기는 어렵다. 조직의 기술들은 다양해서 모든 기술이 모든 부서에게 적용될 수는 없다. 분업은 조직의 기술체계가 효과적으로 분리되어 있을 때 가능하다. 환경 역시 사업부제 구조의 선호도에 영향을 끼칠 수 있다.

사업부제 구조는 환경이 복잡하지 않고 동태적이지 않을 때 가장 적합하다. 복잡하고 동태적인 환경에서는 표준화된 과정과 상품의 유지가 어렵다. 사업부제 구조는 표준화를 강조하는 기계적 관료제와 많은 유사한 점을 가지고 있기 때문에 동태적이기보다는 안정적이고 복잡한 것보다는 단순한 환경을 선호하는 경향이 있다.

5. 애드호크라시

애드호크라시(adhocracy)의 역사는 제2차 세계대전 동안 기동부대(task force)에서 유래되었는데, 군대의 임무가 완전히 달성되면 해체되는 특별 팀(ad hoc)을 만들었다. 이 팀이 어느 정도 존재할 것이란 엄격한 시간 범위는 없다. 이 팀은 하루 혹은 1년도 지속될 수 있다. 세계대전이 끝난 지 약 60년이 지났지만 우리가 애드호크라시라고 부르는 특별팀(ad hoc)의 장점은 오늘날도 계속되고 있다.

스필버그(Steven Spielberg)가 영화를 만들 때 다양한 전문가 집단이 필요하다. 영화 제작자, 각본 작성자, 필름 편집자, 세트 장치 설계자 그리고 수백 가지의 다른 전문가들이 하나의 영화를 만들기 위해 필요하다. 스필버그는 영화를 시작하기 위해 전문가를 초빙한다. 이 전문가는 그들을 규제할 수 있는 공식적인 규율이나 규정이 없기 때문에 때로는 중복된 일을 할 수도 있다. 영화 제작 계획은 있으나 예기치 않은 일들이 발생했을 때는 수정 보완된다. 영화 제작팀은 제작하는 동안 몇 달 혹은 몇 년을 같이 있을 수 있다. 그러나 이 조직은 잠정적이다. 관료제나 사업부제 구조 형태와는 달리 영화 제작 조직은 계층제, 영구적 부서, 공식적인 규율, 일상적인 문제를 다루는 표준화 절차도 없다. 요약하면 애드호크라시는 높은 수평적 분화, 낮은 수직적 분화, 낮은 공식화, 분권화, 그리고 큰 융통성과 부응성에 따라 달라진다.

수평적 분화의 하나인 애드호크라시는 거의 높은 전문 지식을 가진 전문가로 구성되기 때문에 중요하다. 수직적 분화로 인한 행정의 다양한 계층은 조직으로 하여금 신속하게 환경 변화에 적응하게 하는 데 장애가 된다. 특히 감독의 필요성은 미약한데, 그 이유는 전문가들이 조직에 들어오기 전 조직이 요구하는 행태에 이미 내면화되어 있기 때문에 강력하고 엄격한 감독은 불필요하다.

전문화와 공식화는 역관계이다. 애드호크라시도 예외는 아니다. 전문관료제와 애드호크라시는 둘 다 전문가를 채용한다는 점에서는 같다. 그러나 가장 큰 차이는 전문관료제는 문제에 봉착했을 때 곧바로 표준화 형태로 분류해서 전문가들이 문제를 통일된 방법으로 처리한다는 것이다. 애드호크라시는 표준화와 공식화가 부적절하기 때문에 새로운 해결책이 필요하다.

애드호크라시의 의사 결정은 분권화에 기초한다. 신속성과 융통성이 필요하고 고위 관료들은 모든 의사 결정을 하기 위해 필요한 전문성을 갖추고 있지 못하기 때문에 분권화가 필요하다. NASA나 정보지향적인 기업과 같은 애드호크라시는 프로젝트 팀을 통해 분화함으로써 유기적인 의사소통과 융통성을 강조한다.

애드호크라시는 팀으로 가장 잘 개념화된다. 전문가들은 규칙, 규정 혹은 표준화가 없는 융통성 있는 팀으로 집단이 형성된다. 팀 구성원들 사이의 조정은 상호 화합에 의해 이루어진다.

1) 애드호크라시의 장점과 단점

(1) 장점

첫째, 다양한 분야에서 참여한 전문가들이 공동의 목적을 달성하기 위해 협동할 때 적응력과 창조성이 강해진다.

둘째, 업무가 기술적이고, 비일상적이며 한 사람이 해결하기 어려울 만큼 복잡할 경우 애드호크라시는 대안이 될 수 있다.

(2) 단점

첫째, 애드호크라시에서 갈등은 자연적인 현상이라는 것이다. 왜냐하면 조직 내에 상하 관계가 분명치 않으며 권위와 책임 또한 모호하다.

둘째, 애드호크라시는 구성원들의 사회적 스트레스와 심리적 긴장을 만든다. 어떤 전문가들은 잠정적인 업무 체계에서 생활하면서, 그리고 다른 팀원과 책임을 분담하면서 신속한 변화를 극복하는 것이 어렵다는 것을 알게 된다.

셋째, 관료제에 비해 애드호크라시는 분명히 비능률적이며 취약한 설계라고 할 수 있다.

2) 애드호크라시의 유용성

애드호크라시의 유용성을 결정해 주는 요소는 조직의 전략, 기술, 환경 및 생존 기간이다. 애드호크라시는 다양성, 변화, 그리고 높은 위험성을 다루는 전략과 관련이 깊다. 그러한 전략은 애드호크라시에 고유한 융통성을 요구한다.

애드호크라시의 기술은 비일상적이다. 비일상적 기술은 변화하는 전략에 부응하기 위해 사용된다. 그러한 기술은 올바른 전략을 갖기 위해 공식화를 피하면서 전문가들의 전문성에 의존할 것이다. 더욱이 다양한 전문 분야에서 재능 있는 전문가를 유치했다는 점에서 기술은 복잡할 것이다. 반면에 전문화되고 이질적인 기술의 조정과 통합이 요구될 것은 분명하다.

애드호크라시의 환경은 동태적이고 복잡하다. 예측할 수 없는 개혁적인 업무는 동태적인 환경과 관계가 있고, 까다로운 혁신적인 업무는 복잡한 환경과 연관되어 있다.

애드호크라시는 조직의 생존 주기 가운데 초창기에 더욱 선호된다. 조직은 시장을 발굴하기 위해 노력할 때 가장 큰 유용성이 요구된다. 혁신은 조직의 형성기, 즉 생존하기 위해 투쟁할 때 가장 높다. 애드호크라시는 제2차 세계대전 때 발전해 왔으며, 상대적으로 신규 산업에서 가장 효율적이다. 이러한 산업들은 항공, 전자, 상담, 그리고 연구 등과 같은 사업이다. 1970년대와 1980년대에 이 설계는 특히 유행을 따르려는 관리자의 성향에 민감했다. 위의 다섯 가지 조직의 형태를 요약해서 정리하면 <표 5-1>과 같다.

〈표 5-1〉 다섯 가지 조직 형태

특징	단순 구조	기계적 관료제	전문 관료제	사업부제 구조	애드호크라시
전문화	낮음	높은 기능	높은 사회	높은 기능	높은 사회
공식화	낮음	높음	낮음	분산된 내부에서 높음	낮음
집권화	높음	높음	낮음	제한적 분권화	낮음
환경	단순하고 동태적	단순하고 안정적	복잡하고 안정적	단순하고 안정적	복잡하고 동태적
일반적인 구조적 분류	유기적	기계적	기계적	기계적	유기적

출처: Robbins(1983); 정우일 외(2011: 243).

3) 애드호크라시의 종류

(1) 프로젝트 조직

프로젝트 조직(project organization)이란 특정한 목표를 달성하기 위해 일시적으로 조직 내의 인적·물적 자원을 결합하는 조직 형태이다(박우순, 1996; 민진, 2018: 172). 프로젝트 자체가 특정 사업 계획을 수행하기 위해 시간적으로 유한성을 갖고 있으므로 프로젝트 조직도 임시적·잠정적이다. 즉, 프로젝트 조직은 해산을 전제로 해서 임시로 편성된 일시적 조직이며, 신규·혁신적·비일상적인 과제의 해결을 위해 형성되는 동태적 조직이다(민진, 2018: 172-176). 예컨대, 우리나라의 경우 구(舊) 건설부의 신도시건설기획단, 구 내무부의 지방자치기획단, 기업의 신제품 개발팀 등이 그것이다. 프로젝트 조직의 특성은 다음과 같다.

첫째, 프로젝트 조직은 프로젝트별로 분화해 조직화를 도모한다.

둘째, 프로젝트 조직은 임시적·일시적이다.

셋째, 프로젝트 조직은 권한의 계층제적 요소보다는 직무의 역할을 강조한다.

넷째, 프로젝트 조직의 장은 그 조직을 관리하는 데 전반적인 책임과 권한을 갖는다.

프로젝트 조직에서는 조직 내의 팀워크가 무엇보다도 중요하며, 기존 조직 내에 존재하므로 기존 조직과의 업무나 권한의 조정이 필요하고, 프로젝트 관리자의 뛰어난 리더십과 추진력이 요구된다.

(2) 매트릭스 조직

매트릭스(혹은 행렬) 조직(matrix organization)이란 활동을 직능·기능 부문으로 전문화시키면서 전문화된 부문을 프로젝트로 통합시킬 단위를 갖기 위한 조직적 요구에 부응하기 위해 고안된 조직으로 복합 구조라고도 한다(오석홍, 2014; 민진, 2018: 172-176).

매트릭스 조직의 형태는 미국 항공우주국(NASA)의 조직에서 시작되어 은행, 병원, 대학, 정부기관, 그리고 기업체에 도입되었으나 현재 그렇게 많이 적용되지는 않고 있다. 매트릭스 조직은 본사(중앙기관)와 지사(일선기관)의 관계에서 지사나 지점을 설치할 때 많이 발견된다. 행정부문에 전형적으로 존재하는 매트릭스 조직으로는지방자치단체와 재외공관조직을 들 수 있다. 예컨대, 특별시·광역시·도의 각 국(局)은 중앙행정기관의 업무를 그 지역 범위 안에서 시행하는 것이 보통이다. 즉, 전라남도청의 농림국은 농림축산식품부의 기능 중 전라남도에 해당하는 것만 실시한다. 기업이나 사회 조직의 경우에 지사(지점)의 조직 구조는 본사 조직의 축소판이며 본사의 해당 부서로부터 감독과 통제를 받는다.

매트릭스 조직의 특성은 다음과 같다.

매트릭스 조직은 두 조직 구조, 즉 직능 구조와 프로젝트 구조가 서로 보완 관계에 있다. 또한 매트릭스 조직에서 한 사람의 부하는 두 사람의 상사를 갖고 있다. 따라서 명령 통일의 원칙을 적용하기 곤란하다. 예컨대, 미국 주재 한국 대사관의 노무관은 고용노동부 장관과 주미 대사의 감독을 동시에 받게 된다. 매트릭스 조직을 형성할 때는 두 가지 구조가 공존하므로 권한과 책임이 명백해야 하며, 구성원들의 강한 성취 욕구를 충족시켜주어야 하고, 조직구성원의 참여감을 증진시키며, 구성원들 상호간, 그리고 구성원과 직능 기관(예컨대, 도의 농림국장과 농림축산식품부의 관계) 간에 일어날 수 있는 갈등을 해소시킬 수 있어야 한다.

매트릭스 조직의 장점은 기존의 조직 구조에 비해 조직 하부 단위 간의 벽을 허물 수 있으며, 기능적 전문가 간의 의사소통을 원활하게 한다. 또한 조직에서 숙련된 전문가의 활용을 극대화시키며, 비용과 질에 대한 관심을 동시에 증대시킨다. 그리고 그것은 환경이 불확실하거나 달성해야 할 목표가 둘일 때, 그리고 복수의 생산물을 갖는 중급 규모의 조직에 유용하다. 이에 반해 단점으로는 전반적으로 관료제 구조가 갖는 장점이 사라지는데, 구성원들의 역할 갈등이 생기고, 기능 팀과 생산 팀 간에 자원의 이용에 대한 갈등이 생기며, 권위와 책임이 진공 상태에 놓이게 되고, 잦은 회합과 갈등 해소를 위한 회의 때문에 시간 소모가 많다(Daft, 2007; Jones, 1995: 156).

어떤 조직에서 A, B, C, D의 네 가지 프로젝트를 하려고 한다. 하나의 프로젝트를 하려는 데 필요한 기능 부서들은 개발부, 계약부, 법률부, 검사부, 디자인부, 인사부라고 하자. 그 조직은 개별 프로젝트별로 팀장을 임명해 프로젝트를 계획하고 완수하도록 권한과 책임을 부여한다. 이어서 각 기능 부서에 소속된 전문가를 한 사람씩 선발해 팀원으로 충원한다. 프로젝트 팀이 구성되면 팀별로 모여 활동을 개시하며 프로젝트를 진행한다. 프로젝트가 진행되는 과정에서 팀원들은 팀장으로부터는 물론이고, 원래 소속된 기능 부서로부터 지시와 조언을 받고, 보고한다.

(3) 네트워크 조직

네트워크 조직(network organization)은 전통적 조직의 경계를 초월해 수평적 조정과 협력의 개념을 확장한 구조이다(민진, 2018: 172-176). 오늘날 많은 조직은 자기보다 효율적으로 업무를 수행할 수 있는 다른 조직에게 아웃소싱(out-sourcing) 형태로 업무의 일정 부분을 맡기고 있는데, 공공 부문보다는 민간 부문에서 더욱 두드러진다. 몇몇 기업은 아웃소싱을 극단적으로 활용해 가상 네트워크 구조(virtual structure)를 만들고 있다(Daft, 2007).

가상 네트워크 조직은 네트워크를 통해 외부 전문가들을 연결하는 핵심 중추로 볼 수 있다. 한 지붕 한 조직 아래 내에 회계, 디자인, 마케팅, 유통 등 모든 기능을 모아 두는 것이 아니라 이들을 각각 외부에서 독립적으로 수행하는 기업을 네트워크를 통해 중앙사무소에 연결하는 구조이다.

네트워크 조직의 강점은 설비나 시설에 막대한 투자를 하지 않고도 제품이나 서비스 개발을 신속하게 할 수 있으며, 인력관리 문제에 부담을 덜 느낀다는 것이다. 따라서 환경 변화에 유기적으로 대응할 수 있는 기동성 있는 조직이다.

이에 반해 네트워크 조직의 약점은 통제가 완벽하게 이루어질 수 없으며, 협력 업체와 문제가 생기게 되면 조직 전체가 위험에 빠질 수 있고, 또한 조직원의 충성심을 확보하기 어렵다는 것이다.

제6장

신뢰받는 정부 조직과 공직 윤리

현대사회와 정부조직관리

제6장 신뢰받는 정부 조직과 공직 윤리

제1절 신뢰받는 정부 조직

국정 운영과 관리에서 가장 핵심적이고 중요한 이슈는 국민으로부터 신뢰받는 정부이다. 공화정(共和政)에서 선거를 통해 수립되는 정부도 그 실질적인 운영과 관리 과정에서 국민으로부터의 신뢰가 확보될 때 공화정의 의미가 실현되고, 나아가 국정 운영의 권위와 힘이 발휘될 수 있다(행정안전부·한국행정연구원, 2019: 196-203).

그동안 우리나라 공직 사회는 다양한 측면에서 국민이 원하는 공정하고 깨끗한 사회가 실현되지 못하고, 그로 인해 국민의 신뢰 수준이 기대에 미치지 못하고 있다. 가장 대표적으로 공직 사회를 중심으로 한 우리나라에서의 부패 관련 문제를 반영하는 청렴성 수준은 여러 가지 측면에서 낮게 평가되며, 커다란 문제로 인식되고 있다.

국제투명성기구(Transparency International: TI)가 발표하는 국가 단위 부패인식지수(CPI)에 따르면, 우리나라의 점수는 100점이 기준이 된 2012년 이후 53~57점, 약 180여 개 조사 대상 국가 가운데 순위 43~52위로 평가되고 있어, 경제 규모나 정치사회 발전 수준에 비해 상대적으로 낮게 평가되고 있는 실정이다(2018년 57점 45위).

일반적으로 부패란 사적 이익을 추구하기 위해 공직을 이용하는 것이다. 뇌물수수, 사기, 직무상의 부당이득 편취, 알선수뢰, 리베이트, 정실

인사, 친족 등용, 횡령, 매표 행위, 선거 조작 등이 대표적인 부정부패 행위이다. 사회규범으로 작동하는 부패는 자기자신과 자신의 가족 및 친구의 이익을 위해 공직을 활용해도 된다는 공유된 믿음에 따라 행동하는 것이다. 이런 부정부패는 그 사회에 만연되어 있고, 당연히 그럴 것으로 기대하며, 서로 묵인해 왔다. 인류의 오랜 역사를 통해서 볼 때, 부패 행위는 사회 규범의 초기 조건(default)르로 존재해 왔다. 그러나 점차 '법 앞의 평등 원칙(the principle of equal treatment for all before the law)'이 등장하면서 감소하기 시작했는데, 그 실현 정도는 국가별로 차이가 크다(강은숙·김종석, 2019: 164).

한국행정연구원이 매년 조사해서 발표하는 출처에 따르면, 공공 부문에서의 부패문제가 심각하다는 응답이 2010년대에 걸쳐 지속적으로 60%대로 나타나고 있으며(2018년 55%), 이러한 부패 문제의 심각성은 민간 부문에서도 유사하게 나타난다. 또한 사회 통합 주제와 관련해서 매년 조사 통계를 생산하는 한국행정연구원 출처에 따르면, 정부를 중심으로 한 공공기관의 공정성 또한 국회 및 공권력 기관의 2.3 내외 그리고 행정기관의 2.7 내외로 비교적 낮게 평가되는 등 공직 사회는 물론 사회 전반에서 공정성에 대한 인식이 비교적 낮게 형성되고 있다. 아울러 우리 사회에는 다양한 이슈와 집단 간 갈등이 만연하고 있는데, 이러한 갈등의 주 원인으로는 빈부 격차와 이해 당사자들의 이익 추구가 주된 요인으로 인식된다.

일반 국민의 정부 부처에 대한 신뢰는 4점 만점에 2.3점(2018년 2.4점) 수준으로 낮게 평가되며, 이는 국정 운영에 한계로 작용하고 있다. 향후 국민으로부터 신뢰받는 정부를 실현하기 위해서는 국민이 원하는 공정하고 깨끗한 사회로서의 부정과 부조리가 없고 나아가 노령층과 여성 등 사회적 약자들의 권익이 보호 및 신장되는 혁신을 구현할 필요가 있다.

공직사회는 신분과 직무의 특수성으로 인해 국민과의 관계에서 우월적 지위에 있거나 특혜를 받을 수 있으며, 특히 공직자가 사적인 이익을 실현하는 경우 공정성과 깨끗함, 나아가 사회 정의를 훼손하며 궁극적으로 국민으로부터 불신을 받는 요인이 된다. 공직 사회의 공정성과 깨끗함은 부정과 비리 요소에 대한 차단에서 시작되며, 공정성과 깨끗함을 실현하는 핵심은 공직자들에게 요구되는 윤리, 즉 공직 윤리를 구현하는 것이다.

공직 사회의 불공정과 부조리, 윤리 차원에서의 문제는 크게 두 가지 차원에서 접근할 수 있다. 먼저, 관련 법령을 통해 규정되고 있는 행태 및 윤리상의 기준과 내용을 준수하는 것이다. 다음으로 관련 법령상에 규정된 기준을 초월해서 좀 더 광범위하고 포괄적으로 공직 사회 내에서는 물론 대외적으로 일반적인 역할과 활동을 수행하는 데 공정하고 깨끗함을 구현하는 것이다. 국민이 기대하는 공직 윤리 강화는 법령상 규정된 기준의 준수에 한정하지 않으며, 법령상 규정된 기준 외에 일반적이고 포괄적인 측면에서 공직자의 공정하고 깨끗함을 실현하는 것이다.

공직자들이 공적인 업무 활동뿐만 아니라 사적인 활동을 수행할 때도 최소한의 기준이 되고 의무적으로 준수해야 하는 법령상 규정된 내용은 다음과 같다.

첫째, 공직자윤리법은 공직자 개개인에게 이해 충돌 방지 의무와 더불어 재산 등록과 공개 및 퇴직 공직자의 취업 제한 등을 규정하고 있다.

둘째, 국가공무원법은 공직자가 공무 수행 과정에서 포괄적으로 준수할 의무, 즉 성실, 복종, 직장 이탈 금지, 친절·공정, 종교 중립, 비밀 엄수, 청렴, 품위 유지, 영리 업무 및 겸직 금지, 정치운동 금지, 집단 행위 금지 등을 규정하고 있다.

셋째, 부패 방지 및 국민권익위원회의 설치와 운영에 관한 법률은 좀 더 구체적으로 공직자의 부정과 비리에 초점을 둔 부패행위 금지 및 부패행위에 대한 신고 의무 등이 규정되어 있으며, 가장 최근에 시행된 부정 청탁 및 금품 등 수수의 금지에 관한 법률은 공직 사회에서 그간 관행적으로 묵인되어 왔던 금품 수수 및 청탁 금지 행위 등을 규정하고 있다.

〈표 6-1〉 공직자 윤리 규범

근거 법령	공직자 의무 및 규범
국가공무원법	복무상의 의무 (성실, 복종, 직장이탈 금지, 친절·공정, 종교 중립, 비밀 엄수, 청렴, 품위 유지, 영리 업무 및 겸직 금지, 정치운동 금지 등)
공직자윤리법	재산 신고/등록 및 공개
부패 방지 및 국민권익위원회의 설치와 운영에 관한 법률	부패행위 금지, 부패행위 신고
부정 청탁 및 금품 등 수수의 금지에 관한 법률	금품 수수 금지, 청탁행위 금지

출처: 행정안전부·한국행정연구원(2019: 199).

이와 같은 법령에서 규정하고 있는 공직자의 행태 및 활동상의 기준과 내용은 개인의 윤리 수준과 재량적 판단에 따라 준수 여부가 결정되는 윤리 규범이 아니라 법령에 의해 강제적으로 이행이 요구되는 법령상의 행태이다. 즉, 위에서 제시된 내용은 모든 공직자가 반드시 준수해야 하는 강제 사항이자 법적인 의무이다. 이에 따라 정부 부처와 공공기관은 소속 공직자를 대상으로 이들 기준과 내용이 준수·이행되는지에 대한 철저한 점검과 대응이 요구되는 만큼, 위반자에 대한 상응하는 조치와 처벌 등을 통해 국민이 기대하는 공정하고 깨끗한 공직 사회가 구현되도록 노력해야 한다.

공직자를 대상으로 한 이러한 법령상의 기준과 내용에도 불구하고 공직자의 윤리 수준과 공정성은 국민의 기대에 부응하지 못하고 있는 실정이다. 이는 공직자들이 법령상 기준과 내용을 준수하지 못한 것이 아니라 국민이 공직자들에게 기대하는 윤리 수준이 법령상 규정된 기준과 내용보다 높기 때문이다.

이러한 사례들은 공직자 재산 신고 및 인사청문회와 최근 제기된 공직자 채용 비리 사례 등 관행화된 부조리와 부당 행위로 드러나고 있다. 또한 최근 공공 또는 민간 부문에서 제기되고 있는 소위 갑질 문제와 함께 공공기관 청렴도 조사(내부 청렴도)에서 제기되는 상급자의 부당한 업무 지시 등은 법적인 측면에서의 불법과 부당성 문제와 더불어 구성원 상호간 또는 활동 당사자 간 관계와 소통 방식의 왜곡 등이 불공정·부조리 등의 윤리 문제로 부각될 수 있음을 알 수 있다.

제2절 윤리의 유형과 개념

1. 윤리학의 유형

윤리학은 사회적 인간 관계에서 인간의 도덕 및 행위 규범을 연구하는 학문으로서, 도덕 현상을 서술하고 설명하는 도덕과학과 도덕의 본질, 규범을 철학적으로 연구하는 도덕철학으로 구성된다(국어대사전, 1963: 2260). 윤리학(ethics)은 이처럼 도덕을 다루는 고전철학의 한 분야로서, 다음과 같은 두 가지 유형으로 크게 나뉜다(문태현, 2000: 190; 이도형, 2004: 140-142).

1) 규범윤리학

규범윤리학은 인간으로서 반드시 해야 할 것(what should do)과 하지 말아야 할 것(what should not do)을 알려 주는 객관적 행동 원리나 규범들이 이 세상에 실제로 존재한다고 보면서, 인간 행동지침으로서 도덕 규범을 제시하는 데 그 목적을 두고 있다. 따라서 무엇이 옳고 그른 것인지의 규범적 질문에 대한 답을 추구하며, 항상 도덕적 가치 판단을 중시한다.

2) 분석윤리학

분석윤리학은 도덕 논의에서 사용되는 용어들의 뜻을 분석하고, 인간의 도덕적 신념이 참이냐 거짓이냐를 밝히는 추론 규칙과 인식 방법을 검토하는 분야이다. 즉 사람이 어떤 행위에 대한 도덕적 근거를 제시하거나 정당화하려 할 때 따르는 논리 규칙을 명백히 하는 것을 연구의 목적으로 한다.

결국 윤리학은 무엇이 옳고 그른지를 탐구하는 규범적 연구와 더불어, 윤리적 용어, 윤리 이론, 윤리적 신념에 대한 논리적 분석을 주요 과제로 삼는 분석적 연구를 모두 다 포괄한다(이수윤, 1996: 225).

2. 윤리의 개념

윤리는 인간 행위의 옳고 그름을 판단하는 주요 기준이다(Sheeran, 1993: 49-50). 즉, 윤리는 사람이 마땅히 지켜야 할 도리로서, 사회생활을 하는 사람들이 특정 상황에서 무엇을 어떻게 해야 하고 또 어떤 것은 하지 말아야 할지에 대한 하나의 구체적인 준거틀을 제공하는 행동 규범(code of action)인 것이다.

윤리 개념은 다양한 특성을 지닌다. 즉, 윤리는 인간이 마땅히 해야 할 바와 하지 말아야 할 바를 규정하고 있기 때문에 당위적이다. 또 인간이 추구해야 할 가치를 지향하기 때문에 가치적이며, 무엇이 바람직한

지를 판별해 주는 기준을 제시하므로 규범적이기도 하다(오석홍, 1987: 567).

1) 의무론적 윤리설과 목적론적 윤리설

윤리의 주요 개념은 좋음(善)과 옳음(義)이다. 여기서 좋음은 우리가 즐기는 것, 좋아하는 것, 유쾌한 것 등 우리의 마음에 들거나 우리가 선호하는 것이다. 반면 옳음은 도덕적인 것, 의무적인 것이다. 이러한 '좋음과 옳음의 판단' 문제에 입각해 윤리의 입장을 구분해 보면 다음과 같다(Sheeran, 1993: 10-12, 154-155).

(1) 객관주의적 접근 혹은 의무론적 윤리설

이 입장은 좋고 옳음 등 인간 행위의 도덕성을 평가하는 객관적·절대적인 기준을 추구하며, "사람은 마땅히 ... 해야 한다"라는 도덕적 기준을 제공하는 것을 목적으로 한다. 따라서 이는 의무론(deontology)적 윤리설이다. 의무론적 윤리설은 '옳음'을 먼저 규정하고, 이를 기준으로 어떤 좋음(善)이 가치 있는지를 판단한다. 즉, 인간 의식의 외부에 하나의 실재 세계가 존재한다고 믿는 객관주의적인 입장으로서, 인간 행태를 통제하는 법과 기준이 실제로 존재한다고 본다.

(2) 주관주의적 접근 혹은 목적론적 윤리설

이 입장은 옳고 그름의 절대적 판단 기준은 없고, 특정 상황에서의 개인적 판단이 이를 판별하는 기준을 구성한다는 일종의 상황 윤리(situation ethics)이다. 따라서 목적론(teleology)적 윤리설로 분류되며, 여기서는 개인의 선호를 뜻하는 '좋음'에 대한 개념 정의가 옳음이라는 개념 정의에 앞선다. 이런 점에서 이 입장은 인간 개개인의 의식이 세계를 창조한다고 보는 주관주의적 접근이며, 인간 행위의 의미와 결과를 성찰하는 것을 주목적으로 한다.

2) 광의의 윤리(인간의 도리)와 협의의 윤리(직업 윤리)

지금까지 논한 윤리는 우리가 사회생활을 하면서 반드시 지켜야 할 인간으로서의 마땅한 도리를 말한다. 즉, 우리가 인간으로서의 도리를 다하기 위해 일반적으로 지켜야 하는 인간 행위의 보편적 지침이 되는 도덕과 규범 같은 것들인데, 우리는 이를 광의의 윤리 개념이라 부를 수 있다.

한편 특정 직업과 연관시켜 그 직업의 영역에서 직업인들이 지켜야 할 윤리의 문제를 좀 더 구체적으로 이해하는 것이 직업 윤리인데, 직업 윤리는 협의의 윤리 개념으로 볼 수 있다. 이런 점에서 볼 때 우리의 연구 대상인 공직 윤리 혹은 행정 윤리는 하나의 직업 윤리이다.

제3절 공직자의 이해 관계 유형

1. 뇌물 수수

뇌물 수수는 공적 의무와 관련 있는 공직자로부터 특혜에 대한 답례로 돈이나 다른 가치 있는 보상을 불법으로 받는 것을 말한다. 여기서 중요한 조건은 뇌물을 주는 사람이 공직자의 객관적이고 공정한 행동을 왜곡하려는 의도를 분명하게 가지고 있고, 받는 사람은 이를 기꺼이 따르려 한다는 것이다. 그러므로 금전상이든 다른 방식으로든 자신의 직무 행위에 대한 법, 정책, 절차와 충돌을 빚게 되고 개인적 이해 관계에 직면한 공직자는 자신에게 유리한 쪽으로 충돌을 해결하게 된다. 보통 뇌물 수수가 항상 돈과 연관되어 있지만, 이는 다른 보상, 예컨대 성적 호의, 호의적인 언론 관심의 약속이나 특권적인 사교계의 접근 등을 포함할 수 있다.

2. 지위 남용

지위 남용은 공무원이 정부 결정에 영향을 주려고 해서 그(녀)와 이해 관계가 있는 제3자에게 유리하게 할 경우에 일어난다. 전형적인 법률 용어로 이해할 때, 이는 직원이 주식을 소유하고 있는 기업을 규제하거나, 직원이 소유하고 있는 부동산 가격에 영향을 미치는 일반 기획을 진전시키거나, 자기 자녀가 다니는 학교 구역에 연방보조금을 승인하는 정책 결정과 같은 사례를 포함할 수 있다. 이는 공무원이 상당한 이득을 취할 가능성이 높을 때면 언제나 이해 관계의 실제적인 충돌상황이 된다.

경제적 동기로 지위를 남용하는 것 말고도 우리는 종교적 신념과 인종적 이데올로기와 같은 이해 관계도 포함할 수 있다. 예를 들면, 피임이나 낙태에 강하게 반대하는 종교를 가진 행정인은 자신의 내부자 영향력을 이용해 가족계획 서비스 재원이나 낙태 클리닉 보조금을 제한할 소지도 있다. 백인 지상주의 조직에 가입한 공무원은 자신의 영향력을 사용해 평등고용기회법 제정을 틀어지게 할 수도 있다.

3. 정보 유출

일반 국민이 이용할 수 없는 정보에 접근이 가능하고 금전적이든 아니든 자신의 이익을 위해 정보를 활용하는 공무원은 정보 유출의 죄를 범하는 것이다. 핵심 요인은 정보력과 정보에 접근할 수 있는 특권이다. 실제적인 이해 관계의 충돌이 발생하는 경우는 정보가 대외비이고 문제의 공무원이 그 기밀을 유지해야 할 책임이 있을 때이다.

친구의 집이 위치한 지역의 재개발계획 제안에 관한 정보를 가지고 있는 도시계획가를 상정해보라. 그는 그 지역 기획팀의 구성원은 아니지만 고려 중인 변화에 대한 접근 권한을 가지고 있다. 도시계획 부서의 공무원으로서 그는 이 계획이 지역 사회 전체에 공표되기 전까지는 비밀을 유지해야 할 의무가 있다. 하지만 친구는 사전 정보에 대한 보답으로 금품을 제공했다. 만일 그 도시계획가가 금품을 받는다면 그는 정보 유출에 관여하고 있는 것이다.

4. 금융 거래

금융 거래가 충돌이 되는 경우는 공무원이 책임 있는 직무 수행과 직접 상충하는 직접 또는 간접으로 금전적인 이해 관계를 갖게 될 때이다. 이해 관계의 실제 충돌은 어떤 공무원이 상당한 개인적 이득을 가져다줄 결정에 대해 직접적·사적인 통제에 있는 정도에 따라 나타난다. 예를 들면 기획관이 자신이 소유하고 있는 미개발 부지 근처에 있는 신공항 부지 선정에 영향력을 행사할 수 있을 때처럼, 이는 해당 공무원이 성과를 효과적으로 통제할 수 있는 지위 남용과 다르다.

5. 선물과 향응

선물과 향응을 좇거나 받는 일은 이러한 항목이 자신의 의무에 대한 공무원의 공정한 책임에 영향을 미칠 때 충돌을 일으킨다. 이러한 이해 관계의 갈등 범주는 뇌물 수수에 대한 우리의 이해를 넓혀 놓은 것이라 할 수 있다. 이는 구매 할인, 연극표, 섹스 또는 휴가여행의 제공, 자동차 이용, 그리고 과분한 식사, 레저용품, 술과 같은 선물 등을 포함한다. 전형적으로 이러한 종류의 선물은 특별한 부탁을 요구하는 것은 아니지만,

그럼에도 이것들이 일반적으로 기증자에 대한 긍정적인 성향을 조성하기 위해 의도된다는 점에서 다른 뇌물 수수와는 차이가 있다.

6. 외부 취업

시간제 취업, 자문역, 계약 상담료, 자영업은 공직 의무와 이해 관계의 충돌을 초래할 수도 있다. 이러한 충돌 상황에 민간 부문 고용주(또는 자기 자신)의 지위를 향상시키기 위해 공직의 지위를 사용하는 일, 공직 의무에 요구되는 노력과 힘을 유출하는 일, 그리고 외부 업무에 정부 서비스와 장비를 사용하는 일이 포함된다.

공공기관 외부에 고용되는 것이 반드시 이해 관계의 충돌을 일으키는 것은 아니다. 고용의 유형과 책무의 정도가 주요 요인이 된다. 소방서장은 집에서 일주일에 몇 시간을 들여 풍경화를 그려서 어떤 이해 충돌 없이도 이를 당연히 매매할 수 있다. 하지만 그가 소방 전문가로서 눈에 띄게 광고가 되는 자신의 공적 지위를 가지고 민간자문단과 함께 일하는 경우에는 분명한 충돌이 존재할 것이다. 그의 민간 자문 활동은 소방서장인 자신의 지위에서 이득을 얻게 될 것이기 때문이다. 또는 그가 그림 그리는 일에 자신의 공식 업무를 등한시할 정도로 과도하게 집착하게 된다면 거기에도 역시 충돌이 존재할 것이다.

7. 미래 취업

공무원이 현재 공식 업무를 보고 있는 회사에 장차 취업하고자 한다면, 취업 제공을 바라면서 장래의 고용주에게 호의적인 대우를 베푸는 경향이 있을 수 있다. 공무원은 또한 자신이 몸담고 있는 공공 조직과 정기적인 업무를 보는 회사에 솔깃한 패키지로 내부 계약과 기관 절차에 관한 지식을 건네줄 수도 있다. 특히 방위산업체에서 문제가 되고 있고 널리 퍼져 있는 '들락날락' 증후군이나 '회전문' 증후군은 가장 심각한 충돌을 일으킨다(Beard, 1978). 사람들이 공공 부문의 업무와 민간 부문의 업무 사이를 들락날락하게 되면 과거 업무와 미래 취업의 취업 기대에서 야기되는 뒤얽힌 이해 관계가 지극히 복잡해질 수 있다.

8. 친척과의 거래

행정인이 친척에게 도움을 줄 수 있는 위치의 상황도 충돌을 불러일으킬 수 있다. 그 동기가 방금 논의했던 다른 사례와 유사하기 때문에 특별한 층위의 영향력 행사로서 종종 정실주의(patronage system)라 부르는 이런 형태의 이해 관계 충돌을 생각할 수 있다. 본질적으로 이는 고용, 승진, 계약 체결 또는 어떤 다른 사업 관행상 친족이 특혜를 입게 되는 영향력의 사용을 포함한다. 이러한 관행에 관여하는 행정인은 가족의 결속과 상호 지원을 강화함으로써 직접적은 아니나 간접적으로 이득을 보게 되는 것이다.

이런 종류의 이해 관계 충돌은 비경제적 이해 관계에 뿌리를 두고 있는 것이 당연하다고 할 수 있다. 정보 유출의 예와 유사한 사례가 도시재개발기구의 기획관에 의해서 제시되었다. 다만 예외인 것은 노부모의 집이 영향을 받았다는 점이다. 기획단의 일원인 그녀는 초기 단계에서 부모가 살고 있는 집이 상업지구 개발로 대체될 것을 알게 되었다. 그녀를 불안하게 한 것은 재정적 손실의 두려움이 아니라 부모의 삶의 연속성과 안정성에 대한 폐해였다. 만일 이 계획이 채택되면 부모가 아꼈고 그들에게 커다란 안정감을 주었던 집이 토지 수용권에 의해 팔리고 헐릴 판이다. 부모에 대한 딸의 애정과 그들 안녕에 대한 걱정, 즉 깊고도 굳건한 인간적 관심은 공무원으로서의 객관성과 모든 거주민을 공정하게 처리해야 할 그녀의 의무와 갈등에 놓여 있는 것이다. 그녀는 부모님 집이 제외될 수 있도록 기획단 부서의 동료 기획관에게 계획 변경을 부추기려는 마음이 강하게 일어남을 느꼈다.

제4절 공중의 신뢰 유지

이상과 같은 상황 유형은 각각 이해 관계의 충돌 가능성을 대표한다. 이것이 사실상의 충돌이 될 것인가는 공직자가 그 유혹에 넘어가는 정도에 달려 있다. 하지만 변호사협회 보고서가 특히 강조했던 것처럼, 이해 충돌이 가능한 상황에 처하는 것은 거의 실제 충돌에 당면한 것만큼이나 중대하다. 공적 신뢰를 유지한다는 것은 행정 책임의 중대한 국면이기에 이해 관계의 충돌이 있는 것처럼 보이는 것만으로도 신뢰를 위협하기에 충분할 수 있다.

악(惡)의 보습반으로도 이와 같은 위험이 숨어 있다는 사실은 워터게이트 사건 이후에 국립행정원(National Academy of Public Administration, NAPA)이 제출한 보고서에 잘 요약되어 있다. 국립행정원은 이러한 정치적 추문에 연루된 많은 공직자가 "전반적으로 공중에 대한 자신의 의무를 위해 필요한 것은 공적 신뢰 개념과 결부된 추가적이고 더욱 엄격한 일련의 표준과 제약이다. 민간 부문에서는 허용되며 심지어 정상적이라 할 수 있는 수많은 관행이 정부에서는 금지되고 있거나 금지되어야 한다"(Small, 1976: 561)라는 점을 이해하지 못했다고 보고했다. 우리가 윤리적으로 문제 있는 상황에 직면할 때 반드시 고려해야 할 점은 행위 그 자체뿐만 아니라 자신의 행위에 대한 공공 인식이다. 특히 이러한 사례에서 요구되는 것은 여러 대안을 상상해 보고 각 대안의 결과를 투영하며, 우리 행위에 대한 정당화를 숙고 해보고 돌이

켜 생각해 보며, 우리가 자기 자신에 대해 어떻게 느끼는지 예견해 보려는 성찰 과정이다. 또한 객관적으로 명예로운 행동이 다른 방식으로 지각될 수 있는지도 상상할 필요가 있다.

공직자가 이러한 성찰에 대한 지침으로 함양할 필요가 있는 멘탈리티는 서구 문화에 내재한 과도한 개인주의 성향에 균형을 제공하는 것이다. 웨이스밴드(Edward Weisband)와 프랑크(Thomas M. Franck)의 주장에 따르면, 우리에게 요구되는 것은 "상호 의존하는 세계의 집단적 존속을"을 위해 핵심적이고 "개인적 성숙성의 정점"이라 할 수 있는 "더 광범위한 의미에서 상위의 책임 의식"이다. 도덕 발달의 가장 높은 단계는 "삶에서의 의사 결정과 행위가 옳고 그름에 대한 자율적이고 원칙적인 판단, 즉 더 큰 사회적 공동체에 대한 온전한 책임 의식에 뿌리내리고 있을 때 도달한다"(Weisband & Franck, 1975: 187-188)라고 말한 콜버그(Lawrence Kohlberg)의 저작이 그들의 주장에 결정적인 역할을 한다. 이러한 시각은 정부 공동의 장기적 이해 관계가 우리의 이해 관계이기도 하다는 가정에 기초한다.

공직 사회는 매우 계급적인 성격을 지니고 있으며, 업무 상대로서 일반 국민이나 기업 등 민간과의 관계에서 전통적으로 우월한 지위에 있다. 이는 공직자들이 기관 내의 수직적 관계뿐만 아니라 대국민 또는 민간기관과의 관계에 있어서도 우월적 지위를 남용하는 소위 갑질 문제를 야기하는 원인이 되어 왔다. 이러한 갑질 행위는 국민에 대한 공정하고 최적의 서비스를 구현하는 데 장애 요소가 되는 것은 물론이고, 부정과 부조리의 원인으로 작용함으로써 사회적 정의와 공정성을 훼손하고 있다.

공직 사회의 부당한 우월적 지위의 행사나 남용을 방지해 공정하고 깨끗한 사회를 구현하기 위해서는 공직 내부의 수직적 관계는 물론 공직자의 대외적 활동에서 접촉하는 대상자와의 수평적이고 호혜적인 인식에 기반한 소통과 업무 활동이 이루어질 것이 요구된다. 공직 사회가 대내외적으로 수평적이고 호혜적인 관계에 기반한 업무 활동이 이루어지기 위해서는 업무 과정에서의 언어는 물론 업무 수행 태도에서의 가시적이고 구체적인 변화와 개선이 필요하다. 이를 위해서는 공직자의 대내외적 업무 활동상 기준이 되고 준수해야 하는 구체적인 기준이나 지침이 마련되어야 한다.

불공정하고 부당한 관행을 척결하기 위해서는 크게 두 가지 차원에서의 접근이 필요하다(행정안전부·한국행정연구원, 2019: 200-202). 첫째, 사전적·예방적 차원의 접근으로 기관 내에서 관행적으로 행해지는 부당하고 불법적인 활동에 대해서는 문제의 요인이 되는 관련 기준의 현실적 합성을 밝혀내 필요 시 현실화를 위한 개선이 요구된다. 둘째, 사후적·통제적 차원의 접근으로 기관장을 포함한 기관의 구성원들이 관행적으로 행해지는 부당한 활동과 행위에 대한 인식을 바탕으로 척결의지를 가져야 하며, 특히 기관 내적인 부당한 업무 지시나 위반이 노출될 경우에 발생할 수 있는 인사상 보복이 우려되지 않도록 익명성을 확보·보장함으로써 관련 신고가 활성화될 수 있도록 해야 한다. 이를 위한 구체적인 방법으로는 내부 또는 공익 신고가 감사실이나 소관 부서 등 기관 내적인 조직을 활용하지 않고 다양한 공공기관에서 구현하고 있는 공익신고 대리 변호사의 활용이나 외부 민간 전문기관에 위탁 및 운영되는 신고 시스템, 또는 익명으로 접근될 수 있는 모바일 기반 상담 또는 신고 플랫폼 등이 있다.

제5절 투명성

투명성(transparency)은 "정부의 정책 결정과 집행 과정 등 다양한 공적 활동이 정부기관 외부로 명확하게 드러나는 것"을 의미한다(이종수, 2013: 223-225). 특히 최근 정부 활동의 독점성에 대해 부정적 입장을 취하는 거버넌스(governance) 개념이 강조되면서, 정부 부문의 투명성이 더욱 요구되고 있다. 즉, 각종 정책 결정과 집행이 정부에 의해 독점되어서는 아니 되며, 민간 부문과 시민 사회가 더욱 광범위하게 참여해야 하는데, 이를 위해서는 기본적으로 정부와 행정의 투명성이 확보되어야 한다는 것이다. 투명성은 정보의 비대칭(information asymmetry)으로 인해 주인으로서 국민들의 이익이 충분히 확보되지 못하는 대리인 문제(agency problem)를 방지하기 위해, 그리고 부패 방지를 위한 전제 조건으로서 중요성을 지닌다(이종수, 2010: 89).

국민의 알 권리를 충족시키고자 하는 목표를 지닌 행정 이념으로서의 투명성은 근년 들어 경제협력개발기구(OECD) 등 국제 기구에서 특별히 강조하는 행정 가치이다. OECD 국가들과 국제투명성기구(Transparency International: TI) 등 민간 기구는 공공 부문의 투명성은 궁극적으로 행정 부패를 방지하기 위한 수단으로 중요성을 지닌다고 하면서, 행정의 투명성은 정보통신기술(Information & Communication Technologics: ICT)를 통해 제고될 수 있다고 주장한다. ICT의 속성은 신속성, 정확성, 쌍방향적 공유성, 접근의 용이성인 바, 행정의 투명성은 ICT의 쌍방향적 공유성 및 접근의 용이성을 통해 확보될 수 있다.

투명성 확보는 다음과 같은 측면에서 중요성을 지닌다.

첫째, 투명성 확보는 부패 방지 수단이 된다. 공공 부문의 불투명성은 행정에 대한 외부적 감시와 통제를 어렵게 하는 요인으로 작용하고 동시에 부정과 부패의 원인을 제공하며, 정부에 대한 국민의 신뢰를 떨어뜨리는 요인으로 작용한다. 특히 정부와 국민 간의 정보의 비대칭성 또는 정부의 일방적인 정보 우위는 공공 부문의 비효율과 부정부패의 원인으로 작용한다. 투명성의 확보는 행정의 환경으로부터의 직접적인 통제의 증가로 이어지며, 이는 부정과 부패의 가능성을 줄이는 직접적인 요인으로 작용하게 된다. 공무원 부패는 대개 정부 권력의 독점성과 재량권의 자의적 행사라는 부정적 결합에 의해 발생한다(윤태범, 2000: 130-132). 투명성은 정부의 독점성과 재량권은 인정하되, 그 사용이 외부에 공개되고 투명해야 한다는 것을 의미한다. 공공 부문의 투명성 확보는 특히 각종 행정 서비스 전달 과정에서 발생하는 부패·지대(rent)·특수 이익 등을 추구하기 위한 권력의 오·남용을 방지한다는 관점에서 중요성을 지닌다(Tanzi, 1998; Caiden, 2002; 명승환·최영훈, 2002).

둘째, 투명성 확보는 능률성 향상의 자극제가 될 수 있다. 공직자들은 자신의 모든 경험과 지식을 동원해서 업무를 효율적으로 추진해야 할 공적 책무를 지니는데, 투명성의 증대는 공직자로 하여금 업무 행태를 능률적인 방향으로 교정해 나가도록 하는 자극제가 될 수 있다.

셋째, 투명성 확보는 행정의 대응성(responsiveness)을 제고하는 수단이 된다. 공직자들은 중립적 중재자로서 다양한 이해 관계자들의 입장과 선호를 중재해 실현 가능한 대안이 채택될 수 있도록 하는 역할을 요구받는다(Yates, 1981). 정책 관련 정보가 이해당사자들에게 공평하게 공개되어 투명성이 증대될 경우, 공직자들은 이해집단 사이에서 공정한 중재자 역할을 충실히 함으로써 대응성을 제고할 수 있다.

넷째, 투명성 확보는 책임 행정을 달성하는 데 기여한다. 투명성은 주인과 공복(公僕), 행정 내부인과 외부인 사이의 정보 비대칭을 해소 또는 완화함으로써 책임 행정을 달성하는 데 기여하는 중요한 수단적 가치가 된다.

이처럼 투명성의 확보는 행정부 차원에서는 관료집단의 제국 건설(bureaucratic empire building)을 견제하고 성숙한 민주 사회를 이룩하기 위해 필요하다. 투명성을 확보하기 위해서는 무엇보다 먼저 관료제 권력의 원천이 되는 비밀주의를 제거해야 한다. 즉, 주권자인 시민이 공공 부문을 좀 더 효율적으로 통제할 수 있도록 '공공 기밀(official secret)'의 개념을 엄밀하게 재정립하고, 시민 사회가 공공기관의 정보에 더 잘 접근할 수 있도록 하는 제도 개선을 이루어야 할 것이다.

투명성의 확보는 다음과 같이 세 측면에서 논의될 수 있다(이종수 외, 2012: 173).

첫째, 과정 투명성이다. 과정 투명성은, 즉 의사 결정 과정의 투명성을 의미한다. 정부 내에서 이루어지는 수많은 의사 결정 과정은 개방적이고 투명하게 이루어져야 한다. 최근 정부의 의사 결정 과정에 민간인이 참여하거나, 서울시의 민원 처리 과정이 온라인상으로 공개되는 것은 과정의 투명성을 확보하기 위한 조치라고 볼 수 있다.

둘째, 결과 투명성이다. 의사 결정이 투명하게 이루어졌다고 해서, 행정 결과의 정당성이나 공정성이 확보되는 것은 아니다. 결정된 의사 결정이 제대로 집행되고 있는가를 확인할 수 있도록 집행 과정의 투명성 확보를 통해 결과의 투명성을 확인하는 것이 중요하다. 예를 들어 서울시에서 '청렴계약제(Integrity Pact)'를 실시하면서, 시민 옴부즈만 제도를 실시하고 있는 것은 이와 같은 정책 집행 과정의 공정성 등을 확인하기 위한 방안으로 도입된 투명성 확보 제도이다.

셋째, 조직 투명성이다. 조직 투명성은 조직 자체의 개방성과 공개성을 의미한다. 인터넷 홈페이지 상에 특정 조직의 각종 규정, 정책, 고시, 입찰 등 해당 기관의 운영과 관련된 내용들이 얼마나 자세히 공개되고 있는가 하는 것은 바로 조직 자체의 투명성 정도를 반영하는 것이다. 각급 행정기관들이 공시 제도(publicity)를 도입하거나 혹은 정보 공개를 확대하는 것은 바로 이러한 조직 투명성을 증대시키기 위한 방안들이라고 할 수 있다.

제7장

지방정부 조직과 주민 간의 협력 전략

제7장 지방정부 조직과 주민 간의 협력 전략

제1절 지방화와 지방정부

최근 한국을 포함한 세계 각국은 세계화(globalization)와 신자유주의(new liberalism)의 거친 파도 속에서 생존을 위한 치열한 노력을 전개하고 있다. 특히, 무한경쟁 시대의 도래를 의미하는 신자유주의는 지방화(localization)의 개념을 담고 있는 세계화와 함께 국가는 물론 지방정부마저도 생존 전략을 모색하도록 요구받고 있다. 더욱이 한국의 지방정부들은 일찍부터 지방자치의 경험과 노하우를 축적한 서구의 국가들과는 달리 일천한 지방자치의 역사와 운영 경험으로 인해 많은 어려움을 겪고 있다(이재은, 2001: 309-337).

이 같은 지방자치는 흔히 하나의 '정치체'로 개념화되고 있다. 그러나 실질적인 의미에서 자치단체는 특정 구역에 거주하는 주민들을 위해 다양한 종류의 공공 서비스를 집합적으로 제공하는 '경영체'로서의 성격도 지닌다. 이는 주민들에 대한 서비스를 얼마나 효율적으로 공급하는지, 또 지역 경제 활성화를 위해 얼마나 노력하고 있는지 등이 평가 기준이 되고 있는 데서도 있다(이도형, 2000a: 351). 따라서 오늘날에 와서는 '지방행정'이라는 용어와 함께 '지방경영' 또는 '지방정부 경영'이 아무런 거부감 없이 쓰이고 있다.

이러한 맥락에서 오늘날의 지방정부는 국경이 없어진 세계화 시대에서 지역의 이익을 위해 국내·외적으로 활발한 활동을 펼치고 있다. 즉, 지역의 이익을 확보하고 유지하기 위해 과거 중앙정부가 수행해 왔던 역할을 부담하는 한편, 지역의 생존과 번영에 필요한 일들을 수행하고 있다. 특히, 지방정부를 구성하는 인적 요소인 주민의 복지 증진, 이익 증대, 그리고 삶의 질을 향상시키는 데 많은 관심과 노력을 기울이고 있다. 그러나 이 같은 관심과 노력이 실제적인 성과를 거두기 위해서는 지방정부의 행동 방식이 과거와 같이 정태적·행정적인 차원으로부터 동태적·전략적 차원으로의 변화가 무엇보다 필요한 것으로 지적되고 있다.

그러므로 지방정부의 경영 전략 모색은 이제 보편적 행동 양식이 되었고, 이에 지방정부 경영 전략을 모색하기 위한 기본 틀(framework)은 다름 아닌 지방정부와 주민 간의 관계에 대한 재규명과 재설정이다. 따라서 여기서는 지방정부와 주민 간의 관계를 중심으로 협력 전략을 살펴보고자 한다. 이를 위해서 먼저, 지방정부와 주민의 관계를 검토한 후, 이를 바탕으로 협력 전략의 방향을 설명하는 한편, 지방정부와 주민 간 협력 전략의 사례 고찰을 통해 이해를 돕고자 한다.

제2절 지방정부와 주민 간의 관계

지방정부와 주민의 관계에서 우리가 생각해 보아야 할 본질적이고 근본적인 의문 중 하나는 '자유민주주의 국가에서 지방정부는 왜 필요한가?' 하는 질문이다(Kingdom, 1991: 14-16). 지방정부의 필요성 내지는 가치에 대한 이러한 질문이 의도하고 있는 것은 자유와 참여, 그리고 효율성에 대한 논의를 이끌어 낸다는 점이다. 즉, 지방정부는 주민 생활에 대한 중앙정부의 권력과 간섭을 제한함으로써 주민의 자유를 좀 더 풍요롭게 해 줄 수 있다. 또한, 지방정부의 정치 과정에 대한 참여는 지역주민의 욕구를 정책에 반영시키는 기회를 주는 한편, 지방정부는 주민들로 하여금 전국적인 정치를 준비시키는 훈련장이 된다. 그리고 지방정부는 주민들로 하여금 공무원들의 편의주의에 기초한 의사 결정 체계를 개선하게 함으로써 효율성을 확보할 수 있게 한다.

여기서는 지방정부와 주민의 관계를 알아보기에 앞서 그 의미를 살펴본 후, 지방정부와 주민 간의 관계 유형을 갈등 관계와 협력 관계로 구분하여 살펴본다.

1. 지방정부의 의미

햄턴(Hampton, 1991: 2)은 '지방정부'의 의미를 이해하기 위해서 지방정부를 '지방'과 '정부'라는 두 가지 개념으로 나누어 각각의 의미를 살펴보고 있다.

첫째, 지방의 의미는 오랜 역사와 전통에 의해 형성된 지역이라는 의미와 공공 서비스를 제공하는 데 필요한 사회경제적 영역이라는 의미가 함께 포함되어 있기 때문에, '지방(local)'은 "친숙한 환경과 더불어 주민에게 직접적인 영향을 주는 교육서비스와 주택서비스 등과 같은 몇몇 주요 서비스를 제공할 수 있는 지역"으로 이해할 수 있다.

둘째, 지방정부에서의 '정부(government)'개념에는 주권 기관으로서의 존재 의미가 부여될 수는 없다. 따라서 현대의 지방정부들은 그 존립의 근거를 관련 법령의 규정에 따르게 되며, 지방정부의 행위 역시 상위법의 법규 내용에 대한 엄격한 해석에 따라야만 한다. 즉, 지방정부는 국가와는 달리 구체적인 법률에서 규정한 행동 범위안에서만 권한을 지니게 되는 것이며, 지역 주민들에게 이익을 주고자 하는 경우에도 포괄적·일반적 권한을 지니지는 못한다.

그러나 지방정부의 개념 속에는 어느 정도까지는 중앙정부로부터 자율성을 지닌다는 의미를 지니고 있다(Kingdom, 1991: 3). 따라서 지방정부의 개념은 단순히 중앙정부의 일선기관이 아니라 독립적인 법인격과 독자적인 조직 및 기능을 지니고 있음을 전제로 성립하게 된다(김영종, 2000: 367). 또한 중앙정부가 전국적인 최저 수준의 표준을 유지하기 위해 전국적인 획일성을 지닌 정책을 지방에 제시하고 이를 수용하도록 지시·감독·명령 등의 제약을 가한다고 해도 '지방정부'라고 한다면 중앙의 지시나 명령에도 불구하고 당해 지역의 필요나 이익에 부응해 나가기 위한 자기결정권의 행사와 행동 선택의 자유가 발휘될 수 있는 이미지를 실질적으로 부여받는다(강형기, 1993: 144).

이러한 맥락에서 지방정부(local government)란 "한 국가의 영토 일부를 경계로 일정한 지역 내에 있는 주민들로 구성되어 있고, 법규로부터 자치권을 부여받은 법인격체"라고 정의할 수 있다. 그러므로 지방정부는 중앙정부와는 독립적으로 관할 구역내에 있는 주민들의 복지와 지역의 사회경제적 발전을 도모하기 위해 제한적이나마 자율권을 지니고 경영전략을 수립하고 집행하는 것이 가능하다.

2. 주민의 의미

중앙정부와 마찬가지로 지방정부 역시 해당 지역의 주민들에 대해 일상생활에 필요한 서비스를 제공하는 것을 그 기본 내용으로 하고 있다. 그러므로 지방정부는 주민의 행정 수요는 물론 일상적인 욕구와 의사를 기준으로 하여 업무수행이 이루어지기 때문에 지방정부의 행정을 생활행정이라고 할 수 있다(최창호, 1990: 452). 특히 지방정부의 행정 서비스 중에서 지방정부의 영역 내에 있는 업무를 주민들이 자율적으로 처리하는 자치행정의 관점에서는 더욱더 지방정부와 주민 간 관계의 밀접성이 요구된다.

주민(residents, citizens)은 지방정부의 인적 구성요소로서, 우리나라에서는 주민의 자격을 지방자치단체의 구역 안에 주소를 가진 자[7]가 지방정부의 주민이 된다(지방자치법, 제12조). 그리고 주민은 법령이 정하는 바에 따라 소속 지방자치단체의 재산과 공공시설을 이용할 권리와 균등하게 행정의 혜택을 받을 권리를 지니는 한편, 지방의회의원 및 자치단체장의 선거에 참여할 권리를 지니고 있음을 명시하고 있다(지방자치법, 제13조 제1-2항).

그러나 지방정부와 주민의 관계를 살펴보는 경우에 주민의 개념에는 단순히 일정한 구역안에 살고있는 정주자(定住者)로서의 주민인 주민등록상의 주민만을 의미하는 것은 아니다(강형기, 1993: 145). 오히려 지방정부의 영역 내에서 출퇴근을 하거나 매매 활동 등과 같은 경제적 활동을 수행하는 이용자 또는 경제적 행위자로서의 주민까지도 포함한다. 즉, 지방정부는 해당 지역주민은 아니지만 단순 이용자나 경제적 행위자들과도 빈번한 접촉과 상호 작용을 하게 된다. 이들은 지방정부가 제공하는 서비스의 수혜자이거나 해당 지방정부에 대한 경제적 편익 제공자로서의 기능을 수행하고 있기 때문이다.

3. 지방정부와 주민 간 관계 모형

지방정부는 지방자치 활동의 주체로서, 또한 지방행정 체계 중 공급 체계로서 정치·경제·사회적인 상황과 주민의 의사 및 중앙정부 체계 등과 같은 환경 요소들과의 상호 작용을 하고 있다. 이 중에서 지방정부와 중앙정부와의 관계는 중앙집권과 지방분권, 자치체로서의 자치권, 기능 배

7) 여기에는 인종, 국적, 성별, 연령 및 행위 능력의 여하를 불문하며 자연인은 물론 법인도 포함된다고 본다. 그리고 외국인의 경우 선거권, 피선거권 등 주민으로서의 일정한 정도의 권리는 제한되지만, 그 밖의 모든 점에서 주민으로서의 차별은 받지 않는다(김영종, 2000: 104).

분, 중앙통제 등의 관점에서 살펴볼 수 있다. 그리고 지방정부와 주민의 관계는 그동안 주로 주민 참여(citizen participation), 주민통제(popular control) 등의 측면에서 검토되어 왔다(이규환, 1999: 6).

그러나 여기에서는 지방정부와 주민의 관계를 지방행정의 두 주체인 지방정부와 주민 사이에서 정책적 쟁점을 둘러싸고 나타나는 갈등과 협력의 양태라고 본다. 따라서 갈등·협력 모형의 관점에서 지방정부와 주민의 관계를 살펴보고자 한다. 그리고 이와 같은 갈등·협력의 관계를 역할 관계 모형과 소비자·소유자·가치 모형과 함께 살펴보고자 한다.

1) 역할 관계 모형

역할 모형은 지방행정을 둘러싸고 있는 환경의 변화에 따라 지방행정의 두 주체인 지방정부와 주민이 그들의 역할을 어떻게 변화시켜야 하는지에 관한 논의를 중심으로 한다. 이러한 관점에서 지방정부와 공무원의 역할 변화에 관해서는 행정 역할 모형으로, 그리고 주민의 역할 변화에 관해서는 주민 역할 모형을 통해서 살펴볼 수 있다.

(1) 행정 역할 모형

지방정부의 역할과 공무원의 태도는 단기적 관점에서 볼 때 시민 사회의 현실적인 요망과는 달리 지방행정 체계의 위상에 따라 그 행동 반경이 설정되며, 장기적 관점에서 볼 때는 사회환경의 변화에 따른 주민의 다양한 수요의 발생과 이러한 수요에 대한 충족 주체로서 지방정부의 역할 재정립에 의해 결정된다. 행정 역할 모형은 지방정부의 역할 모델에 따라 다음과 같이 세 유형으로 구분할 수 있다.

첫째, 규제행정 체계는 지방정부와 주민 간의 관계가 공급자와 수혜자의 관계로 성립하는 행정 체계이다. 지방정부와 주민은 파트너십을 형성하기보다는 행정이 일방적으로 사회를 규율하려는 지향성을 그 특색으로 하며, 주민의 수요라든가 주민 참여는 무시됨으로써 행정과 주민은 주체와 객체의 관계로도 성립한다. 따라서 자치체의 위상은 지방정부로서가 아니라 중앙정부의 일선기관으로서만 기능하는 것이며, 그 행정의 주된 내용도 인허가형 업무 중심의 현상 유지적인 법규 집행으로 구성되어 있다.

둘째, 지도행정 체계는 지방정부와 주민 간의 관계가 관리자와 동원된 자의 관계로 성립한다. 여기서는 행정 당국은 국가 시책의 실현을 위해서는 정부가 주민 간의 관계를 적절히 순화시키고 주민과의 관계를 조종하기 위해 주민 지도 업무를 행정의 중추 기능으로 인식한다. 또한 문제해결 능력의 주요 변수로 공무원 자신의 노력뿐만 아니라 주민과 지역사회의 협조가 결정적이라는 것을 느낀다. 따라서 그 이전까지의 주민은 알 필요도 없고 알릴 필요도 없다고 생각해 오던 정보관리의 태도를 필요한 범위 내에서 행정 시책을 홍보하는 것으로 바꾸고 있다. 그러나 여기서의 정보제공은 어디까지나 주민 지도 내지는 주민관리의 측면에서 이루이지는 것이며, 주민 참어의 양태는 동원 참여저 성격을 지니게 된다.

셋째, 봉사행정 체계는 지방정부와 주민 간의 관계가 봉사자와 납세자의 관계로 성립된다. 지방정부는 중앙정부가 결정한 시책을 집행하는 하부기관이 아니라 주민의 수요에 부응한 서비스 공급 체계로서 납세자인 지역 주민에게 구체적으로 봉사하는 봉사자로서 기능하는 체계이다. 따라서 여기서는 주민과 지방정부가 수평적 관계를 지향하며, 이를 위해서는 공동의 의사 결정이 가능하도록 하는 주민 참여와 주민 참여를 확대시키기 위한 정보 공개와 제공이 행정의 중추 관리 기능으로 등장한다.

(2) 주민 역할 모형

주민 역할 모형에서의 지방정부와 주민의 관계는 대립 관계와 협조

관계라는 두 측면으로 나누어 살펴볼 수 있다. 여기서 대립 관계는 다시 저항형과 요구형으로, 협조관계는 공동생산형과 자주관리형으로 구분해 살펴보면 다음과 같다(강형기, 1993: 154-159).

첫째, 저항 모형은 지방정부가 어떤 행위를 추진하고자 하는 경우, 주민들이 여기에 대항 내지는 대결의 관계를 보이는 것으로서 지방정부의 행위에 대한 주민들의 수동적인 반응을 그 특징으로 한다. 이 같은 저항이 발생하는 계기로는 공공 사업의 결정 과정에서 주민을 무시한 절차상의 문제로 인한 불만, 쓰레기 매각장 등의 혐오시설 건설 시에 전형적으로 나타나는 사업 내용 자체에 대한 불만, 그리고 공공시설 건설 후의 조업 과정 또는 관리상의 문제에 기인한 불만으로 구분해 볼 수 있다.

둘째, 요구형은 지방정부를 주민들이 기대하는 방향으로 움직이게 하려고 영향력을 미치는 관계이다. 여기서는 주민들이 지방정부의 정책 제기를 기다리기보다는 제도 개혁이나 서비스 수준의 향상 등의 내용에 대해 능동적으로 정책 제안을 행하는 유형이다.

셋째, 공동생산형은 지역 주민과 지방정부의 공무원이 상호 평등한 입장에서 협동해 지방정부의 역할을 수행해 나가는 체제를 구축한 것이다. 이 같은 지방정부와 주민 간의 공동생산 체계의 구축은 지방정부의 업무 자체에서 일상성과 친근성을 갖는 행정이며, 이것은 주민의 일상적이고 다양한 요구가 행정에 전달되고 이에 반응한 서비스가 제공되는 것으로 볼 수 있다.

넷째, 자주관리형은 주민들이 지방정부의 영역에서 지방정부의 직접적인 관여나 태도와는 관계없이 스스로 문제를 해결·처리해 나가는 것을 의미한다. 즉, 주민들은 자신들의 생활 영역에서 나온 생활문제를 무조건 정부에 의존하기보다는 가능하다면 주민들간의 협력으로 처리하거나 민간기업의 서비스에 의해서 또는 사회단체의 노력에 의해서 해결하고자 한다. 다만, 민간의 노력에 의해서 해결이 불가능한 문제만을 공적 영역의 문제로서 정부에 의존하게 된다.

2) 소비자, 소유자, 가치 모형

지방정부와 주민의 관계에 대해 스미스와 헌츠먼(Smith & Huntsman, 1997: 309-318)은 소비자 모형, 소유자 모형, 가치 모형을 제시하고 있다(안용식 외, 2000: 140-141). 이들 모형은 공공 서비스의 제공자와 소비자, 지방정부에 대한 소유권, 그리고 가치 창조의 관점에서 논의되고 있는 것으로서, 그 내용을 다음과 같이 살펴볼 수 있다.

(1) 소비자 모형

소비자 모형(customer model)에서는 고객과의 서비스 계약을 통한 정부의 대응성 또는 조정을 강조한다. 여기서는 공공 서비스의 생산자와 공급자로서의 정부를 가정하고 있다. 그러므로 공무원은 소비자의 태도를 조사하고 서비스의 편의를 고려하며, 소비자로서의 시민들에게 어떤 서비스를 제공하는가에 관해 결정한다.

그러나 소비자 모형은 다음과 같은 측면에서 한계점이 나타난다. 첫째, 정부의 역할을 공공 서비스의 공급자이자 생산자로 재조명한다는 점에서 그 의의가 있기는 하지만, 시민의 참여를 수동적인 관점에서 보고 있다는 측면에서 비판을 받고 있다. 즉, 시민의 참여를 정부가 제공하는 서비스에 대한 소극적·수동적 지위에 머무르게 하고 있다는 한계점이 나타난다. 둘째, 소비자 모형에서는 시민들을 지역 사회 전체의 가치라는 측면보다는 개인의 사적 이익에 의해 동기 부여되는 존재로 파악할 수 있다는 단점이 있다.

(2) 소유자 모형

소유자 모형(owner model)에서는 시민이야말로 정부에 자본을 제공한 소유자이기 때문에 정부의 활동을 개선할 적극적인 책임감을 요구받고 있다. 따라서 소유자 모형은 소비자 모형과는 달리 시민의 적극적인 행동을 강조하는 모형이다. 즉, 시민은 정부의 소유자로서의 역할을 다하고 정부의 활동을 감시할 권한을 지닌 존재로 파악된다.

결국 여기서는 시민을 공익에 대한 의무와 책임감, 그리고 관심에 의해 동기 부여되는 적극적인 존재로 보는 한편, 공무원은 시민의 행위에 대한 대응적 활동을 강조한다. 그러므로 소유자 모형에서는 시민의 일방적인 영향력만을 고려하고 있다는 비판이 제기될 수 있다.

(3) 가치 모형

가치 모형(value model)은 시민이 정부로부터 얻을 수 있는 이익과 편익에 관심을 두며, 정부는 시민에게 얼마만큼 가치가 있는가에 초점을 두고 있다. 여기서는 시민은 자신들의 대리인으로서의 정부를 단순히 효율적인 관리자로서 이해하기보다는 공공 신뢰의 유지자(keepers of the public trust)로 이해하는 것이 필요하다는 점을 강조한다. 이 같은 관계가 유지되지 못하는 경우에는 비록 정부가 대리인으로서 행정 기능을 효율적으로 수행한다고 할지라도 공공의 신뢰 관계가 상실된다고 보기 때문이다.

즉, 가치 모형에서는 시민을 소유자의 개념이기보다는 지역 사회 전체의 가치에 대한 공동 투자자(coinvestors)인 동시에 주주(shareholders)로서 보기 때문에, 시민은 대리인으로서의 정부가 미래의 가치를 실현할 수 있도록 하기 위해 정부를 통제할 수 있고 권한과 책임감을 부여할 수 있는 존재인 것이다.

3) 갈등·협력 모형

지금까지 살펴본 지방정부와 주민의 관계에 대한 모형은 주로 행위주체에 대한 관점으로부터 모형을 설정하고 설명하려고 시도하여 왔다.

따라서 이전의 모형들은 하나의 규범적이고 이론적인 차원에서의 논의인 것으로 생각해 볼 수 있다. 따라서 여기서 살펴보고자 하는 갈등·협력 모형은 지방정부와 주민이라는 행위 주체에 대해서보다는 행위 과정에서 나타나는 관계에 초점을 둔 것이다.

(1) 갈등 관계 모형

지방자치 행정에서의 갈등은 조직 및 업무의 분화 그리고 이와 관련된 책임소재의 구분 및 분할을 통해 발생된다. 특히 도시화의 진전, 생활권의 광역화, 그리고 다양한 행정 수요의 증대로 말미암아 지방정부들은 과거와는 다른 갈등 상황에 처하게 되었으며, 갈등 발생의 가능성이 점차 증가했다(미래연구소, 1998: 1). 이러한 갈등을 일으키는 주요 원인을 살펴보면 다음과 같다(이승철, 2000: 36-37).

첫째, 지방정부의 자치권 또는 자율성의 신장을 저해하는 요인이 발생했을 경우, 즉 지방정부와 주민 간의 관계에서 역할 분담이나 상호간 동등 대우의 원칙이 정립되어 있지 못했을 경우이다. 이와 함께 각 관련 당사자 간의 올바른 관계 설정을 위한 법령이나 규정 등 구조적 장치의 미흡도 갈등의 주요 원인이 된다.

둘째, 지방정부와 주민 간의 의사 전달 체계가 확립되어 있지 못하고 다 같이 공유하고 활용할 수 있는 정보관리 체계가 구축되어 있지 않는 경우 갈등이 발생한다. 특히, 지방정부가 주민 참여의 통로를 제공하지 못하는 경우에 갈등이 발생할 가능성이 높아진다.

셋째, 지방정부와 주민 간의 관계에서 상호간의 인식 부족과 보상 체계가 제대로 구축되어 있지 못하는 경우에 갈등이 발생하게 된다. 지방정부가 공단이나 교통망 또는 도로의 건설, 쓰레기 매립장의 선정 등에서 전체 사회공동체의 형평성 있는 공동 이익을 창출하지 못하는 경우에 더욱 그러하다.

갈등을 이해당사자 간의 심리적 의견 불일치 상태를 포함한 일체의 의견 불일치 상태라고 정의할 수 있다(행정자치부 외, 1999a: 13). 이와 같은 포괄적인 의미에서의 갈등은 과거와는 달리 부정적인 시각에서 보기보다는 갈등관리를 통해서 행정의 효율성과 생산성을 제고하는 좀 더 적극적인 개념으로 파악하는 것이 가능하다. 즉, 지방정부의 갈등관리는 법적 방법과 행정 교섭에 의한 방법으로 구분해 논의할 수 있다(이승철, 2000: 33-34).

첫째, 법적 방법은 갈등관리에 대한 법적인 사전 장치를 강화함으로써 결정 내용에 대한 법원의 판단을 중요시하고 이에 의존하는 방법이다. 그러나 이는 정책 결정의 절차와 과정을 고려하지 않으며, 일반 주민 사회의 다원화된 관심사를 수용하지 못하고 있다는 비판을 받고 있다.

둘째, 행정 교섭에 의한 방법은 결정에 따른 결과를 중요시하기보다는 절차와 과정에 우선순위를 둔다. 이는 민주적 통제의 강화를 강조한 것으로서 행정 교섭에 의한 자율적인 행정의 운용을 중요시하는 것이다. 즉, 갈등 해결의 실제적인 측면에서 관련 당사자의 협력과 타협을 전제로 그 해결책을 모색하는 것을 의미한다.

(2) 협력 관계 모형

지방정부와 주민 간의 관계를 협력 관계 모형으로 설명하는 경우에는 주민들의 시민 의식이 중요한 역할을 한다. 지방정부를 구성하고 있는 주민들의 교육 수준과 소득 수준이 높아짐에 따라 주민들은 지방정부에 대해 일정한 수준의 시민 의식을 지니게 된다(육동일·박대식, 1994: 1330-1335). 이에 따라 지방정부와 주민들의 관계 역시 갈등 관계적 시각 일변도로부터 다양한 모습으로 변화하게 된다.

이러한 맥락에서 지방정부와 주민 간의 협력 관계는 어떤 사회 문제를 해결하기 위해 정부·기업·NGO·주민이 합의를 형성해서 공통의 목적을 위해 상호 협력 속에서 과업을 수행하는 것으로 설명할 수 있다.

이러한 협력 관계는 일반적으로 다음과 같은 세 가지 특징을 지니고 있다(신경훈, 1996: 343).

첫째, 지방정부와 주민 간의 협력 관계는 공동 목표나 이해 관계를 위주로 형성되며, 일반적으로 조직이 지니고 있는 권위 구조가 존재하지 않기 때문에 협력 관계를 형성하고 유지하기 위해서는 다른 조직 형태나 수단이 요구된다.

둘째, 지방정부와 주민의 협력 관계는 상호 의존 상태에서 형성되어 출발하기 때문에 어느 한쪽에서 협력을 거부할 때 협력 관계가 붕괴하는 특징을 갖고 있다. 따라서 지방정부와 주민 간의 협력 관계가 제기능을 발휘하고 정착되기 위해서는 양 당사자 간의 상호 신뢰가 무엇보다 중요하다.

셋째, 지방정부와 주민 간의 협력 관계는 공동의 목적을 달성하기 위한 완벽한 체계가 아니기 때문에 공공 부문과 민간 부문이 계속적으로 상대방을 이해하고 시간과 인내를 갖고 신뢰를 쌓아가는 노력이 요청된다는 특징을 지닌다.

제3절 지방정부와 주민 간의 협력 전략

1. 협력 전략의 의의

1) 협력 전략의 개념과 과정

오늘날에 와서 지방정부와 주민의 관계는 어떤 사회 문제를 해결하기 위해 지방정부와 주민이 합의를 형성해서 상호 협력 하에 과업을 수행하는 협력 관계만으로는 지방정부나 주민 어느 쪽이든 목표의 달성이나 이익의 극대화가 불가능하게 되었다. 특히, 지방정부는 그동안 협력 관계의 일환으로 모색되어 왔던 주민 참여의 방법을 포함해 지방정부와 주민을 둘러싸고 있는 환경의 변화에 민감하게 대응하는 것이 요구된다.

협력 전략은 바로 이와 같은 지방정부를 둘러싸고 있는 주변 환경의 변화에 맞출 수 있도록 하는 데 목표를 두는 지속적·반복적 과정이라고 정의할 수 있다. 또한 지방정부와 주민 간의 협력 전략 수행자는 전략의 효과성을 평가하고 모니터링하기 위한 기반을 만드는 것이 요구된다 (Poister & Streib, 1997: 120). 이러한 협력 전략의 과정은 환경에 대한 분석, 방향성의 설정, 전략의 형성, 전략의 집행, 전략적 통제를 수행하는 것들로 구성되어 있다(Certo & Peter, 1990: 10-23).

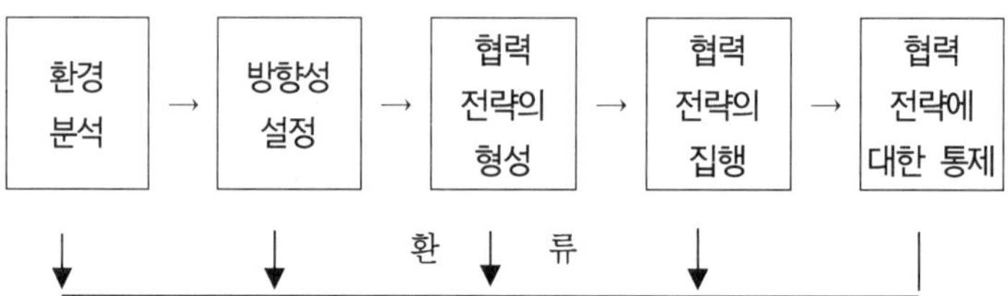

[그림 7-1] 협력 전략의 과정

(1) 환경에 대한 분석

협력 전략의 과정은 환경에 대한 분석(environmental analysis)과 함께 시작한다. 환경에 대한 분석은 현재뿐만 아니라 미래의 지방정부와 주민 모두에 대한 강점, 약점, 기회, 위협(strengths, weaknesses, opportunities, and threats: SWOT) 요소를 확인하고 모니터링하는 과정이다. 지방정부의 환경 요소 중 지방정부의 목표달성 과정에 영향을 줄 수 있는 내부와 외부의 모든 요소를 포함한다. 특히, SWOT 분석에서는 고객으로서의 주민의 욕구와 바람이 무엇인가가 가장 중요한 요소이다.

(2) 방향성의 설정

두 번째 단계는 지방정부가 활동해야 할 방향성을 수립(establishing direction)하는 것이다. 지방정부의 활동 방향에는 두 가지 주요 지표, 즉 지방정부의 임무(mission)와 지방정부의 목표(objectives)가 있다. 이때 지방정부의 임무는 지방정부의 존재 이유를 의미하고, 목표는 지방정부가 선택한 대상(targets)을 의미한다. 즉, 지방정부의 방향성을 적절하게 수립하기 위해서는 임무를 구성하고 있는 요소들을 파악하고 지방정부의 목표를 이해하며, 지방정부 방향성에 대한 효과적이고 효율적인 수립 과정을 채택할 필요가 있다.

(3) 전략의 형성

지방정부와 주민 간의 협력 전략 과정의 세 번째 단계는 전략 형성(strategy formulation)이다. 여기에서 전략은 지방정부의 목표 달성을 확보하기 위한 활동 과정으로 정의된다. 따라서 전략 형성은 목표를 달성하기 위한 전략을 설계하고 선택하는 과정으로 볼 수 있다. 지방정부가 설정한 목표를 달성하기 위한 방향으로 주민들을 유도하고 협력을 확보하기 위한 방법을 모색하는 것이 전략 형성 단계에서의 초점이다.

(4) 전략의 집행

전략의 집행(implementing strategy) 단계는 이전 단계에서 수립된 전략을 행동으로 옮기는 것으로서, 효과적인 집행이 없는 경우에는 지방정부가 환경 분석, 방향성 설정, 전략 형성 등으로부터 편익을 얻을 수 없게 된다. 따라서 지방정부의 장은 성공적으로 전략을 집행하기 위해 여러 가지 다양한 쟁점을 분명하게 인식하고 있어야 한다. 예를 들면, 새로운 전략을 집행할 때 지방정부 내에서 어떤 변화가 필요한지, 하나의 전략이 큰 마찰없이 부드럽게 집행되기 위해서 지방정부의 문화를 어떻게 다루어야 하는지, 전략 집행과 지방정부의 다양한 조직 구조들이 어떻게 연결되어야 하는지, 그리고 전략을 성공적으로 집행하기 위해서 지방정부의 관리자들에게 어떤 기술(skills)이 필요한지 등의 문제에 대해 이해할 필요가 있다.

(5) 전략적 통제

전략적 통제(strategic control)는 전략이 적절하게 기능하고 개선될 수 있도록 전략 과정을 모니터링하고 평가하는 데 초점을 둔 특정한 통제 유형이다. 이러한 전략적 통제 업무를 성공적으로 수행하기 위해 지방정부의 장과 관리자들은 전략적 통제 과정과 통제 과정에서 활동하는 심사자들(strategic audits)이 수행하는 역할에 대해 분명하게 이해하고 있어야 한다.

2) 협력 전략의 필요성

지방자치의 실시에 따라 지방정부의 경영에서도 지방정부 내부의 효율적인 과제 수행과 행정 운영에 대한 관심으로부터 점차 지방정부의 주인이자 공공 서비스의 수혜자 또는 소비자인 주민과의 관계가 관심의 대상으로 떠오르고 있다. 특히, 오늘날 지방정부를 둘러싸고 전개되는 정보화와 세계화의 물결 속에서 진정한 지방화가 요구되는 시점에서는 과거와 같이 지방정부만의 노력과 경쟁력 강화만으로는 지방정부의 발전은 물론 생존이 어려운 시점이다. 지방정부와 주민 모두의 총체적 협력 관계 모색이 진정으로 요구된다. 이러한 맥락에서 협력 전략의 필요성을 다음과 같이 살펴볼 수 있다.

첫째, 지방정부를 둘러싼 급격한 환경의 변화가 나타나고 있는 시점에서 협력 전략은 그동안 정태적이고 폐쇄 체계적 접근법에서 벗어나 동태적·개방 체계적 접근법을 택하고 있다. 따라서 지방정부와 주민 간의 협력 전략은 지방정부의 내부에 대해서뿐만 아니라 외부 환경적 요인에 대한 분석을 우선시하고 있기 때문에 환경의 변화에 대한 적극적 대응 방안 모색이 가능해진다.

둘째, 협력 전략에서는 주민을 수동적이고 피동적인 지방정부 행정이나 지방정부경영에 따르는 객체로 보는 것이 아니라 지방정부의 주인이자 지방행정의 주체로서 지방정부와 대등한 관계를 유지하는 것으로 본다. 그러므로 그동안 주민 참여의 주체를 지방정부로 보는 경우에 나타나는 가장 큰 문제점인 바로 주민 참여에 대한 무관심과 소극적인 대응 태도를 극복할 수 있는 방안이 된다(이승철, 2000: 223).

셋째, 지방정부와 주민 간의 협력 전략을 모색하는 것은 책임 행정을 구현할 수 있는 방법이 된다. 이는 지방정부와 주민 간의 협력 관계가 정착되면서 지방자치 행정의 민주화를 정립함으로써 나타나는 자연스러운 결과인 것이다.

넷째, 지방정부와 주민 간의 협력 전략의 집행은 지방정부의 경쟁력 강화의 전제 조건인 동시에 지방정부의 생산성 제고와 행정의 질을 제고해 줄 수 있는 수단이 되기도 한다. 즉, 지방정부 경쟁력은 지방정부가 지니고 있으면서 동원 가능한 각종 인적·물적 자원과 지방정부와 기업, 주민이 삼위일체가 되어 만들어 내는 지방정부의 총체적 잠재력이다. 결국, 지방정부는 경쟁력을 강화함으로써 지역의 높은 생산성 증가를 유도해 지역 주민들의 실질적인 삶의 질을 높이는 한편, 세계화 시대에서 상대적 우위를 확보할 수 있게 된다.

다섯째, 지방정부와 주민 간의 협력 전략은 제도적 과정에 대한 관여(institutional engagement)를 전제로 한다. 그런 만큼 협력 전략은 공공의 행위로서 정책의 입안과 집행, 평가 등의 모든 단계에서 지방정부와 주민이 함께 일정한 역할을 하는 것으로 이해된다(조명래, 1997: 81). 즉, 정책안을 입안하는 과정, 합의하는 과정, 최종안을 선정하는 과정, 사업의 집행 과정, 집행된 각종 공공 행위나 사업에 대한 평가, 부정적인 결과의 시정 등에 협력 관계를 모색하는 전략이 요구된다.

여섯째, 협력 전략은 동일 지역에 사는 주민들에게 지역성(locality)을 공유하게 해 주고, 공동체 의식을 지니게 해 준다. 지방정부 행정에 대한 소극적·피동적 관계 속에서는 우리 의식(we-feeling)이나 역할 의식(role-feeling), 그리고 상호 의존 의식(dependency-feeling)이 나타나기 어려웠다(강형기, 1993: 169). 그러나 주민들은 지방정부와 협력 관계를 형성함으로써 공동체 의식을 형성하는 한편, 지방정부와 교섭할 정치적 자원의 확보까지도 가능해진다.

2. 협력 전략의 유형

지방정부와 주민 간 협력 전략의 유형은 협력 전략의 주도적인 역할을 수행하는 주체별로 구분해서 크게 세 가지, 즉 지방정부 주도형 협력 전략, NGO 주도형 협력 전략, 그리고 주민 참여형 협력 전략으로 나누어 살펴볼 수 있다. 여기서는 이 주체들 사이의 관계가 기본적으로 대등하다는 것을 전제로 한다. 대등한 관계가 전제될 경우에만 협력 전략을 모색하는 것이 가능하기 때문이다.

(1) 지방정부 주도형 협력 전략

현실적으로도 지방자치가 본격화됨에 따라 각 지방정부간의 경쟁이 격심해지고 지방정부의 개혁이 일어나면, 지방정부의 지역 기업이나 주민에 대한 시각은 규제자, 군림자로부터 효율적인 서비스의 제공자, 지원자로 바뀌게 된다. 특히, 사회간접자본(SOC)의 확충 문제, 직업 교육 및 기술 인력의 양성 문제, 교통 및 도시재개발 문제, 주택 문제, 환경 보존 및 공해 예방 문제 등을 해결해 나가는 데는 지방정부와 지역 기업·주민 간의 협조적 제휴가 효과적으로 작용할 수 있다(신희권, 1995: 742).

이러한 맥락에서 지방정부 주도형 협력 전략(local governments' cooperation strategy)은 지방정부가 주민에 대한 공공 서비스의 제공 기관이자 주민의 대리인 자격으로 조직화되지 못한 주민들과의 협력 제도를 마련하고 시행하는 전략으로 이해할 수 있다. 여기에서 지방정부는 주민과의 관계에서 행정 주도적인 방법을 선호한다. 이는 지방정부가 주민의 협력을 유도하고, 협력 과정에서 나온 주민의 의견을 수렴하며, 이들 의견을 정책 과정 속에 반영하는 역할을 수행한다는 것을 의미한다. 지방정부 주도형 협력 전략 유형에서 중요시되어야 할 사항은 다음과 같다.

첫째, 지방정부 주도형 협력 전략에서 주안점을 두어야 할 부분은 협력 관계를 모색하는 과정에서 제도적 협력 관계의 틀을 형성하는 것이 무엇보다 중요하다. 제도적 협력 관계가 이루어지지 못하는 경우에는 주민들의 의견 수렴이나 반영이 일회적으로 종결될 수 있는 한편, 종국적으로는 협력 전략의 모색이 유명무실해지거나 그에 대한 평가가 불가능해질 수 있기 때문이다.

둘째, 지방정부 주도형 협력 전략에서는 지방행정의 전문 분야는 물론 일반 행정 사항에 이르기까지 주민의 생활에 영향을 미칠 수 있는 제반 사항에 대해 정보를 공개하고 주민과의 상호 의존성 관계를 유지해야 한다. 예를 들면, 교육, 복지, 환경, 소비, 문화, 지역 개발 등 지역 주민의 생활과 밀접한 관련이 있는 분야에서는 성실한 정보의 공개를 통해 주민들로부터 신뢰성을 확보하는 것이 무엇보다 중요하다.

셋째, 지방정부는 해당 지역의 주민들과 협력 관계를 지속적으로 확보하고 유지하기 위해 주민들을 조직화해야 한다. 주민들 각자의 이해 관계 영역이나 관심 영역별로 조직화함으로써 이들 주민이나 민간 조직을 통해 협력 관계에 대한 모니터링과 통제를 할 수 있는 한편, 환류 과정을 통해 좀 더 발전된 형태의 협력 전략을 강구할 수 있다.

넷째, 지방정부는 주민과의 사이에서 발생할 수 있는 갈등(conflicts)을 관리할 수 있는 갈등관리 전략(conflict management strategy)을 수립하고, 지방행정의 각 분야별로 발생할 수 있는 갈등의 유형과 내용, 그리고 이해 관계자들의 입장을 이해·파악하고, 이를 해결할 수 있는 방안을 모색해야 한다.

(2) NGO 주도형 협력 전략

NGO(non-governmental organizations)는 그 구성원들이 시민이나 시민의 조직들로 구성된 비정부·비영리의 풀뿌리 조직체로서 정부가 해결하기 어려운 사회 문제를 자원주의(volunteerism)에 입각해서 집단적으로 해결하고 시민 사회의 요구를 지속적으로 정책에 반영하는 역할을 한다(이홍균, 1997: 139; Rahim, 2000: 405). NGO는 공공의 이익을 추구하는 본래의 목적을 달성하기 위해 정부와 협력해서 공공 서비스를 제공하고 있다. 즉, 오늘날 주민의 욕구는 증대하고 다양화되고 있으며 정부의 역량에는 한계가 있기 때문에 중요한 사회적 문제로 부각되고 있는 다양한 문제들을 NGO가 지방정부와의 협력을 통해 해결하고 있는 실정이다(박상필, 1999a: 33; 박상필, 1999b: 166).

따라서 NGO 주도형 협력 전략(NGOs' cooperation-strategy)은 지방정부와 주민 간의 관계가 구조적으로 제기능을 발휘하지 못하고, 주민들의 협력이 조직화되어 이루어지지 못하는 경우에 비정부·비영리단체인 NGO가 중간 매개의 역할을 수행함으로써 지방정부와 주민이 협력 관계를 구축해 나가는 유형으로 생각해 볼 수 있다. 이 같은 지방정부와 주민 간의 협력 전략 유형에서 NGO가 수행하는 역할은 다음과 같다.

첫째, NGO는 지방정부가 목표 달성을 위한 과정에서 필요로 하는 자원들 중 미처 인식하지 못했거나 누락시킨 인적·물적 자원을 탐색하고 보충해 주며, 지방정부가 제공해 주기 어려운 공공 서비스를 공급하는 과정에 참여한다. 이를 통해 지방정부와 주민 사이의 협력 관계를 형성하는 기제(mechanism)로서 역할한다.

둘째, 주민들의 일상생활에 필요한 공공 서비스 중에서 수요에 대한 주민들의 인식이 결여되어 있거나, 전문적인 정보의 부족으로 인해 확보하지 못한 권리를 찾고 확보해 준다. 이는 조직화되지 못한 주민들의 취약점을 보충해 줌으로써 지방정부의 행정 활동에 대해 주민들을 대신해서 견제자인 동시에 협력자로서의 역할을 수행하는 것이다.

셋째, NGO는 지방정부와 주민 사이에 가교 역할을 수행한다. 일반 주민들은 지방정부의 주도 하에 이루어지는 협력 관계의 틀에 참여하기가 어려운 실정이다. 따라서 일상생활에 바쁜 주민들은 지방정부의 정책 과정에 참여하는 것이 현실적으로 쉽지 않다는 점을 고려하면, NGO는 지방정부의 정책 과정에 직·간접으로 개입함으로써 주민들과 지방정부의 연결고리 역할을 한다.

넷째, NGO는 지방정부와 주민 사이의 협력 관계는 물론, 주민과 중앙정부, 지방정부와 중앙정부 간의 신뢰 자원(trust capital)을 창출하고 유지하는 역할을 수행한다. 즉, NGO는 지방정부의 정책 목표 달성을 위해 총체적인 자원을 동원하는 과정에서 주민과의 협력에 필요한 연결고리로서 신뢰성을 확보하고 유지시켜 주는 역할을 수행한다.

(3) 주민 참여형 협력 전략

지방정부의 정책 목표 달성이나 현안 문제에 대한 해결은 지방정부만의 문제는 아니다. 오히려 지방정부의 영역 내에서 활동하고 있거나 또는 지방정부를 구성하는 정책행위자들 모두의 총체적 문제 해결 능력과 목표 달성을 위한 수단을 요구하고 있기 때문에 일차적으로는 지방정부 주민들의 문제인 것으로 인식할 수 있다. 따라서 지방정부와 주민 간의 협력 전략 모색에서는 무엇보다도 주민 참여의 과제가 제기된다. 또한 지역 실정에 맞는 정책을 수립하고 집행을 하기 위해서 그리고 지방정부의 정책 결정에 대한 주민들의 정책 순응을 확보하기 위해서는 주민 참여의 필요성이 더욱 높아진다(정윤수, 2000: 120).

주민 참여형 협력 전략(citizens' participation cooperation-strategy)에서의 주민 참여는 "지방정부의 정책 결정에 대한 영향력의 행사"라고 정의할 수 있다. 따라서 주민은 참여 기회의 확대에 따라 지방정부의 정치 과정에서 더 많은 영향력을 행사할 수 있게 된다. 특히 주민의 지방정부 정치에 대한 참여는 단순히 영향력 행사에 그치지 않고 선거를 통한 지방정부의 감수성 증대에 따라 실제 영향력의 제고로 이어질 수 있기 때문에 더욱더 중요하다(이승종, 1999: 101). 그러므로 주민 참여형 협력 전략은 주민들의 지방정부 정책 결정에 대한 영향력의 행사를 통해 주민이 주도가 되어 지방정부의 협력을 이끌어내는 협력 전략 유형이라고 파악할 수 있다. 이러한 주민 참여형 협력 전략 유형은 다음과 같은 역할을 수행한다.

첫째, 주민 참여형 협력 전략은 주민들로부터 주민 의식을 확보할 수 있게 해 준다. 주민들은 상당 부분 온정주의적 분위기에서 지역의 쟁점이나 사안에 대해 공익성보다는 자신과의 연관 관계에 있는 특정 개인이나 단체의 이익을 일방적으로 옹호하려는 위험성을 지니고 있다(이승철, 2000: 220). 주민 참여형 협력 전략은 주민 의식을 일깨움으로써 사익보다는 공익을, 특정 개인에 대한 옹호보다는 지역 주민 전체를 의식하게 해 준다.

둘째, 주민들은 지방정치 과정에 대한 적극적 참여를 통해 주민의 대표자를 선출함으로써 정책 과정에서 지방정부의 장은 물론 공무원들까지도 통제할 수 있다. 특히, 주민의 대표자로 하여금 지속적으로 주민의 요구와 바람에 대해 관심을 가질 것을 요구하고 있다. 이는 지방정치에서의 선거 기제에 대한 활용을 통해 지금까지의 관행과는 달리 지방정부로 하여금 먼저 주민과의 협력 관계를 모색하고 협력을 위한 기제를 수립하도록 유인하게 된다.

셋째, 주민 참여형 협력 전략 유형은 기존의 집단적 참여 유형은 물론 개별적 참여를 허용해 줄 뿐만 아니라 바람직한 것으로 본다. 집단적 참여의 경우에는 집단의 범위를 어떻게 설정하느냐에 따라 주민 참여의 모습이 달라질 수 있다. 예를 들면, 영향력이 강한 이익집단의 경우 참여하는 집단과 지방정부와의 유착 관계로 말미암아 참여의 독점은 물론 참여의 형평성이 문제가 될 수 있다(안용식 외, 2000: 139). 그러나 주민 참여형 협력 전략은 정치 과정과 정책 과정을 통해 주민이 개별적으로 자신의 특수한 상황과 관련된 편익을 요구할 수 있다.

넷째, 주민 참여형 협력 전략은 중앙정부로부터 지방정부의 자주성을 높일 수 있다. 주민 참여는 지방정부의 자주성이 높으면 높을수록 활발해지고 실효를 거두는 반면에 자주성이 약하면 약할수록 소극화되고 효과가 크지 못하다는 지적이 있다. 즉, 우리나라의 지방정부는 행·재정적으로 자립성이 매우 취약해서 중앙정부의 강력한 통제 아래 자치단체로서의 자주성이 취약한 실정이다. 이는 지방정부는 일반행정이나 개발 사업에 대해 주민들이 일정한 의견을 제시하고 요구를 하더라도 이를 독자적으로 받아들여 처리할 권한이 없으며 대부분의 중요한 결정권을 중앙정부가 장악하고 있기 때문에 주민들이 참여한다고 할지라도 소기의 성과를 낳지 못하는 경우가 많다는 것이다(이규환, 1999: 196). 그러나 주민들의 적극적인 참여로 협력 전략이 모색되고, 그 결과로서 지방정부와 주민 간의 협력 관계가 공고해지면, 지방정부의 정책 결정은 주민들로부터 지지를 받게 된다. 다시 말하면, 지방정부의 중앙정부에 대한 취약성은 지방정부의 정책에 대한 지역 주민의 확고한 지지 기반의 약화에서 기인한 것으로 볼 수 있기 때문이다. 따라서 주민들의 참여를 통해 산출된 정책은 정당성을 확보하게 됨에 따라 중앙정부에 대해 정책 정당성과 타당성을 주장할 수 있는 근거가 된다.

〈표 7-1〉 협력 전략의 유형별 특징

구분	지방정부 주도형 협력 전략	NGO 주도형 협력 전략	주민 참여형 협력 전략
주체	지방정부	NGO	주민
역할	서비스 제공자 및 지원자	매개 및 조정자	참여자 및 영향력 행사
초점	제도적 협력 관계의 틀 형성	자원 탐색 및 서비스 공동 생산	공익성 확보 및 공무원 활동에 대한 통제
전략	갈등관리 전략	신뢰자원 창출 및 유지 전략	참여 전략

3. 협력 전략의 방향

지금까지 살펴 본 지방정부와 주민 간의 협력 전략의 유형은 협력 전략의 모색에서 주도적인 역할을 수행하는 주체별로 구분한 것이다. 지방정부 주도형 협력 전략, NGO 주도형 협력 전략, 그리고 주민 참여형 협력 전략은 각각 지방정부, NGO, 지 역 주민이 주도적인 역할을 수행하고 있다는 전제 하에서 논의를 했다. 여기서는 이들 각각의 협력 전략의 유형이 실질적으로 효과를 극대화할 수 있는 방안으로 총체적 협력 전략(comprehensive cooperation-strategy)을 제시하고, 그 방향을 개괄적으로 살펴보고자 한다.

첫째, 경제 성장에 따른 주민 생활의 안정과 교육의 보편화가 가져온 주민 의식의 향상으로 인해 주민의 참여에 대한 욕구가 날로 증가하고 있다. 따라서 이 같은 주민 참여를 제도화할 수 있는 방안을 모색할 필요가 있다(유종해, 1992: 31). 즉, 그동안 지방정부의 정책 과정이나 행정 과정, 그리고 정치 과정에서 소외되어 온 주민들을 참여를 극대화시킬 수 있는 제도화를 이루는 방향으로의 협력 전략이 모색되어야 할 것이다.

둘째, 지방정부와 주민 간의 협력 전략을 통해 지방정부의 현안 과제의 수행이나 문제 해결을 위해서는 주민에게 충분한 정보를 공개함과 아울러 확실하고 구체적인 행정정보를 적극적으로 제공해야 한다(강형기, 1993: 165). 즉, 지방정부와 주민 간의 관계는 정보를 매개로 해서 이루어지기 때문에 행정정보의 공개와 제공은 주민의 자치 의식의 함양과 고양에 필수적이며, 주민의 지방정부에 대한 의존·종속 의식을 자주·자율 의식으로 바꾸어주는 계기가 된다.

셋째, 지방정부나 주민 어느 한쪽이 중심이 되어 다른 쪽을 이끌어 가는 형태가 아니라 양자가 공동의 책임을 가지고 상호 협력해서 문제를 해결해 가는 방안을 모색해야 한다. 특히, 주의할 점은 지방정부와 주민만을 강조하던 과거와는 달리 오늘날에 와서는 주민들에 의한 자발적인 비정부·비영리 조직인 NGO도 협력 전략의 주체로 인정하는 것이 필요하다. 따라서 이들 3자 간의 협력 관계를 통한 협력 전략의 모색은 지방정부의 목표 달성과 정책 현안 과제 해결에 크게 기여할 수 있다.

넷째, 지방정부, NGO, 주민의 삼각 관계에서, 주민과 NGO 간의 관계의 틀은 다원화된 관계를 유지하는 것이 바람직하다. 기본적으로 주민들은 비조직적 성격을 지니고 있으며 쟁점 사안과 관련된 주민들의 인식은 다양할 뿐만 아니라 그에 대응하는 주민들의 집단화 가능성과 형태도 일정하지 않다(조명래, 1997: 95). 그러므로 지역 주민들이 지니고 있는 인식과 관심, 이해 관계의 다양성을 수용하기 위해서는 NGO가 다양한 쟁점과 관련된 문제들을 중심으로 다원적으로 조직되어야 한다. 이는 곧 주민과 NGO의 관계에서 행위 주체는 어디까지나 주민이 되어야 한다는 것을 의미한다.

다섯째, 지방정부와 주민 간의 협력 전략 과정에서는 자치 주체로서의 주민의 바람직한 역할 인식을 유도해야 한다. 본격적인 민선자치 이후 주민들의 권리 의식이 높아져 관공서를 통해 재산을 찾거나 공무원의 부당한 행정 행위에 대해 시정을 요구하는 목소리가 시민단체는 물론 개인들 사이에서도 급속히 확산되고 있다. 그러나 아직은 이러한 노력들이 개인 차원에서의 권리 주장에 그칠 뿐, 지역 생활 문제를 해결하는 데 주민 공동체적 힘 모으기는 나타나지 않고 있는 실정이다. 자치가 실질적으로 제도화되기 위해서는 주민들의 왕성한 자치 욕구뿐만 아니라 올바른 자치 의식이 전제되어야 한다(이도형, 2000a: 213-214). 따라서 지방정부와 주민 간의 협력 전략에서는 무엇보다도 주민의 역할에 대한 인식 제고와 공동체(community) 의식을 함양하는 방안을 모색해야 한다.

제8장

정부 조직과 참여관리

현대사회와 정부조직관리

제8장 정부 조직과 참여관리

제1절 참여관리

1. 참여관리의 의의

조직구성원이 상사에 깊이 의존하도록 하는 관리 방식, 그리고 조직구성원에게 과업에 대한 자율성을 거의 주지 않는 시스템이야말로 현대 조직이 안고 있는 고질적인 문제이다(오세덕 외, 2007: 287-295). 말하자면, 성인인 조직구성원을 어린아이처럼 취급하는 조직이 문제인 것이다. 이 문제에 대한 해결책은 참여, 즉 구성원들에게 의사 결정에 참여할 기회를 많이 주는 데에 있다(Bolman & Deal, 1991: 154). 조직구성원의 참여 내용은 의사 결정의 권한과 정보의 확대, 성과에 대한 보상의 확대, 기술적·사회적 기술의 조직 하층부로의 확대 등을 들 수 있다(Chell, 1985: 1; Ledford, Jr., 1993: 143; Heller, *et. al*., 1998: 67).

직장에서의 참여에 대한 많은 연구는 그것이 사기와 생산성에 긍정적인 영향을 미친다는 점을 발견했다. 그러나 참여는 바람직한 효과를 보이는 반면, 예기치 않은 문제를 야기하기도 하는데, 그 이유는 참여관리가 전반적인 조직 변화의 필요성을 제기하지만 이러한 변화에 대해 조직의 다른 부분들이 저항하기 때문이다(Bolman & Deal, 1991: 155).

참여적 관리 방식의 유행으로 권위적 스타일의 관리자 수는 감소했지만, 참여관리는 아직 현실보다는 신화의 차원에서 존재하는 경우가 더 많다(Argyris & Schön, 1974: 157). 참여를 도입하기 위한 많은 시도가 실패로 끝난 경우는 대부분 참여가 효과가 없었기 때문이 아니라 그것이 제대로 실행되지 않았기 때문이다. 이러한 실패는 실현 가능한 참여적 시스템을 설계하기 어렵다는 점, 구성원들의 권한 강화를 바라보는 관리자의 의구심, 신봉하는 이론과 실제 사용하는 이론 간의 괴리에서 연유한다. 관리자들은 권력 공유와 권한 위임이 바람직하다고 믿으면서도 구성원들이 권한을 오용하지 않을까 우려하는 경향이 있다. 그 결과 참여를 실현하기 위한 관리자들의 노력이 일관성이 없고 모순되는 경우가 흔하다. 분임조(QC)를 비롯해 기타 다른 형태의 '참여'를 위해서 아래로의 새로운 통제 형태로 시도하는 경우 이것은 대개 실패로 끝나게 마련이다.

그러나 참여관리의 핵심적 내용이라고 할 수 있는 권한 부여(empowerment)는 미래의 모든 조직 형태를 변화시키게 될 것이다. 권한 부여는 조직의 형태를 사회적인 변화와 구성원들의 태도 변화에 적응하도록 하는 미래의 핵심적 사고 방식이다. 또 권한 부여에 진정으로 관심으로 갖는다는 것은 평가, 보상, 그리고 승진 체계를 재정비한다는 의미이기도 하다(Harmon, 1997: 241-242).

참여관리의 실제 활용 가능성을 높이기 위해서는 일단 채용한 직원들에게 계속적으로 능력을 유지·발전시킬 수 있는 기회를 만들어 주고 이를 적절히 보상해 주는 것이 바람직하다(Lawler III, 1993: 180-191). 국내·외를 막론하고 우량 조직에 속하는 조직이 가장 중요시하는 것이 바로 인적 자원이며, 이를 위해 엄청난 투자를 하고 있다(Peters & Waterman, Jr., 1982). 이러한 조직들의 기본 인식은 인간의 능력은 무제한으로 성장 가능하며, 조직은 그들 구성원의 잠재 능력을 최대 한도로 성장·발전시킬 수 있는 기회를 제공해 주어야 한다는 것이다. 이러한 지속적인 발전을 위한 능력 개발을 위해서는 다음과 같은 점들이 개선 또는 실시되어야 한다.

첫째, 교육·훈련 투자의 확대가 요구된다. 공식적인 교육훈련비 외에 구성원 개개인이 상급 학교 진학 및 학원 수강 등을 원할 경우, 금전적·시간적 투자 및 지원을 계속 확대해야 한다.

둘째, 형식적이며 획일적인 교육 훈련 체계 및 교육 내용을 고쳐야 한다. 외관적으로는 많이 현대화된 것처럼 보이지만 실질적 내용 면에서는 과거의 방식을 탈피하고 있지 못하다는 비판이 많이 제기되고 있다. 대체 구성원들이 어떤 능력 개발이나 훈련이 필요한가에 대한 수요 측정이 부족한 탓에 현 교육 훈련 체계에 임하는 구성원들의 흥미와 관심이 충족되지 못한다는 것이다. 따라서 좀 더 자율적·신축적인 교육훈련 체계가 도입되어야 한다. 이에는 학습 의욕 제고를 통한 훈련에 대한 자발적 참여도의 향상을 기할 수 있다.

2. 효과적인 조직 유형

급속히 변화하는 환경에서 요구되는 효과적인 조직 형태는 학습 지향적·팀 지향적이며, 참여 지향적인 조직 유형이다(Galbraith & Lawler III, 1993: 296-299). 이러한 조직 형태를 기반으로 한 조직 내에서의 참여는 일반적으로 다음과 같은 장점이 있을 것으로 판단된다.

1) 유연성의 확보

분권화된 조직들은 중앙집권화된 조직보다 훨씬 더 유연성을 갖고 있다. 즉, 변화하는 환경과 고객들의 요구에 신속히 대응할 수 있다(Osborne & Gaebler, 1992: 252-253). 결정을 내려야 하는 사항이 중앙집권적으로 명령 체계를 따라 차례로 상급자에게 올라가고 상급자가 상황을 파악하고 결정을 내린 후, 다시 명령 계통을 따라 차례로 이를 내려보내게 되면 결코 환경 변화나 고객의 요구에 부응할 정도로 신속히 대응할 수 없다.

2) 효율성의 제고

분권화된 조직은 중앙집권화된 조직보다 더 효율적이다. 현장 직원들은 대부분의 문제와 기회에 가장 잘 밀착되어 있다. 즉, 그들은 매 시간 그리고 날마다 실제로 일어나고 있는 일들을 알고 있다. 그들이 조직을 운영하고 있는 사람의 후원을 받는다면 종종 그들은 최고의 해결 능력을 발휘한다.

3) 혁신성의 제고

미국의 하버드 행정대학원의 정책전문가들은 포드재단의 '혁신상' 시상에 관여하면서 다음과 같은 사실을 발견했다. 즉, 조직의 최고관리층이 좋은 청사진을 갖고 있다고 해도 혁신이 일어나지 않으며, 오히려 고객들과 상대하며 실제로 일하고 있는 직원들로부터 좋은 생각이 떠오르기 때문에 혁신은 그러한 계층에서 빈번히 일어난다는 것이다.

4) 사기의 향상

관리자들이 조직구성원들에게 중요한 결정을 맡기는 것은 그들에 대한 존중을 나타내는 것이다. 이것은 특히 지식근로자 조직에서 중요하다. 지식을 가진 지도 체계에서는 명령 구조가 아니라 협의적 구조가 근본적인 조직의 바탕이 된다. 명령과 통제가 아니라 협의와 네트워크 형성이 업무 달성의 필수적 방식이 된다. 이는 관리의 핵심이라 해도 과언이 아니다.

일찍이 나폴레옹은 군사들이 목숨을 걸고 적진을 향해 돌파하는 것은 월급이나 훈장 따위 때문이 아니다. 그 이상의 무엇이 존재하기 때문이다라고 말한 바 있다(이은경, 1993: 74). 여기에서 '그 이상의 무엇'은 바로 구성원들의 높은 사기인 것이다. 결국 모든 관리 제도가 결국은 어떻게 하면 구성원들이 동기 부여가 되어 자발적으로 자신의 맡은 바 직분을 충실히 수행하겠는가 하는 문제를 해결하기 위해 고안된 것이라 해도 과언이 아니다. 이러한 사기, 즉 높은 근무 의욕은 조직과의 일체감, 조직 목표와 개인 목표와의 조화, 동료 간·부서 간의 협력, 주인 의식으로 나타난다.

5) 직장 생활의 질 향상

직장 생활의 질(QWL)이란 안전하고 건전한 작업 조건, 인간 능력의 활용과 개발, 지속적인 성장과 안전을 위한 기회, 적정하고 공정한 보상 등을 포함하는 개념이다(Walton, 1973: 11-21).

이러한 QWL의 향상에는 관리자, 구성원 모두가 관심을 갖고 참여해야 한다. QWL을 높이기 위한 직무 설계 등이 이루어져야 할 것이고, 구성원이 그가 몸담은 조직과 일체감을 느낄 때 조직에도 이익이 된다는 것을 이해해야 한다(Runcie, 1980: 13-24).

능률성의 가장 단순한 개념은 실제 산출(current output)과 실제 투입(current input)을 비교하는 것이다. 그러므로 능률성은 산출과 투입과의 관계 혹은 양자간의 비율인 것이다. 그렇다면 능률적인 관리를 통한 효율성의 제고는 결국 최소의 비용으로 관리하여 관리의 능률성을 높이는 것으로 정리할 수 있을 것이다. 그러나 이는 기계적 능률성의 개념일 뿐이며 여기에 사회적 능률성의 개념이 보완되어야만이 진정한 의미의 능률성의 개념이 될 것이다. 사회적 능률성이란 구성원의 만족을 구현하는 인간 가치의 구현을 주 내용으로 한다(Barnard, 1938). 그리고 참여는 여기에 매우 중요한 역할을 하게 될 것이다. 어떻게 보면 양자가 서로 모순된 내용을 담고 있는 것이 아닌가 하는 의문도 들 수 있겠지만 이는 서로 보완적 개념으로 보고 양자를 동시에 추구하는 것이 좀 더 올바른 인식일 것이다(최호준, 1984: 85-86).

제2절 주민 참여

1. 주민 참여의 의의

1) 주민 참여의 개념과 성격

일찍이 기퍼드(Gyford, 1991: 54)는 지방정부의 주요한 과제 중의 하나는 좀 더 대응적인 정부 체계를 구축하는 것이며, 이런 관점에서 주민 참여의 의의를 찾아야 한다고 주장했다. 이는 공무원들의 전문적인 식견이나 지방 의원들의 선거에 의한 신임 등은 정책 결정에 필요한 모든 관련 정보를 제공해 주지 못하며, 관료제와 민주제도에 의한 공식 경로를 보완해 주는 보충 장치로서 주민 참여가 반드시 필요하기 때문이다(오세덕, 1999: 8; 오세덕 외, 2007: 296-306).

행정학에서 주민 참여(citizen participation)는 정치적 엘리트가 아닌 보통 시민들이 정부의 정책 과정에 직·간접적 관여를 통해 이에 영향력을 미치려는 의도된 모든 활동임과 동시에 자치단체장과 지방의회에 대한 통제 장치(control mechanism)로 정의된다. 이러한 주민 참여를 바라보는 시각은 대의민주주의 대체론, 대의민주주의 보완론, 정책 결정 보조론으로 나뉜다(Sharp, 1990; 최호준, 1987: 147-152).

(1) 대의민주주의 대체론

이는 대의민주주의 제도가 갖는 근본적 결함 때문에 이를 대체하는 참된 민주제도로서 참여민주주의(participatory democracy)를 주장하는 입장이다. 소극적인 투표행위만으로는 완전한 참여가 이루어질 수 없다고 보고, 시민들의 더욱 적극적이고 능동적인 참여만이 진정한 민주 제도를 실현하는 방법이라고 보는 것이다. 참여를 통해서 시민들은 공공문제를 학습하고 다루어 지역 사회에 기여하며 참된 의미의 민주시민으로의 성장을 기하게 된다.

(2) 대의민주주의 보완론

대의민주주의가 지닌 결점과 편견을 보완하는 기능을 주민 참여에서 찾는 견해이다. 대의제 하의 지방정치 과정은 낮은 투표율로 표현되는 주민의 무관심·냉담 문제를 안고 있으며, 지방정부 역시 모든 주민들의 이해를 골고루 반영하지 않으며, 오히려 저소득층 주민보다는 지역의 엘리트 계층인 상류 계층이나 기업의 이해에 더욱더 민감하게 대응한다(Stone, 1980: 978-990). 아울러, 도시정부의 관료제는 거대화·복잡화·전문화로 인해 시민들의 요구에 무관심하고 비대응적이 된다. 따라서 이를 보완하기 위해 전문적·기술적인 도시 관료제의 의사 결정 체계에 주민들의 관심사를 투입하는 일종의 연계 장치로서 다양한 주민 참여 프로그램이 필요한 것이다.

(3) 정책 결정 보조론

정책 결정 보조론은 주민 참여 제도를 통해 지방정부의 계획이나 정책 결정 및 집행을 보조한다는 견해이다. 즉, 주민 참여를 위한 혁신적인 통로의 마련은 지방정부 공무원들이 주민들의 선호·수요 파악, 정보의 제공을 통해 공공 서비스 제공에 관한 정책 결정에 도움을 준다는 것이다. 주민 참여는 주민들의 갈등이나 긴장을 해소시킬 수 있으며, 공공 서비스 제공 비용을 절약하고, 지방정부의 사업을 지원하는 강력한 동맹자를 형성하는 기능을 갖는다(Thomas, 1986: 16-17). 나아가 주민들에 의한 투입은 비용·효과 분석 등과 같은 정책분석 기법의 중요한 요소가 될 수 있으며, 다만 이들 기법이 갖고 있는 주요 결함은 바로 포괄적인 정보가 부족하다는 것인데, 이에 대한 각 대안의 주민 효과에 관한 정보는 주민 참여를 통해 얻을 수 있다(Kweit & Kweit, 1987: 19-37).

2) 숙의민주주의 체계에서의 시민 참여

지난 20여 년간 OECD 국가들은 공공관리 패러다임의 새로운 변화를 주도해 왔다. 그리고 정부 운영에서 그 흐름의 핵심은 정부가 점점 개방적이며 투명해지고 있고, 국민들의 참여를 여러 각도에서 시도하고 있다는 것이다. 또 이를 바탕으로 다양한 방법으로 행정 개혁을 추진한다(Kettl, 2005). 이러한 혁신은 저비용 정부, 디지털 정부, 투명한 정부 등을 모색하는 것으로서 이 중 참여는 투명한 정부의 일환에서 이루어지는 혁신 정향이다. 즉, 정책 수요자들의 자발적인 수용과 참여를 유도하고 시민집단과의 협치(協治, governance) 체계의 구축을 통한 숙의민주주의(deliberative democracy)의 완성을 위한 노력이다. 우리나라에서도 참여정부의 출범과 정보 공개와 전자정부 구축을 위해서뿐 아니라 NGO(NPO)를 비롯한 시민 사회가 정책 입안 단계부터, 실행, 평가 단계에 이르기까지 더욱 적극적으로 자신의 선호와 의사를 반영할 수 있도록 하기 위한 것으로 보인다. 요컨대, 시민 사회와 다양한 사회집단을 국정의 파트너로 인정하고 이들의 요구와 평가가 국정의 투입과 산출 시스템에 반영되는 '참여적 거버넌스'를 구현하겠다는 의지의 표명이라고 보아야 한다.

이렇게 최근 정부의 패러다임 변화가 참여를 강조하는 방향으로 바뀌면서 이를 뒷받침하는 정치 제도의 지향은 과거의 대의민주주의를 보완하는 참여민주주의, 나아가 숙의민주주의로 논의가 진행되고 있다. 참여

민주주의, 숙의민주주의의 이론은 국민 다수의 의견을 제도적으로 수용하는 시민 참여와 심의적 제도의 도입을 주장한다(주성수, 2005).

참여민주주의는 국민 투표, 국민 제안 등의 직접민주주의 제도의 도입과 시민 사회의 여론 형성 역할을 대의민주주의의 결함을 보완하는 수단으로 간주하는 반면, 숙의민주주의는 국가기관과 국민 사이의 지속적인 대화와 심사숙고를 제안한다. 특히 엘리트보다 일반 시민의 일상적인 참여와 토의를 강조하는 것이 최근 숙의민주주의 논의의 주류를 형성하고 있으며, 따라서 이러한 것들을 어떻게 구체적인 제도로 만들어 도입하고 실행할 수 있는가에 논의의 초점이 맞추어지고 있다(주성수, 2005).

그러므로 대의민주주의에 기초하고 있는 행정국가 하에서의 시민 참여와 숙의민주주의에 바탕을 두고 있는 거버넌스 하에서 시민 참여의 내용은 차이가 있을 수 있는데, 이를 정리하면 <표 8-1>과 같다(Kathi & Cooper, 2005).

〈표 8-1〉 행정국가와 숙의민주주의 하에서 시민 참여의 차이

행정국가 하에서의 시민 참여	숙의민주주의 하에서의 시민 참여
· 유권자, 선거구민, 고객으로서의 시민 · 사적 이익 추구자로서의 시민 · 공익을 추구하지 못하는 시민 · 시민 참여는 행정 능률성 제고에 부정적영향을 미침 · 선거, 정치 대표, 정치가들에게 책임을 짐 · 헌법에 의한 행정의 정당성 확보	· 유권자, 선거구민, 고객, 파트너로서의 시민 · 시민은 공익을 구분할 수 있는 능력이 있음 · 대화와 공유된 가치를 통한 시민 참여 · 규범적이고 도구적인 시민 참여 · 양식 있고 자발적인 시민 참여 · 협동과 파트너십을 통한 시민 참여 · 시민에 대해 책임을 지는 행정가들의 존재 · 민주이론과 경합적 요소에 의한 행정의 정당성 확보

출처: 오세덕 외(2007: 299).

2. 주민 참여의 흐름

1) 협의 수준에서 능동적 참여로

(1) 주민 참여 유형의 전환

현대 행정의 대안적 패러다임으로 부상하고 있는 거버넌스(민관협치)는 20세기 정부실패(government failure)의 원인으로 정부 신뢰의 하락을 지목하며 정부의 불합리하고 일방적 권력 행사, 정책 및 서비스의 비효율성, 정부와 시민 사이의 인식 차이(King & Stivers, 1998; Berman, 1997) 등으로 인한 정부의 지속적인 성과 하락이 정부 신뢰의 위기를 가져온 것으로 진단하고 있다(정정화·김찬동, 2015).

정부 신뢰를 회복하고 정부실패를 예방하기 위해서는 정부-시민 파트너십의 강화가 절실하다(Putnam, *et. al.*, 2000). 정부-시민 파트너십은 정부와 시민의 관계를 수직적 관계가 아니라 수평적 관계로 보는 새로운 행정관을 반영한다. 이는 행정의 하향적(top-down) 접근 방식에 상향적(bottom-up) 방식을 보완 및 접목(Council of Europe, 2004; OECD 2001, 2005, 2008, 2009)하는 것으로 이해된다. 정부-시민 파트너십을 강조하는 이론적 배경에는 위기에 처한 정부 신뢰가 '시민'의 국정 참여로 회복할 수 있다는 기대를 기초로 한다.

최근에는 이러한 정부-시민 파트너십의 원칙에 대한 논의가 좀 더 구체적으로 이루어지고 있다. OECD(2001, 2009)는 정부와 정책의 투명성(transparency)과 책무성(accountability)을 향상시키는 새로운 원리로 등장한 정부-시민 파트너십의 2개 원칙을 제시했다. 하나는 개방성(openness)이다. 여기서 개방성이란 시민들에게 정보를 제공하고 정책 과정을 접근 가능하고 호응적인 것으로 만든다는 것을 의미한다. 다른 하나는 포용성(capacity)이다. 이는 정책 결정 과정에 가능한 한 광범위한 시민들의 다양한 목소리를 포용하는 것을 의미한다.

각국의 민관협치 또는 주민 참여에 대한 다양한 현실을 종합해서 OECD는 정책 과정 단계를 활용해 주민 참여의 역할을 정보→협의→능동적 참여로 갈수록 더 적극적이며 능동적으로 발전한다는 것을 제시했다. 여기서 능동적 참여는 거버넌스가 진전됨에 따라 확대될 것으로 예측하는 것이며, 정보와 협의는 정부가 시민에게 제공 또는 제시하는 일방향적 소통이 지배적이지만, 능동적 참여는 정부와 시민의 쌍방향적 소통을 의미한다.

〈표 8-2〉 주민의 정책 과정 참여 유형

정책 과정 단계	정보	협의	능동적 참여
설계	- 백서, 정책 문서 - 입법 프로그램 - 법률 및 규제 초안	- 대규모 의견 조사 - 토론회 또는 시민 패널 활용 - 법률안에 대한 의견 수렴	- 법률이나 정책의 대안 제시 - 정책의제 및 대안에 대한 공적 토론
집행	- 새로운 정책 혹은 규제 시행	- 부수적 법률안 마련을 위한 포커스 그룹 활용	- 시민 사회단체와 협력, 법률에 대한 순응 확보를 위해 정보 제공
평가	- 평가 및 참여 기회 공지	- 정부 평가 프로그램 및 결과 검토 시 이해 관계자 참여	- 시민 사회단체에 의한 독자적 평가

출처: OECD(2001: 22).

(2) 능동적 참여의 의미

OECD(2001)가 정부-시민 관계를 모색하는 가장 새로운 영역으로의 능동적 참여는 시민들이 토의하고 정책 방안을 생산하는 자율적 역량을 인정하고, 정부가 의제 설정 단계에서부터 시민과 정책 형성을 공유하고 공동의 대안 모색을 통해 정책 결정을 하는 것이다. 능동적 참여는 활용되지 않는 사회적 자원을 유용한 자원으로 전환하고, 정부의 조정자 역할을 강화함으로써 정부의 역량과 정통성을 제고하는 데 기여할 것으로 기대된다.

최근 이러한 주민 참여에서 능동적 참여가 중요시되는 배경은 첫째, 모든 국가가 당면하는 거버넌스 도전은 사회의 모든 자원(인적 자본, 정책 아이디어)의 동원을 요구하고 있다. 이러한 자원의 동원은 적극적이고 자발적이며 능동적인 주민들의 참여를 통해 가능하기 때문이다. 둘째, 시민들은 자신들의 삶에 영향을 미치는 정책에 대한 자신들의 목소리가 반영될 것을 요청하고 있다. 주민들은 이제 정책이 이루어지는 모습을 바라보는 방관자가 아니며 단순히 자신의 의견만을 제시하는 사람도 아니다. 자신의 견해가 정책에서 수행되는 것을 바라보고 싶어하는 사람들인 것이다. 셋째, 정부의 역할은 점차 개인들과 단체들이 시장과 시민 사회에서 자신들의 활동과 관계를 조직하는 준거틀을 마련해 주는 역할로 전환 중이다.

〈표 8-3〉 능동적 주민 참여의 정책수단

<table>
<tr><th colspan="2"></th><th>입법</th><th>정책</th><th>제도</th><th>도구</th></tr>
<tr><td rowspan="2">정보</td><td>소극적</td><td>- 소극적 정보자유법</td><td>- 응답 시간 제한제</td><td>- 집행: 모든 행정기관
- 법 적용: 법원, 옴부즈만</td><td>- 등록제
- 정보관리 체계
- 정부 포탈</td></tr>
<tr><td>적극적</td><td>- 적극적 정보자유법 (뉴질랜드 등)</td><td>- 정부의 커뮤니케이션 정책</td><td>- 정부 정보 담당기관의 선제적 정보제공</td><td>- TV
- 라디오
- 인쇄매체
- 인터넷 방송</td></tr>
<tr><td rowspan="2">협의</td><td>비권유적</td><td></td><td></td><td>- 집행: 민원기관
- 법 적용: 법원, 옴부즈만</td><td>- 출처분석 소프트웨어
- 이메일 주소</td></tr>
<tr><td>권유적</td><td>- 환경영향</td><td>- 규제</td><td>- 행정기관</td><td>- 설문조사</td></tr>
</table>

		입법	정책	제도	도구
		평가법	영향평가 - 협의정치 (사회적 파트너십)	- 중앙정부의 전략 지원기관	- 공청회 - 시민패널 - 포커스그룹 - 협의가이드라인 - 온라인 채팅
참여	정부 주도	- 주민투표 - 새로운 제도 창설(연구)	- 시민 참여 정책 - 민관 파트너십	- 행정기관 - 중앙정부의 전략지원기관	- 합의회의 - 시민배심원제 - 공공 대화 - 온오프라인 토론
	주민 주도	- 주민 발의	- 정책 대안 개발 - 자율적 규제	- NGO - 학계 - 싱크 탱크	- 오프라인 토론 - 독립적 웹사이트 - 온라인 채팅 그룹

출처: OECD(2001).

2) 오프라인 참여에서 온라인 참여로

(1) SNS를 활용한 온라인 참여의 활성화

최근에는 SNS 등을 활용한 온라인 참여의 중요성이 부각되고 있다. 특히 온라인 자원을 동원해서 기존의 참여 자원을 재구조화하고 이를 통해 우리 행정 시스템의 토양과 환경에 조응하는 한국형 주민 참여 시스템의 구축이 가능하다는 견해가 제시되고 있다(주성수, 2007; 윤상오, 2003). 특히 우리 정부의 강점이라고 할 전자정부와 결합할 경우, 국민소통 활성화를 기초로 하는 주민 참여 방식에서 획기적인 민관협치 모델 구성이 가능하다는 것이다.

전통적 관료제는 합리적 설명과 호소에 의존하는 고전적인 형태의 국민-정부 간 소통 프로세스를 고집함으로써 홍보 채널 다변화 등의 노력에도 불구하고 정부가 국민에게 정보를 제공하고 설득하고자 하는 일방향적, 단회적(unilateral and single-loop) 소통에 국한되고 있어 의사소통

(communication)의 한계에 직면하고 있다. 특히 국민과 정부 간 소통이 방송, 신문, NGO, 국회와 정당 등 대의민주주의의 고전적인 커뮤니케이션 수단에 의존하는 간접 소통 방식에 의존하는 경우가 많았다. 그러나 '맞춤형 공공 서비스의 생산과 전달'을 지향하는 정부 3.0의 비전과 미션(mission)에 대응하기 위해서는 양방향적이고 다회적(interactive and multi-loop)인 소통 채널의 구축이 필요하며, 이를 위해 특히 온라인 국민 소통 프로세스를 재정립할 필요성이 대두되고 있다.

(2) 온라인 소통의 한계

온라인 소통은 첨단 IT 기술을 기반으로 다중(multi publics)과 저렴한 비용으로 동시적 소통이 가능하고, 특히 상대적으로 젊은 세대에 대한 호소력이 강해 많은 경우 정부 정책에 가장 적극적인 반대 세력으로 부상할 가능성이 있는 젊은 세대(young generations) 및 시대적 변화에 적응력이 뛰어난 행위자 집단(early adaptors)과의 소통 시스템으로 떠오르고 있다.

새로운 환경에 걸맞는 주민 참여 체계를 정립하기 위해서는 정책 형성·집행·평가 및 환류에 이르는 정책 과정 전반에 대한 쌍방향적·다회적 소통이 가능한 온라인 업무 프로세스 재설계가 필요하다는 주장이 제기되고 있다.

그러나 온라인 참여 방식에는 한계가 내재하므로 이를 충분히 고려한 도입이 필요하다. 즉, 온라인 토론은 여러 가지 긍정적인 측면을 지니고 있지만 정보가 과부하 되거나 비동시적인 대화의 진행으로 왜곡을 초래할 우려도 있으며, 비대칭적인 소통으로 대표성의 부재를 가져올 수 있다. 또한 훈련되지 않은 불특정 다수의 참여로 진행되는 온라인 토론은 비용 대비 편익면에서 의미 있는 결론을 산출하지 못할 가능성이 상존하며, 이에 대한 정부기관의 회의감으로 활성화되기 어려운 내재적 한계를 나타낼 수 있다.

〈표 8-4〉 온·오프라인 참여의 특징 비교

특징	오프라인 참여	온라인 참여
정체성	- 면대면 소개와 인사는 일반적으로 상호 신뢰를 형성함.	- 익명성으로 인해 신뢰 구축이 어려움.
대화의 균형	- 특정 주제를 중심으로 집중적인 대화와 토론이 가능함.	- 대화는 상대적으로 적은 포스터들에 의해 구동됨. 항상 토론의 '주요 단계'가 있지만, 다수의 하위 대화가 발생함.
타이밍	- 참여자들은 '라이브' 또는 실시간으로 대화를 함.	- 대부분의 온라인 숙의는 비동기적임. 이는 참여자들이 시간에 상관없이 토론에 자유롭게 들락날락할 수 있음을 의미함.
관찰	- 연구 분석을 위한 관찰이 참여자의 주목을 받지 않고 이루어질 가능성이 거의 없음.	- 상대적으로 많은 숫자가 참여하는 온라인 숙의의 절차를 숨어서 관찰할 수 있음.
집중도	- 모든 참여자들에게 적극적인 청취가 요구됨.	- 독해가 듣기 능력을 대체함. 사용자들은 지식을 습득하기 위해 기본적인 독해 능력을 가지고 있어야 함.
분석	- 데이터를 생성하기가 상대적으로 매우 어렵고 비용 집약적임.	- computer mediation skill을 사용하면 토론의 기록, 정량화 및 해석이 가능함.
타임라인	- 상대적으로 짧은 기간에 이루어짐.	- 종종 몇 주동안 이루어짐.
자원	- 상대적으로 정보 자원의 부족이 발생함.	- 대화의 내용과 질을 향상시키기 위해 언제든지 고유 정보에 접근할 수 있으며 정보를 실시간으로 확인할 수 있음.

특징	오프라인 참여	온라인 참여
환경	- 물리적 환경의 형태에 영향을 받아 참여자 개개인에게 맞춤형 환경을 제공할 수 없음.	- 사용자들은 물리적으로 편안한 환경에서 토론을 이어갈 수 있음.
위치	- 발언을 위해서는 물리적 공간의 중앙으로 이동해야 하고, 이목의 집중을 받게 됨.	- 컴퓨터를 사용할 수 있다면 지리적 제약을 받지 않음.

출처: OECD(2001).

3. 주민 참여 제도의 유형

1) 제도적 참여와 비제도적 참여

제도적 참여로는 선거, 주민투표, 반상회, 공청회, 위원회, 청원, 주민발의 제도, 주민감사청구, 주민소환 제도, 주민소송 제도, 행정 모니터 등이 있다(정정화·김찬동, 2015). 그리고 비제도적 참여에는 전문 관료와의 접촉, 자생집단적 주민 참여, 집단행동, 시민단체를 통한 참여, 자원봉사 등이 있다.

2) 능동적 참여와 수동적 참여

능동적 참여에는 주민 투표, 주민 발의, 주민 소환, 주민 총회, 주민자문위원회 등이 있고, 수동적 참여로는 설문 응답, 정부 주도 공청회 참석 등이 있다(Zimmerman, 1986).

3) 아른슈타인의 주민 참여 8단계 분류

아른슈타인(Arnstein, 1969)은 주민 참여의 영향력을 기준으로 비참여(계도 단계/ 교정 단계), 형식적 참여(정보 제공, 의견 수렴, 유화 단계), 실질적 참여(동반자, 권한위임, 시민 통제)로 크게 3분류하고 이를 다시

8단계로 세분화했다. 그리고 시민 주도형 참여 제도로는 주민 총회, 공청회, 자문위원회, 협의회, 직접민주제(주민 투표, 주민 소환, 주민 발의), 자원 봉사 등이 있다. 정부 주도형 참여 제도에는 정보 공개와 서베이(survey) 등이 있다.

〈표 8-5〉 Arnstein의 주민 참여 8단계론

8단계	주민통제 단계(Citizen Control)	실질적 참여
7단계	권한위임 단계(Delegated Power)	
6단계	동반자 단계(Partnership)	
5단계	유화 단계(Placation)	형식적 참여
4단계	의견 수렴 단계(Consultation)	
3단계	정보 제공 단계(Informing)	
2단계	교정 단계(Therapy)	비참여
1단계	계도 단계(Manipulation)	

출처: Arnstein(1969: 217); 정정화·김찬동(2015: 7).

4) 참여자의 규모와 정보 흐름의 방향에 의한 분류

개인적 참여형은 투표, 제언, 로비, 청원, 선거운동, 데모 등이 있고, 조직적 참여형은 시민단체, 이익집단, 시민위원회 등의 참여가 있다. 그리고 개인정보 수집형 참여는 청문회 관찰, 집담회, 기록 열람, 서베이 등이 있으며, 정보 전파형으로는 정보 공개, 출판, 회의 공개, 언론, 통신 등이 있다(ACIR, 1979).

5) 정부 및 주민들과의 협력 여부에 따른 분류

퍼시(Percy, 1983)는 정부와 주민들 간의 협력 여부를 기준으로 개인이 소극적 또는 적극적으로 참여하는 경우와 집단이 소극적 또는 적극적으로 참여하는 네 가지 경우로 나누어 분류했다.

		주민들과의 협력 여부	
		개별적 활동	집단적 활동
정부와 협력 여부	비협력 (소극적)	- 집에 경보기 설치 - 집 밖에 보조등을 설치	- 시민자율순찰대를 조직해서 지역 순찰 - 로비 그룹을 형성
	협력 (적극적)	- 자원 경찰로 근무 - 경찰관과 함께 순찰	- 경찰에 의해 조직된 시민순찰대에서 봉사함. - 경찰과의 협조로 범죄 예방 단체 조직

출처: Percy(1983).

[그림 8-1] Percy의 주민 참여 유형 분류

6) 정책 과정별 주민 참여 유형

정책 과정을 정책 의제 설정, 정책 형성, 정책 집행, 정책 평가 등 4단계로 구분하고 각 단계별 참여 유형을 정보 제공, 협의, 적극적 참여 등 세 가지 유형으로 구분해 분류할 수 있다(강인성, 2008).

〈표 8-6〉 정책 과정별 주민 참여 유형

참여 유형 정책 단계	정보 제공	협의	적극적 참여
의제 설정	- 인터넷 민원실 - 인터넷 게시판	- 주민 참여예산제 - 정책설문조사 - 사이버정책토론방 - 여론조사	- 주민감사청구제 - 주민제안(발의)제 - 인터넷 주민 참여 - 명예기자제 - 주민아이디어 공모
정책 형성	- 주민설명회 - 결재문서 공개방 - 정책토론방 - 사이버 토론 광장	- 주민참관확대 간부회의 - 정책자문단 (위원회) - 온라인 정책토론	- 주민투표제 - 공청회, 인터넷 공청회 - 전자투표(M-Voting) - 심의위원회

참여 유형 정책 단계	정보 제공	협의	적극적 참여
		- 각종 위원회	
정책 집행	- 행정정보 공개 - 인터넷 법률상담실 - 시정운영상황 공개 - 메일링 문자서비스 - 부조리신고제 - 인터넷 의견 수렴 - 국민신문고제 - 직소민원창구 - 이동민원실	- 모니터제 - 1일 명예공무원제 - 정책자문위원회 - 운영위원회	- 주민소환제 - 주민소송제 - 민간자원봉사자(민간환경감시단) - 명예감시원제(명예감독관제, 명예단속반 등)
정책 평가	- 평가 결과 공개 - 감사 결과 공개 - 행정 서비스 시민만족도 조사 - 전화친절도 평가	- 정책모니터링제 - 사이버모니터	- 정책 평가단(위원회) - 시민감사관제 - 행정 서비스품질평가제 - 옴부즈만 - 시민고충처리관제

출처: 강인성(2008: 226)에서 수정 및 보완; 정정화·김찬동(2015: 9).

7) 주민 직접 참여 제도

주민 직접 참여 제도는 주민 투표, 주민 소환, 주민 소송, 주민 발의, 주민감사청구, 주민 참여 예산 제도 등 자치 법규 등에 규정된 참여 제도가 있다. 이외에도 많은 지방정부들이 온라인에 기반을 둔 주민참여제도를 활발하게 활용하고 있고, 활용수준도 주민들의 의견 수렴 수준에서 발전해 주민정책 결정의 영역까지 운영하고 있음을 알 수 있다. 일부 지방정부는 주민참여정책의 발전단계로서 온라인 주민참여 플랫폼을 마련해 스마트 거버넌스 실현 및 시민의 정부 구현에 이바지하고자 노력하고 있다(임승빈 외, 2019: 108).

주민 참여의 유형과 방안은 다양하지만 최근 IT 기술의 발전과 함께 언제 어디서나 쉽게 접근할 수 있는 스마트 거버넌스의 형태로 주민 참여가 발전되고 있다. 온라인 주민 참여 제도는 정보공개를 통한 개방성, 수평적이고 대등한 관계에서의 대화와 소통, 시민의 의견을 단순하게 수렴하는 데에서 그치지 않고 그 모든 과정에서 서비스 디자인과 시행 및 평가를 할 뿐만 아니라 지방정부 정책의 주요 결정권자의 역할까지 수행하고 있다. 그러므로 온라인 주민 참여 제도를 활용한 주민 참여가 매우 중요하다는 점을 확인할 수 있다.

〈표 8-7〉 주민 직접 참여 제도

참여 제도	내용
조례 제정 개·폐 청구	- 지방자치법: 1999년 8월 관련 규정 제정 - 일정 주민 수 이상의 연서로 당해 자치단체장에게 조례 제정이나 개정, 폐지를 청구할 수 있는 제도
주민감사 청구	- 지방자치법: 1999년 8월 관련 규정 제정 - 지방자치단체의 사무처리가 법령에 위반되거나 공익을 현저히 해친다고 인정될 경우 청구하는 제도
주민 투표	- 지방자치법: 1994년 3월 관련 규정 제정 - 주민투표법: 2004년 1월 관련 규정 제정 - 지방자치단체의 주요 결정 사항에 대해서 주민 투표를 통해 주민이 직접 결정하는 제도
주민소송	- 지방자치법: 2005년 1월 관련 규정 첨가 - 지방자치단체의 위법한 재무회계 행위에 대해 지역 주민이 자기의 권리나 이익에 관계없이 그 시정을 법원에 청구하는 제도
주민참여예산제도[8]	- 지방재정법: 2005년 8월 관련 규정 첨가 - 지역 주민들이 예산 편성 과정에 참여해 우선순위를 반영하는 제도

참여 제도	내용
주민 소환	- 지방자치법: 2006년 5월 관련 규정 제정 - 주민소환에 관한 법률: 2007년 5월 법률 제정 - 선출직 지방공직자에 대해 소환투표를 실시해 임기 종료 전에 해직하는 제도

출처: 정정화·김찬동(2015: 10).

4. 주민 참여의 제도화

1) 주민 참여 이론의 4분위

진정한 참여란 시민에게 행정 권한을 이관(empowerment)할 때 시작된다(정정화·김찬동, 2015). 참여의 영향력이 어느 정도 주민에게 있는가에 따른 분류이다. 즉, 주민에게 권한이 이관되지 않거나 주민들이 자치권에 대한 권리 의식이 부족할 때는 권력을 가진 행정관료제에 의해 동원되거나 조작되는 경향이 나타난다. 이를 명목적 참여 또는 비참여라 하기도 한다. 도시계획 과정에 대한 주민들의 참여의 정도를 아른슈타인(S. R. Arnstein)은 세 구간으로 나눈다. 비참여, 명목 참여, 실질 참여가 그것이다.

8) 주민참여예산제도는 1989년 브라질 포르투 알레그레시에서부터 시작되었다. 포르투 알레그레시의 참여 예산 제도는 주민들이 직접 예산 편성 과정에 참여하는 제도로서 주민 참여의 성공적인 모델로서 긍정적인 평가를 받아 왔다. 이후 주민 참여 예산제는 상파울루와 같은 다른 대도시들로 확산되었으며, 이후 브라질을 넘어 미국 뉴욕, 시카고, 스페인 세비야, 독일 리히텐베르크 등 전 세계의 수많은 도시들로 전파되었다. 한편, 우리나라에서 주민 참여 예산 제도는 2003년 광주광역시 북구에서 처음으로 시작한 이래로 다른 지자체에서도 점차 도입했으며, 2011년 지방재정법 개정을 통해 주민 참여 예산 제도 실시가 의무화됨에 따라 전국으로 확산되었다(행정안전부, 한국행정연구원, 2019: 124).

권한 있음

소극성		• 실질적 참여 동반자/권한위임/주민통제	적극성
	• 비참여 계도/교정	• 형식적 참여 정보제공/의견 수렴/유화	

권한 없음

[그림 8-2] 주민 참여의 4분위표

도시계획 분야는 통상적으로 전문가들의 영역이다. 도로를 어디에 놓고, 중심 시가지를 어느 곳으로 지정해야 하며, 용적률과 건폐율을 몇% 로 하며, 어떤 지역을 주거 지역으로 할지, 상업 지역으로 할지를 결정한다. 이것은 경제적인 이권과 깊이 관련되기에 어떤 결정을 하는가에 대한 이해 관계자가 분명하고, 부정부패와도 연관되기 쉬운 영역이다. 이 분야는 주민 참여가 제대로 이루어지기 어려운 영역이었다. 전문가나 공무원이 결정한 것을 일방적으로 통보하거나, 주민들을 이미 결정한 사항에 대해서 교정해 나가는 정도였다. 그래서 주민은 이 분야에 대해서 무관심했고, 정작 이해 관계가 걸린 사람은 자신의 의사를 표현할 의사 결정자를 만나기도 어려웠다. 특별한 인맥이 있는 경우가 아니면, 도시계획에 관련된 의사 결정 과정은 주민들에게 열려있지 않았다. 이런 맥락에서 비참여의 문제도 일어나고 형식적 참여의 상황도 발생하게 된 것이다.

비참여는 참여에 대한 영향력이 전혀 없는 경우이다. 오히려 행정이 영향력을 가지고 있는 경우이다. 따라서 주민에 대한 행정의 계도(manipulation)나 교정(therapy)의 대상이 되는 것이다. 관료들이 주민을 가르치고, 설득하며, 참여라는 이름으로 주민들의 태도나 행태를 교정해 나가는 것이다(김병준, 2011: 611).

명목 참여의 구간에서도 여전히 행정이 주도성을 가지고 주민들에게 참여를 유도하는 단계이다. 정보 제공(informing) 단계나 의견 수렴(consultation) 단계, 그리고 유화(placation) 단계이다. 유화 단계는 참여는 시키지만, 실질적인 의사 결정에는 아무런 영향력을 미치지 못한다. 주민들의 참여 의견을 받아들일지 여부의 권한은 행정관료가 쥐고 있다.

주민들이 영향력을 가지고 참여하는 것은 주민 권력(citizen power)을 가지고 있을 때이다. 이때부터 비로소 행정과 동반자 관계(partnership), 행정 권한 위임 단계가 가능하다. 행정 권한 위임은 주민이 의사 결정을 할 수 있도록 지역에 대한 자치권을 부여하는 것이다. 예를 들어 모델시티(model cities) 사업 실시와 관련해서 지역 단위의 위원회에 모델시티 건설의 권한을 주민들로 구성된 법인체(corporation)에 위임하는 것이다(김병준, 2011: 612).

마지막으로 주민이 행정을 통제하는 주민 통제 단계이다. 이는 수사(修辭, rhetoric)로서 존재하는 것이고, 이는 지방의회를 구성해 의원이 되었을 때 가능하며, 법제도화될 수 있다. 요컨대, 아른슈타인의 주민 참여의 8단계 이론은 매우 동태적인 이론이다. 즉, 주민의 관심과 역량의 성장과정을 반영하고 있는 이론이다. 한국과 같이 주민이 행정에 대해 무관심하면서 참여에 대한 열망이 높지만 참여가 가능한 제도적 장치가 제대로 발달되어 있지 않은 곳에서의 행정-주민 관계를 설명하는 유용한 이론이다. 또 이 이론은 주민 참여가 실질화되기 위해서는 행정의 권한이 이관되어야 한다는 중요한 논점을 제시해 준다.

제3절 공무원 참여

1. 공무원 참여와 집단의사 결정

1) 공무원 참여의 의미

일반적으로 정치 발전은 국민의 참여 확대와 동일시되어 왔다. 유럽 정치사에서는 보통선거의 확대 과정이 대표적인 예에 해당한다. 근대 시민혁명에 의해 왕정이 무너지고 국민이 나라의 주인이라는 자유민주주의 이념이 보편화되었지만 실질적으로 모든 국민이 주권자로 참여하기까지는 수차에 걸친 선거법 개정을 거쳐야 했다(이재은, 2006). 해방 후 이민족의 지배로부터 벗어났다는 참여 욕구가 정치의식의 핵심적 내용이었다는 것은 자연스러운 일이었다. 그러나 해방후 한국민의 정치적 가치관과 신념 체계 등 정치 행동의 배경을 이루는 정치의식이 주로 참여 욕구에 의해 형성되었다는 것은 정치적 복종의 의무(political obligation)나 합리적이고 체계적인 참여 문제들이 도외시되었다는 뜻이다. 권리만 주장하면서 의무와 책임을 외면하는 행위 양식으로서 민주 시민의 덕목이 파행적으로 형성되었다고 볼 수 있다(김재홍, 2004: 78-79).

민주주의의 실천적인 측면에서 민주주의는 시민 참여로 시작해서 시민 참여로 끝난다고 할 정도로 참여는 민주주의의 시작이요, 완결이라고 할 수 있다. 이러한 참여는 일반적으로 말하면 '정치적 의사 결정에 영향력을 행사하는 것'이다(박정택, 2002: 182-183).

따라서 공무원 참여는 "공무원이 정부 조직에서의 의사 결정 과정에 영향력을 행사하는 것"으로 이해할 수 있다. 이 같은 공무원 참여의 정의는 다음과 같은 요소로 구성되어 있다.

첫째, 참여 주체는 공무원이다. 이는 민간 부문과는 달리 정부 조직에 있어서 참여 행위의 주체가 공무원이 된다는 것을 의미한다. 즉, 행정 행위의 대상이나 고객으로서의 시민이나 기업인이 아니라 공무원을 의미하는 것으로서, 고위직뿐만 아니라 하위직 공무원도 포함해서 논의한다.

둘째, 정부 조직에서의 참여를 의미한다. 이는 정부 조직 이외의 민간기업이나 시민 사회단체, 정부산하기관을 의미하는 것이 아니라 그동안 권위주의적이고 상명하복의 복종 체계로 인식되어 왔던 정부 조직에서의 참여를 의미한다.

셋째, 의사 결정에 대한 참여를 의미한다. 이는 정부 조직 내에서의 동호회나 기타 비공식집단을 통한 참여를 의미하는 것이 아니라 정부의 공식적인 의사 결정에 대한 참여를 의미한다.

넷째, 의사 결정 내용이나 대안의 선택에 참여하는 것이 아니라 그 과정에의 참여를 강조한다. 이는 진정한 민주주의는 결과보다는 과정에의 참여를 중시하기 때문이다.

2) 의사 결정과 참여

사회의 발전을 위해서는 다수의 이익과 관련된 공공 문제에 대해 사회구성원의 적극적 참여가 요구된다. 이는 일반적으로 적극적 참여의 수반 없이 사회구성원 모두의 이익(공익)에 연관된 문제를 어느 한 개인 또는 소수의 힘으로만 해결하는 데는 한계가 있을 수 있기 때문이다. 물론 개인 또는 소수의 희생적 노력만으로도 사회 구성원 전체의 이익이 향상되는 경우도 있겠지만 그것은 어디까지나 예외이며 일반적으로는 다수의 지혜와 능력이 소수의 그것을 능가한다고 보는 것이 올바른 판단이다(이승종, 2001: 293). 그러므로 다수의 참여를 통해 공공의 문제를 좀 더 만족스럽게 해결하는 것이 가능해지므로 참여의 중요성이 커진다.

선택이 가능한 여러 개의 대안 중에서 자신이 추구하는 바람직한 목표에 적합하도록 어느 하나를 선택하는 것을 의사 결정이라고 한다면(차경수, 2000: 215), 의사 결정이란 그 주체에 따라 개인 의사 결정과 집단 의사 결정으로 구분할 수 있다. 개인 의사 결정이란 결정해야 할 어떤 문제에 대해 개인이 자신의 의사를 분명히 해서 결정하는 것을 의미한다. 이에 비해 집단 의사 결정이란 서로 다른 가치관과 이해 관계를 지닌 개인들이 모인 집단이 그 집단에 관련된 어떤 사안에 대해 개인들의 의견을 모아 집단 전체의 의사를 결정하는 것을 뜻한다(주은옥, 2001: 311).

이러한 의사 결정에의 참여에서 요구되는 것은 참여 능력이다. 참여 능력이란 공공 문제에 대한 적절한 관심과 태도, 합리적인 의사소통 기술 등을 포함하는 것으로, 이러한 참여 능력이 결여된 상황에서의 무분별한 참여 확대는 자칫 공익을 저해하게 되므로 문제가 있다. 그러므로 참여의 활성화를 위한 조치에는 참여 의지의 강화를 위한 노력과 함께 참여능력 제고를 위한 노력이 병행되어야 한다[9](이승종, 2001: 294).

3) 참여를 통한 집단 의사 결정

개인 의사 결정과 달리 집단 의사 결정에서 고려해야 할 사항은 참여하는 다수의 구성원에 관련된 문제이다. 여기서 중요한 것은 개인의 사고 과정을 통해서 결론을 도출할 수 있는 것이 아니라 어떤 식이든 타인과의 의견 조정을 거쳐야 결론을 내릴 수 있다는 점이다. 각각의 사안에 관련된 개인은 자신의 가치관과 이해 관계 등에 입각한 각자의 입장에 따라 일단 각자의 의사 결정이 이루어진 이후에 다시 타인 혹은 다른 집단과의 의견 조정을 통한 합의안 도출이 이루어져야 한다(주은옥, 2001: 314).

마시알라스와 허스트(Massialas and Hurst, 1978)는 집단 의사 결정

9) 그럼에도 불구하고 참여 문제에서 참여의 의지에 앞서 참여 능력을 강조하는 것은 옳지 않다. 참여 능력을 과도하게 강조하는 것은 결국 능력의 부족을 이유로 참여를 제한하는 동기로 작용할 가능성이 크기 때문이다. 더욱이 참여 능력은 참여를 통해 제고된다는 점도 고려되어야 한다(이승종, 2001: 294).

과정을 다음과 같이 7단계로 제시하고 있다(정문성·김동일, 1998: 233).

첫 번째는 자신의 의사와 가장 가까운 지지자를 찾는 단계이다. 이 단계에서는 자신의 의사와 정당성을 말하고 지지를 호소하거나 자신의 의사와 가까운 사람을 지지하게 된다.

두 번째는 의견이 비슷한 사람끼리 모여 집단을 결성하는 단계이다. 의견이 비슷한 사람들끼리도 세부 사항에 대해서는 차이가 날 수 있으므로 일단 집단을 결성한 다음 네 번째 단계에서 조정을 거치게 된다.

세 번째는 구체적 행동의 계획을 위해 집단을 조직하는 단계이다. 집단을 만들고 조직하는 과정에서 나타난 이견은 다음 단계에서 조정하게 된다.

네 번째는 협상 단계이다. 이 단계에서는 의견을 달리하는 성원들 간에 타협을 통해 합의를 도출하게 된다.

다섯 번째는 협상을 통해 도출된 집단의 결정을 진술하는 단계이다.

여섯 번째는 최종적 의사 결정을 위해 다수결의 원칙에 의해 투표를 하는 단계이다. 서로 다른 의견을 지닌 집단 사이에 타협점을 찾으려는 노력 대신 다수의 의견에 따르는 방식으로 해결하려 한다는 점이 이 단계의 특징이라 할 수 있다.

일곱 번째는 투표를 통한 결정에 따르는 단계로서, 이제까지의 과정이 공정하게 집행되었다면 결정에 따르는 행동은 자연스럽게 이루어지게 된다.

그러나 이러한 집단 의사 결정 모형은 집단 의사 결정의 흐름을 보여준다는 의의는 있으나 구체적으로 집단 합의가 도출되기까지 집단 내에서 어떤 과정을 거치는지에 관해서는 아무런 정보도 제공해 주지 못한다는 한계가 있다. 또한 다수결에 의존한 집단 의사 결정 방식은 항상 소수의 불만의 소지가 있고 충분한 논의가 결핍될 가능성이 크다는 문제를 안고 있다(주은옥, 2001: 315).

현실에서는 다수결에 의한 집단 의사 결정과 그에 대한 승복도 중요하지만 다수결이란 본래 전원 일치에 비하면 차선책에 불과하다. 따라서 공익과 관련해서 집단적 문제 해결을 위한 구성원 간의 활발한 의견 교환과 참여를 통해 합의를 도출하는 것이 이후의 정책 집행과 관련해 볼 때 좀 더 의미 있는 일이 될 것이다.

2. 중국의 공무원 참여 프로그램

1) 일반 현황: 의사 결정의 일반 원칙

중국의 공무원 정책에 관련된 의사 결정은 중앙 지도부 산하 정책연구소에서 정책을 제기하고 있다. 중앙정부의 경우에는 일반적으로 중국의 공무원 참여와 관련된 일반 원칙은 당중앙위 상무위원회 등에서 운용하는 '집체영도(集體領導)체계'를 운영 원리로 채택하고 있다. 즉, 집체영도 체계를 기반으로 해서 주요 의사 결정 사항을 토론을 통해 가결한 후 지시한다.

(1) 집체 영도 체계

중국은 지방정부나 성(省)정부의 경우에도 중앙정부와 마찬가지로 집체 영도 체계를 운용 원리로 채택하고 있다. 지방의 개혁 주제 등에 토론을 통해 의사 결정을 하고, 자체에서 결정하기 어려운 것으로 판단되면 상급기관에 건의한다. 다만, 공무원 개개인이 의사 결정의 내용에 대해 영향을 미치지는 못하며, 부서별로 토론을 갖고 결정을 하는 절차를 거친다. 분명한 것은 토론을 통한 의사 결정을 하고는 있으나 최종결정권자는 부서장이다. 그러나 부서장 또한 토론 후에 결정을 하게 되어 있다.

집체 영도 체계에서의 토론 구성원은 홀수(3명, 5명, 7명 등)로 구성되어 있으며, 다수 의견에 따라 결정된다. 이러한 절차를 거친 결정은 거의 확정되는 것으로 볼 수 있다.

(2) 공무원 참여 제도의 현황

중국의 지방 행정기관은 지사 1명에 차관급인 부지사가 다수 있다(예: 농업담당 부지사, 관광담당 부지사 등). 분야별로는 주임 1명에 부주임이 3~4명이 있으며, 회의를 많이 한다. 공무원의 경우 일반 토론 시에 자신의 의견을 충분히 개진하고 있다.

거의 대부분의 기관에서는 일주일에 1~2회 회의를 하며, 매주 월요일에 일주일의 활동 및 행사를 위한 회의가 열리고 있다. 많은 경우 월요일 오전에는 부서별로 회의를 하고, 오후에는 기관의 주요 고위 공무원들이 회의를 한다. 예를 들면, 해외 중국 대사관의 경우 오후에는 대사를 포함해 참사들이 참석해서 회의한다. 제도적으로는 월요일에 대사관의 경우에는 '관무회의', 국별로는 '국무회의', 부서별로는 '판무회의'를 하고 있다. 이는 사무실을 '판공실' 용어로 사용하고 있기 때문이다.

공무원의 참여를 통한 회의에서 일단 결정되면 공무원 개개인은 자신의 의사와 관계없이 100% 복종하고 집행해야 한다. 토론 과정에서 자신의 의견을 충분히 개진할 수는 있지만 일단 최종 결정되면 집행해야 한다.

그러나 집행 과정에서 토론 당시에 예상하지 못한 변수가 생기면 책임자나 주임이 결정할 수 있으면 결정하고, 토론을 해야 하면 토론을 하고, 해당 부서나 기관에서 결정하기 어려운 경우에는 상부에 보고하고 결정을 의뢰해야 한다. 즉, 책임자가 바로 결정할 수 있으면 결정하고, 그렇지 않은 경우에는 토론을 통해 결정하는 것이 일반적이다.

2) 중국 공무원 참여 프로그램을 가능하게 한 인사 제도

이러한 '집체 영도 체계'는 관료주의의 병폐를 막기 위한 것으로서 국가적으로 강조되고 있는 사항이다. 장점으로는 개인적으로 판단하는 실수를 막을 수 있다는 것으로 중국 속담인 '세 사람이 모이면 제갈량보다 낫다'는 것을 반영한다. 그러나 의사 결정의 효율성이 낮다는 단점이 있다.

참고로 인사관리 부서는 행정부에서는 '인사국', 당에서는 '당 조직부'가 있다. 인사국은 부서에서 추천하는 과장급 이하에 대한 인사를 담당하고, 부국장 이상은 당 조직부에서 관리하고 있다. 기관의 책임자나 부서장이 '집체 영도 체계'를 따르지 않는 경우 공무원이 감사 체계에 신고할 수 있다. 행정기관에서는 '감사국'이 담당하고, 당에서는 고위직에 대해 '당 규율검사위원회'에서 감사하고 있다.

이처럼 공무원의 참여가 활성화되어 있는 배경에는 공무원 입직 후부터 토론에 대한 교육·훈련이 철저하게 이루어지고 있다는 사실이다. 이러한 과정을 통해 실질적으로는 정책의 집행 과정에서도 수시로 자기의 의견을 개진할 수가 있다. 이에 반해 한국의 경우에는 관료주의가 매우 심하다는 의견이 있다.

중국의 일반 공무원의 공무원 입직은 시험을 통해 공무원이 되는 것이 아니라 대학을 다니면서 인사기관에 자신의 경력과 전공 등을 작성해 공무원이 되겠다는 지원서를 제출해 놓는다. 이후 인사기관에서 여러 가지 경력을 검토해서 임용 대상자를 정하고, 임용 후보 전원을 일간지에 공시하게 된다. 일간지 공시(公示)를 통해 일반 인민 중에서 특정인에 대해 이의나 문제점을 제기하면, 인사기관에서 실질적으로 조사하고 문제가 드러나면 임용을 취소한다.

간부를 임명할 경우에도 '당 조직부'에서 신문을 통해 공시하고, 일반 사람이 문제가 있다고 지적하면 당 조직부에서 조사하고 임명을 하지 않는다. 일반 공무원이 과장, 처장, 국장 등으로 승진하는 것은 부서장의 추천이나 필요한 경우 당 조직부의 추천에 따라 결정된다. 이러한 승진은 특정 직위에서의 승진 연한에 제한이 없이 가능하고, 심지어 과장이 자신보다 상위 직위로 부하 직원을 승진 추천하고 있다.

3) 혁신과 중국 공무원 참여 프로그램/제도

일반 공무원이 혁신적 생각을 지니고 있으나 토론 과정에서 결정되지 않는 경우 상급기관에 별도의 보고 창구가 있다. 여기서 상급기관이라 함은 '상급 책임자' 또는 상급기관의 '정책연구실'을 의미한다. 특히 '정책연구실'은 상급기관 책임자의 일반 공무원 참모진으로 구성된 별도 부서로서 10여 명으로 구성되어 있으며, 국장급으로 이루어져 있다.

이들은 장관이나 책임자 교체시에도 신분을 계속 유지하며, 책임자가 자신의 이념, 관념과 맞는 사람을 임명할 수 있으나, 장관이 직접 임명하는 것이 아니고 당 조직부에서 추천한다. 한국처럼 국장, 과장, 계장 등 직급이 엄격하지 않으며, 운전기사, 과장, 계장 등 상하위 직급 간 동료의식을 지니고 있어서, 중국에서는 '월권'이라는 용어가 없다.

즉, 중국에서는 '군중 노선'을 유지하면서 사업을 수행하고 있다. 이는 '일반 국민과 잘 어울리면서 봉사하는 마음으로 사업을 해야 잘 할 수 있다'는 것을 의미하는 것으로서 '관료주의'의 배격 문화가 뿌리 깊다는 것을 보여준다. 이러한 관점에서 보면 한국의 노무현 대통령이 추진했던 '참여'나 '혁신'이 바람직하다는 의견이 있다.

중국의 경우 일반 공무원은 조직의 내부 의사 결정 과정을 잘 알고 있다. 전국적인 정책 결정과 관련해 의사 결정을 하기 위한 토론을 하는 경우, 일단 결정된 사항을 특정 당파에 얽매이지 않는 무당적이면서 국익을 추구하는 사람들로 구성된 '정치협상위원회'에 의견을 제시하고, 이 위원회에 소속된 사람들한테 토론을 하게 해서 의견을 조회한다. 한국의 청와대와 같이 대통령을 위한 조직은 별도로 없으며, 있다면 기관 전체의 사업을 위한 조직이 있다. 이는 '당중앙사무관리국'이라 하며 여기서 비서 업무를 수행하고 있다. 그리고 이 안에 당 주석을 위한 '판공실'이 있고 여기서 보좌한다. 예를 들면 후진타오(胡錦濤) 주석 판공실을 들 수 있다.

3. 일본의 공무원 참여 프로그램

1) 일반 현황

일본에서는 평상시에도 정부의 공무원들 사이에서 정보의 공유가 활발하게 잘 이루어지고 있다. 이는 모든 공무원들이 계원으로부터 시작하고 계원 각자의 업무 분장이나 업무 범위가 없이 팀제 형식으로 운영되기 때문으로 판단할 수 있다. 즉, 하향식(top-down)과 상향식(bottom-up)이 모두 잘 이루어지고 있기 때문이다.

정부 조직에서 국장이 일을 지시하면 과장이 이를 접수하고 좀 더 구체화시켜서 과장보좌와 함께 일을 수행한다. 그리고 나서는 다시 하부로 내리고, 하부에서는 세부적으로 좀 더 구체화해서 안을 만들어 올리는 형식과 과정을 거치게 된다. 과장이 국장과 의견이 다른 경우에는 선택안을 여러 가지로 해서 복수안을 올려 국장이 선택하게 한다. 그러나 많은 경우 국장 역시 국내(局內)의 회의를 통해서 최종안을 선택한다. 이에 반해 한국에서는 대부분 하향식(top-down) 방식으로 업무를 처리하며, 지시하는 대로만 업무를 이행하고 있다.

이러한 과정을 거치면서 일본의 경우에는 평상시 의사 결정 과정에서 직원들의 참여가 높게 나타나고, 수용도 또한 높은 것으로 나타났다.

2) 일본 공무원 참여 프로그램을 가능하게 한 인사 제도

일본에서의 공무원 채용시험 및 과정은 I종 시험, II종 시험, III종 시험으로 구분되어 있다. 이 중에서 I종 시험은 간부후보생 시험이고, II종 시험은 대학졸업자 시험, III종 시험은 고교 졸업자 시험으로 구분된다. 이들 시험의 종류를 보면 어느 시험에 합격하더라도 합격자는 공직 출발을 계원부터 시작하게 된다. 한다. 예를 들면, I종 시험에 합격한 사람은 3급에서 시작하고, II종 시험에 합격한 사람은 2급, III종 시험에 합격한 사람은 1급에서 시작한다. 이들 1, 2, 3 급은 모두 계원에 속하는 직위이다. 따라서 어느 공무원 시험에 합격하더라도 모두 간부직이 아닌 일반 계원에서 시작하는 것으로 이해할 수 있다. 다만, I종 시험에 합격한 사람은 한 직위에 머무르는 시간이 짧아 승진하는 속도가 빠르다는 차이가 있다.

〈표 8-8〉 일본의 공무원 채용 시험 및 과정

<table>
<tr><th>국가</th><th colspan="3">등급</th><th>비고</th></tr>
<tr><td rowspan="4">일본</td><td>11급
10급
9급</td><td>과장
실장</td><td rowspan="3"></td><td rowspan="4">채용시험
구분,
내부승진(최근
일부 개방형)</td></tr>
<tr><td>8급
7급</td><td>과장
보좌</td></tr>
<tr><td>6급
5급
4급</td><td>계장</td></tr>
<tr><td>3급
2급
1급</td><td>계원</td><td>I종 시험(간부후보생 시험)
II종 시험(대졸자 시험)
III종 시험(고졸자 시험)</td></tr>
</table>

I종 시험에 합격하면 각 등급에서 재직하는 기간이 짧아 빠르게 위로 승진할 수 있다. 그러나 I, II, III종 시험 모두 합격하면 복사 심부름을 하거나 커피 심부름을 하는 등의 계원 업무에서부터 시작한다. 그러나 우리나라의 경우 고시에 합격하는 경우 이를 받아들일 문화 풍토가 형성되지 않고 있다.

일본에서는 계원이든 계장이든 자기가 수행하는 일과 관련해서 좋은 아이디어가 있으면 제안할 수 있다. 그리고 일반 계원의 경우에는 국장 선까지는 의사소통할 수 있지만 대신(장관)에게 하는 것은 극단적인 상황인 것으로 본다. 이는 계원이 계장이든 과장이든 누구에게든지 얼마든지 아이디어를 제안할 수 있고, 일반적으로 아래로부터의 상향식(bottom-up) 업무 수행 방식이 일반화되어 있기 때문이다.

일본은 계원의 일이 정해져 있지 않고 자발적으로 일을 찾아서 하여 위로 올리고 있으며, 유교문화나 장유유서의 문화가 공무원 사회와는 관계없기 때문에 직무와 관련해서 자유롭고 활발하게 의사를 개진하고 토론하는 것이 가능하다. 반면에, 한국은 유교나 장유유서의 문화가 크게 작용하고 있어 일반 직원이 자신의 의견을 적극적으로 개진하는 것이 쉽지 않은 실정이다.

우리나라의 경우에는 공무원의 경우 일하는 풍토를 바꿔야 한다. 즉, 고시 시험에 합격했더라도 복사하고 커피 심부름하는 일까지도 받아들일 수 있는 자세나 분위기가 중요하다고 보는 것이다.

3) 혁신과 공무원 참여 프로그램/제도

공무원 참여를 가능하게 하는 혁신과 관련해 살펴보면, 일본의 공무원 사회에서는 '나쁜 아이디어라도 내지 않는 것보다는 내는 것이 좋다'고 생각하며, 채택이 되든 안 되든 신경 쓰지 않는다.

또한 공무원 임용 후 계원에서부터 공무원을 시작하는 것은 과거 옛

날부터의 관행으로 보고 있다. 제2차 세계대전 이전에는 우리나라와 마찬가지로 고시 제도가 있었으나 전쟁에서 패한 후 미군이 들어온 이후에 일본이 살아남기 위한 생존 전략을 모색하게 되었다. 즉, 제2차 세계대전 이후 미국의 행정 관행을 받아들이고, '신분사회'로부터 새로운 '평등사회'로 전환했다. 그리고 이러한 맥락에서, 제2차 세계대전 이전에는 고등고시 제도가 있었으나 제2차 세계대전 이후에는 현재와 같은 체계로 변하게 되었다.

그리고 공무원이 계원에서부터 승진할 때 일부 도도부현(都道府縣)에서 시험을 보는 경우도 있으나 특별히 공식적인 시험은 없다. 승진의 특정한 기준은 없고, 다만 인사원에서 계장을 몇 년 하면 승진한다는 일반적인 원칙과 기준이 있을 뿐이다. 또한 능력의 차이가 있더라도 입사 동기는 거의 같이 승진하고 있다. 즉, 인사원에서 승진 기준을 결정하고, 기수(동기)별 승진 원칙, 연공서열 승진 원칙이 있다. 과장 직위가 몇 개 없기 때문에 동기가 승진하는 데 승진하지 못하면 대신 '독립행정법인' 등으로 '출향(出鄕)'하는 제도가 있어 크게 문제되지는 않는다. 승진은 각 부처별로 인사과에서 정하며, 평정(評定)이나 다른 기준이 없다.

그러나 현재 일본 역시 근무성적 평정을 준비하고 있다. 이 부분에서는 한국이 앞서 있다고 생각한다. 지방정부의 경우에는 평정을 통해 승진시키고 있으나 중앙정부의 경우에는 아직까지 없다.

제9장

비정부 조직과 정책 집행

제9장 비정부 조직과 정책 집행

제1절 비정부 조직(NGO)의 의의

비정부 조직(NGO)은 시민운동 조직이자 풀뿌리 조직으로서 시민 사회의 요구를 수용하고 이를 지속적으로 국가 정책에 반영하려는 목적을 지니고 있다(이홍균, 1997: 139; 이재은, 2001)[10]. 비정부 조직의 확산과 역할 증대는 20세기 후반 서구 정치와 행정에서 정치인, 관료 및 정부 조직이 담당해 왔던 전통적인 역할을 근본적으로 변화시키고 있다. 이러한 변화는 제2차 세계대전 이후부터 점차 확대되기 시작한 비정부 조직의 정치적, 행정적 역할이 증대해 기존의 정치와 행정 체계에 질적인 변화를 만들어 내고 있기 때문이다(신광영, 1999: 29). 따라서 비정부 조직이 부상하게 된 배경에는 지금까지의 국가나 지방정부와 같은 공공 부문 조직의 역할 변화와 시민 사회 위상의 변화가 있다는 사실의 반증인 한편, 비정부 조직의 정책행위자(policy actor)로서의 위상을 파악할 수 있다. 특히, 아프리카나 남미 등 개발도상 지역에서는 NGO라는 용어가 상당히 일반적으로 사용되고 있는데, 이는 NGO[11]들이 다른 무엇보다도

---

10) NGO(non-governmental organizations)라는 용어는 비영리 조직(non-profit organizations: NPO)이나 민간자원 조직(private voluntary organizations: PVO), 자원 봉사 영역(voluntary sector) 등과 혼용되어 사용된다. 여기서는 논의 전개상 이들 개념을 동일한 것으로 본다.

11) 이들 NGO의 유형을 지칭하는 용어들은 매우 다양하게 나타나고 있다. 이들 용어를 살펴보면 다음과 같다(김인춘, 1997: 25; 김광식, 1999: 13-14). BINGOs(big international nongovernmental organizations); CBOs(community-based organizations); CB-NGOs

발전이라는 목표를 추구하고 있기 때문이다. 즉, 정부의 역할이 줄어들고 있는 과정에서 정치·경제적 세력으로서 민간 부문의 역할이 주목을 받고 있다(김인춘, 1997: 24).

일반적으로 민간단체로서의 비정부 조직은 다원화되고 분권화된 산업사회에서 공공 부문이 담당할 수 없는 영역을 중심으로 그 활동 영역을 점차 넓혀가는 한편, 공공 부문과 민간 부문을 연결하는 매개자로서의 역할을 수행할 것을 요구받고 있다.12) 특히, 정책행위자로서 정책의 결정, 집행, 평가라는 정책 과정에 영향을 미침으로써 국가 권력에 대한 견제와 통제의 역할을 수행하고 있다. 그러나 비정부 조직이 국가 정책에 미치는 영향은 다양한 방식으로 이루어지고 있다. 이는 비정부 조직의 속성이 매우 다양하기 때문에 나타나는 현상이기도 하지만, 또한 비정부 조직의 요구에 대한 정부의 반응이 요구의 내용에 따라서 또한 정부의 성격에 따라서 다르게 나타나기 때문이다(신광영, 1999: 40). 그리고 정책 쟁점에 따라서 비정부 조직의 정책 과정에 영향을 미치는 시점이나 단계 역시 상이하게 나타날 수도 있다.

(community-based nongovernmental organizations); DOs(development organizations); DONGOs(donor nongovernmental organizations); GONGOs(government-organized NGOs); GROs (grassroots organizations); GRSOs(grassroots support organizations); IDCIs(international development cooperation institutions); INGOs(international NGOs); NGDOs(nongovernmental development organizations); NNGOs(northern NGOs); POs (people's organizations); PSCs(public service contractors); QUANGOs(quasi-nongovernmental organizations); SCOs(social change organizations); SNGOs(southern NGOs); WCOs(welfare church organizations).

12) NGO들은 국가 활동에 대한 감시와 대안의 제시, 조직구성원이나 개별 사회집단의 이익 증대, 그리고 정부 활동의 대상을 벗어난 영역에서의 역할 증대라는 기능을 수행한다(김혁래, 1997: 51-52).

제2절 정책 집행의 의의와 행위자

1. 정책 집행의 의의

정책 과정은 대개 정책 형성(policy formulation), 정책 집행(policy implementation), 정책 평가(policy evaluation)로 구분되어 논의되는 한편, 이들 각각은 상호 밀접하게 연결되어 있다(Lasswell, 1975: 3). 즉, 정책 결정은 정책 집행을 전제로 하고, 정책 평가는 정책 집행이 완결된 후에 이루어지는 것을 전제로 함으로써 정책 집행은 분석의 주요 대상이 된다. '잃어버린 연결고리(the missing link)'라고 불리운 집행 과정에 대한 관심과 연구의 증대는 1970년대 들어서 활발하게 이루어졌다(Hargrove, 1975). 분명히 1970년대 초까지는 정책 집행을 정책 결정과 분리된 단순한 기술적 이행 과정이라는 가정[13)]하에서 간과된 부분이었다(deLeon & Overman, 1998: 484). 그러나 1960년대 후반 미국 존슨 행정부의 사회적 사업 계획들의 실패와 베트남전에서의 좌절 이후 정책 집행의 중요성을 간과하고 결정에만 관심을 두었다는 반성으로부터 정책 집행 논의가 시작되었다(Pressman & Wildavsky, 1979: 1-7; Berman, 1978: 157-158; deLeon, 1988: 29-34). 정책 집행에 대한 관심은 사회적 사업 계획들이 잘 집행되지 못하고 종종 그들이 의도한 명확한 목표들을 달성하지 못했다는 일반적인 인식에 대한 반영이다(Hargrove, 1977: 3). 따라서 정책 집행 연구의 시작은 집행을 한편으로는 비정치적이고 자동적인 과정, 다른 한편으로는 형식적이고 기술적인 차원에서 보고 있는 고전적 집행관을 거부하기 위한 것으로 볼 수 있다(김병준, 1984: 488-489). 그리고 한국의 경우에는 1980년대 이후에야 비로소 정책 집행

13) 그러나 실제로 한번 결정한 정책이 그대로 충실하게 집행되었다고 하는 경우에도 그 정책 집행은 현실과 동떨어진 경우가 흔하다는 지적이 있다(박원표, 1999: 38).

분야에 대한 관심과 연구가 활발하게 나타났다[14].

이러한 정책 집행은 주어진 목표를 달성하기 위한 단순한 활동이라기보다는 과정적이고 상호 작용적인 측면에서 주로 논의되어 왔으며(Brewer & deLeon, 1983: 256; Pressman & Wildavsky, 1979: 14-15; Alexander, 1985: 405-426), 지금까지의 집행 연구는 대부분 조직 내에서 활동하는 개인이나 조직에 초점을 두고 진행되어 온 것으로 볼 수 있다(Yanow, 1993: 42). 그리고 이제까지 대부분의 연구는 정책 발원지가 정부라는 관점으로부터 정부의 시각에서 정책 결정 구조와 정책의 합리적 결정, 그리고 정책 결정 의도의 구체화로서의 정책 집행에만 연구의 초점을 두어 왔다[15]. 이와는 달리 정책 집행을 특정 정책에 관해 이해관계가 있는 다양한 행위자들 간의 상호 작용으로 이루어진다는 과정론적 관점에 입각해 살펴볼 수 있다. 이때 논의의 초점은 집행기관 중심의 연구와 행위자 간의 정치적 상호 작용에 관한 연구의 두 가지로 구분해서 살펴보는 것이 가능하다. 집행 과정에서 나타나는 다양한 행위자들 사이의 상호 작용이 언제나 중요한 위치를 차지하는 것은 아니지만, 다만 집행기관의 통제력이 커서 다른 행위자들의 행태를 집행기관의 의도대로 이끌 수 있는 경우 정책 성과는 집행기관의 관리 체계 및 관리 능력의 문제로 귀착되고 연구의 초점 역시 집행기관에 두어지게 된다. 반면에 권력이 다원화되고 시민들의 참여 욕구도 커지며 정책 문제의 복잡성으로 인해 집행기관의 통제력이 약화되는 경우에는 집행 효과성이 떨어지게 된다(김병준, 1985: 307-308). 따라서 이 경우에는 정책 집행의 대상 집단에 대해 연구의 초점이 두어진다.

---

14) 1980년대 한국에서의 대표적인 정책 집행 연구들은 다음과 같이 살펴볼 수 있다; 유훈, 1983: 137-155; 김병준, 1984: 479-492; 김형렬, 1985: 67-83; 김문성, 1987: 399-415.

15) 이러한 경향 역시 비판적 시각에서 보는 경우에는 정책만 잘 결정되면 집행은 자동적으로 이루어진다는 고전적 집행관의 범주에서 벗어나지 못하는 것이라고 볼 수 있다(이종엽, 1998: 140).

지금까지 살펴본 바대로 현재까지의 정책 집행 연구 대상에 대한 초점은 정책 집행 기관과 대상 집단으로 대별되어 논의되어 왔다. 그러나 오늘날에 와서는 국가와 지방정부를 포함한 공공 부문 조직의 역할 변화와 시민 사회의 위상 변화가 나타나고 있다. 특히 정부의 역할이 감소하고 정치·경제적 세력으로서 시민 사회의 역할이 주목받게 됨에 따라 비정부 조직(NGO)의 역할에 대한 검토를 통해 정책행위자로서의 위상을 지니는 것으로 파악된다(김인춘, 1997: 24). NGO는 비정부 조직이자 풀뿌리 조직으로서 시민 사회의 요구를 수용하고, 이를 지속적으로 국가 정책에 반영하려는 목적을 지니고 있기 때문이다(이홍균, 1997: 139).

일반적으로 정책 집행은 목표의 설정과 이를 달성하기 위한 활동 간의 상호 작용으로 이해될 수 있다(Pressman & Wildavsky, 1979: xxi). 그러나 정책 집행(policy implementation)에 대한 연구는 1980년대 초의 정책 집행 연구의 두 가지 접근법인 하향식 접근법(top-down approach)과 상향식 접근법(bottom-up approach)에 의해 상이한 관점에서 이루어졌다고 볼 수 있다. 따라서 정책 집행의 개념에 대한 고찰 역시 이들 접근법에 따라 상이하게 논의될 수 있고, 정책 집행에서의 NGO 역할 및 활동 또한 이들 접근법을 중심으로 가능성을 탐색해 볼 수 있다.

먼저, 하향식 접근법은 전통적인 정치적 책임성에 기초하는 공공정책 과정에 대한 합리적·계층제적, 중앙집권적 관점을 가정으로 삼고, 선출직 공무원들을 선거 과정을 통해 시민들에게 책임을 지는 합법적 정책 결정자라고 보고 있다(Van Meter & Van Horn, 1975; Sabatier & Mazmanian, 1980). 여기서는 집행이 의회에서 통과된 법안이나 대통령 또는 임명직 관료들에 의해 결정된 정책으로부터 출발하고, 정책의 성패를 결정짓는 중요 요인으로 분명하고 일관된 목표의 설정을 든다. 즉 하향식 접근법은 논의의 출발점을 정책 목표로 하고 있으며, 성공적인 정책 집행에 영향을 미치는 요인들을 포함하는 이론적 준거 틀을 만드는 데 노력을 기울이는 것으로 볼 수 있다(김병섭, 1988: 46-47). 이러한 관점에서 반 미터와 반 혼(Van Meter & Van Horn, 1975: 447)은 정책 집행을 이미 이루어진 정책 결정에서 제시된 목표를 달성하기 위해 공공 및 민간의 개인과 집단이 하는 일련의 활동으로, 브루어아 데 레온(Brewer & de Leon, 1983: 256)은 정책 집행을 목적이나 목표, 수단을 포함하고 있는 공공정책에 대한 광범위한 진술을 구체적인 활동으로 전환시키는 복잡한 과정으로 보고 있다. 하향식 접근법의 관점에서 본 정책 집행의 개념을 살펴보면, 정책 집행은 정책 결정자 또는 법규에 따라 지시된 바대로 정책을 수행하는 것으로서, 집행은 정책 결정 과정에서 구체적으로 정해지고 합의된 사업 목표를 실현하는 기술적 과정으로 볼 수 있다(이승종, 1993: 86; 박경효, 1990: 1011).

상향식 접근법은 정책을 역동적이고 분권화된 과정의 결과로, 정책 집행을 하나의 적응 과정(adaptive process)으로 본다(Elmore, 1979). 정책 집행의 과정에 많은 조직이 포함되고, 정책 결정자들이 집행의 어려움을 예상할 수 없기 때문에 실질적으로 일선 관료들에 의해 정책을 수정할 기회가 많이 있다. 여기서는 집행 과정에 가상 큰 영향력을 행사하는 집단은 명목적인 통제를 담당하는 정책 결정자가 아니라 전문성과 지식을 지닌 일선 집행자이므로 일선 집행관료와 대상 집단의 행태를 고찰할 경우에 비로소 집행 과정에 대해 이해할 수 있다고 본다. 또한 상향식 접근법에서는 분명하고 일관된 정책 목표의 가능성을 부인하고, 정책 목표 대신 집행 문제(implementation problem) 해결에 논의의 초점을 맞춘다. 그러므로 집행에 참여하는 행위자들(implementing actors) 사이의 상호 작용 또는 협상을 중시하고, 집행의 정치적 성격, 하부 집행관료의 역할, 기술적 능률성보다는 고객 요구에 부응하는 집행, 정책 과정의 순환성 등을 강조한다(박경효, 1990: 1011). 이러한 관점에서 정책 집행은 과정적 측면에서 상이한 수준에 있는 수많은 조직 사이의 상호 작용과 조정으로서 특정 정책에 관해 이해 관계가 있는 다양한 행위자들이 그 정책을 중심으로 상호 작용하는 과정(김동현, 1984: 342; 김병준, 1984: 481; 1985: 307)으로 이해된다.

그러므로 이들 정책 집행에 대한 두 접근법 중 정책 집행에서의 NGO 역할을 이해하고 NGO 활동의 여지를 둘 수 있는 것은 상향식 접근법의 관점에서 가능하다. 즉, 집행기관뿐만 아니라 대상 집단으로서의 고객 또는 시민, 이해 관계자들, 그리고 NGO들의 활동은 집행 과정에서의 상호 작용과 조정 과정에서 이루어질 수 있기 때문이다.

또한 여기에서 정책 집행은 행정(administration)이나 관리(management)와는 개념상 구별이 된다는 점을 전제로 한다. 비록 이들 개념이 조직의 목적 달성이라는 측면에서는 유사한 내용을 지닌다고 할지라도, 체계상의 측면에서 볼 경우에는 다소 차이가 있다. 즉, 정책 집행을 상위 체계로, 행정이나 관리는 정책 집행의 하위체계(subsystem) 개념으로 파악할 수 있다(김형렬, 1985: 69). 이러한 개념의 파악은 행정이나 관리가 능률성에 초점을 둔 조직 구조와 과정이라고 한다면, 정책은 효과성에 초점을 맞춘 단위 사업과 계획이라고 하는 기준에 따라 구별될 수 있다(Williams, 1982: 1-16). 여기서는 정책이 결정되어 집행되는 과정에서 그것이 일상화(routinization)될 때까지를 정책 집행으로 본다. 그리고 정책 집행의 종결이 곧 어떤 변화도 더 이상 발생하지 않는다는 것을 의미하는 것은 아니며, 단지 집행의 국면이 정상적인 운영 절차로 대치된다는 것을 의미한다(Schneider, 1982: 716-717).

2. 정책 집행의 행위자

정책 집행에 영향을 미치는 요인에 대한 연구의 관점은 연구의 초점에 따라 다양하게 구분할 수 있다. 즉, 연구 내용에 따른 사례 연구와 규범적 연구, 연구 방법에 따른 질적 분석과 계량 분석, 정책 유형에 따른 규제정책, 분배정책, 재분배정책, 또는 연구접근법에 따른 하향식 접근법과 상향식 접근법 등으로 나누어 살펴볼 수 있다.

그리고 정책 집행에 영향을 미치는 요인들을 정책의 내용, 정책 문제의 성격, 집행을 둘러싼 환경 및 집행 맥락, 집행기관 및 대상 집단의 특성 등을 중심으로 파악할 수 있다. 정책의 원천 또는 발원지(source), 정책의 명료성(clarity), 정책에 대한 지지(support), 행정의 복잡성, 집행가에 대한 인센티브, 자원 배분 등도 정책 집행의 영향 요인으로 생각해 볼 수 있다(Brewer & de Leon, 1983: 266-274). 또한 집행 과정에서 활동하는 행위자들(policy actors) 역시 정책 집행에 영향을 미치는 요인이 된다. 예를 들면, 정책 집행 과정에서의 행정부, 입법부, 사법부, 지방정부, 이익집단, 정책 대상 집단, 시민, 비정부 조직(NGO) 등의 활동은 정책 집행에 영향을 미친다.

따라서 여기서는 정책 집행에서 비정부 조직(NGO)의 역할을 살펴보기 위해 정책 집행 영향요인 중 행위자를 중심으로 논의하고자 한다. 그리고 논의의 초점을 정책 집행의 주체이자 집행기관으로서의 정부(governments)[16], 대상 집단으로서의 시민(citizens), 그리고 조정자이자 공익 실현자로서의 비정부 조직으로 구분해서 살펴보고자 한다.

먼저, 정부는 앞서 살펴본 바와 같이 행정부는 물론 입법부와 사법부 등 각 정부기관을 포괄하는 의미로 사용된다. 그러나 좀 더 구체적으로 정책 집행은 각 정부기관에서 각각의 정책을 실제로 집행하는 집행인, 즉 행정관료나 공무원에 의해 수행되고 있다. 정책 집행의 행위자로서의 정부는 사실상 집행을 직접 담당하는 집행인에 의해 이루어진다고 볼 수 있으므로 여기서는 집행인을 중심으로 논의한다.[17] 집행인은 성공적인

16) 우리가 일상적으로 사용하는 정부(government)라는 말은 국가와 같이 입법·사법·행정부를 포괄하는 광의로 사용되기도 하고 또는 행정부(the executive)만의 협의로 이해되기도 한다(이도형, 2000: 34). 여기서는 정부를 광의의 의미로 이해한다.

정책 집행에 영향을 미치는 요인으로서 집행인과 관련된 요인을 다음과 같이 살펴볼 수 있다(이승종, 1993: 85-93).

첫째, 집행인이 정책 목표에 동의하고 의욕적으로 노력하면 자원 및 기술의 제약, 정책 결정자 및 환경으로부터의 지지 부족, 나아가서는 집행인 자신의 능력 부족 등과 같은 집행상의 여러 가지 애로와 난관도 완화될 수 있고, 그 결과, 정책은 성공적으로 집행될 수 있게 될 것이다. 그러나 정책의 목표가 관료들의 신념과 욕구에 상치될 때 집행인은 정책 집행에 의욕을 보이지 않을 것이며 오히려 정책 집행을 방해할 수도 있다. 따라서 정책은 집행인의 목표에 대한 동의(consensus)의 정도가 클수록 더 성공적으로 집행될 것이다.

둘째, 성공적인 정책 집행을 위해서는 집행인의 정책에 대한 순응 확보를 위한 적절한 동작화 기제(action-forcing mechanism) 또는 관리 전략(management stratigies)의 수립이 필요하다. 그럼에도 불구하고 지금까지의 정책 집행 연구는 다른 요인에 비해 상대적으로 인적 요인, 그중에서도 집행인의 정책에 대한 동기 요인을 소홀히 취급해 왔다. 이러한 집행인에 대한 관리 활동은 보상적 관리 활동과 강제적 관리 활동으로 구분할 수 있으며, 이는 집행인의 정책 목표에 대한 동의의 정도와 연계되어 설명할 수 있다. 즉, 정책 목표에 대한 집행인의 동의가 높을 경우에는 집행인에 대한 강제적 관리 활동의 효과가 큰 반면에, 동의가 낮을 경우에는 보상적 관리 활동의 효과가 상대적으로 크게 나타난다. 결국, 집행인에 대한 관리 활동이 효과적일수록 집행 성공의 가능성이 높은 것으로 나타난다.

또한, 시민은 정책 집행의 대상 집단으로서 집행에 영향을 미치는 요인이 된다. 정책의 내용에 따라서는 정부의 활동만으로는 정책 집행이

---

17) 정부는 추상적이고 모호한 법이나 위임된 사항을 집행하기 위해 시행령, 시행규칙, 행정지침을 만든다. 이와 같은 정책의 구체화(policy specification) 과정(최성모·송병주, 1992: 780)에서는 집행인의 역할이 더욱 중요한 것으로 나타난다.

이루어질 수 없는 경우가 있다. 정부의 활동과 함께 시민이나 대상 집단의 행동이 있는 경우 정책 집행이 효과적으로 이루어지는 경우가 있다. 이 같은 정책 대상 집단의 정책에 따르는 행동은 정책 집행 기관에 의해 유발되어야 한다는 점에서 집행 과정에 포함된다. 이와 함께 정책엔 반드시 그 대상 집단, 즉 해당 정책의 집행으로부터 수혜를 받거나 피해를 받는 집단이 있기 때문에 이들이 집행에 영향을 미치게 된다(박재희, 1993: 39). 또한 정책을 집행하는 행정기관의 입장과 행정기관의 정책 집행을 대하는 시민의 입장에서 보면 상반된 견해를 갖기 쉽다. 정책 집행과 시민과의 관계는 행정에 대한 능률성보다는 상대적으로 시민에 대한 책임성을 강조하고, 정책에 대한 민주성을 강조하게 되면서 더욱더 의미가 있게 되었다. 특히 시민의 의식 구조 변화와 행정의 전문화, 다양화에 따라 확대·강화되어 온 행정의 독선을 방지하는 데도 그 의미가 있다(장덕제, 1998: 127). 즉, 정부와 시민 사회는 서로 돕고 통제하면서 동반자 관계(partnership)로 움직여야 하기 때문이다(Giddens, 1999: 132). 이러한 맥락에서 시민은 성공적인 정책 집행에서 다음과 같은 의미를 지니고 있는 것으로 파악된다.

첫째, 정책 집행 과정에 대한 시민들의 개입은 정부로 하여금 정부가 내리는 결정과 집행에 대해 더 많은 법적 책임을 지도록 만든다(Widner, 1997: 395). 만일 시민들이 정부의 문제 해결 과정에 개입하지 않거나 책임 있는 자세를 보여주지 못하는 경우에는 정부가 대부분의 문제를 해결할 수 없게 되기 때문에 시민들 역시 정부의 정책 과정에 대한 적극적인 개입이 요구된다.

둘째, 정책 집행 과정에서 주도적인 역할을 하는 행정관료들은 집행의 주체인 동시에 시민 사회 구성원으로서의 역할 수행이 필요하다(Jun, 1999: 225). 관료들이 시민 정신의 미덕을 배양하지 않을 경우에는 공동체 사회에서의 시민들과 효과적으로 신뢰 구축 관계를 형성할 수 없게 된다. 따라서 시민 사회의 일원으로서 관료들은 시민들과 함께 업무를 수행할 수 있는 능력을 배양하는 것이 필요하다.

셋째, 정책 집행 과정에 대한 시민의 개입과 참여는 집행의 자율성과 공공성 확보를 가능하게 해 준다. 정책 집행 과정에서는 다수의 이익집단이 이익 보전을 위해 개입하게 됨으로써 집행 관료들의 공익적인 목적 달성 활동의 수행이 위협받게 된다. 따라서 집행 과정에 대한 시민의 개입과 감시, 통제가 수반되는 경우에는 이익집단에 대해 집행 관료들이 자율성과 공공성을 확보하기가 수월해진다.

그리고, 비정부 조직은 시민 사회가 발전하는 데 중요한 역할을 수행해 온 한편, 정부의 능력만으로는 해결하기 어려운 정책 과제의 수행에 관한 활동을 하고 있다. 예를 들면, 환경 보존, 소비자 보호, 인권 보장, 분배 구조의 개선, 부정부패의 추방, 여성 인권, 아동 보호 등과 같은 다양한 사회적 쟁점이나 전 지구적 과제들은 정부의 능력만으로 해결하기가 어렵다. 이러한 정책 과제의 해결에는 경직된 정부 조직보다는 오히려 유연성, 효율성, 창의성을 지닌 비정부 조직이 더욱 효율적일 수 있다(김영래, 1998: 147). 한편, 앞서 살펴본 정부 부문과 시민 사이에서 자율적 결사체인 비정부 조직들은 정부와 시민을 연결시켜 주는 매개체로서의 역할을 수행하고 있다. 시민들이 직접적으로 정부와 대등한 관계에서 정책 과정에 참여하기 쉽지 않다는 점을 고려할 때에는 정책 참여자로서 비정부 조직의 역할이 부각되고 있다. 성공적인 정책 집행에 있어서 비정부 조직이 차지하는 역할을 다음과 같이 살펴볼 수 있다.

첫째, 비정부 조직은 정책 집행의 정당성을 부여해 주는 역할을 한다. 특히, 공론화와 대중적 지지동원을 통해 정부의 결정 및 집행활동에서의 실효성을 증대시켜준다. 이와 함께 기능 수행의 측면에서 정부는 복합적인 기능을 수행하고 있는데 반해 비정부 조직은 단일 현안 또는 단일 문제에 집중함으로써 집행 과정에 도움을 줄 수 있다(주성수·서영진, 2000:

25-27).

둘째, 비정부 조직의 대상 활동 영역과 범위에 따라 그 기능을 살펴보면 비정부 조직은 국가 활동에 대한 감시와 대안의 제시, 조직구성원이나 개별 사회집단의 이익 증대, 그리고 정부 활동의 대상을 벗어난 영역에서의 역할 증대 등이 있다. 이들 활동에 따라 비정부 조직은 역할 수행 방식이 달라진다. 즉, 국가 활동에 대한 감시나 대안 제시를 하기 위한 비정부 조직은 압력집단, 개별 조직구성원이나 사회집단의 이익증대를 위해서는 자율적인 행위자, 그리고 정부 영역을 벗어난 영역에 대한 활동을 주요 대상으로 할 경우에는 국가와의 경쟁적 또는 협조적 행위자로서의 역할을 수행한다(김혁래, 1997: 51-52).

셋째, 비정부 조직은 공공 서비스의 생산과 분배, 그리고 공공재에 대한 수요 파악을 용이하게 해 주는 역할을 수행한다. 사회 각 분야에서 파악되지 않은 공공 서비스에 대한 수요의 파악과 충족에 효과적인 수단이 된다. 한편, 비정부 조직은 전국을 대상으로 하기보다는 지역 사회를 기반으로 하고 있기 때문에 정부에서 미처 파악하지 못한 지역 사회의 행정 서비스나 특정 계층에게만 필요한 공공재에 대한 수요의 파악을 비교적 쉽게 할 수 있다(이근주, 1999: 8-9).

넷째, 비정부 조직은 정책 집행 과정에서 시민과 정부, 지방정부와 중앙정부 간의 신뢰 자원(trust capital)을 창출하고 유지하는 역할을 수행한다. 즉, 비정부 조직은 정부의 정책 집행 과정에서 시민과 정부 간의 필수적인 상호연대의 연결고리로서 신뢰성을 확보하고 유지시켜 주는 기능을 수행한다.[18)]

18) 신뢰 자원으로서의 비정부 조직의 역할이야말로 비정부 조직의 다른 어떤 기능이나 역할보다 중요한 의미를 지닌다고 볼 수 있다.

3. 비정부 조직과 정책 집행

1) 비정부 조직의 역할

최근 시민 사회(civil society)는 사회경제적 발전과 복지 분배와 관련된 각종 이익의 주요 조정 및 통제 장치인 국가(state)를 중시하는 입장에 대한 대안으로서 다시금 조명받고 있다. 사적인 목표보다는 공공의 목적을 중시하면서 국가 정책에 영향을 미치는 자발적 집단으로서의 시민 사회는 국가의 과도한 규제와 통제의 남용과 순순한 시장의 힘 사이의 중간, 즉 개인과 국가 사이에 존재하는 가족, 자발적 조직, 학교, 교회, 이웃, 공동체 등과 같은 결사체적 기관들을 중추로 삼아 구성되어 있다(송희준, 1999: 14). 이러한 맥락에서 비정부 조직은 정치 권력이 행사되는 국가의 영역과 경제적 이익을 추구하는 시장의 영역이 아닌 공공 영역에서 사회적 변화나 개혁을 목적으로 활동하는 자발적인 결사체라고 볼 수 있다(신광영, 1999: 32).

대체적으로 비정부 조직의 역할은 두 가지 측면에서 그 중요성을 더하고 있다. 즉, 자선 활동(charitable actions), 교육, 연구 등과 같은 운영 활동과 금연운동이나 낙태 금지 운동 등과 같은 압력단체의 결성 등의 측면이 그것이다(Archer, 1998: 1505). 또한 이들 비정부 조직의 활동은 정부 영역의 정책 과정에서 다양한 형태로 나타나고 있다. 과거의 단순한 조언이나 정보를 제공하는 비정부 조직에서부터 각종 정부위원회에 대한 참여, 그리고 입법 청원과 언론을 통한 여론 압박 및 시위를 직접 전개하는 비정부 조직에 이르기까지 비정부 조직의 활동 양식은 다양하다. 정책 과정과 관련한 비정부 조직의 특징과 역할을 살펴보면 다음과 같다.

첫째, 비정부 조직은 정책 형성 과정에서 정책 제언자(advocacy)적 역할을 수행한다. 정책 과정에서의 정책 제언자 역할을 좀 더 구체화한다면, 정책 의제 설정 단계에서 비정부 조직은 시민의 요구 사항을 관철시키기 위해 여론을 형성하거나 정책 대안을 제시하게 된다(임승빈, 1999: 12-13).

둘째, 비정부 조직은 자발적인 결사체로서 개별 구성원들에 의해 구성되고, 비영리를 목적으로 한다. 이러한 비정부 조직은 정책과 관련해 살펴보면 비당파적(non-partisan) 특성을 지니고 있다(김영래, 1998: 151). 즉, 비정부 조직은 특정 정치집단의 정책을 지원하기 위한 것이 아니고 불특정 다수를 위한 공공선을 추구하기 때문에 비당파적 특성과 함께 자율성을 지니고 있는 것이다. 특히, 이 같은 특성은 정책 집행의 경우에는 좀 더 명확히 나타난다.

셋째, 비정부 조직은 공공 서비스의 비용을 절감하기 위한 공공 서비스의 공동 생산 역할과 기능 및 집행 업무를 수행한다(정동근, 2000: 109). 이는 정부와 비정부 조직 간에 일정한 파트너십을 구축하는 것이다. 정부와 비정부 조직이 공동 협력하는 경우, 정부에서는 정책 대상 집단과의 상호 작용을 통해서 공공 서비스를 더 효과적으로 전달할 수 있으며, 비정부 조직 구성원들로부터 사전 의견 수렴을 통해 더 많은 정보 수집 및 원활한 관계형성에 도움이 된다. 그리고 비정부 조직 입장에서는 정책 과정에 좀 더 쉽게 접근할 수 있고, 자신들의 부족한 전문 지식을 정부 내부 자원을 활용함으로써 보완할 수 있다.

넷째, 비정부 조직은 정책 집행 과정에서 관료 행태를 변화시키는 역동체로서의 역할을 수행한다(임승빈, 2000, 116). 즉, 현대 관료제가 갖는 문제인 획일적인 대응, 개별성이나 창조적 행동의 억제, 형식주의 등 관료주의적인 행정 조직이나 공무원의 행태를 시민 위주로 쇄신할 수 있는 개혁의 계기로서 비정부 조직의 역할을 활용할 수 있다. 예를 들면, 민간위탁을 통해 지역의 복지관, 문화회관, 지역 이벤트의 개최 등 기존의 정부 부문에서 비정부 조직을 활용하는 것은 정부에서 제공하는 공공 서비스가 빠지기 쉬운 매너리즘에서 탈피해 대상자에게 더 친근감 있게 접근할 수 있는 이점이 있으며, 대민 행정에서 획일적인 서비스를 지양하고 시민들의 다양한 개별적인 요구에 대응해 친절하고도 전문적인 서비스를 제공하는 효과도 거둘 수 있는 장점이 있다.

다섯째, 비정부 조직은 그들의 기술이나 전문성을 활용해 특별한 프로젝트나 조사, 일상 업무 등에 참여함으로써 공무원들의 시간을 자유롭게 해서 정책 집행 과정에서 공무원들이 전문성을 요하는 업무에 전념할 수 있도록 해 줌으로써 긴급한 업무에 열중하게 할 수 있다(임승빈, 2000: 117).

여섯째, 비정부 조직은 정부가 위임하거나 방임하고 있는 건강·교육·복지·문화·환경·인권 등과 같은 공익을 실현하는 역할을 수행한다(박상필, 1999a: 170). 정부는 사회구성원 전체에 공통된 이해 관계를 독자적으로 실현하는 데 한계가 있다. 또한 급속한 사회 변동에 제대로 적응하지 못하고 중요한 사회적 가치를 그대로 방치하고 있다. 그뿐만 아니라, 정부는 독점적인 지위를 이용해서 그 권한을 자의적으로 사용하거나 부패할 개연성을 항상 지니고 있다. 이러한 문제로 인해 비정부 조직은 정부와 협력하거나 독자적인 노력으로 공공의 이익을 추구한다.

2) 비정부 조직과 정부·정책의 관계

정책 집행에서 비정부 조직의 역할을 살펴보기 위해서는 먼저, 비정부 조직과 정부의 관계에 대해 논의할 필요가 있다[19]. 비정부 조직과 정부와의 관계를 살펴보면, 비정부 조직의 재정적 자율성과 활동의 자율성을

19) 이 외에도 시민 사회와 국가의 관계에 대한 논의를 출발점으로 할 수도 있다. 예를 들면, 무젤리스(Nicos P. Mouzelis)는 서구식 절대주의와 산업혁명을 경험하지 못한 후발 국가에서의 국가와 시민 사회의 관계를 통합모형(integrative mode), 결합적 클라이언트 모형(incorporative clientelistic mode), 그리고 결합적 민중주의 모형(incorporative populistic mode)으로 나누어 설명한다(Mouzelis, 1995: 231-237; 송희준, 1999: 15-17).

기준으로 삼아, 비정부 조직과 정부의 관계를 협력형, 종속형, 자율형, 그리고 권위주의적 억압 또는 민주적 포섭으로 구분해 볼 수 있다(박상필, 1999b: 264-265). 여기서 종속형은 재정적 측면과 활동적 측면 모두에서 자율성이 낮은 형태로서, 비정부 조직이 재정을 정부에 의존하고 있을 뿐만 아니라 활동을 할 때 정부의 제한을 크게 받는 유형이다. 협력형은 재정적인 측면에서의 자율성은 낮지만 활동의 자율성은 높은 경우이다. 따라서 비정부 조직은 재정의 일부분을 정부로부터 지원을 받지만 활동면에서는 정부의 제한을 거의 받지 않는다. 권위주의적 억압 또는 민주적 포섭은 비정부 조직의 재정적 자율성은 높지만 활동의 자율성은 낮은 형태이다. 이는 비정부 조직이 대부분의 재정을 충당하면서도 민주화가 이루어지기 이전에는 권위주의 정권의 억압에 의해 활동의 자율성을 박탈당하고, 민주화 이후에는 민주적 정부의 포섭에 의해 활동의 자율성을 제대로 확보하지 못한 경우이다. 마지막으로 자율형은 재정과 활동의 자율성이 모두 높은 형태로서 비정부 조직은 정부의 지원을 거부하고 스스로 재정을 충당할 뿐만 아니라 활동에서도 정부의 제한이나 억압을 거의 받지 않고 자율적으로 활동하는 경우이다.

그리고 이와는 달리 비정부 조직의 성격과 시민 사회 요구에 대한 정부의 수용 정도에 따라 비정부 조직과 정부와의 관계를 네 가지 유형으로 구분할 수 있다. 비정부 조직의 유형을 갈등형 NGO(conflict NGOs)와 합의형 NGO(consensus NGOs)로 구분[20]하고, 정부의 수용 정도를 기준으로 수용형과 비수용형으로 나누어 비정부 조직과 정부의 관계[21]

20) 여기서 갈등형 비정부 조직은 기존의 사회적 질서와 국가의 정책을 변화시키고자 하는 시민 사회의 단체들로서 적은 소수의 인구에 의해서 지지를 받는 것을 특징으로 한다. 예를 들면, 국제사면위원회, 노동조합, 여성운동단체, 민권운동단체 등이 이에 속한다. 반면에 합의형 비정부 조직은 대부분 비정치적이고 인도주의적인 활동을 주된 목적으로 하는 비정부 조직들로서 인구의 다수에 의해서 심정적 지지를 받는 목적을 실현하기 위해 활동한다. 예를 들면, 적십자사(Red Cross), 음주운전 반대모임, 교통안전운동모임 등이 있다(신광영, 1999: 32-34).

21) NGO와 정부간 관계의 변천은 탄압과 저항단계, 비우호적 견제단계, 견제와 보완단계,

를 살펴보면 포섭적·갈등적·협조적·지배적 관계로 구분된다(신광영, 1999: 34-40). 포섭적 관계는 갈등형 비정부 조직의 요구를 정부가 적극적으로 수용하는 경우에 나타나는 비정부 조직과 정부와의 관계이다. 갈등적 관계는 대부분의 시민 사회 내의 사회운동 단체들과 정부와의 초기적 관계에서 찾아볼 수 있다. 비정부 조직의 대부분은 사회운동 단체 형태로 존재하기 때문에 정부의 정책이나 권력 행사 방식에 대한 비판과 저항이 이들 단체들의 주된 활동이었다. 협조적 관계는 인도주의적 관점에서 활동하고 있는 비정부 조직과 이를 후원하는 정부 사이에서 찾아볼 수 있다. 협조적 관계 가운데 비정치적이고 비갈등적인 쟁점이라고 볼 수 있는 빈민 구호나 의료 지원 등 활동의 경우에는 너무 지나치게 정부의 후원을 받아서 이루어질 정도로 비정부 조직과 정부와의 관계가 밀착되어 있는 경우도 많이 나타났다. 지배적 관계는 합의형 비정부 조직을 비수용적 국가가 지배하는 유형으로 권위주의 국가들에서 시민 사회 조직에 대한 국가의 통제 형태로 등장했다. 그러므로 시민 사회 조직은 자율성을 잃게 되고 비정부 조직으로서의 의미를 상실할 수도 있다. 국가가 합의형 비정부 조직의 장(長)을 임명하거나 재정을 통제하는 방식으로 이러한 지배가 이루어졌다.

이러한 비정부 조직과 정부와의 관계와 함께, 비정부 조직은 조직의 유형이 국제적이든, 국내적이든 또는 대중적이든지 간에 비정부 조직 자체가 지니고 있는 설립 목적이나 활동의 목적을 달성하기 위해 어떤 형식이든 정치에 참여한다. 이 같은 정치 참여(political participation)는 일반적으로 정부의 구조나 정부의 정책 결정 과정에 영향력을 행사하려는 시민이나 단체의 행동을 의미하는 것으로서, 비정부 조직의 정치 참여는

그리고 협력 관계의 확대단계로 구분하여 설명할 수 있는 한편, 협력적 관계형성의 장애요인으로는 정부 및 정치권의 당리당략적 접근, 형식적인 참여구조, 시민단체의 활동을 가로막는 제도적 장치 및 정부의 비협조적 태도, 그리고 부정적 시민의식 등을 제시할 수 있다(박병옥, 2000: 166-173).

세 가지 차원, 즉 수단적(instrumental), 지역적(localized), 그리고 정치적 권한 부여(political empowerment) 차원에서의 정치 참여가 그것이다(김영래, 1998: 162-164). 수단적 정치 참여는 초기에 선진국에서 후진국에 대한 원조를 중심으로 조직된 것으로서, 비정부 조직의 정치 참여는 외부 또는 엘리트 행위자들에 의해 주도되며, 이러한 형태의 정치 참여는 원조 계획과 같은 프로젝트의 효과적 수행이 제1의 과제로, 이와 같은 과제의 수행을 위해 비정부 조직은 수혜자들의 참여를 제한시키면서 조직의 활동에 대한 통제가 국가, 정당, 또는 외부 기구에 있도록 하는 것이다. 지역적 정치 참여는 정치 참여에 관련되어 있는 구성원이 자신들의 일을 처리할 능력을 지니고 있으며, 지역 조직에 의한 실질적 통제에는 참여하지만, 사회 변화 과정에 대한 광범위한 참여는 촉진시키지 않는 경우를 의미한다. 정치적 권한 부여 참여는 급진적인 비정부 조직에 의해 옹호되고 있는 정치 참여를 의미한다. 즉, 정치적 권한 부여 정치 참여는 지방적 수준에서 공동체 성원에 의한 더욱 확대된 참여뿐만 아니라 국가 정책 결정 과정에서 제외된 집단에 의한 정치 참여도 증대시키는 사회운동을 목적으로 하고 있다.

이상과 같은 비정부 조직과 정부·정책 사이의 생산적인 관계를 정립하기 위해서는 무엇보다 바람직한 관계 모형에 대한 사회적 합의와 공감대의 형성과 함께 비정부 조직의 활동이 원활하게 일어날 수 있도록 해주는 정책 환경이 형성되어야 한다(김석준 외, 2000: 266; 박병옥, 2000: 173-175). 이를 위해서는 사회적 공공재로서 시민운동을 바라보고 이에 대한 사회적 지원 체계를 구축하는 것이 필요하다. 그리고 비정부 조직에 대한 정부와 정치권의 중립적인 자세가 요구되는 한편, 학계와 언론의 사회적 감시(public scrutiny) 기능이 중요시된다. 결국 국가의 정책 행위 주체로서의 정부와 비정부 조직은 서로의 영역을 독립적인 영역으로 인정하고 각각 자율성과 창의성을 훼손시키지 않으려는 노력이 전제되는 경우에 비로소 비정부 조직과 정부 간의 바람직한 관계가 형성될 수 있다고 본다. 또한 비정부 조직의 측면에서 보면 가장 바람직한 정책 환경은 법적 장애가 최소화된 그리고 자금의 출원이 폭넓고 용이한 환경과 비정부 조직의 의사를 자유롭게 높일 수 있는 민주적 제도가 자리 잡고 있는 환경이 요구된다.

4. 정책 집행에서 비정부 조직의 역할

정부는 비정부 조직과 공조 또는 협조를 통해 정책 과정에서 효율성과 효과성을 높일 수 있다. 이는 정부가 비정부 조직의 활발한 활동을 강화하고 참여적인 발전을 증진시키기 위해 국가의 다양한 기제의 공적 적응성과 건강한 시민 사회를 고무할 수 있는 사회·정치적 정책을 활용해야 한다(김석준 외, 2000: 266)는 의미 외에도, 정책 과정에서의 비정부 조직과 협조적 관계 유지는 이제 현실적인 의미를 지닌다는 것이다. 실제로 정책 결정 및 집행 과정에서 일반 시민의 의견이 적극적으로 반영되고 있으며, 비정부 조직의 의견에 반하는 정책 수립 및 집행 행위에 대한 비판 또는 반대운동이 활발하게 전개되고 있는 현상은 한국의 시민 사회 역시 점차적으로 정부의 정책 과정에 개입하고 있는 단면으로 볼 수 있다(임승빈, 2000: 114). 이 같은 비정부 조직의 개입 현상은 과거 정책 결정에 대해서만 주로 이루어진 반면에, 최근에 와서는 정책 집행 과정에서도 활발하게 나타나고 있다. 그러나 정책 집행에서 비정부 조직의 역할을 파악하기 위해서는 비정부 조직과 정부 각각의 유형을 기준으로 한 역할 구분이 필요하다.

이를 위해 여기서는 비정부 조직의 유형을 설립 배경과 재정적 독립성, 인적 자원의 충원을 기준으로 종속형 NGO(dependent NGO)와 독립형 NGO(independent NGO)로 구분한다. 종속형 NGO는 정책 과제 수행을 위해 국가 또는 정부 주도로 설립한 것으로서 그 재정적 후원을 정부에 의존하는 한편, 인적 자원의 충원 역시 정부의 협력 내지는 후원에 근거하는 비정부 조직을 의미하는 것으로 이해할 수 있다. 반관반민적 성격을 지닌 종속형 NGO는 주로 정부의 국민의식 개혁운동이나 정부의 정책 지지에 동원되는 성격이 강한 단체들로서 최고관리자 선임 시에 정부의 영향력을 많이 받는 NGO들이 이에 해당된다고 할 수 있다. 독립형 NGO는 그 재정적 기반을 시민 사회로부터의 자발적 후원에 기초하고 인적 자원 역시 자원봉사적 성격에 기반한 참여를 통해 충원되는 한편, 설립 목적 역시 정부의 개입이 없이 순수 민간단체로서의 성격을 지닌 단체를 의미한다. 순수 민간단체로서의 성격을 지닌 이들 독립형 NGO는 장애인, 노인 등 소외 계층에 대한 지원이나 교통, 환경, 문화, 청소년 등 거의 모든 정책 영역과 대상에 걸쳐 나타나고 있다. 그리고 이에 대한 정부의 유형은 비정부 조직의 활동에 대해 긍정적 시각을 지니고 이들의 활동을 수용하며, 시민 사회로의 권한 이양을 추구하는 협력형 정부(collaborative government)와 이들의 활동을 정부의 정책 과제 수행시에 부정적 영향을 미친다고 보고 비정부 조직 활동에 대한 지원보다는 통제와 감독을 위주로 하는 억압형 정부(oppressive government)로 구분할 수 있다.

비정부 조직과 정부의 유형에 따라 나타나는 정책 집행에서의 비정부 조직의 역할은 <그림 9-1>에서와 같이 네 가지 유형으로 살펴볼 수 있다.

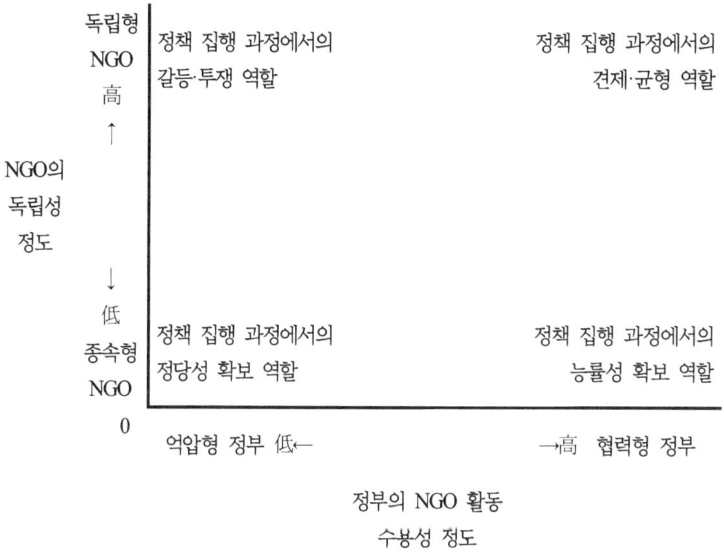

〈그림 9-1〉 정책 집행에서 비정부 조직의 역할 유형

첫째, 비정부 조직의 설립이나 재정적 후원 또는 인적 자원의 충원 시 정부에 종속되어 있는 경우에는 해당 비정부 조직은 주로 정부의 정책 집행을 정당화시켜 주는 역할을 수행한다고 볼 수 있다. 정부는 공공정책을 수립하고 집행하는 과정에서 의견을 수렴하고 자문 등을 구하기 위해 비정부 조직을 개입시킴으로써 원활한 정책환경을 조성할 수 있다. 특히, 억압형 정부는 비정부 조직을 활용함으로써 정부 행위의 정당성을 추구하려는 경향이 강하다.

둘째, 비정부 조직이 비록 설립 배경, 재정적 후원이나 인적 자원 충원 등의 측면에서 정부에 종속적 입장에 처해 있으나 정부가 비정부 조직의 활동에 대해 협력적 태도를 취하는 경우에는 정책 집행 과정에서 능률성을 확보하는 역할을 수행하는 것이 가능하다. 즉, 비정부 조직이 정부의 정책을 위탁받아 집행하거나 혹은 행정 부서에 NGO 단위를 포함시킴으로써 정부는 자신들의 정책을 좀 더 전략적으로 추진하는 것이 가능해진다. 또는 적어도 비정부 조직의 활동과 정부 정책과의 중복을 피할 수 있고, 지역 간·부문 간 격차를 완화시키는 한편, 비현실적이거나 정부의 정책과 상반되는 것을 피해 갈 수 있게 된다(김석준 외, 2000: 267).

셋째, 정부로부터 독립성을 확보하고 있는 비정부 조직들은 억압형 정부에 대해 활동의 독자성과 자율성을 확보하기 위해 정책 집행 과정에서 정부와 갈등·투쟁의 역할을 수행한다. 이 같은 관계는 비정부 조직과 정부가 서로에 대해 부정적 시각을 지님으로써 야기되는 것으로 정부는 비정부 조직의 활동에 대해 수용과 지원보다는 규제 지향적인 태도를 보인 한편, 비정부 조직은 정부가 무관심 내지는 무시하는 태도를 지니고 있다는 비판적 태도의 견지에 따라 나타나고 있다(김종순, 1999: 80-82).

넷째, 비정부 조직이 정부로부터 독립적 위치에서 활동하는 한편, 이에 대해 정부 역시 협력적 태도를 보이는 경우, 정부의 정책 집행 과정에서 비정부 조직은 견제와 균형의 역할을 수행한다. 이는 정책 결정 과정을 통해 비정부 조직의 요구와 의견이 충분히 반영됨으로써 비정부 조직은 정부와 함께 공공 서비스를 공생산(coproduction)과 파트너십의 관계를 유지할 수 있기 때문이다.

이상에서 살펴본 바와 같이 정책을 집행하는 데 비정부 조직의 역할은 정책 집행의 정당화 역할, 효율화 역할, 갈등과 투쟁의 역할, 그리고 견제와 균형의 역할로 나누어 살펴보는 것이 가능하다. 특히, 비정부 조직은 정부의 인력과 예산의 부족을 충당할 수 있는 능동적인 인력 활용의 대안으로서의 기능을 수행할 수 있다는 점에서 그 의미가 크다(임승빈, 2000: 117). 그리고 지방정부의 경우에는 중앙정부의 재정 지원이 한계에 달하고 지방의 재정력이 취약한 상태에서는 비정부 조직과 같은 민간 부문의 활동을 이용해 지역 개발의 진흥에 진력하는 것이 하나의 대안이 될 수 있다. 결국, 정부 부문에 비정부 조직을 활성화해서 공공 서비스를 생산하고 전달하는 것은 정부의 인적·물적 자원을 상대적으로 증가시키는 것이라고 할 수 있는 한편, 비정부 조직을 단순하게 소모적인 정당화의 역할과 갈등·투쟁의 역할로부터 효율화와 견제·균형의 역할로 유도할 수 있는 방안은 결국 정부의 성격이 협력형 정부로의 전환이 가능한지 여부에 달려 있다. 즉, 정부의 성격에 따라 비정부 조직이 정책 집행 시에 생산적인 역할을 수행할 수 있는지의 여부가 결정되기 때문이다.

제10장

정부 조직과 위기관리

제10장 정부 조직과 위기관리

제1절 정부 조직의 정책 집행과 위기관리

1. 정부 조직의 정책 집행

정책 집행 분야는 1970년대 초반까지 정책의 흐름 속에서 많은 관심과 주의를 받지 못했다. 이전까지는 정책이 일단 결정되면 그 정책은 집행될 것으로 가정했기 때문이다(Smith, 1973: 197). 그러나 1960년대 후반에 시작된 존슨 행정부(Johnson Administration)의 사회적 사업 계획들이 실망스러운 결과를 보여주고, 베트남전에서의 좌절이 대다수 낙관적인 개혁가들의 희망을 어둡게 만든 후, 많은 학자가 주요한 문제 영역으로서 정책 집행 분야에 연구의 초점을 두기 시작했다(Berman, 1978: 157-158). 즉, 집행에 대한 관심은 사회적 사업 계획들이 잘 집행되지 못하고 종종 그들이 의도한 명확한 목표를 달성하지 못했다는 일반적인 인식에 대한 반영이다(Hargrove, 1977: 3).

그러면 여기에서 정책 집행이 효과적으로 목표를 달성하기 위해서는 어떤 방안을 필요로 하는가라는 물음이 제기된다. 여기에 대한 하나의 해결책은 위기 상황이나 예기치 못한 결과(Hofferbert & Cingranelli, 1983: 97)의 발생을 억제하거나 혹은 효율적으로 관리하는 것이다.

정책의 과정은 일반적으로 정책 결정(policy formulation), 정책 집행

(policy implementation), 그리고 정책 평가(policy evaluation)로 구분해 볼 수 있고, 이 각각의 과정은 서로 밀접하게 연결되어 있다(Lasswell, 1975: 3). 즉, 정책 결정은 정책 집행을 전제로 하고 정책 평가는 정책 집행이 완결된 후에 이루어지는 것을 전제로 함으로써 정책 집행은 분석의 중요한 대상이 되고 있다. 이러한 경향에 따라 1970년대에 들어서 정책 집행에 대한 연구가 활발했다. 다시 말하면, 하그로브(Hargrove, 1975)가 '잃어버린 연결고리(The Missing Link)'라고 부른 집행 과정을 연구하는 경향이 증가했다. 그러나 이와 같은 정책의 과정은 단순한 도식적인 관계는 아니다. 즉, 정책 집행은 정도의 차이는 있으나 항상 그 정책을 수정하거나 결정하는 경향이 있다(Lindblom, 1980: 65).

따라서 여기서는 정책 집행의 정의를 좀 더 명확히 함으로써 시작하고자 한다. 우선, 정책 집행은 행정(administration)이나 관리(management)와는 다르다는 것을 전제로 한다. 비록 이 세 개념이 조직의 목적 달성이라는 면에서는 유사한 내용을 지닌다고 할 수 있으나 체계상으로 볼 때는 다소 차이가 있다. 즉, 행정이나 관리는 정책 집행의 하위 체계(subsystem) 개념으로 파악할 수 있다는 것이다(김형렬, 1985: 69). 이러한 개념의 파악은 행정이 능률성에 초점을 둔 조직 구조와 과정이라고 한다면 정책은 효과성에 초점을 맞춘 단위 사업과 계획이라고 하는 기준에 따라 구별될 수 있다(Williams, 1982: 1-16).

그러므로 정책 집행은 정책이 결정되어 집행되는 과정에서 그것이 일상화(routinization)될 때까지를 의미하는 것으로 본다(Schneider, 1982: 716-717).

이와 같은 전제 하에서 다음의 정의들을 살펴볼 수 있다. 우선, 반 미터(Donald S. Van Meter)와 반 혼(Carl E. Van Horn)은 정책 집행을 이미 이루어진 정책 결정에서 제시된 목표를 달성하기 위해 공공 부문이나 민간 부문의 개인(또는 집단)이 행하는 일련의 활동으로 정의하면서, 특히 정책 결정을 성과로 전환시키는 전환 과정을 강조한다(Van Meter & Van Horn, 1975: 447). 그들은 이러한 정의와 더불어 정책 집행 분야에 대한 관심이 적었던 이유를 네 가지로 들고 있다. 첫째는 일단 정책이 정부에 의해 결정되면, 그 결정은 집행될 것이고 결정자의 의도에 거의 유사한 결과를 얻을 수 있다는 순진한 가정에 기인하고, 둘째는 계획예산 제도(Planning Programming Budgeting Systems: PPBS)의 성장에 따라 정책분석가들이 정책 집행의 문제를 무시하게 되었으며, 셋째는 그 업무의 어려움이 정책 집행 과정에 대한 자세한 연구를 포기하게 했고, 넷째는 집행에 대한 포괄적인 분석은 많은 지원과 긴 시간에 걸친 수많은 활동에 관심과 주의를 기울일 것을 요구하기 때문에 정책 집행 분야에 대한 연구가 적었다고 한다. 그리고 이들은 정책 기준과 목표, 자원, 조직 간 의사소통과 추진 활동, 집행기관의 성격, 정치·경제·사회적 상황 그리고 집행자의 성향 등 여섯 가지 변수가 상호 작용해 정책 집행을 특징짓는다는 견해를 피력한다(Van Meter & Van Horn, 1975: 462-474).

그리고 프레스만(Jeffrey L. Pressman)과 윌다브스키(Aaron Wildavsky)는 정책 집행을 목표 설정과 이를 달성하기 위한 활동 간의 상호 작용으로 정의했다(Pressman & Wildavsky, 1984: 14-15). 이에 대해 메이 존(Giandomenico Majone)과 윌다브스키(Aaron Wildavsky)는 정책은 집행 활동에 의해 계속 변형된다는 입장을 취하고 있다(Majone & Wildavsky, 1979: 184).

또한 브루워(Garry D. Brewer)와 데 레온(Peter deLeon)은 바르다흐(Eugene Bardach)의 정책 집행이란 권위적으로 채택된 정책 명령에 따라 이루어진 사회적 활동 과정(Bardach, 1980: 139; 1982)이라는 정의에 기초해 정책 집행을 설명하면서 이러한 정의는 과정적 측면을 강조하는 것이며, 정책 집행과 정치를 명백히 구분해 준다고 한다(Brewer & deLeon, 1983: 256). 이러한 관점에서 그들은 정책 집행이란 목적, 목표,

수단을 포함하는 공공 정책의 광범위한 진술이 특정한 활동으로 전이되는 복잡한 과정이라고 정의한다.

이상과 같은 정책 집행에 대한 기존 정의에 입각해서 정책 집행이란 여러 다양한 환경에서 공공이나 비공공 부문의 정책 결정을 산출로 전환시키는 비선형적이며 역동적인 과정으로 설명할 수 있겠다.

이 모형에서는 집행 과정의 속성으로 정책의 해석, 정보의 분석, 집행 계획, 조직화, 물품 및/또는 서비스 제공, 통제와 조정, 위기관리 그리고 공공 관계(PR)를 제시한다. 그러한 과정은 순차적일 수도 있지만 상황에 따라서는 그 순서가 변경될 수 있으며, 그 속성의 비중도 정책의 내용과 환경에 따라 달라질 수 있다. 따라서 고위 정책집행자들은 집행 과정의 제 단계 가운데 어디에 역점을 둘 것인지를 늘 생각해야 한다(김형렬, 1990: 350-355)고 한다.

이러한 논의를 바탕으로 해서 정책 집행 과정에서 발생할 수 있는 한계 요인으로는 어떤 것들이 있는지를 살펴본다.

2. 정책 집행의 영향 변수

결정된 정책의 목표를 달성하기 위해 집행을 하려면 성공을 위한 요인뿐만 아니라 전혀 예기치 못했던 장애 요소로서의 한계 요인이 발생할 가능성은 항시 존재하고 있다. 따라서 여기서는 정책 집행의 성공 요인과 한계 요인을 다루고자 한다.

1) 정책 집행의 성공 요인

정책 집행을 성공적으로 완수하기 위해서는 최상의 조건이 모두 구비되어야 함은 누구나 주지하고 있는 바이다. 그러나 여기서는 그중 특히 집행자들이 인식하고 있어야 하며 또한 갖추어야 할 변수들을 추출해 보고자 한다. 우선 클리브스(Peter S. Cleaves)는 제3세계에서 정책이나 사업 계획이 성공적으로 집행되기 위한 조건에는 어떤 것이 있는가라는 것을 연구하면서 다음과 같은 변수들을 추출했다(Cleaves, 1980: 281-303). 첫 번째는 정치적·행정적 활동가들은 정책을 집행할 충분한 권력을 동원할 필요성이 있고 정치적 환경에서 타인들의 영향력과 두둔에 그들의 정치적 능력이 달려 있다는 것이다. 두 번째는 그러한 것들의 내용 때문에 정책이나 사업 계획들 자체가 집행하는 데 다소간 어려워질 수 있다는 것이다.

여기서 클리브스는 정치적 권력이야말로 집행에 직접적으로 영향을 미치는 변수로서 이해될 수 있다고 한다. 그것은 특정한 정책을 찬성 혹은 반대하는 데 사용될 수 있는 자원의 양이야말로 집행에 중요한 것이 되기 때문이다. 이때 권력은 다양한 형태의 정치 체계에서 다르게 구분되고 집행자는 권력의 분배는 정책의 내용과 정책 집행의 성공에 영향을 미친다는 사실을 인식해야 한다. 그리고 정부에 부여된 권력의 양에 따라 체계를 셋으로 구분할 수 있는데 그것은 개방, 폐쇄, 그리고 중간 체계로 볼 수 있다(Cleaves, 1980: 282-285). 각각의 체계 유형은 정책 집행자와 분석가들에게 다른 업무를 수행할 것을 요구한다. 그런데 어떤 정책이든 그것의 성공적인 집행을 위해 영향을 미치는 여섯 가지 변수가 있다.

〈표 10-1〉 정책 집행에 영향을 미치는 변수들

문제의 소지가 적은 변수	문제의 소지가 많은 변수
1. 단순한 기술 특성	1. 복잡한 기술 특징
2. 현 상태로부터의 한계적 변화	2. 현 상태로부터의 포괄적 변화
3. 1인 활동가 목표	3. 복수 활동가 목표
4. 단일 목적 목표	4. 복수 목적 목표
5. 분명하게 명시된 목표	5. 모호하거나 불분명한 목표
6. 단기적 실행 기간	6. 장기적 실행 기간

출처: Cleaves(1980: 286-289).

이와 더불어 반 미터와 반 혼(Donald S. Van Meter & Carl E. Van Horn)은 카우프 만(Herbert Kaufman)에 의해 처음으로 제시된 정책실패(unsuccessful implementation)에 관한 일반적 설명의 적절성을 강조하고 있다(Kaufman, 1973). 즉 그들은 정책 집행의 성공을 위한 요소로서 첫째, 의사소통 과정(communication process), 둘째, 능력의 문제(capability problem), 셋째, 집행자 배치 갈등 문제를 제기한다. 그리고 이외에도 정책 자원이나 조직 간 의사소통과 집행 활동, 집행기관의 성격, 그리고 집행 조직을 둘러싼 경제적·사회적·정치적 환경에 대해서도 고려한다.

이 밖에 슈나이더(Anne L. Schneider)는 정책 집행의 성공을 다섯 가지 요소의 관점에서 고려한다(Schneider, 1982: 717-719). 그 다섯 가지 요소는 첫째, 계획상에서 존재하고 운영되는가 하는 생존 능력(viability)이고, 둘째, 그 운영이 정책의 중심 개념 그리고 미래의 산출물이나 결과의 달성에 필요하고 필수적인 조건과 일치하는 지의 이론적 통합(theoretical integrity), 셋째, 자원과 활동이 의도된 목표 대상으로 방향이 지어졌는지의 범위(scope), 넷째, 그 활동가들과 고객들은 기대 수준으로 비용을 치를 수 있는지의 능력(capacity), 그리고 마지막으로 다른 기관들이 부정적인 부대효과를 느꼈는지의 의도하지 못한 결과

(unintended consequences)가 그것이다.

그리고 매즈매니언(Daniel Mazmanian)과 사바티어(Paul Sabatier)는 정책 집행의 성공을 결정하려면 무엇보다도 문제 해결에 사용할 수 있는 물리적·사회적 기술의 이용 가능성이 중요한 요소라고 강조한다.

이상에서 언급한 정책 집행의 성공 요인은 역으로 말하면 한계 요인 혹은 실패 요인으로 분류할 수 있는 것들이다. 그러므로 정책 집행의 한계 요인으로는 어떠한 것이 있는지 찾아보고, 그러한 요인들이 위기로서 인식될 경우에는 어떤 대응 방법을 취할 것인지에 대해 살펴본다.

2) 정책 집행의 한계 요인

결정된 정책 목표를 달성하는 과정에서 목표 달성을 저해하는 예기치 못했던 한계 요인들이 발생할 가능성은 항시 존재한다. 이러한 한계 요인으로는 국민들의 정책 내용 수용에 따른 문제, 정책 집행에 따른 예산상 부족에 따른 문제, 기술 혁신에 기인하는 문제, 정보의 부족 및 변화에서 기인하는 문제, 정책 집행 조직 구조의 문제, 관료제의 거대화와 이익집단화 현상에서 기인하는 문제, 언론의 역할에서 나타나는 문제, 여론 향배의 중요성, 그리고 정책 집행에서 정치적 요소의 중요성을 고려해야 하는 문제, 특히 정치적 요소에서 이익집단·야당 그리고 영향을 받는 개인이나 집단(Tropman & Dluhy, 1976: 146-155)은 정책 집행에 종종 영향을 미친다. 이와 같은 한계 요인 외에도 자연의 기후 조건의 악화에 따른 문제와 예기치 않은 결과가 발생할 가능성이 있다.

이러한 한계 요인은 정책 집행에서 목표 달성의 위기 요인으로 등장할 소지가 큰 것으로 간주할 수 있으며, 따라서 이러한 한계 요인의 효율적인 관리 여부에 따라 정책 집행 목표의 달성 여부가 결정된다고 할 수 있다. 그러면 이와 같은 한계 요인의 효율적 관리란 어떤 관리를 의미하는가라는 의문이 제기된다. 이에 대한 해결책의 하나는 한계 요인들 모두를 하나의 정형화된 방식으로 다루는 것이 아니라 각각의 성질이나 환경 변수에 따라 달리 접근해야 한다는 것이다. 즉, 상황적인 변수에 따라 그 대응 방식이 달라져야 한다. 이에 대한 구체적 사례를 들어 설명하면, 기후가 좋지 않은 지역에서 발생하는 기후의 특성에 대해 살펴보고 만일 그 지역에서 홍수가 빈번하게 발생할 시기에는 재해 대책에 대해 좀 더 높은 강도를 갖고 준비를 해야 한다. 물론 다음 해의 수해에 대해 1년 전 혹은 그 이전부터 대비책을 세우는 것도 중요하지만 그 상황에 임박해서는 좀 더 철저하게 대비책을 세워 두는 것도 필수적이라고 할 수 있다.

3. 위기와 위기관리

1) 위기의 본질

위기는 정책을 형성하는 데 언제나 그 역할을 하며 상존하는 것으로서 위기가 없는 세계는 존재하지 않는다. 따라서 안전하다는 말이 위기가 없다는 말과 반드시 일치하는 것은 아니다.

위기는 그것이 자연에 의해 야기된 것인지 혹은 인간에 의해 야기된 것인지로 구분하는 것이 지금까지의 분류 방식이다. 여기서 자연에 의해 야기된 위기로는 태풍, 지진, 홍수, 가뭄 등이 있고, 인간에 의해 야기된 위기로는 방사능 사고, 화학물질의 방출, 핵폐기물 처리 사고, 환경오염, 그리고 기름 정제소 폭발 사고 등을 들 수 있다. 그러나 이러한 이분법적 구분 이외에 위기의 본질을 상황에 의거해 규명해 볼 수가 있다. 즉, 이는 상황에 의해 야기된 위기(contingency crisis)로 분류가 가능하다는 것이다. 이를테면 체계의 위기로서 국가 이념의 위기나 세계적인 경제 위기를 다루어 볼 수 있고, 문화의 위기로서 각 체계의 내적인 역동성에서 발생하는 문화 진화의 원천을 다룰 수 있으며, 환경의 위기도 현대에 와서 그 중요성을 더해 가고 있는 것으로서 환경에는 국경도 분단의 벽도 없는 것이므로 환경 외교의 중요성이 더해 가고 있다.

그러므로 이하에서 언급하는 위기는 자연에 의해 야기된 위기, 인간에 의해 야기된 위기, 그리고 상황에 의해 야기된 위기의 세 가지를 포함한다. 이러한 위기는 관점에 따른 주관적인 성격이 강한 것으로서 다음과 같은 몇 가지 공통된 특질을 지닌다. 첫째, 위기는 체계의 변화를 유도한다. 둘째, 위기는 체계의 환경에 대해서 긍정적 혹은 부정적인 영향을 준다. 셋째, 위기는 체계의 정상적인 능력으로 해결하기 어려운 상황으로서 관련된 모든 사람의 노력과 협조가 필요하다. 넷째, 위기는 체계로부터 긴급한 대응책을 필요로 한다. 다섯째, 위기는 시간과 기술의 제약에 따라 제한된 자원을 가장 효율적으로 사용하기 위해 정확하고 시기 적절한 정보에 필요한 인적 자원이 요구된다. 여섯째, 위기 상황에서 대안의 선택은 종종 대단히 짧다는 것이다. 일곱째, 위기는 상대성을 지닌다. 즉, 동일한 위기라고 할지라도 사람에 따라 그 긴급성을 다르게 느낄 수 있기 때문에 위기에 대한 대응책은 상황에 따라 다르게 나타나는 경향이 있다. 여덟째, 위기는 고도의 불확실성과 복잡성의 조건에 따라 신속한 결정을 내릴 것을 요구한다. 아홉째, 사람들이 이러한 위기에 대해 생각해야 할 시간은 위기의 발생 전인 것이다.

이처럼 위기는 상대주의적 관점에서 상황적인 특질을 지니는 것으로서, 체계에 변화를 야기할 수 있다. 이 같은 위기의 본질은 너무 일반적이고 추상적인 의미를 지니므로 좀 더 구체적인 위기의 정의를 살펴보자.

2) 위기의 정의

위기에 대해서는 그것을 보는 관점이나 분야에 따라 상당히 자의적인 정의를 내릴 수가 있다. 또한 위기는 그 자체의 다양한 의미로 인해 사회 현상에 관한 체계적인 지식을 수립하는 데에는 유용하지 못하다고 할 수 있다(*International Encyclopedia of the Social Sciences*, 1974: 510). 따라서 여기서는 다양한 영역에서 사용될 수 있는 일반적이고 보편적인 정의를 그 출발점으로 정부 조직의 위기관리 영역에서 필요한 정의를 그 기반으로 삼고자 한다.

우선, 위기(crisis)라는 용어는 비상 사태(emergency), 재난(disaster), 위험(hazard), 위난(danger), 위협(threat), 참사(catastrophe), 우발 사건(contingency), 갈등(conflict) 등의 유사 개념을 지닌다. 특히 학자들의 연구 분야에 따라서는 위기와 유사 개념 사이의 밀접한 관계를 나타내는 경우도 있다. 예를 들면, 브레허(Michael Brecher)와 제임스(Patrick James)는 국제적 위기관리에 초점을 두어 연구하면서 위기를 갈등(conflict)과 실증적으로 밀접하게 연관되어 있으나 개념적인 구분을 하고 있으며, 이에 반해 왈도(Dwight Waldo)는 위기와 갈등을 같은 개념으로 보고 있다(Waldo, 1980: 185). 이 밖에 페리(Ronald W. Perry), 콤퍼트(Louise K. Comfort), 페탁(William J. Petak), 그리고 시글러(Beverly A. Cigler) 등은 위기의 개념과 유사한 것으로서 비상 사태를 꼽고 있다. 이들은 위기관리(crisis management)를 논할 때 위기를 비상 사태인 것으로 보고 비상 사태 관리(emergency management)로 언급한다. 따라서 여기서는 위기의 개념이 비상 사태의 개념을 포함하는 것으로 한다. 물론 이러한 개념상의 유사성은 다루고자 하는 분야에 따라 다르게 규정될 수 있다.

이러한 논의를 기초로 해서 살펴보면, 위기라 함은 결정적으로 중요한 변화가 절박하게 필요한 불안정한 사건의 상태, 특히 현존하는 문화적인 유형이나 가치의 변형이 요구되는 사회적 상황이라고 일반적으로 정의해 볼 수 있다. 또한 정부 조직과 관련해서는 정부 조직의 정책에 일어나는 좋지 않은 큰 변화라고 할 수 있으며, 또한 일정한 시공(時空)에서 체계에 위험과 손실을 주어 체계의 목표 달성을 어렵게 만드는 상태라고 정의할 수 있다.

광의의 위기는 체계의 안정성을 저해하는 변수가 개입된 상태로 정의할 수 있고, 협의의 위기는 정책 집행에서 정책 목표의 효과적인 달성을 저해하거나 촉진시키고자 하는 변수가 개입된 상태라고 정의할 수 있다.

3) 위기관리의 의의

위기관리의 영역은 최근에 와서야 성장하고 있는 분야로서, 몇 년 전만 해도 이 영역에 있는 정책과 행정에 대한 연구는 거의 전무한 것이 사실이다. 그러므로 여기서는 위기관리의 의의를 살펴보되 먼저, 현대의 복잡한 상황에서 정부의 기능이 무엇인지를 검토하는 것으로부터 시작해야 한다.

어떤 정부이든지 간에 정부의 제1 기능(primary function of government)은 국민 또는 시민의 생명과 재산을 보호하는 것이다. 그러나 이와 같은 업무의 수행에서 때로는 정상적인 과정을 지닌 정책의 집행이나 행정으로는 해결할 수 없는 상황이 발생할 가능성이 있다. 즉, 행정이 고도의 합리성을 지닌 협동적인 인간 활동이라고 할지라도 돌발적인 위기 상황의 발생을 억제할 수는 없다는 것이다. 그러므로 이러한 상황에서는 생명과 재산을 보호하기 위해 위험을 피하고 대처하기 위한 정책과 사업 계획을 개발·집행하는 과정인 위기관리가 필요하다.

이러한 위기관리도 상황에 따라 달리 접근해야 한다. 또한 위기관리는 재정적·기술적 고려뿐만 아니라 정치적 고려까지도 포함하는 전략적 관리의 접근이 필요하다. 이와 함께 위기관리는 전략적 인식과 수단적 합리성을 요구하며 또한 오류 가능성에 대한 인식과 예기치 못한 결과를 다룰 수 있는 능력을 요구한다는 사실을 깨달아야 한다. 미래의 행정학 영역에서 더없이 중요하게 될 영역으로서의 위기관리에 대한 정의를 내리면 다음과 같다. 즉, 위기의 변수가 개입되었거나 혹은 개입될 상태를 효과적인 목표 달성의 측면으로 유도하기 위해 가능한 모든 인적·물적 자원의 동원과 더불어 정책을 개발하고 집행하는 과정을 위기관리라고 할 수 있다. 그러나 이 경우 한 가지 유의할 점은 상황적 변수의 개입에 대해 적절한 관심과 주의를 기울이며 적극적인 대처가 있어야 한다는 것이다.

이러한 위기관리의 정의에 입각해 위기관리 분석 과정에 대해 검토하면, 우선 위기관리 과정은 환경에 대한 분석으로부터 출발한다. 이러한 환경은 경제적 환경, 정치적 환경, 사회적 환경, 법적 환경, 기술적 환경 등으로 분류해 볼 수 있다. 그러나 이는 일반적인 환경을 분석한 것으로서 각각의 개별적인 특수 상황에서는 다른 분류가 가능하다.

이와 같은 환경 분석을 통해 위기 상황에 대한 정보가 수집된 경우에는 목표 설정의 단계가 필요한데, 여기서의 목표 설정은 위기관리의 효과적인 집행에 필요한 전제 조건이다. 이러한 목표 설정의 단계에서는 현상의 파악, 바람직한 상황의 설정, 한계 요인의 파악, 인적·물적 자원의 지원 확인, 기관 내 업무 분담 등이 그 내용을 이룬다. 그러나 목표 설정 단계에서 주의할 점은 목표가 명확하지 않을 경우에는 위기관리의 효과성을 달성하는 데 노력이 두 배로 들 뿐만 아니라 심지어는 예기치 못한 상황으로의 전이 현상이 발생할 수도 있다는 것이다. 또한 상황의 변화에 따라서는 목표의 변화도 가능하다는 점을 염두에 두어야 한다.

그리고 위기관리의 대응 단계에서는 계속적인 정보의 수집 및 분석을 통해 최선의 대안을 설정하고 그 후속 대안을 상황에 따라 변경 채택할 수 있도록 준비를 해야 한다. 또한 조직 구조의 개발을 모색해야 한다. 마지막으로 위기관리 전략의 집행 단계는 정보의 수집 및 분석이 계속 이루어지는 속에서 전략의 조정과 통제 그리고 평가를 하면서 목표 달성을 위해 활동하는 것이다. 이러한 집행 단계는 위와 같은 과정들이 동시적으로 발생하며 상호 작용하는 것으로서 상당한 주의가 요구될 뿐만 아니라 상황에 따라 대응 목표의 변경도 가능하다는 점을 염두에 두어야 한다.

제2절 위기관리 이론

1. 페탁의 위기관리 모형

인류 역사를 통해서 자연의 위기와 인간에 의한 위기로 인한 끊임없는 인간 생명과 안전에의 위험을 줄이기 위해서 정책 결정자들은 부단한 노력을 기울여 왔다. 이러한 노력은 각 정부 수준에서 중요한 기능으로 인식되고 있는 위기관리의 기반이 되었고, 이러한 위기관리는 예방(prevention/mitigation), 대비(preparedness), 대응(response), 그리고 복구(recovery)에 관련된 정책들을 개발·집행하는 과정으로 정의할 수 있다.

1) 예방

예방은 건강과 안전 그리고 사회의 복지에 대한 위험이 존재하는 곳에서 무엇을 해야 할 것인지를 결정하고, 위험 감소 사업 계획을 집행하는 것 또는 자연과 인간에 의한 재난으로부터 인간의 생명과 재산에 대한 장기적 위험의 정도를 감소시키고자 하는 활동으로 정의할 수 있다. 예방 전략은 세 가지의 주요 특성을 지닌다. 첫 번째는 위험의 성격을 변화시키려는 것이고, 둘째는 손상으로의 취약점을 감소시키려는 것이며, 셋째는 위험에 대한 노출을 감소시키려는 것이다.

이와 함께 예방은 지역 사회나 정부가 직면할 미래의 재난을 극복할 능력을 증진하는데 초점을 두고 있으며, 위기의 종류에 따라 예방의 목표가 변화될 수도 있다. 즉, 잠재적 위험성을 지니는 물질이나 에너지의 누출 현상을 포함하는 기술적 재난 위기의 경우, 예방은 위기에 대해 조치를 취함으로써 발생 기회를 감소시키거나 원인을 제거하려는 시도를 한다. 이에 반해 홍수, 태풍, 지진 등과 같은 자연재난의 경우에 예방은 구조와 인간 활동에 대해 조치를 취함으로써 노출 지역에서의 주기적 영향으로부터 피해를 감소시키려 한다.

또한 이러한 예방 단계에서의 선택은 복구 단계에서 외부에 의해 개발된 정책이나 사업 계획들에 의해 개선될 수 있다. 다시 말하면, 위기관리의 예방 단계는 다른 단계와 직·간접적인 관련성을 지니고 있다는 것이다.

2) 대비

대비는 위기에 대한 대응을 위해 운영 능력을 개발하는 활동으로 크게 개념을 설정할 수 있고, 구체적으로 보면 중요 자원의 확인과 영역의 내외에서 대응 기관의 필요한 동의를 구하며, 재난의 손실을 줄이고 생명을 보호할 대응자들을 훈련시키며 대응 계획을 개발하는 것으로 볼 수 있다. 그리고 대비 단계는 위기를 대응하는 데 도움을 주기 위해 채택된 계획이나 경보 체계(warning systems) 및 다른 수단들을 의미한다.

이러한 대비 단계는 위기에 대해 대응 단계를 조정해 주며 위기의 영향을 감소시키기 위해 설계되었다. 대비 단계에서 특히 주의할 영역은 각 분야 간의 조정과 협조이다. 조정과 협조를 어렵게 만드는 것은 사회적, 경제적, 그리고 정치적 장벽으로서 이들을 극복할 경우에야 조정과 협조의 문제가 해결될 수 있다(Tierney, 1985: 77-78).

또한 우선순위 체계(priority systems)를 세우는 것이 대비 단계에서 중요하며, 그것은 위기 상황이 발생할 경우에 자원이 신속하게 배분될 수 있도록 하기 위한 것이다. 이러한 우선순위 체계에서는 지표

(indicator)의 설정이 중요한데, 일단 지표가 개발되면 그 지표는 대응 국면으로 연계된다.

대비 단계는 위기 대응 단계를 위한 특정한 자원 조달 기제를 확인해야 한다. 즉, 위기 상황 발생 시에 사용할 수 있는 정상적인 자금원 이외에도 특정한 예상하지 못한 사건에 대해서도 자금을 투입할 수 있는 간접적인 자금원까지도 확보해 놓아야 한다는 것이다.

3) 대응

대응은 위기 상황에서 나타난 피해를 복구하고 원조를 제공하며, 제2의 손실 발생 가능성을 감소시켜 주고, 복구 단계 운영 상 발생할 수 있는 문제들을 최소화하는 단계이다. 모든 위기 상황은 사회적 대응, 즉 위협의 탐색, 위협의 평가, 그리고 정보의 확산과 같은 공통된 국면을 지닌다는 점에 주목한다. 따라서 위기관리 기관의 성격이 다양하다 할지라도 자연 위기와 기술 위기는 동일한 개념 틀과 분석 틀 안에서 검토될 수 있다는 것이다. 그럼에도 불구하고 자연 위기와 기술 위기 사이의 위협의 성질 차이는 다른 유형의 대응뿐만 아니라 서로 다른 관리의 문제를 야기한다. 따라서 최고 정책집행자나 위기관리 담당자는 각각의 위기 발생 시에 각 위기의 동일성과 상이성을 파악하고 그에 따라 적절한 대응 방안을 수립해야 할 것이다.

또한 위기관리 대응 국면에서는 시민의 인식 정도도 중요한 요소이다. 즉, 위기관리 과정에서 지역 사회의 위기 대응 계획이 진행 중에 있으며, 특정 공무원이 그 활동에 대해 책임이 있음을 시민들이 알게 하는 것이다. 이것은 위기관리자가 효과적으로 그 책무를 수행하고자 할 경우에 필요한 것으로서, 무엇보다도 위기 상황 하에서 그 조직에 대한 어느 정도의 신뢰성이 확보되어야 한다. 이러한 신뢰성은 위기 발생 이전부터 위기관리자들의 지역 위기에 대한 전문성에 입각한 접근과 특별한 장비에의 훈련을 통해 주민들에게 인식될 수 있는 것이다.

위기 대응 시에는 위기 해결에 관련된 기본 목표를 설정하는 것이 필요하다. 명백한 기본 목표 하에서만이 위기관리 활동이 효과적일 수 있기 때문이다. 1990년 8월 이라크의 쿠웨이트 침공 시 미국의 대통령 부시(George H. W. Bush)는 위기 시의 네 가지 기본 목표를 설정했다(Vuono, 1991: 65-68). 첫째는 이라크의 쿠웨이트로부터의 무조건적인 철수, 둘째, 합법적인 쿠웨이트 정부의 복귀, 셋째, 모든 미국 시민의 안전, 넷째, 그 지역 전체의 안정이 그것이다. 이들 기본 목표를 달성하기 위해 미 행정부는 다차원적인 군사 전략을 마련했다.

4) 복구

복구는 위기가 지나간 후에 원상으로 복귀되는 과정을 의미하며, 최소 운영 수준으로의 지원 체계에 필수적인 초기 회복 기간으로부터 그 지역이 정상 상태로 돌아올 때까지 지원을 제공하는 지속적인 과정이다.

복구 단계는 공격받기 쉬운 환경에 있는 바, 포괄적인 위기관리 개념이 도입되어야 한다. 이러한 방식은 활동의 모든 국면을 다룰 능력의 개발을 언급하는 것으로서 예방, 대비, 대응, 복구의 전 과정을 포괄하지만, 특히 복구 단계에서 강조되어야 한다.

복구 단계에서 주의해야 할 것은 어떠한 위기든지 간에 그것은 예기치 못했던 경제적·재정적 위기를 야기한다는 것이다. 예를 들면, 재난의 발생과 더불어 물가는 급속히 뛰어오르고, 부동산의 자산 가치는 하락하며, 지방의 세수입은 감소하는 반면, 재정위기 계획이 마련되어 있지 않다는 것이다.

복구 단계에서는 지방정부와 중앙정부는 물론이고 기업 등 민간 조직을 포함해 다양한 활동 주체들이 각각 서로 개별적인 활동을 하기보다는 서로 혼합되고 함께 공동으로 기능해야 한다.

이와 같은 페탁(William J. Petak)의 위기관리 모형은 시계열상의 단순 분석으로 파악될 수 있으며, 위기 상황과 가튼 전략적인 재정적, 기술적 고려 이외에도 정치적 고려가 필요함에도 그에 대한 관심이 적었다고 볼 수 있다. 또한 위기관리는 전략 및 수단적·도구적 합리성에 대한 의식을 요구하며, 오류 가능성 인식과 불예측 사건의 처리 능력을 필요로 함에도 페탁의 모형에서는 이러한 것들이 검토되지 않고, 또한 위기관리 의사 결정 과정에서 필수적인 환경 탐색과 정보 수집 과정이 간과되고 있다는 점이다.

2. 다베니와 맥밀란의 위기관리 모형

다베니(Richard D'Aveni)와 맥밀란(Ian C. MacMillan)은 위기 상황에서 실패해 도산한 기업 57개와 성공해 생존한 기업 57개를 비교하면서 위기 대응 모형을 제시했다(D'Aveni and MacMillan, 1990: 634-657). 첫째, 위협-경직 대응 모형(threat-rigidity response model), 둘째, 위기-부정 모형(crisis-denial model), 셋째, 환경-탐색 모형(environmental-scanning model)이 그것이다. 다베니와 맥밀란은 위기를 조직의 생존을 위협하는 사건이나 조건으로 정의하면서, 그러한 위기의 하나는 조직이 도산하기 전에 발생하는 수요의 감소와 침체를 들고 있다. 그런데 위협-경직 대응 모형, 위기-부정 모형, 그리고 환경-탐색 모형은 위기에 대한 대응에서 각각 다른 유형의 대응을 예측하고 있다.

1) 위협-경직 대응 모형

위협-경직 대응 모형은 위기가 '잡음(noises)'을 발생시킴으로써 관리자의 관심을 위기의 영역으로부터 멀리 전환시킨다는 것이다. 즉, 위기의 원천인 급격하게 변화하는 환경에서 관리 행태의 중요한 요소는 문제

인식(problem sensing)으로서, 이것은 조직이 대응을 해야 할 환경의 변화가 지니는 의미를 주목하고 구성하는 인식적인 절차인데, 위기는 이에 관한 적절한 정보를 고려하지 못하게 한다는 것이다.

잘 알려진 많은 기업의 도산은 환경의 변화에 직면해서 대응을 변화시키는 데 실패한 것으로 볼 수 있다. 위협-경직 대응 모형에서, 한 개인이 위협 상황에 놓여있을 때, 그가 가장 잘 학습되어 있거나 지배적인 유형의 대응을 나타낼 것이다. 그러나 이러한 경직된 대응은 과업환경이나 학습 환경이 변화한다면 대단히 부적절한 것으로 입증된다는 것이다.

개인, 집단 그리고 조직들이 위협 상황에서 고정되게 반응을 하는 일반적인 경향이 있다. 즉, 위협에 대해 반응의 일관성을 보여주는 것은 환경의 변화에 대해 대단히 부적절한 것이다.

2) 위기-부정 모형

위기-부정 모형은 관리자들이 외부에서 유도된 위기에 대한 대응에서 그들의 관심의 초점을 변화시키지 않으리라는 것을 제안한다. 이 모형은 도산한 회사의 관리자들로 하여금 외부의 위기를 무시하게끔 한 인과 관계를 제안하는 것이다. 따라서 위기가 발생한 후에 관리자들은 마치 외부 위기가 존재하지 않는 것처럼 행동하고, 그들은 내부의 요소들보다 외부의 요소들에 대해 더 많은 관심을 기울이지 않는다는 것이다. 즉, 많은 관리자는 그러한 위기가 일시적인 것이거나 혹은 사소한 것으로(temporary or inconsequential) 인식했기 때문이다.

이들 관리자는 외부의 조건이 변화하는 것에 대해서는 둔감했다. 이것은 그들이 과거에 기업을 성공적인 것으로 만들게 해 주었던 내부 방법들에 초점을 맞추었기 때문이다. 따라서 이들 관리자는 자신들의 전략의 장점을 과대 평가하거나 혹은 시장에서의 변화의 심각성을 무시했기 때문에 변화에의 욕구를 인식하지 못했다.

3) 환경-탐색 모형

환경-탐색 모형은 문제가 되는 쟁점 사안의 중요성과 긴급성 그리고 불확실성으로 말미암아 관리자들이 외부의 위기에 대해 더 많은 관심을 기울일 것이라고 예측하고 있다. 여기서는 외부의 환경(external environment)을 여섯 개의 영역으로 구분한다.

① 경쟁 영역(competition sector): 경쟁 영역은 자사의 제품과 경쟁하는 회사나 제품 그리고 대체 제품을 생산하는 회사 등이 포함된다.

② 고객 영역(customer sector): 고객 영역은 최종 소비자인 개인뿐만 아니라 판매 회사나 대리점 등을 포함한다.

③ 기술 영역(technological sector): 기술 영역은 새로운 생산 기술이나 기법의 개발과 재료·원료·생산품의 혁신 등을 포함한다.

④ 규제 영역(regulatory sector): 규제 영역은 법률과 규제, 시 또는 지역 사회의 정책 그리고 정부의 모든 수준에서의 정치적 정세 등을 포함한다.

⑤ 경제 영역(economic sector): 경제 영역은 주식 시장, 인플레이션율, 외국과의 무역 수지의 균형, 정부 예산, 이자율, 그리고 실업과 경제적 성장률 등을 포함한다.

⑥ 사회·문화 영역(sociocultural sector): 사회·문화 영역은 일반인의 사회적 가치, 윤리적 가치, 작업장에서의 여성 수의 증가와 같은 인구 통계 추세 등을 포함한다.

이러한 환경은 조직에 대해 문제와 기회 모두를 제공하고 있으며, 어떤 다른 요소보다도 환경은 조직의 구조와 내부 과정, 그리고 관리적인 의사 결정에 더 많은 영향을 미친다. 그리고 환경의 불확실성은 관리자들이 기회의 확인과 문제 영역을 탐지·해석하고 전략적·구조적 적용을 집행해야 하기 때문에 조직 내에서의 정보 처리 과정을 증가시키고 있는 것이다.

환경 영역의 복잡성과 변화율은 불확실성을 인식하게 해 주고, 인식된 환경 영역은 불확실성이 영역의 중요성과 결부되어 최고 정책집행자로 하여금 전략적 불확실성을 인식하게 함으로써 환경 탐색의 빈도와 형식을 결정하게 한다.

이러한 다베니와 맥밀란의 위기 대응 모형은 위기관리에서 환경의 탐색과 정보 수집의 중요성을 인식한다는 점에서는 중요성을 지닐 수 있다. 하지만 위기관리에서 결정 과정 못지않게 중요한 것은 집행 과정과 사후 복구의 과정이다. 이에 집행 과정과 사후 복구의 과정에 영향을 줄 수 있는 변수들에 대해 살펴볼 필요가 있다.

3. 위기관리와 코어 시스템 모형

1950년대와 1960년대 시스템 이론은 자연 현상과 인위적인 현상들을 이해하고 예측하기 위한 새로운 이론적 관점이었다. 이는 과학적 탐구에서 역사적·환원주의적·행태적 방법을 지닌 많은 과학 학문에서 채택하고 있는 접근법과는 구분되었다. 일반 체계 이론은 완전한 전체, 상호관련성과 상호 의존성에 대한 과학적 탐구를 위한 새로운 패러다임이었다. 따라서 오늘날까지도 시스템 접근법은 대부분의 학문 분야나 전문직업 분야에서 큰 영향력을 지닌다.

이러한 시스템은 전체를 형성하기 위해 관련된 물건 또는 개념들의 집합이나 배열로 정의할 수 있다. 모든 시스템은 일반적으로 투입, 과정, 산출, 환류와 전류 회로(feedback and feedforward loops), 평형, 항상성, 그리고 개방 체계와 폐쇄 체계와 같은 시스템 개념을 사용해서 기술된다. 시스템은 단순한 인과 관계적 용어에서 뿐만 아니라 목표 지향적이고 합목적(teleological)적인 용어로도 설명될 수 있다. 이러한 시스템은 다음과 같이 분류되어 논의되어 왔다. 최초의 시스템 이론가들은 시스템을 실재하는 시스템(예: 은하계, 세포, 원자)과 개념적 시스템(예: 논리, 수학, 음악)으로 구별했다. 그리고 일반 시스템 이론 또한 다양한 형태의 시스템 기술, 시스템 철학, 시스템 인식론으로 구분되기도 한다. 또한 시스템 이론가들은 시스템을 환경에 대해 폐쇄된 것으로 혹은 개방된 것으로 보기도 한다. 환경에 대해 더 개방적인 시스템이 폐쇄 체계보다 더 역동적이고 변화되기 쉽다. 모든 물리적 실체와 추상적 실체가 시스템이라는 용어로 기술될 수 있는 것이다(Overman, 1998: 2203). 시스템은 어떤 목적을 위해 전체로서 기능하고 있는 수많은 상호 의존적인 부분들로 구성되어 있다. 예를 들어, 일반 시스템 이론(general system theory)에 따르면, 인체의 활동을 충분히 이해하기 위해서는, 사람들은 상호 의존적인 부분들(귀, 눈, 뇌, 등)의 작용을 이해해야 한다는 것이다. 일반 시스템 이론에서는 전체로서의 체계를 더 잘 이해하기 위해 다양한 전분화된 영역의 지식을 통합한다(Certo, 1989: 44).

그렇다면 코어 시스템(core system)이란 무엇인가? 코어 시스템이란 하나의 전체 체계를 일정한 방향으로 지도하고 조정하는 네트워크의 중심(network hub)이라고 정의할 수 있다(이재은, 2014: 1-18). 우리는 그동안 시스템 모형(system model)에서 시스템의 다양한 투입 요소들을 산출로 전환하는 과정을 블랙박스(black box)로 간주하고, 이에 대해 깊은 관심을 갖지 않은 채 사회 시스템이나 정치 시스템을 설명하고 이해해 온 것이 사실이다. 이제 투입 요소들을 산출물로 전환하는 과정의 실체에 대해 관심을 갖고 그 기능과 역할을 찾아내는 것이 코어 시스템을 이해하는 데 필요하다. 즉, 블랙박스로 간주되어 왔던 전환 과정(conversion process)을 구성하는 것이 코어 시스템이라고 보기 때문이다.

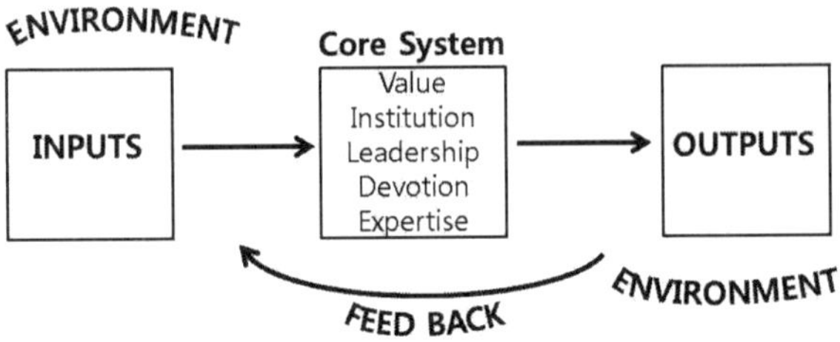

출처: 이재은(2014).

[그림 10-1] 코어 시스템의 구성 요소

코어 시스템을 구성하는 주요 요소로는 가치(value), 제도(institution), 리더십(leadesrship), 헌신(devotion), 전문성(expertise)이 있다(이재은, 2014: 1-18).

첫째, 가치란 재난, 공공 의제, 사건 등의 상황에서 시스템 운영의 방향을 결정하는 것으로 정의할 수 있다. 방향을 제시해 주는 가치가 존재하지 않는다면, 시스템은 무엇인가를 찾아 목적 없이 숲 속에서 길을 잃고 헤맬 것이다. 따라서 어느 한 사회가 목표를 달성하기 위해서는 사회구성원들이 일반적으로 동의하고 수용하는 바람직한 가치와 철학을 갖추어야 한다. 현재 우리나라는 사회구성원 모두가 동의하고 수용할 수 있는 바람직한 가치와 철학이 정립되어 있지 않아서, 사회 전체적으로 나아가야 할 방향을 잃고 우왕좌왕하고 있는 것으로 판단된다.

둘째, 바람직한 목표를 달성하기 위해, 시스템은 사회 구성원들이 사회적·법적으로 수용할 수 있는 제도를 만들거나 설치해야 한다. 코어 시스템은 제도를 통해 필요한 기능이나 임무(mission)를 수행하기 위한 정당성을 확보할 수 있다. 특히, 사회 시스템이나 정치 시스템의 경우, 정당성을 확보한 법적 제도나 기관이 공식적 임무를 수행하는 것이 목표 달성에 필요하다.

셋째, 바람직한 가치와 정당한 제도적 기반에 근거해서 시스템이 작동되고 있는 경우, 리더십이야말로 시스템을 관리하는 데 필수적인 요소이다. 리더십은 목표 달성과 구성원의 협력적 업무 수행이라는 차원에서 시스템의 운영에 영향을 준다. 이러한 리더십이야말로 공동의 과업을 달성해야 하는 시스템의 성공적 운영에 필수 요소이다. 확실히, 성공적인 과업 수행을 촉진하기 위해서는 코어 시스템에서의 리더십 성과를 이해하고 고려해야 한다.

넷째, 만일에 시스템이 업무를 성공적으로 수행하고 목표를 달성하고자 한다면, 시스템은 구성원들로 하여금 시스템의 임무에 대한 헌신을 요구한다. 코어 시스템을 구성하는 구성원의 시스템 운영에 대한 헌신은 더 좋은 시스템으로 발전시키는데 기여할 것이다. 구성원의 헌신을 확보한 코어 시스템은 시스템 구성원들로 하여금 필수적인 업무를 수행하게 하는 데 강한 영향을 미칠 수 있다.

다섯째, 시스템은 과업 수행에 필요한 전문성을 지녀야 한다. 전문성은 연습, 훈련, 연구 등에 의해 얻을 수 있는 특별한 지식(knowhow)이나 방법이다. 직무가 점점 더 전문화될수록 시스템은 목표를 달성하기 위해 전문성에 의존하게 된다. 오늘날 전문성은 시스템을 관리하는 모든 업무의 기반이 된다. 시스템의 환경 변화는 코어 시스템의 전문성을 위협할 수 있다. 코어 시스템에 대한 이들 위협은 새로운 전문가를 받아들이고 기존 활동가들을 교육시킴으로써 줄어들 수 있음을 인식해야 한다.

제3절 정부 조직의 위기관리

1. 위기관리 영향 변수

1) 시간

위기관리에서 시간은 위기의 발생 이전의 단계부터 위기 상황이 종료된 후 원상 복구 또는 개량 복구까지의 과정을 지칭하는 것으로 볼 수 있다. 위기 상황에서 대안의 탐색 시간은 종종 너무나 짧고, 의사 결정 시간은 상황의 변화에 따라 제한되어 있는 것이 사실이다.

이러한 시간의 변수는 단기, 중기, 장기의 관점으로 볼 수 있는데, 이러한 것은 상황과의 연계성을 지닐 뿐만 아니라 다른 변수들과 함께 고려해야 한다. 특히, 정부 조직의 관점에서 보면, 위기는 시간의 압박과 불확실성 하에서 중대한 의사 결정을 필요로 하는 상태라고 보면, 위기의 관리 차원에서 시간의 중요성을 인식해야 한다.

2) 공간

위기관리에서 공간은 위기 사건이 발생해 그 영향력이 미치는 범위라고 설정해 볼 수 있다. 이 같은 공간의 개념은 가정, 학교, 공장뿐만 아니라 지역, 주, 국가 혹은 세계까지도 포함 가능하다. 이와 같이 공간의 수준이 다양한 것은 위기의 종류에 따라 그 영향 범위가 다양하기 때문이다. 예를 들면, 화재의 경우는 그 공간을 한 가정으로 국한시켜 볼 수 있지만, 전쟁이나 외교 분쟁의 경우에는 그 공간이 세계로 확장되기 때문이다. 따라서 위기관리 과정에서는 위기 발생 시 그 영향이 어느 범위에까지 미치는지를 인식해야 한다.

3) 문화

한 국가의 문화는 위기나 위협을 해석하고 그에 대응하는 데 영향을 미친다. 또한 이러한 문화는 최고관리자의 배경, 경험, 가치관 등에 영향을 미치기 때문에, 전략이나 정책을 설명할 때는 그들의 문화를 파악하는 것이 중요하다.

또한 문화는 개인의 인식 배경을 형성하는 경향이 있으므로 각 개인의 인식은 사회적 인식 공유로 인도되거나 혹은 사회의 인식에 따라 개인이 인식할 수 있게 된다. 그리고 문화적 배경과 가치관이 다른 경우, 하나의 사건을 위기로서 인식할 수도 혹은 그렇지 않은 것으로 인식할 수도 있다. 그러므로 위기관리에서는 문화, 종교, 가치관 등을 고려해야 한다.

4) 환경의 불확실성

환경의 불확실성은 환경에서의 인과 관계에 대한 정보가 결핍되고 의사 결정의 결과물이 어떻게 될지를 정확하게 예측하지 못하는 상태로 정의할 수 있다. 이러한 불확실성은 환경의 두 가지 특징인 복잡성과 변화율에 의해 영향을 받는다. 따라서 환경의 복잡성과 변화율이 증가함에 따라 최고관리자가 인식하는 불확실성의 양도 증가하는 것이다. 그러므로 환경의 불확실성은 위기관리 과정의 중요한 영향 변수가 된다. 그리고 환경의 불확실성에 대한 개인의 인식은 환경으로부터의 정보 습득과 밀접한 관련이 있다.

5) 정보

일단 체계에서 위기가 발생하면 그 위기는 정보에 대한 수요를 만들어 낸다. 불확실성을 미래 사건의 객관적인 발생 가능성이 존재하지 않는 상황으로 본다면, 이러한 불확실성은 조직의 정보 처리 요구에 상당한 영향을 미친다. 특히 고려 중인 의사 결정의 범위와 양이 증가할 경우나 의사 결정의 급박함과 시간상의 적절성이 요구될 때 많은 양의 정보가 요구된다.

만일 정보가 완전히 갖추어져 있다면 위기 현상이 존재하지 않을 것이다. 그러나 현실 세계에서 완벽한 정보가 갖추어지는 상황은 없기 때문에 위기 과정에서는 위기의 발생 전후 그리고 과정 중에도 정보의 수집, 분석, 해석 등에 끊임없이 관심을 가져야만 한다.

6) 위기의 유형

위기 사건의 유형에는 자연재난과 인적 재난, 기술재난, 시민의 소요, 대규모 전염성 질병, 폭력주의자의 활동, 첨예한 국제적인 갈등 그리고 핵 위협 등을 포함한다. 따라서 위기관리 과정의 영향 변수로서 이들 각각의 위기 사건을 고려하는 것이 중요하다. 예를 들면, 폭력주의자들이 일으키는 사건은 다른 형태의 재난이나 위기와 유사한 면을 지닐 수 있다. 즉, 대중 참사가 일어날 가능성은 폭력주의자들의 사건에도 있는 것이다. 또한 이것은 그 해결을 위해 정부의 특별 조치가 필요하다. 이런 점에서 자연재난이나 다른 기술재난 등과 유사한 계획들을 사용할 수 있다. 그러나 폭력주의자들의 비행기 납치 사건의 경우에는 국내의 규범이나 법률 외에 국제적 영향력이나 압력 혹은 규범, 법규 등을 고려해야 한다.

7) 재정

위기나 재난은 피해 지역에 대해 재정적·경제적 결과를 초래할 수 있다. 예를 들면, 미국 연방위기관리청(FEMA)은 1983년 한 해 동안 레이건 대통령이 재난 지역으로 선포한 21개 주요 재난에 대해 11억 달러 이상의 지출을 했다. 이러한 자금은 시민들의 회복을 돕고 주와 지방정부의 시설물 보수를 보조하기 위해 사용되었다. 또한 1992년 4월 29일에 발생한 LA 흑인 폭동 사건 이후 부시대통령은 로스앤젤레스 지역을 연방재난지역(Federal Disaster Area)으로 선포했다. 이러한 선포가 있으면, 재난 피해 지역의 주민들은 재해 보상 신청을 할 수 있고 장기 저리로 금융기관으로부터 융자를 받을 수 있으며, FEMA는 현지에 조사반을 파견해서 실태 파악 후 보상 문제들의 지원 방안을 마련하고 시행하게 된다.

이처럼 재난의 경우 보조금을 지원받아 재정적 어려움을 피할 수도 있으나, 오히려 그렇지 못한 경우에는 재정적 위기에 봉착하는 경우도 있다. 따라서 위기관리 과정에서 영향 변수로서 재정을 고려해야 한다.

8) 활동가

위기관리에는 다루어야 할 많은 재난 상황이 있다. 이들 각각의 재난은 인과 관계, 적절한 기술, 계획의 접근법 그리고 중요 활동가와 활동에 대한 각각의 다른 이해(different understandings)를 필요로 한다. 즉, 위기 상황의 이러한 복잡성은 인적자원의 요구에까지도 영향을 미친다. 여기서의 인적 자원이라 함은 정부, 민간 부문, 그리고 제3영역의 조직들에서 처방된 역할을 공식적·비공식적으로 수행할 수 있는 능력을 지닌 사람이라고 정의할 수 있다. 그리고 위기에 대한 연구는 위기관리 과정에서 위기 가속화의 방지나 위기 감소에서 긴장 상태에 직면하는 그 활동가 행태의 연구가 필요하다.

위기 시의 중요한 결정들은 활동가, 즉 개인들의 소규모적이고도 친밀한 집단에 의해 만들어진다. 따라서 위기관리에서 활동가는 중요 영향 변수로서 다루어야 한다.

2. 위기관리 의사 결정

1) 위기 인식의 문제

하나의 상황을 위기 상황으로 정의하는 첫 단계는 환경에서 위기를 유발하는 사건을 인식하는 것을 포함한다. 이러한 위기의 인식 후에 위기관리 의사 결정 시간은 그 상황이 가까운 미래에 변화할 것이기 때문에 촉박하다. 따라서 위기관리는 전략적 인식과 수단적인 합리성을 요구한다. 즉, 그것은 오류 가능성(fallibility)에 대한 인식과 예기치 못한 사건을 다룰 수 있는 능력을 요구한다는 것이다.

이러한 관점에서 헤렉, 재니스와 후스(Herek, Janis, and Huth, 1987: 204-205)의 '결함 있는 의사 결정'의 일곱 가지 징후를 검토할 수 있다.

여기서는 가장 효과적인 정책 결정자들이 중요한 결정을 내릴 때 실수를 피하기 위해 주의를 기울이며 적절한 정보, 실행 가능한 대안에 대한 비판적 평가 그리고 주의 깊은 상황 계획 등에 대한 탐색을 할 것을 전제로 한다. 따라서 이러한 전제 하에 결함 있는 의사 결정의 징후를 보면 다음과 같다.

첫째, 대안을 개발하는 과정에서 중대한 누락을 하는 것으로, 집행 책임을 맡은 집단은 실행 가능한 수많은 대안을 고려하지 못하는 것이다.

둘째, 목표를 고찰하는 데 따르는 중대한 누락이다. 즉, 집행집단은 목표에 대해 분명하게 토론을 하지 않으며 혹은 목표에 대해 간략히 취급함으로써 주요 목표나 가치에 대해 설명하지 않는다.

셋째, 선호된 선택의 주요 비용과 위험을 검토하지 않는 것으로서, 그 선택의 부정적 결과를 고려하지 못하는 것이다.

넷째, 정보 탐색의 빈약함이다. 이는 선호된 행동 대안의 긍정적, 부정적인 면을 평가하는 데 필요한 유용한 정보를 얻는 데 실패하는 것이다.

다섯째, 가까이서 얻을 수 있는 정보의 처리에 편견을 지니는 것으로서, 전문가, 대중 매체 그리고 외부 비판가들로부터의 정보가 선호된 대안을 지지할 경우에만 받아들이는 제한된 경향을 보이는 것이다.

여섯째, 이전에 거부되었던 대안을 고려하지 않는 것이다.

일곱째, 상세한 집행, 감청, 상황의 계획을 세우지 않는 것이다. 즉, 집행에서의 발생 가능한 문제들을 무시하고 감청이나 위기 상황 계획을 개발하지 않는 것이다.

이상의 검토에서 의사 결정은 결정 시점 이전부터 상당한 주의력과 인식 능력을 지녀야 함을 알 수 있다. 이러한 인식의 중요성은 쿠바 미사일 위기(Cuban Missile Crisis)에 대한 케네디의 대응에서 배울 수 있는 것은 첫째, 의사 결정자들이 최신의 정보를 습득하는 정도는 위기의 해결에 영향을 미치며, 둘째는 거대하고 복잡한 조직에 위치한 소수집단에 의해 의사 결정이 이루어짐으로써 위기에 그릇된 인식을 심어줄 수 있으므로 이에 대한 통제가 필요하다는 것이다. 더불어 계획은 충동에 의해서가 아니라 시간을 갖고 다양한 의견을 수렴하면서 그 사건에 관한 구체적인 지식을 지닌 전문가들과 함께 수립해야 한다.

또한 공공 분야와 민간 분야는 각기 다른 목표와 관점을 지닌다는 점을 인식해야 한다. 즉, 정부 내에서의 의사 결정의 원리와 의제 정의는 민간 기업의 효율성 요구에 의해서라기보다는 합의의 필요성에 따라 더 많은 영향을 받는다. 그리고 위기 시에 의사 결정에 관한 출처를 구할 때, 주관적 편견의 배제가 상당히 중요한 의미를 지닌다.

2) 위기관리 의사 결정의 원칙

실질적인 위기관리 의사 결정은 불명확성의 안개 속에서 작업하는 사람들이 시간과 사건의 압박 하에 마련하는 것으로 알고 있다. 또한 하나의 위기가 해결되었다고 해서 위기의 요소가 완전히 사라진 것은 아니며, 단지 위기의 요소가 분산된 것일 뿐이다. 그러므로 위기의 원천을 단일한 것으로 단정지을 수는 없다. 이러한 위기 상황에 대한 인식에 따라 의사 결정은 윤리적 공감대 형성의 필요성이 제기된다. 즉, 윤리적 공감대가 형성되어 있지 않다면, '좋은' 계획과 '나쁜' 계획, 그리고 사회적으로 바람직한 것과 그렇지 않은 것을 분리할 정상적인 힘을 상실하게 된다. 그러므로 위기관리 의사 결정에서는 사회적인 윤리 가치의 공감대 형성이 필요하고, 이를 바탕으로 하여 위기관리 의사 결정 단계에서는 다음과 같은 원칙들이 검토되어야 한다.

(1) 대안의 복수 추천

의사 결정은 상대적인 의미에서 평가될 수 있는 것(Simon, 1976: 49)이므로 복수의 대안들 사이에서의 선택이 필요하다. 이러한 대안의 복수 추천에서 의사 결정자들은 정보의 단일 원천에 의존해서는 안 되고, 시간과 자원이 허용하는 한 많은 다양한 통로를 참고해야 한다.

(2) 목표에 대한 인식

위기관리에서의 목표 인식은 관리 주체의 관점이라는 일반적으로 정형화된 입장에 머물러서는 안 된다. 그것은 목표 대상의 시각에서 보면 더 좋은 인식에 이를 수 있다. 그러므로 정형화된 방식의 목표 인식으로 빠져들 위험성을 피하기 위해, 위기관리 의사 결정자들은 목표 대상, 즉 상대편의 입장에서 상황을 알고자 하는 노력을 기울여야 한다.

(3) 집행의 통제

위기관리는 공공 영역이든 민간 영역이든 그 최종 결과에의 책임성이 최고 의사 결정자에게 귀착되는 경향이 있다. 따라서 의사 결정자는 위기 상황에서의 결정과 그에 따른 집행이 일치하도록 할 권한이 있으며, 또한 집행시에 발생할 수 있는 갈등과 마찰을 조정·통제할 책임이 있다.

이러한 집행의 통제는 오늘날과 같은 핵시대에 군사적 충돌 위기 시에는 더욱 중요한 것으로 좀 더 세밀한 통제가 필요하다.

(4) 의사소통

위기 시에 위기관리 의사 결정에 필요한 중요한 것 중의 하나로 의사소통(communication)을 들 수 있다. 이와 같은 의사소통에는 의사 결정 집단 구성원 상호간의 끊임없는 의사소통 이외에도 위기를 인식하는 당사자들 간의 의사소통 그리고 의사 결정자와 집행자 사이의 의사소통 및 언론 매체와 국민들 간의 의사소통이 필요하다. 또한 위기 당사자뿐만 아니라 주변 환경과의 지속적인 의사소통 및 협의도 중요하다.

(5) 유연한 선택의 유지

위기관리에서 미리 엄격하게 고정된 계획을 수립한다는 것은 의사 결정자들에게는 일련의 선택을 제한한다. 이것은 위기 상황을 더욱 악화시킬 수 있으며, 위기관리의 제1목표가 위기를 피하는 것이라고 보면, 유연한 위기관리의 대안 선택을 가능케 해 주어야 한다.

(6) 시간의 압력

위기 상황에서 대안의 탐색과 선택의 시간은 매우 짧다. 그리고 위기 상황의 변화는 의사 결정을 재촉하게 된다. 그런데 여기서 주목할 점은 시간의 압력으로 말미암아 의사 결정이 제약을 받는 경우는 절대적 시간의 제한인 경우도 있으나 위기 해결의 급박성으로 인한 긴장의 고조로 선택 대안들을 검토하지 못할 수도 있다는 것이다. 그러므로 이런 경우에 의사 결정자들은 위기가 강요하는 긴장으로부터 벗어나려는 의도적인 노력이 필요하다.

(7) 목표의 제한

위기관리에서는 산만하고 원칙에 입각해서 잘 정의되지 못하는 목표보다 분명하며 제한된 목표의 설정이 위기 해결 방법의 기반이 된다. 이와 더불어 목표의 변화는 새로운 위험성을 수반하고 집행자들의 혼란을 야기하기 때문에 피해야 한다. 걸프전 당시 중동 지역에 첨예한 이해 관계가 걸려있던 미국은 그 위기의 해결과정에서 제1의 목표로서 쿠웨이트로부터의 이라크의 무조건적인 철수를 설정해 주변국과 국민 그리고 집행자들에게 혼란을 주지 않음으로써 협조를 얻을 수 있었다. 이러한 목표의 설정은 궁극적으로 후세인을 권좌에서 축출하고자 하는 원칙에서 보면 극히 제한되고 단순화된 것으로 인정할 수 있다.

3. 위기관리에서의 집행관리

위기관리 대응 과정에서의 집행은 일반적인 정책의 집행과는 다른 국면을 지닌다. 따라서 위기관리 집행 시에는 별도의 과정 원칙을 지켜야 한다.

첫째, 위기 시에 정책이 집행되기 위해서는 그 현장의 상황을 올바르게 이해해야 한다. 그런데 이러한 위험의 인식은 다분히 주관적이고 일관성이 없는 것이기 때문에 집행자는 집행의 목표에 대한 분명한 확인이 선행되어야 한다.

둘째, 위기관리 집행은 총체적 관리 차원에서 다루어야 한다. 이것은 한 지역에서의 위기 발생은 그 지역만으로 한정되기 쉽지 않을 뿐만 아니라, 시간적으로도 단시일의 관리만으로는 불완전하기 때문이다. 미국의 경우, 1970년대 후반에 총괄적 위기관리의 개념이 등장했고, 이것은 연방정부, 주정부, 지방정부 그리고 위기관리 기구 서로 간의 상호 작용을 통해 이루어졌다.

셋째, 위기관리에서 관료들의 정치적 긴장과 경쟁은 종종 간과되는 경우가 있으나, 실은 위기관리에서 중대한 요소이다. 위기 맥락에서 관료들의 경쟁과 갈등의 일상적 유형들은 '민주적 신뢰성'을 일시적으로 포기한 것으로 보일 수 있다. 그러나 순기능도 있는데, 이에는 ①위기관리 기구와 관련 기구를 시험해 볼 수 있고, ②편향된 사고와 집단 사고의 위험성을 방지할 수 있으며, ③위기관리 공개 전략의 잠재적 적절성을 끌어낼 수 있다는 것이다.

넷째, 위기 상황은 동태적이고도 불확실한 상황이므로, 그 집행 조직은 임시적이고도 문제 지향적 조직이 필요하다. 이와 같은 조직을 설계할 때에는 전략이 조직의 구조를 결정하며, 또한 그 조직은 가능한 분권화되어야 한다. 이때 분권화는 무엇보다도 하부 기관의 목적이나 기능을 명확하게 분류해야 한다.

다섯째, 위기관리 집행 시에는 집행기관에 대한 통제가 완화되어야 한다. 즉, 위기에 대해 신속하게 대응할 수 있는 권력과 능력은 위협을 최소화하고, 전환하는 데 혹은 위협을 해결하는 데 중요한 것이기 때문이다. 이것은 격변하는 환경의 변화가 안정 상태로의 변화이든 혹은 그 반대이든지 간에 변화하는 상황에 대한 통제는 증가시켜야 한다. 더불어 위기와 같은 복잡하고도 급변하는 상황에서는 중간관리층의 집행자들이 주도권을 갖고, 최고관리층의 목적에 부응하면서 위기에 대한 혼합된 대응을 해야 한다. 그리고 여기에서 선행되어야 할 것은 각각의 다른 관리 수준에서 목표에 대한 합의가 있어야 한다는 것이다. 또 그 목표는 정확하고 측정 가능한 것이어야 한다. 그렇지 않으면 대응의 집행 계획이 실제 내용과 전문성이 결여되기 쉽다.

여섯째, 위기관리는 효과적인 전술적 기술을 필요로 한다. 이에 대해 고드초크와 브로워(David J. Godschalk & David R. Brower, 1985: 64)는 의사소통, 명령, 그리고 통제를 제시했다. 이는 효과적인 전략적인 기술,

즉 계획, 정책 설계 그리고 집행 시에 필요한 것이다. 특히 집행자가 최고관리자에 대한 즉각적이고도 직접적인 보고를 할 수 있는 의사소통 체계가 필요하며, 반면에 최고관리층은 신속하게 집행자에게 사안에 따라 직접적으로 명령을 하달할 수 있는 명령 체계가 요구된다.

지금까지 위기관리의 집행 과정에서 필요한 원칙들을 살펴보았다. 이 원칙들로는 현장 상황의 올바른 이해, 총체적 관리 차원의 필요성, 관료들 사이의 정치적 긴장과 경쟁의 순기능 인식, 임시적이고도 문제 지향적 성격의 위기관리 조직 설계, 위기관리 집행 시 통제의 완화, 의사소통 및 명령 체계의 확립이 있다.

제11장

정부 조직과 갈등관리

제11장 정부 조직과 갈등관리

제1절 갈등의 정의와 성격

1. 갈등의 정의와 기능

민주주의는 다양한 사회적·정치적 관계에서 갈등이 나타나는 것을 정상적 상태로 가정한다. 그렇기 때문에 견제와 균형의 원리를 채택하고 있다(조경호 외, 2014: 221-235). 민주주의는 다양한 갈등 해소를 이성적 선택에 의존하는 제도라고 해도 과언이 아니다. 그렇기 때문에 당사자 간의 관계에서 갈등이 상승 국면이나 지속 국면에 처해 있으면, 소위 말하는 제3자 개입이 가능한 제도를 열어 두는 것이 보통이다. 대체로 갈등을 관리해야 하는 사람은 갈등 관리(management), 갈등 예방(prevention), 갈등 해결(settlement, resolution), 갈등 제어(regulation), 갈등 전환(transformation) 등의 노력을 한다. 그래도 성공적이지 못하면 제3자의 개입으로서 알선(facilitation), 조정(negotiation), 중재(arbitration), 재정(adjudication) 등의 절차를 거친다(김영평, 2006: 83).

갈등에 대해서는 다양한 정의가 존재한다. 프뤼트와 루빈(Pruitt & Rubin, 1986)은 둘 이상의 사람이나 집단이 특정한 사항에 대해 다른 이해 관계를 가지고 있고 그 상이함이 부정적으로 평가될 때 갈등이 발생한다고 보았다. 한편 백완기(1995)는 갈등을 양립할 수 없는 목표의 추구로 인해 발생하는 현상으로 보았다. 이러한 갈등의 정의에 공통적으로 존재하는 것은 대립과 상충이다. 또한 갈등이 있음을 인식할 때 비로소 갈등이 존재하게 된다. 아무도 갈등이 존재하는지 모른다면, 일반적으로 갈등은 없다고 볼 수 있다. 이에 따라 로빈스와 저지(Robbins & Judge, 2011)는 갈등을 한 사람이 소중히 여기는 어떤 것에 대해 다른 사람이 부정적인 영향을 미쳤거나 미칠 것이라는 것을 인식할 때 시작되는 과정으로 정의한다. 즉, 이 정의에 따르면, 실질적인 이익의 충돌이 이미 일어난 경우뿐 아니라 가까운 미래에 잠재적으로 그러한 충돌이 일어날 경우까지 포함해 갈등을 정의하게 된다.

흔히 갈등에는 역기능만 있다고 생각하기 쉽지만 반드시 그런 것은 아니다. 개인, 집단, 조직에 갈등이 가져올 수 있는 긍정적인 기능이 존재한다(Schermerhorn, Hunt, & Osborn, 2008). 무엇보다 갈등은 중요한 문제를 수면 위로 떠오르게 해서 그 문제가 처리될 수 있도록 한다. 때로는 오래 방치되어 있는 문제가 후에 더 큰 부정적인 결과를 야기하기도 한다. 갈등은 이러한 잠재적 문제들을 다룰 수 있는 계기를 마련해주어 조기에 문제가 해결되도록 도울 수 있다. 의사 결정을 하기 위해 사용되는 정보의 양을 증가시키는 것도 갈등이 가져오는 순기능이다. 갈등이 있는 상황에서는 찬반 양쪽에서 여러 가지 다양한 정보를 가져와 더 풍부한 정보를 가지고 의사 결정을 하게 된다. 마지막으로 갈등은 개인이나 팀, 조직의 성과를 제고할 수 있는 좀 더 혁신적이고 창의적인 해결책을 제시하는 계기를 마련하기도 한다(Jehn, 1994; Priem, Harris, & Muir, 1995; Jehn & Mannix, 2001).

하지만 갈등이 가져오는 역기능 또한 무시할 수 없다. 우선 갈등은 생산적인 일에 쓰일 수 있는 에너지를 다른 쪽으로 돌려 낭비를 가져오고 집단의 응집성을 해치게 된다. 개인 간 적대감을 높이고 근로자들에게 부정적인 환경을 만드는 것 역시 갈등이 필연적으로 수반하는 역기능이다. 이에 따라 업무 생산성이나 직무만족도도 줄어들 가능성이 커지게 되고, 결석률이나 이직률도 부정적인 방향으로 영향을 받게 된다(Wall & Callister, 1995; Hinds & Bailey, 2003).

2. 갈등에 대한 견해

현대 행정학은 갈등을 부정적 사회 관계로 보지 않는다. 전통적으로 갈등은 마찰적 사회 관계로서 당사자뿐만 아니라 주변 사람들에게까지 피해를 주는 것으로 보았다. 그러나 갈등에는 파괴적 갈등과 함께 건설적 갈등도 있다(Deutch, 1973)는 점이 밝혀지면서, 갈등의 긍정적 측면이 강조되기 시작했다. 갈등의 긍정적 효과에 대한 논의는 비교직 현대에 제기된 것이고, 그 이전에는 동서양을 막론하고 갈등을 보정적이고 회피해야 할 대상이라고 보았다(김영평, 2006: 80).

갈등의 순기능 및 역기능과 관련해 갈등에 대한 관점은 변화를 겪어 왔다. 기존의 관점은 갈등의 역기능적 측면에만 초점을 두어 논의한 반면, 비교적 근래의 논의는 점점 갈등의 순기능적 측면에도 관심을 기울이고 있다(George & Jones, 2007). 로빈스와 저지(Robbins & Judge, 2011)는 이를 크게 전통적 견해와 상호 작용적 견해(interactionist view)로 나누어 설명한다. 전통적 견해에서 갈등은 집단에서의 역기능을 나타내는 징표가 되므로 모든 갈등은 나쁜 것이라고 본다. 즉, 갈등은 조직 내의 원만하지 못한 의사소통이나 조직관리자와 구성원 간의 신뢰 부족, 비효율적인 관리 등에서 발생하는 것으로 조직 건강에 악영향을 끼치는 요소로서 가능한 제거되어야 한다는 견해이다. 이러한 견해에 따르면, 조직의 성과 제고를 위해 갈등 상황은 피하거나 가능한 빨리 해결해야 하는 것으로 간주된다(Robbins & Judge, 2011).

이에 반해 상호 작용적 견해에서는 약간 다른 접근법을 취한다. 갈등은 분명 역기능적 성격을 가지고 조직에 위해(危害)를 끼치기도 하지만 언제나 그런 것은 아니며, 관리하기에 따라서 순기능적 성격을 띠기도 한다는 것이다. 오히려 집단이 너무 협동적인 경우에 그 조직은 정적(靜的)이 되어 변화와 혁신의 필요성에 대해 무뎌지기 쉬우므로 최소한의 갈등 상황은 조직에 활력을 불어넣으며 변화와 혁신을 촉진하는 요인이 된다고 주장한다(Dreu & Vliert, 1997). 여기서는 갈등을 기능적(functional) 갈등과 역기능적(dysfunctional) 갈등으로 나누어, 기능적 갈등을 장려하고 촉진시킨다면 갈등은 오히려 조직의 성과 향상을 가져올 수 있다고 본다(Coser, 1956; Robbins & Judge, 2011).

하지만 상호 작용적 견해의 경우에 갈등을 격려하는 것에 대한 몇몇 문제점도 지적되었다. 특별한 경우 갈등이 이로운 경우도 있지만, 갈등으로 인해 발생한 스트레스는 인간 관계에 부정적인 영향을 주어 장기적으로 조직에 부정적인 영향을 미칠 수 있다는 것이다(Penny & Spector, 2005). 이를 종합해 볼 때, 현재는 갈등의 관리에 초점을 둔 견해가 전통적 견해와 상호 작용적 견해의 절충안으로 제시되고 있다. 여기서는 모든 조직에서 갈등의 발생이 불가피한 것으로 인정하되, 갈등을 완전히 없애거나 인위적으로 조장하기보다는 발생한 갈등을 잘 관리해 나가는 가운데 그 부정적 영향을 최소화하고 생산적으로 갈등을 해결해 나가도록 하는 데 초점을 두고 있다(Robbins & Judge, 2011).

흔히 갈등이 조직의 성과를 낮춘다고 가정하기 쉬운데, 반드시 그렇지 않을 수도 있다. 특히 건설적인 성격의 갈등이 적정 수준 존재하는 경우에는 조직의 성과에 긍정적인 영향을 미칠 수도 있다(George & Jones, 2007). 갈등이 아예 없거나 낮은 상태에서는 외부의 변화에도 반응하지 않고 조직 내 창조성이나 혁신성도 떨어져 새로운 아이디어가 채택되지 않을 수도 있다. 반면 다소 간의 갈등이 조직을 자기 비판적이고 혁신적으로 만들어 더 나은 성과를 가져올 수도 있다. 하지만 너무 높은 수준의 갈등이 있는 경우에는 부서 내부가 혼란스럽고 비협조적이 될 것이다. 이에 따라 갈등의 수준이 증가함에 따라 조직의 성과가 함께 증가하다가 일정 수준의 갈등이 지나면 다시 감소하는 역(逆) U자형의 모양을 띨 것이라고 가정해 볼 수 있다(Thomas, 1977).

3. 갈등의 성격

갈등에 대한 올바른 인식은 갈등의 성격을 이해하는 데에서 시작한다. 갈등의 성격을 이해하기 위해 주의해야 할 점이 있다(박태순, 2010: 33-44). 그것은 갈등 현상(state) 혹은 갈등 과정과 갈등의 결과(result) 혹은 효과(effect)를 혼동하지 말아야 한다는 점이다. 모든 갈등은 고통을 동반하지만 결과가 항상 고통을 의미하는 것은 아니다. 따라서 갈등 현상과 결과는 구분해야 한다. 예를 들어 젊었을 때 사랑의 열병을 앓은 적이 있을 것이다. 어떤 사람은 이를 이겨 내지 못하고 물에 뛰어들기도 하고, 약을 먹기도 하며, 심한 경우 죽기도 한다. 그런데 그 고통을 잘 견디면 이전보다 성숙해지게 된다. "비 온 뒤에 땅이 굳는다"는 속담처럼 말이다. 그뿐만 아니라 한 개인은 회사에 적응하는 과정에서 상사와 동료들과 티격태격하게 된다. 그렇게 회사 생활에 익숙해지면서 업무를 어떻게 해야 할지 파악해 안정적인 단계로 접어들게 된다. 이 과정은 외부와의 끊임없는 갈등 관계 속에서 이루어지는 것이다. 갈등 과정은 늘 갈등이 없는 상태에 비해 힘들고 벅차다. 그렇지만 이 과정이 힘들고 벅차다고 해서 갈등이 나쁜 것이라고 할 수 없다. 갈등을 어떻게 처리하느냐에 따라서 결과가 좋을 수도, 나쁠 수도 있다. 비유하자면 갈등은 원자폭탄이나 원자력 발전의 원료인 우라늄이나 플루토늄과 같다. 이 원료가 파괴적인 원자폭탄이 되느냐, 인류 생활에 도움을 주는 원자력 발전을 위한 원료가 되느냐는 원료를 다루는 사람의 몫이다. 원자폭탄의 원료로 사용된다고 해서 우라늄은 나쁘다고 말할 수 없고, 원자력 발전에 이용된다고 좋은 원료라고 단정지어 말할 수 없다. 이처럼 갈등은 과정이 힘들고 고통스럽기 때문에 나쁜 것이라는 인식을 갖는 경우가 많다. 그러나 긍정적인 결과도 존재하므로, 갈등은 현상과 결과가 구분되어야 한다.

사람들 사이에는 생각과 이해, 목적에 차이가 있기 마련이고, 서로 만나지 않는다면 문제가 될 게 없지만, 서로 만나 함께 당면한 문제를 풀어 가야 하는 상황이라면 대립과 갈등은 보통 피하기 어렵다. 어떤 문제를 해결했다고 그것으로 모든 갈등이 해소되는 경우도 드물다. 어떤 문제로 갈등이 발생해서 해결되고 나면 다른 갈등이 생기기 마련이다. 따라서 갈등은 근본적으로 피할 수 없는 현상이라고 할 수 있다.

이런 점에서 갈등은 우리 생활의 일부분이자 자연스러운 현상이다. 따라서 갈등 자체를 선·악으로 구분하기 보다는 사회적 현상으로 받아들이고 이를 어떻게 인식하고 해결할 것인지 고민하는 것이 중요하다.

1) 갈등의 양면성: 비용과 편익

결과의 측면에서 보면, 갈등을 겪고 난 이후 갈등 이전보다 상황이 더 좋아질 수도 있고, 상황이 더 나빠질 수도 있다. 또 갈등을 함께 경험한 경우라 하더라도 어떤 사람은 갈등을 통해 더 많은 것을 얻고, 어떤 사람은 많은 것을 잃기도 한다. 이는 사회나 국가도 마찬가지이다. 이처럼 자신에게 갈등이 주는 긍정적이고 도움이 되는 결과를 '갈등의 편익(benefits)'이라고 하고, 갈등으로 인해 발생하는 부정적이고 해가 되는 결과를 '갈등의 비용(costs)'이라고 말한다. 갈등의 비용과 편익은 갈등이 종료된 상황에서만 발생하는 것이 아니라, 갈등이 진행되는 동안에도 발생한다. 또한 편익만 발생하는 갈등도 없고 비용만 발생하는 갈등도 없다. 대부분의 갈등은 비용과 편익 모두 발생한다. 중요한 것은 갈등으로 소모된 비용이 큰지, 아니면 갈등으로 얻은 편익이 큰지에 대한 문제이다. 편익이 크다면 갈등은 겪을 만한 것이 되고, 비용이 크다면 그렇지 못한 것이 되어 버리고 만다.

그러나 갈등에 따라, 단기적으로 볼 때는 편익을 초과한 것처럼 보이지만 좀 더 장기적인 시각에서 보면 비용이 더 큰 갈등도 있고, 그 반대의 경우도 있을 것이다. 또한 갈등으로 손해를 본 사람의 시각에서 보면 갈등은 소모적인 것으로 볼 수 있으나 승리한 사람의 관점에서 보면 갈등은 생산적인 것으로 볼 수도 있다. 누가, 어떤 시점에서 비용과 편익을 평가하느냐에 따라 비용과 편익에 대한 셈은 달라질 것이다.

2) 갈등으로 인한 비용

부부 싸움으로 집안 살림이 망가지고 아이에게 소홀했다면 그 집안에는 부부 갈등으로 인한 비용이 발생한 것이다. 또 어떤 병원에서 의사와 간호사 간에 갈등이 발생해 며칠간 업무를 할 수 없게 되었다면 그 갈등으로 병원, 환자, 좀 더 나아가서 우리 사회에 갈등으로 인한 비용이 발생한 것이다.

갈등으로 인한 비용은 다양하다. 물건이 파괴되거나, 수입이 줄어드는 물질적·직접적 비용이 있고, 스트레스와 의욕 상실과 같은 정신적·간접적 비용이 있다. 또한 서로 관계가 악화되어 협력할 수 있는 분위기가 되지 못하고 주변으로부터 신뢰가 낮아지게 되는 관계상의 비용이 있다. 이들 중 어떤 것은 금전적으로 쉽게 환산할 수 있으나, 쉽지 않은 경우도 있다.

갈등으로 발생하는 사회적, 국가적, 개인적 차원의 비용에 대해 생각해 보자. 예를 들어, 재판 비용은 갈등으로 발생하는 대표적인 사회적 비용으로 갈등을 스스로 해결하지 못해 소송으로 가는 경우 발생하게 된다. 2009년 한국 법원이 처리한 민사사건은 128만 4430건이다. 이에 반해 한국과 법률 문화가 비슷한 일본은 같은 기간에 77만 3000여 건을 처리했다고 한다. 일본의 인구가 한국보다 약 2.6배 많은 것을 감안하면 인구 대비 소송 건수는 한국이 일본의 4배가 넘는다. 일본에서는 지난해 전체 민사 분쟁의 35%가량이 법원 판결이 아닌 조정·화해로 처리됐지만, 한국은 전체 민사 사건의 6.5%만이 조정·화해로 종결되었다. 이 또한 대부분 재판부의 강제에 가까운 권유로 이루어진 것으로, 처음부터 조정을 신청한 건수는 0.7%(9,216건)에 불과하다. 이는 우리 사회가 갈등 상황에서 법적인 소송을 통해 해결하는 비율이 높다는 것을 반증한다. 이와 함께 죄가 없음에도 소송으로까지 가는 무고죄 비율이 일본보다 훨씬 높다. 이 이야기는 죄가 있는지 없는지 판단하지도 않은 채 일단 문제가 발생하면 법원의 판단에 맡긴다는 것이다. 쉽게 말하면, 자율적인 문제 해결 능력이 없다는 것으로서, 시민 사회 내에서 법을 통하지 않은 문제 해결 능력이 떨어진다는 것을 의미한다. 미국이나 일본의 경우도 처음부터 자율적인 갈등 해결이 가능하지는 않았다. 비록 이들도 과거에는 대부분 갈등을 법적 소송을 통해 해결했었만 갈등으로 인한 천문학적인 사회적 비용을 저감하기 위한 사회적 노력을 통해 오늘날에 이른 것이다.

그럼 우리 사회의 구성 집단 혹은 국가나 기업에서 발생하는 갈등 비용은 어느 정도나 될까? 사회를 구성하는 집단이 갈등을 자율적으로 해결하지 못하거나 집단 간 의사소통 채널이 제대로 작동되지 않는 경우, 집회나 시위를 통해 이를 대중에게 알리고 자신들의 요구를 사회적으로 해결하기 위해 노력하게 된다. 이는 극단적인 상황에서 택하는 의사소통 방법이다. 2007년 한국개발연구원 연구보고서에 따르면, 2005년 한 해 동안 전국에서 발생한 민간 집회 및 시위로 인한 모든 직접적, 간접적 비용을 합한 사회적 비용이 우리나라 국내 총생산의 1.5% 이상에 해당하는 규모라고 한다. 구체적인 예로 2000년 이후 1,000명 이상이 참가한 대규모 시위에 투입된 경찰 인력, 교통 지체로 인한 비용, 시위 현장 영업점의 손실, 시위 참가로 인한 생산의 손실, 그리고 일반 국민의 심리적 부담을 모두 고려해 보자. 불법 시위의 경우 최대 12조 원 이상, 합법적인 시위라 해도 7조 원 규모의 사회적 비용이 발생한다고 한다. 이는 예상 외로 많은 비용이다.

또한 국책 사업을 둘러싸고 벌어지는 갈등으로 발생하는 국가적 차원의 갈등 비용은 어떠한가? 지금까지 새만금 간척지, 천성산 터널, 사패산 터널, 경인운하, 계룡산국립공원 관통 도로, 한탄강 댐 등 대규모 국책 사업 공사가 갈등으로 인해 지연 또는 포기되었고, 이로 인해 천문학적인 비용이 발생했다. 이렇게 발생한 비용은 결국 국민이 부담하게 되는 것이다.

아직 우리나라에는 갈등에 따른 기회 비용에 대한 정량화된 연구 결과는 거의 없지만 대체로 외국의 경우 관리비의 30% 정도까지 갈등 비용으로 잡는 경우도 있다. 즉 적지 않은 비용이 갈등으로 새어 나가고 있다.

이렇듯 갈등이 많은 비용을 발생시킴에도 불구하고 갈등을 중단시키지 못하는 이유는 무엇일까?

첫째, 갈등으로 인해 발생하는 실제 비용을 과소평가한다. 갈등으로 인한 비용이 얼마나 발생할지 모르거나 가볍게 여기고 그냥 넘어가는 경우이다. 여기서 강조하는 것은 갈등으로 인한 비용이 우리가 생각하는 것보다 훨씬 클 수 있다는 점이다. 또한 갈등으로 인한 비용은 단기적인 것뿐 아니라 장기적으로도 영향을 미칠 수 있다는 점에 주의해야 한다.

둘째, 갈등을 어떻게 풀어야 할지 모른다. 갈등으로 고통을 겪고 있음에도 불구하고 갈등 해결 방법을 찾지 못해 비용만 계속 지불하는 경우이다. 갈등 해결에는 훈련과 노력이 필요한 경우가 많다. 또한 스스로 해결하지 못하는 경우 전문적인 조정인 등을 통해 도움을 받아야 할 것이다.

3) 갈등으로 인한 편익

갈등으로 인한 편익은 갈등으로 인해 우리가 얻는 혜택 혹은 이로운 점을 말한다. 갈등이 없었다면 얻지 못했을 것을 갈등을 통해 얻게 된다는 의미이다. 잠재된 문제를 드러내거나 사회적으로 이슈화하고 대립하고 충돌하는 상황을 만듦으로서 얻게 되는 편익, 즉 갈등의 편익에는 어떤 것이 있을까?

첫째, 갈등은 왜곡된 관계를 정상화하는 계기가 될 수 있다. 가까운 사이임에도 불구하고 갈등이 없다는 것은 한쪽이 상대방에게 강제로 억압되어 있거나 예속되어 있을 가능성이 높다. 따라서 건설적인 갈등은 장기적인 평화와 협력을 만들어 내는 초석이라 하겠다. 갈등이 없다는 것은 실제로 불만이나 요구가 없어서인 경우도 있지만 현대와 같이 사람들의 생각과 이해가 다양한 상황에서 갈등은 단지 표출되지 않았을 뿐이지 없다고 하기 어렵다. 이런 경우는 외적인 압력이 강하게 존재하는 상황일 가능성이 많고, 그런 불합리한 상황이 계속되는 경우일 것이다. 예를 들어 굉장히 엄한 아버지 밑에서 성장한 아이가 집안에서는 꼼짝 못하지만 밖에서는 사고 치는 경우가 있다. 아버지와 아들 사이에 갈등이 존재하지 않는 것처럼 보이는 것은 억압적인 분위기 때문에 갈등이 수면 아래 잠겨 있는 것뿐이다. 하지만 아이가 집 밖으로 나오면 이런 억압이 없을 뿐 아니라 집 안에서 쌓인 감정이 일시에 폭발하기 때문에 오히려 문제가 될 수 있다. 이처럼 겉으로 볼 때 갈등이 없다고 하는 것이 그리 바람직한 것은 아니다. 극단적으로 말하면, 부모한테 대들 수 있는 아이가 그렇지 않은 아이보다 나을 수 있다는 것이다. 부모 말에 순종하는 아이는 현대 사회에서 적응하기 어렵다. 왜냐하면 20~30년 전과 지금 시대와는 전혀 다르기 때문이다. 요즘 아이들은 다섯 살만 넘으면 컴퓨터를 배우고 인터넷을 한다. 게다가 중고등학교까지 남녀 공학으로 이어지는 곳이 많다. 그렇기 때문에 세상을 보는 눈이 다른 것이 당연하며,

지금의 부모 세대와 이견이 없을 수가 없다. 만약 그렇지 않다면 무언가 억압이 존재하기 때문이며, 그러한 아이들은 자기를 표현하는 데 미숙할 수밖에 없다. 이는 곧 개인의 경쟁력으로 이어지고 결국 아이는 도태된다. 하지만 부모가 자녀와의 갈등을 필연적으로 받아들인다면 아이는 갈등을 통해 성숙해질 기회를 갖게 되며, 부모는 자녀를 좀 더 잘 이해할 수 있게 된다. 이때 우리는 갈등의 편익이 발생했다고 한다.

둘째, 갈등을 통해 무엇이 문제인지 뚜렷이 알게 된다. 갈등 진행 과정에서 서로 정보를 교환하는 공간이 생기며, 쟁점이 무엇인지 파악할 수 있게 된다. 여기서 상대를 이해할 수 있는 계기도 마련된다. 이때 갈등을 표출해 문제를 링 위에 올린 후 갈등 해결 방법을 찾을 수 있다는 것이 갈등의 편익이다. 문제를 해결하기 위해서는 먼저 문제를 드러내야 한다. 저절로 해결되는 문제는 거의 없다. 특히 사회적 약자나 고통 또는 억압을 겪고 있는 쪽에서 문제를 제기하지 않으면 문제는 드러나지 않을 것이다. 중요한 것은 문제를 어떤 방식으로 드러내느냐는 것이다. 하지만 여기에는 싸우면서 불만을 털어놓게 할 것인가, 아니면 여유롭고 부드럽게 드러나게 할 것인지 방법의 차이가 존재할 뿐이다. 아직 이처럼 문제가 드러난 상태에서 어떻게 논의해 서로 합의점을 찾아갈 것인지에 대한 기나긴 여정은 남아 있다. 문제를 어떻게 드러내고 어떻게 함께 논의해서 적어도 서로 반대하지 않는 골인 지점까지 가는가 하는 것이다. 이 과정에서는 문제를 드러내되, 격하지 않고 부드럽게, 타협적이고 현명하게 이끌고 밟아가면서 '서로가 동의를 구하는 과정'을 어떻게 만들어 가는가가 중요하다.

셋째, 갈등은 집단의 정체성을 확인하는 계기가 되기도 한다. 개인적인 갈등과 달리 집단적인 갈등에는 다른 동력이 작용한다. 기본적으로 집단 대 집단의 갈등이 발생하기 전에 집단 내부에는 소속감과 신뢰감이 형성된다. 예를 들어, 일본과 한국의 축구 경기를 생각해 보면 된다. 갈등 상황에서는 집단 정체성을 통해 모든 상황이 자신들과 정체성이 같은 집단과 정체성이 다른 집단으로 이분화(二分化)된다. 자신들의 정체성은 절대적으로 옳은 것이고, 그런 정체성을 갖고 있는 사람이나 집단은 무조건 정의롭고 선한 것이 된다. 반면 자신들과 정체성이 다른 사람과 집단은 불의이고 악이 된다. 갈등 상황에서 집단적인 정체성의 확인은 내부적인 결속을 다지고 위기를 극복하는 힘으로 작용하기도 한다. 한민족이라는 우리들의 정체성이 위기 때마다 결집해서 외세에 맞서 싸우고 나라를 지키는 원초적인 근거가 되었다는 점을 부정하기 어렵다. 그러나 동선의 양번과 같이 정체성에 대한 주장은 상대의 입장에서 보면 상대에 대한 배타성을 의미하기도 한다.

넷째, 갈등은 문제 해결의 기회가 될 수 있다. 갈등은 서로에게 어떤 문제가 있었는지뿐 아니라, 문제를 해결하기 위해 고민하고 노력하는 기회를 만들어 준다. 갈등이 문제 해결의 씨앗이 된다는 것이다. 한 예로서, 의약 분업 이전, 제약회사가 병원과 의사에게 리베이트를 제공하는 것이 관행이었다. 그러다 보니 환자가 불필요한 약을 과다 복용하게 되어 사회적 문제가 되었다. 하지만 제약 회사와 병원 사이에는 아무런 갈등이 존재하지 않았지만, 사회적으로는 많은 비용이 지불되었고, 환자의 건강에도 해가 되었다. 이러한 제약 회사와 병원 간의 유착 관계와 리베이트 문제를 사회적으로 드러내고 갈등을 야기함으로써 이를 해결하기 위한 사회적 노력이 기울여졌다. 갈등이 문제 해결의 계기를 마련해 준 것이다.

제2절 갈등의 유형

다양한 기준에 따라 갈등의 유형을 구분지을 수 있다. 우선, 갈등을 실제적 갈등(substantive conflict)과 감정적 갈등(emotional conflict)으로 나눌 수 있다(조경호 외, 2014: 221-235). 전자는 추구해야 할 목표나 그것을 달성하기 위한 수단에 대한 근본적인 불일치가 존재하는 경우에 생긴다. 구체적인 전략이나 행동 계획에 대한 실제적인 불일치를 비롯해 자원의 배분, 조직 내의 정책 등 여러 영역에 걸쳐 실제적인 불일치가 나타난다면 이를 실제적 갈등으로 볼 수 있다. 반면, 후자는 분노나 불신, 두려움, 원망과 같은 감정에서 생기는 개인 간의 어려움을 가리킨다. 이러한 갈등은 실제적인 문제들에서 발생하지는 않지만, 실제적 갈등 이상으로 조직구성원들에게 어려움을 가져온다. 사람들의 활력을 빼앗고 일의 우선순위를 흐트러뜨리기도 한다(Schermerhorn, Hunt, & Osborn, 2008).

갈등이 일어나는 수준에 따라 갈등을 네 가지로 나눌 수 있다(Schermerhorn, Hunt, & Osborn, 2008).

첫째, 개인 내 갈등(intrapersonal conflict)으로, 이는 양립할 수 없는 목표나 기대로부터 생기는 실제적 혹은 인식된 압력 때문에 한 개인의 내면에서 일어나는 갈등을 가리킨다. 개인 내 갈등도 몇 가지 유형으로 분류가 가능한데, 접근-접근 갈등은 두 가지 긍정적인 대안 중에서 하나를 선택해야 할 경우에 발생하는 갈등으로 서로 다른 좋은 조건을 가진 두 가지의 직장 중에서 어느 것을 선택할 것인지의 갈등이 그 예가 된다. 반면, 회피-회피 갈등은 두 가지 부정적인 대안 사이에서 어느 것을 선택할 것인지에 대한 갈등이다. 원치 않는 한직으로 옮겨갈지, 급여를 삭감당할지 선택해야 한다면 이 상황이 회피-회피 갈등의 예가 된다. 마지막으로 접근-회피 갈등은 긍정적인 면과 부정적인 면을 모두 가지고 있는 특정한 대안을 선택하는 상황에서 발생한다. 보수는 많지만 위험부담이 높은 일을 선택할 것인가의 문제가 그 예가 된다.

둘째, 개인 간 갈등(interpersonal conflict)이 있는데, 이는 서로 대립하는 둘 혹은 그 이상의 개인들 간에 발생하는 갈등이다. 이때의 갈등은 앞에서 살펴본 실제적 갈등일 수도 있고 감정적 갈등일 수도, 둘 다를 포함하는 것일 수도 있다.

셋째, 집단 간 갈등(intergroup conflict)은 서로 다른 팀들 혹은 집단들 사이에서 일어나는 갈등이다. 한 예로 전통적으로 조직 내의 마케팅 부서와 생산 부서 간에는 갈등 상황이 많다고 알려져 있다. 집단 간 갈등이 일어나게 되면 업무의 통합이나 조정이 매우 어려워지므로 이를 극복하기 위해 태스크포스나 기능교차팀이 운영되기도 한다(Walton & Dutton, 1969).

넷째, 조직 간 갈등(interorganizational conflict)이 있는데, 이는 같은 영역에서 일하는 조직들 간의 경쟁 혹은 라이벌 의식으로도 나타날 수 있다. 예를 들어 미국의 국가정보기관인 CIA(Central Intelligence Agency)와 FBI(Federal Bureau of Investigation) 사이에도 서로 정보를 공유하지 않고 경쟁하는 상황이 되어 업무의 효과적인 추진이 방해를 받는 경우가 있는데, 이는 부분적으로 조직 간 갈등에서 기인하는 것이다.

갈등의 원인을 기준으로 그 유형을 나눌 수 있다(Schermerhorn, Hunt, Osborn, 2008). 여기서는 갈등이 일어나는 여러 원인을 주로 구조적 측면과 관련해 살펴보도록 하겠다.

첫째, 계층적인 측면에서 수직적 갈등(vertical conflict)과 수평적 갈등(horizontal conflict)을 생각해 볼 수 있다. 수직적 갈등은 서로 다른 계층 수준에서 발생하며, 주로 자원이나 목표, 데드라인, 성과 결과 등에 대한 상사와 부하 직원 간의 대립을 포함한다. 수평적 갈등은 같은 계층 수준에 있는 개인 간 혹은 조직 간에 발생하는 갈등으로, 목표의 양립 불가능성이나 자원의 부족을 놓고 갈등이 생기기도 하고, 개인적인 문제들 때문에 갈등이 발생하기도 한다.

둘째, 갈등의 또 다른 유형으로 역할 갈등(role conflict)이 있는데, 이는 개인이 업무를 수행하는 가운데 업무에 대한 상충되는 기대가 존재할 때 발생한다. 업무적인 특성 측면에서 업무 흐름의 상호 의존성에 의해서도 갈등이 발생할 수 있다. 즉, 주어진 목표의 달성을 위해 집단이 서로 의지하고 협력해야 하는 경우에도 이들 간에 분쟁이나 공공연한 불일치가 생겨날 수 있다(Brown & Lee, 2004). 누가 무엇에 대해 책임을 져야 할지가 모호한 상황이거나 필요한 자원이 부족한 경우, 이러한 분쟁이 더 격화될 수 있다. 또한 업무 관계에서 권력의 비대칭성이 심할 때에도 갈등 상황이 발생하기 쉽다(Walton & Dutton, 1969; McCann & Galbraith, 1981).

제3절 갈등의 관리

그렇다면 어떻게 갈등을 성공적으로 관리할 수 있을까? 여기에서는 갈등관리의 방법을 크게 간접적인 방법과 직접적인 방법으로 나누어 설명한다(Schermerhorn, Hunt, Osborn, 2008).

간접적인 갈등관리의 접근법으로는 우선 상호 의존성의 감소를 들 수 있다(Walton & Dutton, 1969). 업무 흐름상의 갈등이 존재할 때에 유닛들(units)이나 개인들 간의 상호 의존성의 수준을 조절함으로써 자연스럽게 갈등을 해소하고자 하는 것이다. 공동의 목표를 강조하는 것도 하나의 방법이다. 잠정적으로 충돌할 수 있는 당사자들의 주의를 서로 바람직한 하나의 결론에 집중시키는 것이다. 수직적인 위탁(hierarchical referral)을 통해서도 해결될 수 있는데, 이는 갈등 해결을 위해 명령 계통을 이용한다. 즉, 문제 해결을 위해 계층제 상으로 상위 단계의 관리자에게 문제를 이관시키게 된다. 또한 나름의 의식(儀式, ritual)을 사용함으로써 피상적인 수준에서 갈등을 관리하기도 하는데, 갈등의 실제적인 해결을 하기보다는 의식처럼 여겨지는 정기적인 회의나 미팅을 통해 마치 문제가 해결된 것처럼 행동하는 것이다(Schermerhorn, Hunt, & Osborn, 2008).

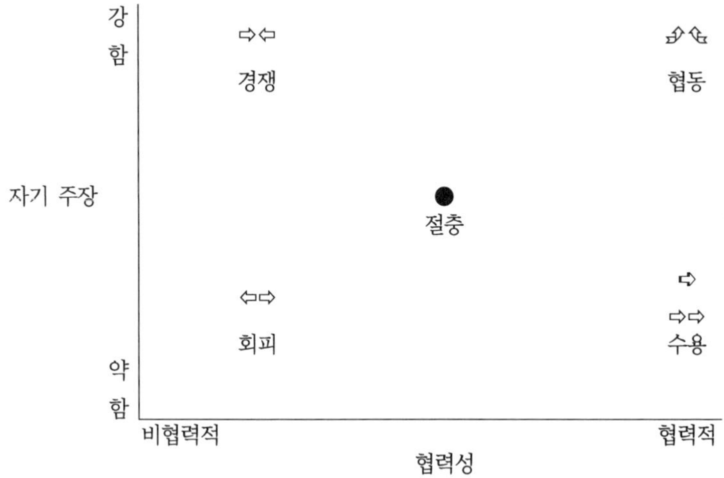

출처: Robbins & Judge(2011: 510)

[그림 11-1] 갈등 처리 의도의 측면

직접적인 갈등관리의 접근법으로는 갈등을 관리하는 다섯 가지 접근법이 주로 논의된다. [그림 11-1]은 협력성과 자기 주장의 정도에 따라 다섯 가지 접근법을 나눈 것이다(Thomas, 1992; Robbins & Judge, 2011).

회피(avoidance)는 실제 갈등이 있다는 것을 알면서도 갈등이 존재하지 않는 것처럼 행동하는 것으로, 아무도 원하는 것을 얻지 못하며 갈등의 원인은 영향을 받지 않게 된다. 관련된 문제가 사소한 것이거나 더 중요한 문제가 있는 경우이거나 잠시 동안 감정을 가라앉힐 필요가 있는 경우에 이 방법이 사용될 수 있다. 협력성과 자기 주장이 모두 낮은 경우에 취하는 방식이다.

수용(accommodation)은 관계를 유지하기 위해 상대방의 관심사를 우선시하는 것으로 협력적이고 자기 주장은 약한 경우에 채택된다. 관련된 문제가 자신보다 상대방에게 더 중요한 경우나 후에 대립하는 문제가 생길 경우를 대비해 상대방에게 신뢰를 쌓으려고 하는 경우, 조화와 안정이 중요한 경우에 생길 수 있다.

경쟁(competition)은 협력성이 낮고 자기 주장은 높은 경우에 나타나는 방법으로 자신의 이익을 극대화하려 한다. 이 경우에는 상대방이 원하는 것을 배제함으로써 자신이 원하는 것을 얻는 승패(win-lose) 상황의 갈등이 발생하게 된다. 갈등의 근본적인 원인을 다루기보다는 갈등의 당사자가 바라는 것을 억누르려는 경향을 보인다. 빠르고 결단력 있는 행동이 중요한 경우나 인기 없는 행동을 취해야 하는 경우에 사용된다(George & Jones, 2007).

협동(collaboration)은 자기 주장도 강하지만 협력성 역시 강한 경우에 나타나게 된다. 상호 이익을 추구하는 가운데 정보를 모으고 평가하는 것을 강조하게 된다. 그 결과 상생(win-win)의 해결책을 찾아 서로의 목표를 달성하고 양 당사자에게 모두 수용 가능한 해결책을 찾게 되기도 한다. 시간과 비용이 허락하는 한 진정한 갈등의 해결을 얻기 위해 사용될 수 있다.

절충(compromise)은 분명한 승자나 패자가 없는 접근법으로 각각의 당사자가 무언가를 포기하게 된다. 복잡한 문제에 대해 일시적인 해결책을 얻고자 할 때, 시간이 한정되어 있는 상황에서 적당한 해결책을 얻고자 할 때, 협동이나 경쟁이 성공하지 못했을 때 사용될 수 있다(Robbins & Judge, 2011).

제4절 갈등관리를 위한 협력적 네트워크 구축

오늘날 단일 조직에 의한 공공 문제의 해결이나 공공 서비스 공급은 점점 줄어들고 있으며, 점점 많은 문제가 다루기 힘든 까다로운 문제(wicked problem)로서 여러 조직의 협력적 해결을 요하고 있다. 이렇게 하나의 정책 문제를 놓고 관련 조직들이 이를 해결하기 위해 공동의 노력을 기울이게 될 때에는 무엇보다 이들 참여 주체들 간의 협력을 확보하는 것이 중요하다. 왜냐하면 정책의 공동 실행 과정에서 불가피하게 참여자들 간의 갈등이 발생하기 때문이다. 일반적으로 협력적 네트워크는 아래와 같은 특징을 가진다(O'Leary & Bingham, 2007).

① 다수의 구성원이 존재한다.
② 이러한 다수의 구성원은 공동의 임무(mission)와 개인별 서로 다른 임무를 가지고 네트워크에 참여한다.
③ 네트워크 조직들은 상이한 조직 문화(organizational culture)를 가지고 있다.
④ 네트워크 조직들은 상이한 운영 방식(methods of operation)을 가지고 있다.
⑤ 네트워크 구성원들은 다양한 이해 관계자들(stakeholder groups)의 영향을 받는다.
⑥ 네트워크 구성원 간 권력의 수준이 다르다.
⑦ 대부분의 경우 한 가지 이슈가 아닌 여러 이슈가 복합적으로 존재한다.
⑧ 다양한 곳에서 의사 결정이 일어난다.
⑨ 네트워크는 조직 간(inter-organizational) 관계이자 대인적(interpersonal) 관계의 특성을 가진다.

⑩ 네트워크의 지배 구조(governance structure)가 다양하게 나타난다.

이러한 복잡한 네트워크 속에서 일하는 관리자들에게 협상(negotiation), 교섭(bargaining), 협력적 문제 해결(collaborative problem solving), 갈등 관리(conflict management), 갈등 해소(conflict resolution) 등의 능력이 중요하다(O'Leary & Bringham, 2007; O'Toole, 1997). 따라서 여러 부처가 함께 모여 단일의 사업을 진행하는 경우 이를 네트워크 관리의 관점에서 파악할 수 있고, 좀 더 성공적인 사업 운영을 위해서는 갈등을 사전적·사후적으로 관리하는 것이 매우 중요한 과제가 된다.

네트워크에서 발생하는 크고 작은 갈등을 관리하는 방법은 크게 행대적(behavioral)인 측면과 제도적(institutional)인 측면으로 구분할 수 있다. 행태적인 측면은 효과적 갈등관리를 위한 관리자들의 태도, 행동, 전략에 관한 것인 반면, 제도적인 측면은 갈등의 방지 및 해소를 위한 다양한 제도적 장치에 관한 것이다. 행태적인 측면과 관련해 오리어리와 빙햄(O'Leary & Bingham, 2007)은 상호 이익 협상을 입장 중심 협상과 대비하면서 전자가 협력적 네트워크를 구축하는 데 중요함을 강조하고 있다. 즉, 네트워크에 참여하고 있는 개별 조직은 자신의 입장만을 우선시하는 것이 아니라 전체를 생각하는 태도로 협상에 임하는 것이 중요하다. 입장 중심과 상호 이익 중심의 협상 태도를 비교해서 정리하면 <표 11-1>과 같다.

〈표 11-1〉 입장 중심과 상호 이익 중심 협상 태도

입장 중심	상호 이익 중심
상대방을 적대적 관계로 인식함.	상대방을 협상 파트너로 인식함.
협상을 투쟁(struggle)으로 인식해 승리해야 할 대상으로 접근함.	협상을 도전(challenge)으로 인식해 극복해야 할 대상으로 접근함.
가치 요구(claiming value)를 강조하며 경쟁을 통해 자신의 몫을 챙길 것을 요구함.	가치 창출(creating value)을 강조하며 가치를 함께 키워 가는 것을 요구함.
이전에 스스로 설정한 해결책을 달성해 승리를 기두는 것을 목표로 함.	모든 당사자의 이익에 부합하는 해결책을 제시하는 것을 목표로 함.
자신의 입장을 강요하거나 설득하는 것으로 협상 과정을 진행함.	선의를 가진 창조적 사람들이 공동의 이익을 충족시키기 위한 대안을 만드는 방법으로 협상 과정을 진행함.
판매술(salesmanship), 조작(manipulation), 혹은 거짓말(lying)에 의존함.	자신에게 중요한 목표를 솔직하게 공개하는 것이 요구됨.
관계(relationship)와 실제적 목표(substantive goals) 사이의 선택을 강요함.	협상 당사자들이 관계와 실제적 내용에 모두 집중 가능함.
상대방으로부터의 압력과 강요에 의해 마지못해 양보하게 됨.	좋은 대안이 나타나면 흔쾌히 자신의 입장을 수정함.
일반적으로 일방이 패하거나(win-lose, lose-win), 모두 패하거나(lose-lose) 중간적 절충(compromise)으로 마무리됨.	협상 당사자 모두가 승리하는 (win-win) 결과를 도출할 수 있음.

출처: Katz(2007).

상호 이익 협상을 풀어 나가는 실질적인 단계는 아래와 같이 정리할 수 있다(O'Leary & Bingham, 2007).

① 1단계: 주어진 이슈를 정의해 협상 당사자의 요구를 만족시켜 줄 수 있는 공동 과업(joint task)으로 구조화해 제시한다.
② 2단계: 자신의 이해(利害)를 공개하는 것과 상대방의 이해를 경청함으로써 각자의 이해 관계를 이해(理解)하도록 함께 노력한다.
③ 3단계: 자신의 몫을 챙기기(claim value)보다 가치를 함께 키우는 가치 창출(value creation)을 지향해 협상의 파이(pie)를 키울수 있는 방법을 모색한다.
④ 4단계: 협상이 타결되도록 다양한 대안을 제시하고, 만약 대안을 마련하는 것이 어려우면 당사자들의 이해 관계를 다시 점검한다.
⑤ 5단계: 제시한 대안이 협상 당사자들의 요구를 충족하는지에 중점을 두어 대안을 평가한다.
⑥ 6단계: 협상 당사자들의 필요를 가장 잘 충족시키기 위한 대안을 분석해 이를 선택하거나 수정한다.
⑦ 7단계: 협상이 어려움을 겪을 때에는 객관적 기준을 활용한다. 해당 분야의 법적 기준, 윤리적·도덕적 기준 등에 입각해 원칙 중심적 주장을 전개한다(Fisher, *et. al.*, 1991).
⑧ 8단계: 합의한 내용을 집행하기 위한 계획을 세운다. 이때 집행의 감독에 관한 사항도 포함해 계획을 수립한다.

갈등관리의 제도적인 측면과 관련해 오리어리와 빙햄(O'Leary & Bingham, 2007: 27-29)은 지배 구조의 설계(designing governance structure)에 관한 논의를 전개하고 있다. 이들은 지속 가능한 네트워크를 구축하기 위해 무엇보다 향후 불가피하게 등장할 갈등을 어떻게 관리할 것인가에 관해 구성원들 사이에 사전 합의가 있어야 하고, 이러한 합의를 지배 구조에 반영해야 한다고 주장한다. 실효성 있는 갈등관리 제도를 지배 구조 내에 정착시키기 위해서는 다음과 같은 절차가 필요하다.

① 1단계: 네트워크 내 합의가 필요한 구성원들을 파악한다.
② 2단계: 네트워크의 관할 범위와 영역에 대한 사항을 파악한다.
③ 3단계: 네트워크 구성원들 간 논의의 진행을 위한 기본 원칙에 대해 협상한다.(예: 의제 설정의 원칙, 회의 주기에 관한 원칙, 합의 절차 등)
④ 4단계: 네트워크 내부에서 의견 교환을 위한 절차를 논의한다.
⑤ 5단계: 네트워크 관리와 책임의 배분(allocation of responsibility)에 대해 협상한다.
⑥ 6단계: 특정 사안에 대한 논의를 마치기 위해 필요한 의사 결정 절차를 논의한다.
⑦ 7단계: 난관에 봉착할 경우 이를 해결하기 위한 시스템을 마련한다.
⑧ 8단계: 경우에 따라 네트워크 활동을 종료하기 위한 의사 결정 과정(desision process)을 합의한다.

이러한 논의는 지배 구조가 어떻게 설계되는가에 따라서 갈등이 사전에 예방되는 정도가 달라질 수 있음을 시사한다. 행태적인 측면뿐 아니라 제도적인 측면에서 정비가 함께 이루어지면 네트워크 상황 하에서의 갈등관리가 더 효과적으로 이루어질 수 있을 것이다.

제5절 협상

1. 갈등관리와 협상

협상이란 당사자들이 서로 다른 선호를 가지고 있는 경우에 함께 결정을 내리는 과정이다(Schmerhorn, Hunt, & Osborn, 2008). 협상은 둘 혹은 그 이상의 당사자가 상품이나 서비스를 교환하면서 그에 대한 교환 비율을 결정하는 과정이라고도 정의할 수 있다(Bazeman, *et. al.*, 2000).

협상(negotiation)은 교섭(bargaining)과 동일한 의미로 사용되기도 한다(Robbins & Judge, 2011). 협상에서는 협상에서 파생되는 직접적이고 극각적인 결과도 중요하지만, 협상에 참여한 당사자들이 협상 과정에서 서로 어떻게 상호 작용하고 협상이 이루어진 후 어떤 사회적 관계를 유지하는가도 중요한 의미를 지닌다. 이렇게 볼 때 협상의 목표를 실질 목표와 관계 목표로 나눌 수 있는데, 실질 목표는 협상에서 직접적으로 다루는 내용과 관련된 결과를 다루는 반면, 관계 목표는 협상의 과정이 종결되었을 때 그와 관련된 사람들과 그들이 대표하는 집단이 얼마나 서로 원만히 일할 수 있는지와 관련되어 있다. 효과적인 협상은 실제적 이슈들이 해결되고 서로 간의 업무 관계가 잘 유지되고 더 발전될 때 일어난다(Schmerhorn, Hunt, & Osborn, 2008).

협상의 유형을 크게 분배적 협상(distributive negotiation)과 통합적 협상(integrative negotiation)으로 나눌 수 있다(Walton & McKersic, 1965). 각 접근법은 그 동기와 초점, 정보 공유의 정도 등에서 차이점을 보인다. 흔히 물건을 구매할 때에 흥정을 벌이는 상황이 분배적 협상이 일어나는 대표적인 예라고 할 수 있다. 여기서는 구매자가 이익을 보는 만큼 판매자는 손해를 보아야 하는 제로섬 게임(zero-sum game)이 일어난다. 즉, 파이는 고정되어 있는 상황에서 누가 더 많이 자원을 차지할 것인가가 주된 초점이 된다(Robbins & Judge, 2011).

강경한 분배적 협상은 각각의 참여자가 자신의 이익을 극대화하고자 하는 경쟁을 가져오며, 협상을 교착 상태에 빠지게 할 위험이 있다. 부드러운 분배적 협상은 문제 해결을 위해 한 당사자가 양보하려고 할 때에 발생하며, 수용이나 타협을 가져오게 된다. 하지만 어느 경우라도 각 당사자가 원래 원했던 것을 일정 부분 박탈당하게 되므로 잠재적 불만족이 발생할 가능성이 있다(Schmerhorn, Hunt, & Osborn, 2008). [그림 11-2]는 분배적 협상의 상황을 잘 나타내 준다.

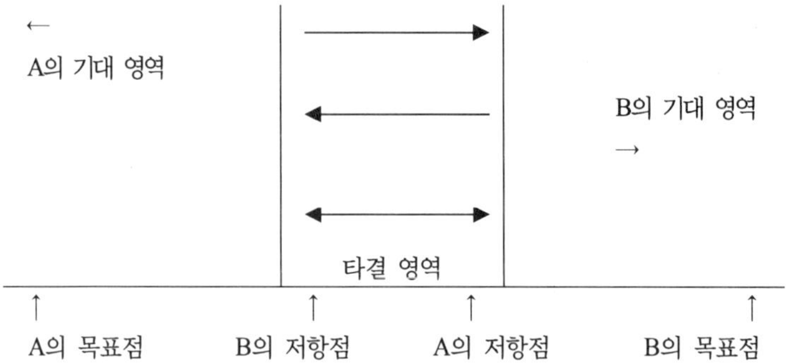

출처: Robbins & Judge(2011: 518).

[그림 11-2] 교섭의 영역

A와 B가 협상을 할 때에 각자는 지향하는 목표점을 가지고 있고, 또한 자신이 받아들일 수 있는 최소한의 결과라고 할 수 있는 저항점을 가지고 있다. 만일 협상의 결과가 저항점에 미치지 못하게 되면 협상이 결렬될 것이다. 이에 따라 저항점과 목표점 사이의 영역이 각자의 기대 영역이 될 것이고, A와 B의 기대 영역이 겹치는 부분에서 협상이 이루어지게 된다. 이를 타결 영역이라고 한다. 이에 따라 두 당사자 간의 협상은 각 당사자의 저항점을 발견하고 수용 가능한 협상 영역, 즉 타결 영역 안에서 합의를 이루기 위해 노력하게 된다(Robbins & Judge, 2011).

합편, 통합적 협상에서는 상생(win-win)의 해결책을 찾을 수 있음을 전제한다. 즉, 참가자들은 어떻게 하면 자원을 더 효율적으로 사용해서 양쪽 모두에게 이익이 되도록 협상을 이끌어 갈 수 있을 것인가에 관심을 갖는다. 이에 따라 분배적 협상보다는 덜 대립적인 분위기에서 협상이 진행되며, 양질의 정보, 신뢰, 그리고 지원적 태도 등이 통합적 협상의 핵심을 이루게 된다. 분배적 협상이 대립과 충돌을 가져오고 한쪽을 필연적으로 패배자로 만드는 반면에 통합적 협상에서는 서로 유대감을 주고 각자가 협상에서 승리했다는 느낌을 주어 장기적으로 계속 협력하는 관계를 만든다(Curhan, Elfenbein, & Xu, 2006). 따라서 이러한 조직 행태적인 측면에서는 다른 조건이 동일하다면 통합적 협상이 분배적 협상보다 더 바람직하다고 평가될 수 있다(Robbins & Judge, 2011).

그렇다면 통합적 협상이 잘 일어나지 않는 이유는 무엇인가? 통합적 협상이 성공적으로 이루어지기 위해서는 서로에게 솔직하게 정보를 공개해야 하고, 상호 신뢰하는 분위기가 형성되어 있어야 하며, 상대방의 필요에 민감해져야 한다(Thomas, 1992). 하지만 협상을 할 때 이러한 조건이 갖추어지기가 현실적으로 쉽지 않기 때문에 통합적 협상이 일어나기 힘들다(Robbins & Judge, 2011). 결국 분배적 협상 상황에서 통합적 협상으로 나아가기 위해서는 조직 내 투명성과 신뢰도의 제고, 배려하는 문화의 조성 등이 이루어져야 하고, 조직관리의 중요성이 다시금 강조된다. 이러한 관리적 노력이 장기적인 안목을 갖고서 협상의 당사자 모두가 만족할 만한 창조적인 해결책을 찾는 밑거름이 될 것이다.

2. 공공 갈등관리와 협상

1) 공공 갈등의 특성

정부 사업의 추진과정에서 발생하는 공공 갈등은 가족 갈등, 종교 갈등 등 다른 종류의 사회 갈등과는 그 성격상 큰 차이를 보인다. 정부가 갈등의 당사자로 포함된다는 점과 정부 정책을 둘러싸고 발생한다는 점, 그리고 대부분 엄청난 규모의 정부 예산이 소요된다는 점이 큰 특징이다(대통령자문 지속가능발전위원회, 2005: 187-191).

(1) 공익을 둘러싼 갈등

정부가 추진하는 대형 국책사업의 경우, 특정 지역이나 특정 계층의 주민만을 위한 사업이 아니고 국민 모두를 위한 사업인 경우가 대부분이다. 정부가 고속도로 혹은 발전소를 건설하거나 정신병원을 세우는 것은 모든 국민과 국가 경제를 위해 예산을 투입한 것이지 특정 주민과 특정 지역을 위한 것이 아니다. 이 경우 고속도로나 발전소는 모두 비배제성(non-exclusiveness)과 비경합성(non-rivalry)의 속성을 지녀 공공재(public goods)로서의 성격을 띠게 된다. 그런데 문제는 공공재의 성격에 따라 어떤 지역에서는 유치를 희망하는 반면, 어떤 지역에서는 반대로 반발하는 모습을 보인다는 점이다. 어떤 지역에서는 교통 편의와 지가 상승을 기대하고 도로를 개설해달라고 요청하는 반면, 어떤 지역에서는 도로 개설로 생활공동체가 나뉘게 되므로 강력하게 반발하는 경우가 있다. 대기오염이나 수질오염을 막기 위해 정부가 강력한 규제 법규를 만들어야 한다는 주장이 있는가 하면, 그런 규제로 인해 경제 활동이 제약받으므로 아예 그런 규제를 만들지 말자는 주장이 있다. 공공재에서는 공익이라는 개념이 중요하다. 공익을 위한 공공재 건설로 사익이 침해받을 수 있다고 여기면 언제든지 갈등은 발생하기 마련이다. 따라서 공공갈등의 경우에는 '이익의 비교 형량의 원칙'에 따라 비교 기준을 잘 세워야 할 뿐만 아니라 침해받는 사익에 대한 적정한 보상의 문제가 항상 대두된다.

(2) 가치 갈등과 이익 갈등이 혼재된 복합 갈등

대부분의 공공 갈등에 내포된 갈등의 속성을 파헤쳐 보면 크게 '지켜야 할 가치'를 수호하기 위한 가치 갈등과 '내 몫이 더 커져야 한다'는 이익 갈등이 복합적으로 작용하고 있음을 알 수 있다. 특히 생태계와 문화유산 등 지켜야 할 가치는 추상적인 반면, 확보하고자 하는 이익은 구체적이어서 갈등 조정 과정이 무척이나 어렵고 오랜 시간이 걸리는 경우가 많다.

(3) 편익과 비용 구조의 불일치

정부 정책을 둘러싸고 갈등이 발생하는 가장 큰 원인 가운데 하나는 특정 시설의 입지와 관련해서 그러한 시설이 입지하기 때문에 재산상의 가치 하락 등 비용을 지불하게 되는 계층과 그러한 시설의 서비스를 소비함으로써 편익을 얻게 되는 계층이 서로 다르기 때문인 경우가 많다. 특히 핵폐기물 처리시설이나 화장장, 쓰레기 소각장 시설과 같은 비선호 시설인 경우, 시설이 입지한 지역은 부동산 가격의 하락으로 인해 발생하는 모든 비용을 떠안게 되지만 그러한 시설의 이용을 통해 편익을 얻는 사람은 광범위해 편익과 비용 구조가 일치하지 않는다는 점이 공공갈등 발생의 가장 큰 원인으로 지적된다.

(4) 매몰 비용의 문제

정부나 민간 업자가 대규모의 공사를 진행하기 위해서는 실제 공사에 투입되는 비용 이외에도 많은 비용이 소요된다. 예를 들면 법적인 서류를 갖추거나 사전 타당성 조사를 실시할 때 소요되는 비용 등은 대부분 회수가 어려운 매몰 비용(sunk cost)인 경우가 많다. 매몰 비용은 포기할 수밖에 없는 비용이지만 갈등 당사자는 어떻게든 회수를 하려는 열망을 갖게 된다. 공공 갈등에서 매몰 비용의 문제는 갈등 상황을 더욱 악화시키는 하나의 요인으로 작용하는 경우가 많다.

(5) 막대한 기회 비용

대규모의 인력과 재원이 투입된 공공 시설이 제대로 기능하지 못하거나 혹은 공공 갈등으로 인해 공사가 진행 도중에 중단될 경우 그로 인한 기회 비용(opportunity cost)이 매우 큰 경우가 많다. 특히 장기간에 걸쳐 법적인 공방이 계속될 경우 공사 중단으로 인한 기회 비용은 기하급수적으로 증가하게 된다. 공공 갈등으로 인한 비용 산출 시 기회비용의 개념은 중요하게 사용된다.

(6) 원상회복의 어려움

공공 사업의 경우, 사업 진행 과정에서 법률적 판단이나 불가피한 사유로 인해 사업이 중단되더라도 이미 공사는 상당한 정도로 진행되어 원상회복이 불가능한 경우가 많다. 막대한 철거 비용의 문제뿐만 아니라 비용 부담의 주체 문제, 정책 과실의 책임 추궁 문제 등 다양한 요인이 뒤엉켜 원상회복 문제가 쉽게 풀리지 않는 경우가 많다.

2) 공공 갈등의 해소 수단으로서의 협상

(1) 갈등관리의 모든 과정에서 활용

협상의 가장 큰 장점은 다양한 이해 관계를 조정하고 이견차를 좁힐 수 있는 매우 효과적인 수단으로 갈등관리 과정의 모든 단계에서 활용이 가능하다는 점이다. 예를 들면, 협상에서 가장 기본적인 요소로 간주되는 이해 관계자(stakeholder), 쟁점(issue), 입장(position), 이해 관계(interest) 등은 갈등영향 분석의 핵심 내용을 구성하고 있다. 갈등영향 분석에서 결론적으로 제시하는 합의 가능성 여부와 합의 형성 절차 설계 부분도 실제로는 각 이해 관계자들이 협상을 통해 합의에 이를 수 있는지 여부와 협상을 통해 합의 형성 절차에 동의할 수 있도록 시스템을 설계하는 것을 의미한다.

(2) 하드웨어와 소프트웨어의 양 기능을 동시에 수행

협상은 이해 관계자 상호간의 실질적인 이견 해소 수단이자 각 갈등 관리 과정의 적용 과정에서 활용할 수 있다. 정부가 상호 대립하고 있는 이해 관계자들을 참석시켜 이견 해소의 기회를 갖는 것 자체가 협상이다. 참여적 의사 결정 절차나 갈등조정회의가 합의 형성을 위한 하드웨어를 구성한다면 그 내부에서 발생하는 다양한 이견이나 요구는 결국 협상을 통해 처리될 수밖에 없다.

(3) 대안적 분쟁 해결의 수단

양자 간 혹은 다자간 협상을 통해 이견을 해소할 수 없을 경우 중립적이며 신뢰할 수 있는 제3자의 개입을 통해 갈등 해소 절차를 밟을 수 있다. 대안적 분쟁 해결(alternative dispute resolution: ADR)은 대립되는 쟁점을 사법적인 판단에 맡기기 이전에 상호 이견을 해소할 수 있는 기회를 갖자는 것이 가장 큰 목적으로 결국 제3자의 조정 혹은 중재 하에 당사자들 내부의 협상이 중요한 역할을 하게 된다.

제12장

정부 조직의 변화와 혁신

제12장 정부 조직의 변화와 혁신

제1절 조직 변화의 이해

조직 변화(organizational change)란 조직 유효성을 높여 현재 상태보다 더 나은 상태로 전환시키는 과정으로, 일종의 동태적인 조직론의 주제라고 볼 수 있다(임창희·홍용기, 2013: 377-384). 조직 변화는 크게 조직의 '자연적 변화', 즉 인위적 개입이 없거나 있어도 영향력이 거의 없는 변화와 적극적이고 의도적인 '계획적 변화'로 나눌 수 있다. 여기서 계획적 변화를 조직 변화로 보는 시각이 일반적이다.

계획적 변화의 목적은 조직의 가치 창출 활동을 증가시키거나 이해당사자의 이익을 향상시키기 위한 방법을 찾는 것이다. 쇠퇴기에 있는 조직은 환경과의 적합 관계를 향상시키기 위해 조직을 재정비하려고 할 것이다. 예를 들어, IBM이나 GM사의 경우 1990년대 초에 제품의 판매가 감소하는 것을 경험했으며, 그래서 옛 명성을 되찾고 성과를 향상시키기 위한 새로운 방식으로 조직 변화를 꾀했다.

1. 조직 변화의 목표와 대상

계획적 변화는 다음과 같은 네 가지 수준에서 기존보다 더 나은 성과 향상을 목표로 한다. 즉 인적 자원, 기능 부서 자원, 기술 능력 그리고 조직 능력이 그것이다.

1) 인적 자원

인적 자원이란 조직의 가장 중요한 핵심 자원이다. 궁극적으로 조직의 독특한 핵심 역량(core competence)은 구성원의 숙련 기술이나 능력에 달려 있다. 이러한 숙련 기술과 능력이야말로 조직의 경쟁력을 좌우한다. 따라서 조직은 우수한 인적 자원을 획득하고 획득된 자원의 능력을 최대한 사용할 수 있는 가장 적합한 조직구조를 유지하며 감시(monitoring)하는 활동을 지속적으로 수행해야 한다.

인적 자원 입장에서의 변화 노력은 다음과 같은 것을 포함한다.

① 교육훈련에 대한 투자와 함께 구성원의 새로운 숙련 기술과 능력을 향상시킬 수 있는 인적 자원 개발 방법의 개발
② 구성원이 조직 문화에 의해 조직 성과를 향상시키는 새로운 방식을 학습
③ 변화하는 구성원에게 종기를 부여하는 승진 및 보상 시스템의 지속적인 검증
④ 조직 학습과 의사 결정을 향상시킬 수 있는 최고경영층의 구성 및 지원

2) 기능 부서 자원

환경이 변화하기 때문에 조직은 종종 기능 부서로 자원을 전달하며, 조직 내 가장 중요한 핵심 역할을 맡은 기능 부서의 중요성은 더욱더 증대된다. 조직은 변화하는 조직 구조, 조직 문화, 기술 등에 의해 만들어진 각각의 기능 부서를 운영할 필요가 있다. 예를 들어 하나의 특정 기능 부서로부터 하나의 생산팀으로 변화한다고 할 때 제품 개발 속도는 더욱 빨라질 수 있다.

3) 기술 능력

기술 능력이란 조직이 시장에서 성공할 기술 능력을 말한다. 이 능력은 조직의 핵심 능력 중 하나이다. 여기에는 제품과 서비스를 생산하는 방식을 향상시키는 능력도 포함된다.

4) 조직 능력

조직 구조의 설계나 조직 문화는 기술 능력을 개발하는 인적 자원과 기능 부서 자원이 일을 할 수 있게 만들어 준다. 조직 변화는 종종 인적 자원과 기능 부서 간의 관계를 변화시키기도 한다. 조직 구조와 조직 문화의 변화는 조직 전반에서 발생하는 것으로 최고경영층의 변화에 의한 기업 문화 변화와 부서 간의 통합을 향상시키거나 작업집단을 변화시키는 것 등을 모두 포함한다.

앞의 네 가지 수준에서의 변화는 독립적으로 일어난다기보다 분명 상호 의존적인 관계에 놓여 있다. 예를 들어 조직이 새로운 기술을 가진 생태학자 한 명을 전문위원으로 위촉하려 한다고 가정하자. 인적 자원을 제대로 선발한다면 그 생태학자로 인해 조직은 새로운 기술 능력을 소유하게 될 것이다. 새로 임명된 최고관리자가 조직 구조를 재평가하려는 것이나 여러 기능 부서를 조정하거나 통폐합하려고 하는 것도 마찬가지이다. 변화가 완만하고 점진적인 경우에는 구성원이 시간적 여유를 가지고 변화 과정에 조화와 균형을 맞추어 나갈 수 있다. 그러나 변화가 빠를 경우 조직 구조, 구성원 행동, 조직 전략 등의 경영 요소 간에 새로운 조화 관계가 필요하다.

변화 과정을 이해하기 위해 변화의 유형을 살펴보기로 하자.

2. 조직 변화의 유형

조직 변화는 크게 자연적 변화와 계획적 변화로 구별되는데, 보통 조직 변화는 계획적인 개입을 통한 변화를 칭한다. 계획적인 개입을 통한 변화는 또다시 두 가지로 크게 나눌 수 있다. 즉, 점진적 변화(evolutionary change)와 혁명적 변화(revolutionary change)이다. 조직 변화 노력 중 하나는 미래에 발생할 수 있는 문제를 사전에 방지하려는 것이고, 다른 하나는 기존의 조직 문제를 해결하려는 시도이다. 전자를 발전적 변화, 즉 점진적 변화라 하면, 후자를 문제 해결 변화, 즉 혁명적 변화라 할 수 있는데, 두 변화 간의 구별은 매우 중요하다.

점진적 변화란 점증적 혹은 누적적인 변화라고도 하며, 혁명적 변화란 급진적 혹은 조직 전반(organization wide)에 걸친 변화라고 한다. 점진적 변화는 조직 전반에 걸쳐 일어나는 변화가 아니라 일부 부문을 중심으로 조금씩 변화가 일어나는 것이다. 그래서 환경 변화에 적합한 조직 전략과 조직 구조를 점진적으로 개선시켜 나가고자 한다.

반면에 혁명적 변화란 기존 전략과 조직 구조에 큰 변화를 가져오면서 구성원에 대해 전에 없던 새로운 것을 요구하는 조직 전반에 걸친 근본적 변화이다. 이것은 변화라기보다 변신이라고 할 수 있다. 삼성그룹의 회장이 "마누라와 아이들을 제외하고 모두 바꿔야 한다"고 했던 주장에는 혁명적 변화에 대한 바람이 담겨 있었다. 혁명적 변화는 기존의 것을 모두 버리고 새로운 목표, 새로운 구조, 새로운 사고방식을 추구하자는 것이다. 혁명적 변화에 속하는 최근의 경영 기법이 바로 리엔지니어링(re-engineering), 리스트럭처링(re-structuring), 이노베이션(innovation)이다.

조직 변화를 관리하면서 조직관리자는 많은 선택 상황에 직면하는데, 다음과 같은 경우이다.

① 얼마만큼 변화시킬 것인가?
② 점진적 변화와 혁명적 변화를 위해 얼마만큼의 노력을 투입할 것인가?
③ 변화를 위해 사용하려는 특별한 전략과 전술은 무엇인가?

이러한 선택 상황에서 의사 결정을 내리기란 쉽지 않다. 그 이유는 어느 것을 선택하더라도 장단점이 존재하기 때문이다. 조직관리자는 중요한 조직 변화를 도입하려 할 때 인적 저항의 문제에 빠지게 된다. 그러므로 적절한 전략과 전술을 선택하기 위해 여러 가지 저항의 문제를 분석하기 위한 틀이 필요하다. 소수의 변화를 가져오거나 한 분야나 한 개인에 국한된 변화하면 받아들이는 데 큰 문제는 없겠지만, 엄청난 규모의 변화라든가 대부분의 구성원이나 부서가 관련되는 변화의 경우에는 좀 더 조직적이고 심각한 문제가 야기될 공산이 크다.

조직관리자는 구성원이 어떤 일이 발생했다는 것을 깨닫기도 전에 조직 변화를 일주일 정도나 심지어 하루 만에 신속하게 도입하려고 하는 경향이 있다. 반면에 구성원은 이런 변화를 천천히 진행하려 한다. 구성원은 성공적으로 변화를 마치기 전에 얼마간의 시간을 벌려고 하는 경향이 있다. 변화 계획 및 변화 집행에서 구성원은 스스로 추진하려는 자가 거의 없다고 생각하거나 대부분의 구성원이 변화에 의해 영향을 받을 것으로 생각하는 경향이 있다. 그러므로 조직관리자는 조직 변화를 실행하려는 많은 전술을 행사해야 할 것이다. 이러한 전술에는 다음과 같은 것이 포함된다.

① 변화의 장점에 대해 구성원에게 설득한다.
② 저항 없는 변화를 수용하도록 경우에 따라 구성원에게 강압적인 방법을 동원한다.

③ 변화로 인해 구성원이 잃을 수 있는 것을 대신한 상당한 보상을 제공한다.

④ 변화를 적극 수용하는 사람에 대한 교육 혹은 심리적 안정을 제공한다.

⑤ 변화를 수용하도록 구성원에게 위협을 가한다.

⑥ 변화를 설계하거나 실행하는 데 참여하도록 구성원에게 요구한다.

⑦ 구성원 모두가 참여 의식을 높여 참여하지 않는 자를 흡수한다.

1) 리엔지니어링

리엔지니어링(re-engineering)이란 정보 기술을 사용해 조직 계층을 단순화하고 불필요한 비용을 최대한 줄이고자 하는 혁신 전략이다. 리엔지니어링으로 인한 직업 박탈에 가장 심하게 노출되어 있는 계층이 바로 화이트칼라층이다. 리엔지니어링의 주창자인 햄머(Michael Hammer)와 챔피(James Champy)는 중간관리자에 속한 사람들 가운데 3/4 정도까지 줄일 수 있다고 분석한다. 중간관리자층의 비창의적인 업무 가운데 다수가 컴퓨터와 전자통신 네트워크에 의해 더욱 훌륭하고 빠르게 수행될 수 있다는 것이다. 조직의 정보 하부 구조를 개편해서 의사 전달과 결정을 신속히 전개해야 한다는 점은 오늘날 모든 조직이 시급하게 해결해야 할 공통의 과제가 되고 있다.

2) 리스트럭처링

리스트럭처링(re-structuring)은 급격한 성과 하락을 막기 위한 혁신적 변화 방법 중 하나이다. 리스트럭처링을 하려면 두 가지 기본 단계를 거쳐야 하는데, 첫 단계는 조직의 분화를 줄이는 것으로 위계 수준을 줄이거나 부서를 통폐합하는 단계이며, 그 다음 단계는 운영 비용을 줄이기 위해 구성원의 수를 줄이는, 즉 조직 규모를 줄이는 다운사이징

(downsizing) 단계이다. 일반적으로 리스트럭처링은 기능 부서를 줄이는 것부터 시작한다. 왜 조직이 원활한 운용을 위해 다운사이징을 해야 하는지, 혹은 왜 리스트럭처링이 필요한지에 대해 여러 가지 이유가 있다.

그중 하나가 환경 변화를 예측하지 못했을 때, 즉 제품이 시대에 뒤떨어진 제품이 되어 버렸을 때 변화가 필요해진다. 고객들이 더 이상 제품이나 서비스를 원하지 않는다면 기업은 치명적 손상을 입게 된다. 그리고 지나치게 고층 조직이 되어 관료제적 특성이 많아지며 운영 비용이 과도하게 소모되는 것을 방지하기 위한 방편으로 리스트럭처링을 시도하기도 한다.

3) 이노베이션

이노베이션(innovation: 혁신)은 고객의 욕구에 좀 더 빠르게 대응하기 위해 신제품과 서비스를 개발하거나 새로운 생산 방식과 운영 시스템을 개발하는 데 자원과 숙련 기술을 사용하는 과정이다. 혁신은 조직의 극적인 성공에 대한 결과이다. 애플사는 PC를 시장에 최초로 진입시켰을 때 성공할 수 있었다. 혼다는 50CC 모터사이클을 미국 시장에 처음으로 내놓아 성공했다. 하지만 변화를 이끈다고 하더라도 혁신은 높은 위험 수준과 상당한 관계가 있다. 그 이유는 연구개발(R&D) 활동 자체가 종종 아주 불확실하기 때문이다. 보통 R&D 프로젝트 중 제품으로 탄생되어 시장에 출하되는 제품은 고작 12~20% 정도이다. 혁명적 변화 중 혁신은 장기적 성공을 위해 가장 좋은 것이지만 위험이 가장 크다는 것도 알아야 한다.

4) 변화의 전략적 유형

조직이 전략적 우위를 달성하기 위해서는 다음과 같은 네 가지의 변화에 주목해야 한다. 기술, 제품과 서비스, 전략과 구조, 조직 문화가 그

것이다. 이 요인들은 국제 환경에서 경쟁 우위를 얻는 데 다른 무엇보다도 더 중요하다. 기술 변화란 조직이 다른 조직과 구별되는 핵심 기술, 능력, 지식을 포함한 생산 과정에서의 변화를 말한다. 제품과 서비스 변화는 조직이 생산하는 제품과 서비스에 대한 변화로, 이는 새로운 시장, 새로운 고객의 변화에 따라 변화될 수밖에 없다. 전략과 구조의 변화는 조직의 내부적인 관리에 관한 변화로, 조직 구조의 변화와 함께 생겨나는 각종 정책, 전략 경영(strategy management), 노사 관계, 조정 도구, 관리와 통제를 위한 각종 시스템, 회계와 예산 등에서의 변화를 의미한다. 조직 문화 변화란 구성원들이 가지고 있던 행동, 능력, 기대, 신념 체계, 태도, 가치관의 변화를 의미한다.

왜 조직은 구성원이 수행해야 할 활동을 변화시키려 하는가? 그 이유는 구성원은 생존을 위한 변화에 적응해야 하고 지속적인 변화 속에 항상 노출되어 있으며, 그러한 환경 변화에 영향을 받기 때문이다. 하지만 변화의 영향력에 비해 조직 내에는 다양한 저항도 동시에 존재한다.

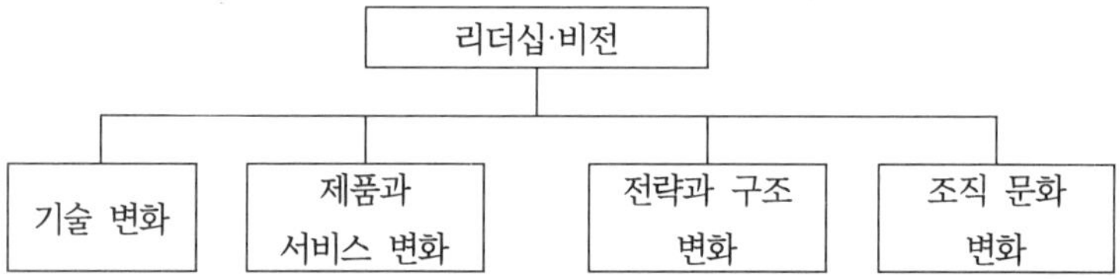

[그림 12-1] 조직 변화의 네 가지 유형

제2절 조직 변화에 대한 압력과 저항

1. 조직 변화의 압력

조직에 영향을 주는 다양한 환경적 힘이 존재한다. 조직관리자의 가장 중요한 과업 중 하나가 환경적 영향력을 재빠르게 인식하는 것이다(임창희·홍용기, 2013: 385-390). 환경적 영향력에 대한 반응이 느리다면 조직은 경쟁자보다 뒤처지고 낮은 조직유효성을 기록할 것이다.

1) 경쟁력 영향력

조직은 다른 조직에 비해 경쟁 우위의 위치에 있어야 안정적으로 성장할 수 있다. 경쟁이 조직 변화의 가장 큰 압력이 되는 것이다. 조직은 효율, 품질, 혁신, 고객 반응 등의 경쟁 우위 중 적어도 하나 이상에서 경쟁자보다 앞서려고 하기 때문이다. 예를 들어 효율에 면에서 앞서는 조직은 기술력에서도 앞서고 있는 것이다. 조직이 신기술에 적응하는 것 자체가 조직의 과업을 담당하고 있는 구성원으로 하여금 신기술을 배우게 하는 원동력이 되고, 이로 인해 조직은 끊임없이 변화할 수 있기 때문이다. 경쟁자에 비해 혁신이나 기술에서 앞선다면 그 조직은 변화와 혁신에 계속 성공하고 있다는 의미이다.

2) 경제적·정치적·범세계적 영향력

경제적·정치적·범세계적 영향력이 조직에 변화의 압력을 부추긴다. 예를 들면 1993년 결성된 캐나다, 미국, 멕시코 간의 협력체인 북미자유무역협정(North American Free Trade Agreement: NAFTA)이나 1996년 유럽 12개국에 의해 조직된 유럽연합(European Union: EU), 그리고 아시아태평양경제협력체(Asia Pacific Economic Cooperation: APEC) 등이 그 연합단체에 속한 국가와 기업을 얼마나 많이 변화시켰는지를 보면 그 영향력을 짐작할 수 있다. 이러한 글로벌 연합체는 한 국가의 정치뿐만 아니라 방위 전략과 무역과 경제 정책을 바꾸고, 이어서 기업의 수출 전략, 생존 전략, 심지어는 인력 채용 정책까지도 바꾸어 놓는다.

3) 사회적 영향력

여성, 인종, 소수민족, 장애인 등에 대해 조직관리자가 승진 결정을 할 때 차별을 두어서는 안 되며, 선발 및 해고도 마음대로 못하는 시대이다. 직장과 가정의 공존, 여가와 일의 균형(work-life balance, 워라밸), 직장생활의 질(quality of work life) 등 사회적 가치가 바뀌고 있는 지금 우리나라 기업들이야말로 채용과 보상제도, 작업장 배치와 승진 정책을 모두 변화시켜야 하는 압력을 받는다. 조직관리자가 과거의 관습을 고집한다 하더라도 법과 규정의 통제에서 벗어날 수 없다. 공기업 여성 임원 비율을 국가 시책으로 높인다면 시차를 두고 사기업도 이에 맞추어 나가는 것과 같다. 구성원의 노동 생활의 질도 매우 중요시되고 있으며, 여성 인력의 경우도 과거에 비해 적극적인 사회 활동 비율이 증가하는 등 많은 사회적 변화가 일어나고 있다.

4) 윤리적 영향력

국가 조직은 국민의 가치관 변화로 인해 성장만을 내세워 약자와 소수자가 희생되던 분위기에서 벗어나 경제민주화와 사회복지 정책을 우선하도록 압력을 받는다. 기업 조직도 마찬가지이다. 성실하고 책임 있는 윤리 경영이 아주 중요하다. 윤리적 행동의 중요성이 강조되다 보니 영리 추구만을 목적으로 기업경영을 할 수 없게 된 것이다. 인간에 대한 권리, 직장내 성희롱 문제, 구성원의 도둑질, 구성원에 대한 복리후생, 업무 시간 표준 설정, 외국인 근로자 문제 등에 더 많은 관심을 갖게 되었다.

2. 조직 수준에서의 저항

조직 변화를 막는 여러 가지 압력도 조직 내에서 일어나게 된다.

1) 조직 구조

기존의 조직 구조가 조직 변화의 장애가 될 수 있다. 조직 구조를 새롭게 개편했을 때 조직은 구성원이 행동해야 할 방식에 대해 매우 안정적인 패턴을 가지게 된다. 그리고 시간이 지남에 따라 조직 구조는 스스로 유지되기 시작한다. 즉, 사람이 조직에 들어오고 나가고 했는데도 과업 관련성은 옛날 그대로 존속된다. 그러므로 조직 구조가 변화의 걸림돌이 되어 버리는 셈이다. 조직 구조를 변화시킨다는 것은 쉬운 일이 아니다. 변화는 구성원에게 당연하게 여겨진 것들을 사라지게 만드는 부정적인 것으로 지각된다. 이런 이유로 어떤 연구자는 변화는 급진적·혁명적 접근이 더 좋다고 주장한다.

고층 위계, 집권화된 의사 결정, 규칙과 절차에 의한 행동 표준화로 특징지어진 기계적 조직을 떠올려 보자. 반대로 수평적이고 분권화된 의사 결정 그리고 상호 조정에 의존하는 유기적 조직이 있다고 하자. 두 가지 유형 중 변화에 대한 저항이 더 큰 조직은 어떤 것인가? 기계적 조직의 경우 사람이 어떤 특정 방식으로 프로그램되어 있고 변화하는 조건에 대한 나름대로의 행동을 발전시킬 능력이 주어지지 않았다. 유기적 조직에서는 상호 조정의 사용과 분권화된 권한이 새로운 문제에 대한 해결책을 찾거나 변화하는 환경에 대한 창조적인 방식을 개발할 수 있다. 그러므로 조직이 더욱 커지면 기계적 조직이 발전하는 것이기 때문에 대규모 조직에서는 조직 타성이 나타날 가능성은 더 커진다고 볼 수 있다.

2) 조직 문화

조직 문화에서 특히 가치관이나 규범은 변화에 대한 저항이 될 수 있다. 가치관과 규범은 구성원의 행동을 통제하고 어떻게 행동할지 예측할 수 있게 한다. 조직 변화로 인해 당연한 것으로 받아들이던 가치관과 규범이 깨진다면 구성원에게 왜 그렇게 해야 되는지 납득시키기가 매우 어렵다. 조직 문화가 변화의 저항 원인이 되는 것이다.

3) 조직 전략

이미 만들어져 실행되고 있는 조직의 선략은 변화의 저항이 될 수 있다. 기존의 전략에 모두가 몰입하면서 성과를 내려고 한다면 새로운 전략이나 새로운 시도는 거들떠보려고 하지 않는다. 기존의 전략에 더욱 집착할수록 새 전략이나 새로운 시도에는 관심이 없을 것이다. 밀러(Danny Miller)는 조직이 과거 성공에 대한 집착을 하는 성향을 이카루스 패러독스(Icarus paradox)로 설명한다. 성공했던 전략이 오히려 해가 될 수도 있는 것이다.

3. 집단 수준에서의 저항

조직의 일이란 보통 집단에 의해 수행되는 것이 대부분이며, 따라서 몇몇 집단의 특성이 변화에 대한 저항이 된다.

1) 집단 규범

대부분의 집단은 강력한 비공식적 혹은 공식적 규범을 가지고 있다. 특이한 행동이나 해야 할 혹은 하지 말아야 할 행동, 집단구성원 간의 상호 작용 같은 것들이다. 동일 집단 속에서 역할이나 과업 관계를 변화시키려 할 때 집단 규범이나 비공식적 기대와 부딪치는 경우가 종종 있는데, 집단구성원은 집단의 규범으로부터 보이지 않는 지시와 명령을 받고 있기 때문이다.

2) 집단 응집력

집단 응집력은 집단 성과를 좌우한다. 집단 응집력이 높을수록 집단 협력이나 집단 성과가 촉진되는 반면에, 지나친 집단 응집력은 성과를 낮추기도 한다. 집단의 규범이 강하다면 이는 단단한 터전이 꿈쩍하지 않을 정도로 모든 구성원의 가치관으로 혹은 관습으로 이루어져 있을 것이다. 이때 급격한 변화와 새로운 혁신의 징후가 나타나면 구성원들은 반대 의견을 제시할 것이고 모두의 생각이 동일하기 때문에 그 의견을 억누를 수 있는 대안은 거의 없을 것이다.

3) 집단 사고

집단 응집력이 강한 집단이 잘못된 의사 결정을 내리는 것을 말한다. 개인들은 만장일치가 될 수 없음에도 불구하고 부정적 정보를 없애면서까지 저항에 동조하게 된다. 이러한 집단 사고(group think)가 진행 중인 집단에서 집단행동을 변화시키려는 움직임은 아무 소용이 없다.

4. 개인 수준에서의 저항

개인 수준에서의 저항은 다음과 같다.

1) 인지적 편차

인지적 편차(cognitive biases)는 개인적인 상황 지각이나 상황의 원인을 해석하는 데 영향을 준다. 개인이 보유하고 있던 인지적 편차로 인해 환경 변화에 대한 지각이 매우 달라지는 것이다.

2) 불확실성과 불안감

사람들은 변화에 저항하기 마련인데 만일 변화가 발생하면 그로 인한 스트레스, 불확실성, 불안감을 느끼기 때문이다. 변화가 생겨 자기 자리를 잃을지도 모른다고 두려움을 느끼면 더더욱 저항할 것이다. 예를 들어 변화가 일어나는 작업장에는 결근과 이직이 증가하고 협동심도 줄어들며 변화 과정을 지연시키려는 의도적 활동이 증가한다.

3) 선택적 지각

사람의 지각(perception)은 작업 태도 및 행동을 결정짓는 데 이주 중요한 역할을 한다. 사람은 조직에 존재하던 관점과 일치되는 정보만을 받아들이려는 경향을 갖는다. 조직 내에서 변화가 일어날 때 구성원은 자기 부서에 영향을 주는 사안에만 개인적으로 관심을 보이거나, 변화로 인한 자기의 혜택이 줄어들 때에는 더 큰 저항을 하게 된다.

제3절 조직 혁신의 의의와 접근 방법

1. 조직 혁신의 의의

1) 조직 혁신의 개념

조직은 끊임없이 변화한다. 조직 혁신은 조직 변화의 한 형태로서 의도적이고 계획적인 변동을 의미한다. 물론 계획적인 변동을 나타내는 용어로는 조직 변화(change), 조직 발전(development), 쇄신이나 혁신(innovation), 성장(growth), 개편(re-organization), 개혁(reform)등 여러 가지가 있으나 여기서는 혁신이라는 용어를 사용한다. 혁신은 좀 더 전문화된 변화의 유형이다(Robbins, 2003: 571). 조직 혁신(organizational innovation)이란 "조직환경의 변화에 대응하면서 조직의 효과성을 높이기 위해 조직의 관리 대상 영역을 계획적·포괄적으로 쇄신하고 변동시키는 행위나 노력"으로 정의할 수 있다.

혁신이라는 용어는 15세기에 처음 등장했으며, 21세기에 이르기까지 주변 환경 변화에 중심적 역할을 해 왔다(임창희·홍용기, 2013: 385-390). 혁신(innovation)은 다시 새롭게 한다는 의미를 지닌 라틴어 innovare에서 유래되었다. 혁신의 출발은 새로운 아이디어를 창출하고 실행하는 주체가 개인이기 때문에 개인 차원의 혁신에 대한 중요성을 중요하게 요구한다(홍완기, 2015). 이러한 혁신 행동은 자신의 과업이나 소속 집단 또는 조직의 성과 향상에 기여할 수 있는 일련의 활동으로서, 조직의 성장에 매우 중요한 요인으로 인식되고 있고, 조직 혁신의 관리 또한 중요하다.

조직은 변화하는 환경 속에서 존재하는 동태적 체계라고 할 수 있다. 과거의 단순하고 안정적인 외부 환경 속에서는 작업 표준화를 통해 업무에 대한 지시와 통제가 전통적인 관리 방법이었다면, 오늘날과 같은 복잡하고 동태적인 환경에서는 새로운 가치 창조를 위한 혁신을 관리하는 방법이 매우 중요하게 작용한다(홍경, 2012). 특히 무한 경쟁을 특징으로 하는 신자유주의 글로벌 환경 하에서는 정부 조직을 둘러싼 외부 환경은 '소용돌이 환경(turbulent)'에 처해 있다고 볼 수 있다. 이러한 소용돌이 환경에서 국가의 생존과 기업의 발전, 개인의 성장을 도모해야 하는 정부 조직은 끝없는 자기 혁신과 개발을 추구해야 한다.

조직의 혁신은 과거 어느 시대에서나 그 필요성이 있어 왔다. 하지만 오늘날처럼 절실히 요구되는 때는 일찍이 없었다. 해가 갈수록 조직이 처하게 되는 환경이 '소용돌이' 환경으로 급변하기 때문에 이에 대처해야 하는 정부 조직도 환경의 변화에 맞추어야만 생존과 발전이 가능해진다(행정학사전, 2009).

조직 혁신은 목표 지향적이고 동태적이며, 현재 상태를 벗어나 의도적으로 변화를 이루려고 하는 성격과 다음과 같은 특성을 지닌다(행정학사전, 2009).

첫째, 조직 혁신은 계획적이고 의도적이며 목표 지향적인 성격을 지니고 있다.

둘째, 조직 혁신은 조직의 내적 요인과 환경적 요인이 복잡하게 작용하는 동태적 과정이다.

셋째, 조직 혁신은 조직구성원들의 행태나 가치관의 변화에 역점을 둔다.

넷째, 조직 혁신은 조직의 현재 상태를 인위적으로 변화시키기 때문에 현상 유지를 바라는 조직구성원들로부터 저항을 받게 된다.

〈표 12-1〉 정부 혁신의 원리

오스본(David Osborne)과 게블러(Ted Gaebler)의 정부 혁신 원리
노젓기보다는 방향을 잡아주는 촉매제로서의 정부
지역 사회에 힘을 실어 주고 지역공동체 사회가 중심이 되는 정부
서비스 제공에 경쟁을 도입하는 정부
규칙 중심의 조직을 개혁한 임무 지향적 정부
결과를 중시하는 성과 중심적 정부
고객의 욕구에 충실한 고객 지향적인 정부
지출보다는 수익 창출의 기업가적 정부
치료보다는 예방을 통해 미래에 대비하는 정부
참여와 팀워크를 강조하는 분권적 정부
시장 기구를 통해 변화를 촉진하는 시장 지향적 정부

출처: 이은구 외(2001: 7).

2) 조직 혁신의 특성

조직 혁신의 특성으로는 목표 지향성, 계획적 변화, 혁신과 저항, 그리고 전면성을 들 수 있다.

첫째, 목표지향성으로, 조직 혁신은 조직의 효과성을 높이기 위한 것이다. 기존의 조직 체계나 구조를 통해서는 더 이상 효과를 높일 수 없거나 효과가 낮아지는 경우, 달성할 목표를 세우고 이를 달성하기 위해 조직을 혁신한다. 조직 혁신의 목표로는 조직의 생존, 생산성 향상, 고객서비스 향상, 초일류 조직 등 매우 다양하다.

둘째, 계획적 변화로, 조직 혁신은 자연적 변화가 아니라 계획적인 변동이다. 조직 혁신은 의도적·의식적인 것으로 사전적인 준비가 요청된다. 조직 혁신은 비시적인 환경의 변화에 적응하기 위한 우연적이나 비인위적인 조직의 적응과는 구분된다. 즉, 행동 지향성을 띠게 된다.

셋째, 혁신과 저항으로, 조직 혁신은 변화의 강도나 정도가 크다. 과거의 상태와는 커다란 차이가 있으며, 현존 상황에 대한 강한 부정과 비판이 동반된다. 때로는 미래에 대한 대비를 위해 현재 상태를 변화시키기도 한다. 조직 혁신은 종전과는 다른 생각, 방식, 그리고 행태를 추구하는데 대개는 과거로의 회귀보다는 새로움을 추구한다. 급격한 변화는 조직의 안정을 원하는 사람들에게는 거슬리는 현상이다. 따라서 강력한 저항에 직면하게 된다.

넷째, 전면적 혁신으로, 조직 혁신의 범위는 다양하고 폭이 넓으며, 조직이 전체에 적용되는 것이다. 조직 혁신의 범위는 구조, 인간, 기술, 그리고 업무 등 조직의 주요 변수에 모두 걸쳐 있다. 조직 개발은 인간의 변화에 한정되므로 그것은 조직 혁신의 한 형태라고 본다. 또한 행정부의 혁신에 해당하는 행정 혁신과는 구분된다.

조직의 경쟁력과 효과성에 혁신이 매우 중요한 역할을 한다는 것에 점점 더 많은 관심이 모아지면서 조직 내에서의 혁신적 행태에 대한 연구가 최근 급격히 늘고 있다. 울프(Wolfe, 1994)의 보고에 따르면, 1994년까지 5년 동안 조직 혁신에 대한 1,290건의 학술지 논문과 351건의 박사학위 논문이 컴퓨터로 검색되었으며, 혁신에 대한 학술 논문은 6,244건, 박사학위 논문은 1,336건에 이르고 있다. 이러한 연구를 통해 그는 조직 혁신 연구의 주요 흐름을 혁신의 확산(diffusion of innovation: DI), 조직의 혁신성(organizational innovativeness: OI), 과정 이론(process theory: PT) 등 크게 세가지로 파악한다(이진주, 1999: 1130). DI 연구에서는 조직 혁신이 시간적으로, 공간적으로 어떻게 확산되는가를 분석하고 있으며, PT 연구에서는 조직 내에서의 혁신의 실용화 과정을 정립하는 것을 목표로 한다.

조직 혁신의 단계에 대해 울프(Wolfe, 1994)는 로저스(Rogers, 1983), 잘트만 외(Zaltman, *et. al.,* 1973) 등 여러 연구자가 제안한 것을 종합해 아이디어 잉태(conception), 인지, 비교(matching), 평가(appraisal), 설득, 채택 결정, 실용화, 확인, 정기적 활용(routinization), 융합(infusion)의 구체적 단계로 정리했다. 또한 혁신의 특성변수에 대해서도 적응 유연성, 시험 가능성, 구조적 영향, 핵심성, 양립성, 복잡성, 비용, 분해 가능성, 혁신 기간, 규모, 기술적이냐 관리적이냐의 유형, 파급성, 상대적 이점, 위험성, 신분의 영향도, 불확실성 등을 종합적으로 제시했다.

고팔라크리슈난과 대만푸어(Gopalakrishnan & Damanpour, 1997)는 혁신 연구에서 학문 분야별 차이와 공통점을 검토하면서 경제학 분야, 조직사회학 분야, 기술관리 분야를 비교했다. 이들은 혁신 연구를 제대로 이해하기 위해서는 연구의 접근 방식과 연구에서 전제로 하는 가정을 분명히 해야 하며, 연구 방법과 접근 방식은 혁신 채택의 단계나 과정, 분석의 수준, 혁신의 유형을 명확히 규정하는 데서 출발해야 한다고 주장했다. 따라서 혁신의 주요 차원 변수를 혁신 과정에서는 혁신 창출과 혁신 채택으로 나누었고, 분석 수준으로는 산업 또는 국가 수준, 조직 수준, 조직의 하부 수준, 혁신 자체 수준으로 구분했다. 또한 혁신 유형은 제품 혁신, 생산 공정 혁신, 획기적 혁신, 점증적 혁신, 기술적 혁신, 관리적 혁신으로 구분했다.

피올(Fiol, 1996)은 혁신 연구의 내용을 둘로 나누어 혁신의 확산을 스펀지 채우기(sponge filling)에, 혁신 창출을 스펀지 짜내기(sponge squeezing)에 각각 비유하면서 혁신 연구 내용을 혁신 능력을 위한 투입물의 흡수와 혁신을 위한 산출물의 창출 능력을 종합적으로 포함한 연구 모형을 제시했다.

2. 조직 혁신의 접근 방법

1) 의의

조직 혁신의 실효를 거두려면 혁신 대상의 어느 측면을 중시해 혁신할 것인가를 고려해야 한다. 리비트(Leavitt, 1964)는 조직 혁신의 전략으로 업무, 기술, 구조, 그리고 인간을 들고 있다. 첫째, 업무란 상품이나 용역의 생산을 의미한다. 둘째, 기술이란 문제 해결을 위해 사용되는 업무 측정 기술, 전자계산기, 기타 기계 등을 말한다. 셋째, 구조는 의사 전달, 권위와 역할, 작업의 흐름 등의 모든 체계를 말한다. 넷째, 인간이란 조직 내의 활동가들을 말한다.

그런데 이런 변수들은 서로 영향을 주며 한 가지에 대한 변경은 다른 변수의 변화를 수반한다. 이러한 맥락에서 보면 조직 혁신의 변수인 구조, 기술, 업무, 인간 변수야말로 조직 혁신을 이루는 중심적 기준이 된다고 볼 수 있다.

2) 접근 방법의 유형

(1) 구조적 접근 방법

구조적 접근 방법(structural approach)은 조직 혁신의 대상이 조직의 구조이다. 조직에서 분업화, 집권화, 그리고 공식화 등이 혁신의 주된 관점이다. 조직의 분업화와 관련한 조직 혁신으로는 조직이나 기구의 신설, 폐지, 축소와 확대, 통폐합 등을 들 수 있다. 조직의 집권화나 분권화와 관련된 조직 혁신으로는 권한의 위임과 재량의 범위, 권력의 재조정, 통솔의 범위, 의사 결정에의 참여 등을 들 수 있다. 조직의 공식화와 관련한 조직 혁신으로는 권한과 책임의 명시, 조직내 절차의 명시나 세분화 등을 들 수 있다.

(2) 기술적 접근 방법

기술적 접근 방법(technological approach)은 조직 혁신의 대상이 업무를 수행하는 절차나 기술과 밀접하게 관련되어 있는 것이다. 따라서 절차나 과정, 그리고 사용하는 관리 기법 등이 혁신의 주된 관점이다. 조직의 절차와 관련된 조직 혁신으로는 직무 활동의 재배치나 재배열, 직무 순서의 변경이나 단축, 고객의 접근 절차의 간소화 등을 들 수 있다. 그 예로는 사무관리의 혁신이라고 할 수 있는 컴퓨터의 도입 등을 들 수 있다.

(3) 업무적 접근 방법

업무적 접근 방법(task approach)은 조직 혁신의 대상이 조직의 업무이다. 따라서 업무의 종류, 업무의 성질이 조직 혁신의 주요 관점이다. 업무적 접근은 많은 연구자의 관심에서 벗어나 있다. 업무의 종류와 관련된 조직 혁신으로는 조직의 영역 축소와 확장, 생산품 종류의 다양화나 변경, 폐지, 기능의 축소 등을 들 수 있다. 업무의 성질과 관련된 조직 혁신으로는 개인이 담당하는 직무와 관련해서 직무 충실, 직무 다양화와 같은 직무의 성질을 변화시키는 입장이다.

(4) 인간적 접근 방법

인간적 접근 방법(human approach)은 조직 혁신의 대상이 조직의 구성원이다. 따라서 조직구성원의 능력이나 가치관 그리고 행태의 개선이 혁신의 주요 관점이다. 조직 혁신에 대한 행태적 접근을 조직 발전(oranizational development)이라고도 한다. 이 방법은 조직구성원의 가치관, 태도, 그리고 의식 구조를 변화시키는 것으로 참여관리, 실험실 훈련, 팀 개발 등의 기법을 들 수 있다.

3. 조직 혁신의 주요 내용

조직은 공동의 목표를 달성하기 위해 협력적 체계를 갖추고 외부 환경과 상호 작용을 하는 사회적 단위라고 말할 수 있다. 혁신은 과거의 묵은 풍속, 관습, 방법 등을 완전히 바꾸어서 새롭게 하는 것이다. 그러면 정부 조직에서의 혁신은 무엇인가?

조직의 혁신은 지금까지 많은 학자에 의해 연구되어 온 만큼 그 개념도 매우 다양하게 정의되고 있다. 톰슨(Thompson, 1965)은 조직 혁신을 새로운 아이디어의 착상과 그 실천이라고 했다. 모어(Mohr, 1969)는 조직 혁신을 새로운 목적이나 수단의 성공적 도입이라고 강조하고 있다. 로저스(Rogers, 1983)는 개인이나 조직이 새로운 것으로 지각하는 아이디어, 실행 방법 또는 대상을 채택하고 활용하는 것으로 정의한다. 드러커(Drucker, 1985)는 혁신을 매우 포괄적인 의미로 정의하는데, 조직 특유의 도구로 환경 변화를 사업이나 서비스를 위한 변화로 이용하기 위한 수단이라고 말한다. 이밖에도 대만푸어(Damanpour, 1990)는 조직에 새로움을 주는 자체의 제도 또는 수입의 기구, 제도, 정책, 프로그램, 과정, 제품 또는 용역의 채택이라고 조직 혁신을 정의한다.

이러한 여러 정의를 고려해 보면, 조직 혁신은 조직의 성장과 발전을 위해 새로운 아이디어와 기술을 받아들이는 것이라고 말할 수 있다. 그리고 정부 조직의 혁신관리는 국가의 발전에 기여하기 위해 정부 조직이 새로운 아이디어와 기술을 받아들이면서 의도적이고 계획적으로 조직의 변화를 이끌어 내는 것을 말한다.

조직 혁신이라는 개념을 좀 더 명확하게 정의해 보면, 조직이 지향해야 할 궁극적 목표를 설정하고, 이를 실현할 수 있는 바람직한 조직의 상태가 될 수 있도록 조직 구성원의 행태를 변화시키는 조직의 관리 작용이라고 말할 수 있다. 이러한 개념 속에는 조직 혁신이 목표 지향적이고, 동태적이며, 현재 상태를 타파하고 의도적으로 변화시키려는 성격이 다분히 내포되어 있다(행정학사전, 2009).

혁신은 대상물을 자연적인 상태보다는 새로운 아이디어를 통해 의도적인 변화를 유도하는 것이다. 따라서 조직 혁신은 내·외부적인 변화를 조직이 받아들여 이를 개발하고 실용화함으로써 조직이 이루고자 하는 특정 목적을 달성하고자 한다. 이 때 새로운 아이디어를 제안하고 이를 실행하는 주체는 조직구성원이지만, 그 구성원들은 조직의 한 하위 시스템으로서 업무 수행의 일환으로 그 일을 할 뿐이고, 조직구성원들로 하여금 새로운 아이디어를 제안하고 수행하게 하는 것은 조직이기 때문에 조직 혁신의 주체는 조직이 된다(최만기, 1999).

새롭고 창의성이 있는 아이디어를 조직 내에서 실질적으로 실행하는 것이 조직 혁신에 대한 일반적인 경향이다. 굼머(Gummer, 1989)는 조직 혁신을 새로운 아이디어에 의한 조직 활동의 일환으로 행동화하는 것으로 규정했고, 캔터(Kanter, 1983) 또한 새로운 아이디어나 개념이 조직 내에서 실행되지 않는 한 조직 혁신은 이루어지지 않는 것으로 보았다. 이는 조직 혁신과 조직 변화에 대한 구분으로, 조직 변화는 포괄적인 개념으로 조직운영과 활동 등에서의 모든 변화를 지칭하지만, 조직 혁신은 조직의 변화 중에서 변화를 실행하는 기관에서의 '새로운' 변화만을 의미한다(Kaluzny & Hernandez, 1998). 즉 모든 조직 혁신 활동이 조직 변화의 일환이 되는 활동은 될 수 있어도 모든 조직 변화가 혁신 활동이 될 수는 없다는 것을 의미한다(신준섭, 1998).

4. 조직 변화 전략으로서의 조직 혁신

1) 조직 혁신의 개념

조직 혁신이란 계획적 변화를 통해 조직을 어떤 상태에서 더 나은 바람직한 상태로 전환시키는 것을 의미한다(이명재, 2003: 69-89).

조직은 환경과 끊임없이 상호 작용하는 개방 체계(open system)이므로 환경 변화에 적응하기 위해 조직 혁신(organizational innovation)이 불가피하다. 조직은 안정성과 지속성을 유지하면서도 계획적 변화를 통해 적응성과 혁신성을 확보할 수 있는 동태적 균형(dynamic equilibrium)을 이루어야 조직이 생존할 수 있다.

1960년대를 통해 조직을 연구하는 학자나 실무자들은 공식 조직의 역량을 극대화하기 위해 조직 혁신을 성공적으로 이루는 데 대한 깊은 관심을 가져왔다. 따라서 조직 혁신을 위한 이론의 틀(theoretical framework)을 설정하는 데 필요한 기초적 이념이나 개념 및 유형을 정립해 왔고, 또한 혁신과 관련해서 조직과 환경의 속성을 밝혀 내기 위한 경험적 연구를 수행해 왔다(Becker & Whisler, 1967: 462-465).

조직 혁신은 가치 기준의 인도를 받는 계획적 변동이며 동태적이고 관련적 특성을 지니는 변동이다. 조직 혁신은 단발적이 아니라 지속적으로 추진되어야 하는 과정이다(오석홍, 1995: 710).

조직 혁신의 개념에서 어떤 사람은 아이디어의 창출 및 실천을 강조하고, 어떤 사람은 아이디어의 최초 적용을 강조하는가 하면, 새로운 목적 또는 수단의 성공적 도입을 강조하는 사람도 있다.

이와 같은 여러 견해를 종합해 볼 때 조직 혁신이란 조직에서 새로운 아이디어·목적 및 수단의 창출·도입 및 적용을 통해 조직의 의도적·계획적인 변화를 도모하는 과정이라고 정의할 수 있다(최창호·정세욱, 1984: 304). 이러한 조직 혁신의 과정에는 조직의 진단, 그 창도·촉매·적용의 과정, 구성원의 훈련 등에 관한 연구를 위해 행태과학(behavioral science)의 적용이 매우 필요하고 중요하다.

2) 조직 변화와의 차이

조직 변화와 조직 혁신은 모두 기존의 지식을 활용해서 조직의 어떤 목표를 달성하려는 것이지만 개념상으로는 차이가 있다.

변화(change)라는 용어는 변화의 방향 여하에 관계없이 중립적 개념으로 사용되는 말이다. 즉, 변화 현상을 객관적으로 기술하고 설명하기 위해 사용되는 개념이다. 이에 반해서 혁신(innovation)과 개혁(reform) 등은 변화의 바람직한 방향을 상정하고, 그런 방향으로의 의도적·인식적 노력을 뜻하는 때에 사용되는 개념이다(조석준, 1986: 330). 그러므로 조직 변화는 일반적으로 조직의 기본적인 체계 변화(change of the system)라는 의미로서 조직의 내적 변화와 구별해 사용되어 왔거나 또는 조직 변화의 모든 증감을 나타내는 넓은 의미로 사용되어 왔다 (Etzioni, 1961: 341-343).

조직 변화를 이와 같은 의미로 사용할 때는 조직의 문제 해결의 새로운 방법을 의도적으로 고안해 내는 의미인 조직 혁신의 의미가 결여되어 있으며, 오히려 혁신은 조직 변화의 한 유형으로 보는 것이 타당하다.

조직 혁신과 조직 개혁은 조직 변화의 바람직한 방향을 설정하고 그런 방향으로의 계획적·인식적 노력을 뜻한다는 점에서는 동일하다. 그러나 개혁이라는 용어는 일반적으로 행정관리나 과학적 관리 계통의 사람들이 사용하는 말로서 주로 제도의 변화를 대상으로 할 때에 사용되었다. 그리고 조직 혁신은 주로 행태과학이 학문의 주류를 형성한 이후에 이 계통에서 사용하는 용어이며, 주로 행태의 변화를 대상으로 한다(조석준, 1986: 330). 따라서 조직구성원의 행태를 의도적으로 변화시키려는 노력인 조직 발전은 조직 혁신을 이루는 하나의 접근 방법이라 할 수 있다.

5. 정부 조직 혁신의 주요 내용

1) 조직 혁신의 과정

조직의 혁신을 이루기 위해서는 몇 단계의 과정을 거쳐야 한다. 다만, 상황과 방법에 따라서 차이가 있을 수 있으며, 전공이나 조직의 특성에 따라서도 단계의 구분이 다르게 나타날 수 있다. 즉, 정형화된 혁신의 과정이 있기보다는 조직의 특성이나 학문 연구의 대상 조직이나 상황, 방법 등에 따라 다양한 혁신의 과정이 있을 수 있다. 하지만 조직 혁신 과정을 연구해 온 학자들의 견해를 종합하면, 어느 정도는 공통된 단계를 추출할 수 있다. 예를 들면, 조직 혁신의 과정은 인지 단계 → 입안 단계 → 시행 단계 → 평가 단계로 구분할 수 있고, 이들 과정은 환류(feedback)가 이루어지기 때문에, 조직 혁신 과정은 순환적 과정이라고 말할 수 있다.

첫째, 인지 단계(awareness stage)는 현재의 실적이 기대 수준에 미달하는 격차를 발견하고 혁신의 필요성을 확인함으로써, 혁신을 위한 합의가 이루어지는 단계이다.

둘째, 입안 단계(formulation stage)는 조직 혁신을 위한 사전 준비 단계로서, 혁신의 목적과 실현을 위한 전략이나 행동 대안을 결정하는 단계이다.

셋째, 시행 단계(implementation stage)는 입안이 이루어진 혁신 내용을 실천에 옮기고 정착시키는 단계이다. 혁신을 구현할 주체를 선정하고, 필요한 인적·물적 자원을 동원해야 하며, 한편 혁신에 의해 영향을 받게 될 사람들의 태도를 혁신에 호응하는 방향으로 유도하고 저항을 최소화하는 것이 필요하다. 이를 위해서는 혁신은 융통성 있고 적응성 있게 단행되어야 한다.

넷째, 평가 단계(evaluation stage)에서는 조직 혁신의 성과와 혁신 과정의 요인들을 분석하고 평가하게 된다. 그리고 그 결과를 환류를 통해 혁신 과정의 인지, 입안, 시행 단계 등 적절한 단계에 다시 투입하게 된다.

2) 조직 혁신의 대상

조직을 혁신하기 위해서는 먼저, 조직의 구성 요소인 업무, 인간, 기술, 구조의 네 가지 중에서 어느 부분을 바꿀 것인지를 결정해야 한다.

첫째, 업무는 조직의 궁극적 목표를 달성하기 위한 의사 결정과 집행 및 대민봉사 등을 의미한다. 특히, 정부 조직은 업무 자체도 중요하지만 업무를 수행하는 과정 자체가 혁신의 중요한 대상이 된다.

둘째, 인간은 조직의 업무를 수행하는 조직 내부 구성원인 사람들을 말한다.

셋째, 기술은 조직 내에서 업무 처리 및 문제 해결을 위해 사용하는 관리 기술, 컴퓨터, 기계 조작 기술 등을 말한다.

넷째, 구조란 조직 내에서 조직구성원들이 수행하는 업무와 역할의 배분 체계를 말한다. 각 구성원들이 수행하는 업무의 분장 체계의 조합이라고 할 수 있으며, 역할과 기능의 상호 배분 체계라고도 할 수 있다.

조직을 구성하는 업무, 인간, 기술, 구조는 곧 조직 혁신을 위해 변화될 수 있는 대상이 된다. 조직 혁신은 이들 조직 구성 요소들을 새롭게 바꾸는 것을 의미한다. 하지만 일반적으로는 조직 혁신에서는 주로 업무를 변화시키기 위해서 인간, 기술, 구조 중의 하나를 변경의 대상으로 삼게 된다. 이는 조직의 존재 의의는 목표 달성을 위한 업무 실적을 올리는 데 있으며, 대부분의 경우 업무 실적은 인간, 기술, 구조의 변화를 통해 이룰 수 있기 때문이다. 이러한 이유로 해서 조직 혁신의 이론도 주로 인간, 기술, 구조의 변화를 중심으로 이루어져 왔다.

물론 업무, 인간, 기술, 구조의 조직 구성 요소들은 서로 밀접한 관련성을 지니고 있다. 어느 하나의 요소에 변화가 일어나면, 그 영향이 다른 구성 요소에까지 미쳐서 연쇄적으로 변화가 나타나게 된다. 따라서 조직 혁신은 어느 한 부분의 요소를 바꾸기 위해 직접적으로 해당 요소를 변화의 대상으로 삼기도 하지만, 다른 구성 요소를 변화의 대상으로 삼아 변화를 시킨 뒤, 간접적으로 의도한 변화를 달성할 수도 있다.

3) 조직 혁신의 접근 방법

조직 내의 여러 변화 대상 중에서 특별하게 어느 것을 변화시켜 다른 부분에 영향을 미치게 하는 것이 효과적인가라는 의문이 제기된다. 이는 조직 내의 변화를 일으키기 위한 전략 문제라고 할 수 있다. 즉 인간, 기술, 구조 중에서 어느 변수를 사용할 때 가장 효과적으로 조직이 추구하는 목표나 성과를 달성할 수 있는가 하는 방법을 찾는 것이 조직 혁신의 접근 방법이다.

따라서 이 세 가지 변수를 기준으로 각각의 접근 방법, 즉 인간적 접근법, 기술적 접근법, 구조적 접근법을 제시할 수 있다.

첫째, 인간적 접근법(human approach)은 인간의 행태를 변화시킴으로써 조지 혁신을 이루려는 방식이다. 인간의 행태를 변화시키면 새로운 아이디어를 도입하고 새로운 기법을 개발하며, 조직의 구조 또한 과거보다 좋은 상태로 변화시킬 수 있기 때문이다. 그리고 이를 통해 궁극적으로는 조직의 성과를 올릴 수 있다는 입장이다. 인간적 접근법은 인간관계학파에서 시작해서 권력평등화 이론에서 구체화되었다. 권력평등화 이론은 조직 혁신을 주창하는 사람들과 행태적 변화를 이루어야 하는 조직 구성원들 사이의 권력 관계를 평준화하는 것이 필요하다는 입장이다. 여기서는 조직 혁신을 이루는 데는 자발적 변화가 조직 내부에서 스스로 나타나는 것을 가장 중요하게 보고 있다.

둘째, 기술적 접근법(technical approach)은 새로운 기술을 도입 및 적용함으로써 성과를 높일 수 있다는 방식이다. 과학적 관리론이나 관리과학, 운영 연구 등이 이 접근법에 속한다. 이들은 관리 기법을 중심으로 발전했으며, 민간의 심리적 요소나 사회적 요소보다는 관리 기법이나 기계를 수단으로 사용하는 것이 특징이다. 기술적 접근법은 인력관리나 생산관리 등에서 운영 연구, 정보 이론, 업무 측정, 태도 조사, 직무 평가 등 기술의 적용을 통해 조직의 운영을 합리화하는 것이야말로 조직 혁신을 이루고 성과를 높이는 최상의 방법이라고 본다.

셋째, 구조적 접근법(structural approach)은 크게 두 가지, 전통적 조직 구조와 분권화로 구분해서 살펴볼 수 있다. 먼저, 전통적인 조직 이론에서는 이상적인 조직 구조를 지닌 조직일수록 성과가 올라간다고 보는 입장이다. 여기서는 통솔의 범위, 권한과 책임의 분명한 구분 등을 중요하게 본다. 다음은 분권화를 강조하는 입장이다. 분권화는 조정의 비용을 절감하고 하위 부서에 대한 지휘·감독의 효과를 높일 수 있다는 입장을 지니고 있다. 또한 조직구성원들에게 동기를 부여할 수 있으며, 새로운 기술의 도입에도 융통성을 갖게 함으로써 조직이 좀 더 바람직한 방향으로 변할 수 있는 가능성을 부여한다고 강조한다.

김영삼 정부의 정부 혁신

우리나라의 정부 혁신을 민주화 이후 시기부터 고찰해 본다면, 김영삼 정부 시기부터 신공공관리(new public management: NPM)를 토대로 한 정부 혁신이 나타나기 시작했다고 볼 수 있다. 김영삼 정부는 신자유주의적 세계화의 흐름에 조응하고 과감한 부처 통폐합으로 정부 조직을 축소하는 등, '작고 효율적인 정부'를 구현하고자 했다. 그 밖에 행정규제 기본법 제정, 규제개혁위원회의 설치를 통해 지속적 규제 개혁을 추진하고자 했다. 또한 행정정보화와 전자정부의 기반 구축을 통한 행정 효율성과 투명성의 제고, 민영화를 통한 공기업의 경영 효율화를 추진했다.

그러나 김영삼 정부의 정부 혁신은 신공공관리론적 용어의 등장에도 불구하고 발전국가에서 세계화 시대에 부응하기 위한 정부기구 개편에 혁신이 머물러 있었다는 한계가 있다(황혜신, 2005: 59; 남재걸, 2018: 25 재인용). 또한 행정 개혁을 위한 아래로부터의 해결책을 제시하고자 하는 원칙은 있었으나 실질적 시민 참여는 제한적이었다(이승종, 2003; 남재걸, 2018: 24 재인용).

(출처: 행정안전부·한국행정연구원, 2019: 20).

김대중 정부의 정부 혁신

1997년 외환위기를 맞으면서 출범한 김대중 정부는 국가 위기의 극복 차원에서 신자유주의적 이념에 기반한 혁신을 추진, '작지만 국민에게 봉사하는 효율적인 정부' 구현을 지향했다. 김영삼 정부에서 신공공관리론적 용어가 등장한 수준이었다면 김대중 정부에서는 공공 부문 전반에서 좀 더 광범위하게 신공공관리론적 혁신이 이루어졌다고 할 수 있다. 대표적으로 민영화, 인력 감축, 민간위탁 등과 같은 구조 조정, 효율적 재정 및 조직관리와 운영, 규제 혁신, 책임운영기관 설립이 이루어졌다. 또한 '고객'으로서의 국민 편의 제고를 위한 혁신이 정보통신기술 기반의 대민 서비스 혁신의 형태로 이루어졌다. 그 외 개방형 직위제도 도입을 통한 공직 사회 경쟁 의식 및 전문성 제고 시도, 연공 중심에서 성과 중심 보수 체계로의 전환은 전형적인 민간 관리 기법의 활용으로 볼 수 있다.

한편 민관합동위원회를 구성해 각 혁신 과정에서 시민단체의 참여 통로

김대중 정부의 정부 혁신

가 마련되었다는 측면에서 뉴거버넌스론 관점의 정부 혁신이 도입되었다는 평가를 받는다(남궁근, 2018).

(출처: 행정안전부·한국행정연구원, 2019: 21).

노무현 정부의 정부 혁신

노무현 정부의 정부 혁신은 '국민과 함께 하는 일 잘하는 정부'를 지향, 신공공관리론과 뉴거버넌스론 관점이 절충되어 추진되었다고 평가된다(남궁근, 2017). 노무현 성부는 경제위기로부터 탈출한 시기에 탄생했기 때문에 작은 정부보다는 일을 잘 하고 많은 서비스를 제공하는 정부를 지향했다. 규모가 아닌 기능과 성과의 관점에서 효율성을 제고하고자 했다. 따라서 조직 개편을 최소화하는 대신 기능 조정과 업무 프로세스 개선을 통해 조직 효율성을 추구했다. 한편 고위공무원단의 도입 및 개방형 직위 제도의 확대와 성과 가빈 보상 체계의 정착 시도, 총액 인건비제 및 총액배분 자율편성 제도 등 분권적 인력·예산 운영과 성과관리의 도입, 성과 중심의 경영 체제 정착을 위한 공기업 경영평가 실시는 신공공관리론적 혁신의 대표적 사례이다.

한편 '대화 잘 하는 정부''함께하는 행정'이라는 전략과 목표를 통해서 나타나는 바와 같이 노무현 정부는 국민의 참여를 활성화하고자 하는 뉴거버넌스론적 정부 혁신 또한 실천하고자 했다. 혁신 네트워크에 민간 전문가의 참여, 국정 운영에서 행정위원회를 통한 시민 사회 의견 반영 등이 참여 활성화를 위한 대표적인 노력이라고 할 수 있다. 참여마당 신문고, 국민제안 규정 등 국민 참여의 인프라를 구축했다.

그러나 정부 혁신 과제는 주로 정부 조직 내부의 시스템과 문화 혁신으로 구성되어 있고 따라서 혁신 과제 추진 또한 공무원 위주로 이루어졌다. 그 결과 일하는 방식과 행태 부분의 성과는 있었으나 시스템 혁신에까지 이르지 못했고 혁신 피로감을 높였다고 평가된다(황혜신, 2005; 김판석·홍길표, 2011; 남재걸, 2018: 27 재인용). 또한 국민이 참여한 정책 과제의 비중이 크지 않고 정부 조직 내부 혁신에 머물러 있었기 때문에 뉴거버넌스론적 정부 혁신의 실천의 노력에도 불구하고 국민의 인지도와 체감도가

노무현 정부의 정부 혁신

대체로 낮았다(오영균, 2007: 남재걸, 2018: 27 재인용). 따라서 협력적 파트너십에 기반한 정부 혁신은 아직 상징적 단계에 머물렀다는 한계가 있다(염재호 외, 2008).

(출처: 행정안전부·한국행정연구원, 2019: 21-22).

이명박 정부의 정부 혁신

이명박 정부에서는 '활기찬 시장경제', '능동적 복지'와 같은 정부 혁신의 목표나 '실용주의'라는 국정 철학에서 나타나는 바와 같이 신공공관리론 중심의 정부 혁신이 이루어졌다. 이명박 정부는 효율성 극대화를 위한 작은 정부, 시장 중심의 발전을 위한 최소한의 국가 개입을 지향했다. 이는 대대적인 정부 조직 통·폐합의 시행, 성과평가·성과급제·연봉제 등 성과 위주의 관리 기제 강화, 공공기관 민영화·통폐합·기능 조정, 민간위탁을 통한 정부의 권한과 규모의 축소, 시장경제 활성화를 위한 적극적 규제 완화와 같은 혁신 추진으로 나타났다.

이명박 정부에서는 국정 운영에서 참여적 요소를 혁신에 거의 도입하지 않았다. 그 결과 노무현 정부가 추진했던 뉴거버넌스론적 관점의 정부 혁신은 약화되고 신공공관리론적 관점의 혁신이 더욱 강화되었다.

(출처: 행정안전부·한국행정연구원, 2019: 22).

박근혜 정부의 정부 혁신

2000년대부터 서구에서 신공공관리론의 한계에 대한 비판이 제기되었던 것처럼 우리나라에서도 노무현 정부 시기부터 후기 공공관리론의 관점에서의 혁신을 지향하고 있음을 알 수 있다. 박근혜 정부는 신공공관리론 관점의 혁신과 함께 후기 신공공관리론적 관점에서 정부 혁신의 구체적인 어젠다가 추진된 시기라고 할 수 있다. 인사혁신처의 신설로 성과연봉제의 확대, 공직사회 전문성과 개방성 향상을 위한 인사 혁신은 대표적인 신공공관리론적 관점의 혁신 추진이라고 할 수 있다.

박근혜 정부의 정부 혁신

한편 정부 3.0은 공공정보의 개방, 소통, 공유를 통해 혁신을 추구했는데, 이는 정부기관 간 협력뿐만 아니라 정부와 시민 사회 간의 협업을 활성화하는 것으로 볼 수 있다. 국민이 참여하기 위해서는 우선 정보 공개와 공유에 기반한 국민의 알 권리가 충족되어야 하기 때문이다. 따라서 정보 공유는 공공 데이터를 활용한 집단 지성 기반의 뉴거버넌스(new governance)의 출발점이라고 할 수 있다.

또한 정부 3.0은 '서비스 정부'를 정부 혁신의 3대 목표 중 하나로 설정했는데, 이는 신공공관리론의 관점과 맥락을 같이한다. 즉, 개방, 소통, 공유, 협력을 통해 서비스의 효율적 전달과 고객 만족에 머무는 것이 아니라 국민이 서비스 생산 과정에서 참여하고 국민의 좀 더 나은 삶과 행복 추구를 시도했다. 취약 계층에 대한 서비스, 생애주기별 맞춤형 서비스의 설계와 제공이 정부 혁신의 실천적 과제로 추진되었음을 통해 이를 알 수 있다(오철호 외, 2013: 113).

그러나 정부 3.0은 공공 정보의 개방, 소통, 공유를 통한 혁신에 중점을 두었기 때문에(남재걸, 2018) 우리 사회가 직면한 문제의 해결이라는 지향 가치와 정부 혁신이라는 수단적 가치가 밀접하게 연계되지 못한 한계가 있었다. 또한 공공 서비스를 수요자와 함께 설계하는 국민디자인단이 운영되었으나, 문제 인식의 공유와 협력적 거버넌스 참여자 간 성찰에 기반한 숙의 등 좀 더 복잡한 사회 문제 해결을 위한 참여적 혁신의 수준까지 이르지는 못했다.

(출처: 행정안전부·한국행정연구원, 2019: 22-23).

문재인 정부의 정부 혁신

문재인 정부의 정부혁신은 공직의 유연성, 개방성, 전문성 제고 및 성과관리 등 이전 정부의 신공공관리론의 혁신 전략적 요소와 가치 지향성을 여전히 포함하고 있다. 그러나 '공공성', '사회적 가치', '책임'과 같은 키워드가 정부혁신 종합추진계획에 최초로 등장하여, 효율성 위주의 정부활동에서 민주성과 형평성을 균형있게 추구하고, 정부 이외의 다양한 행위자가 공공가치 창출에 참여할 필요성을 강조하는 후기 신공공관리론의 지향성이

문재인 정부의 정부 혁신

더욱 뚜렷해졌음을 알 수 있다.

문재인 정부는 정부 혁신의 비전을 "국민이 주인인 정부"의 실현으로 설정했다. 후기 신공공관리론적 관점에서 관료는 서비스 제공대상인 고객이 아닌 시민에게 봉사하는 존재이다(남재걸, 2018). 따라서 정부 활동의 주요 목적은 시민이 관심있는 문제를 해결함으로써 공공가치를 달성하는 것이다. 문재인 정부의 정부혁신 목표는 국민의 삶의 질의 향상, 정부 신뢰도 제고, 부패인식지수 변화이다. 이 목표는 혁신적 활동의 궁극적 목표가 정부의 일하는 방식 변화, 서비스 질 제고에 한정되는 것이 아니라 이를 기반으로 국민이 체감하는 정책 성과를 창출할 수 있을 때 달성할 수 있다. 이러한 정책 성과를 달성하기 위해서는 공무원의 자발적 혁신 행동이 요구되기에 일선 공무원의 적극 행정 활성화를 위해 제도적 개선 및 학습과 인센티브 제공 등을 실행하고 있다.

문재인 정부의 정부 혁신은 기존의 행정내부 관리의 혁신과 서비스 혁신을 넘어, 정부 혁신을 통한 사회 문제의 해결, 즉 정책 과정과 결과의 혁신을 지향하고 있다는 점에서 역대 정부의 정부 혁신과 차별성이 있다. 이러한 정책 과정의 혁신을 위해서는 정부와 국민과의 관계의 변화가 우선적으로 요구된다. 따라서 실제 공무원들이 정책을 입안하고 실행하는 과정에서 우리 사회가 직면한 문제의 해결을 위해 정책 대상자의 관점에서 이들과 함께 문제를 정의하고 이 과정에서 협력과 조정을 통해 공동의 문제해결 과정에 이를 수 있도록 교육 등 다양한 지원이 필요할 것이다. 또한 이를 통해 다양한 이해관계자의 참여, 협력, 조정의 과정을 공무원이 학습하고 경험을 축적할 필요가 있다.

(출처: 행정안전부·한국행정연구원, 2019: 24-28).

제4절 조직 혁신의 기본 모형

1. 레빈의 모형

조직 혁신은 어떤 상태에서 다른 상태로 변화하는 체계적인 과정이 요구된다. 레빈(Lewin, 1947)은 조직에서 혁신을 불러일으키는 노력을 세 단계로 구분해 제시했다(이창원 외, 2012: 529-532). 그가 제시하고 있는 변화의 단계는 해빙(unfreezing), 변화(changing), 재동결(refreezing)이다. 각각의 단계에 대해 살펴보면 다음과 같다(Luftman, *et. al.*, 2004: 264).

해빙은 조직원들이 변화의 필요성을 깨닫게 하는 과정이다. 조직원들이 현재의 상태나 절차에 만족하고 있다면 변화에 관심을 가지지 않을 것이기 때문이다. 즉, 동기를 유발하고 개인 또는 집단이 변화를 위한 준비를 갖출 수 있게 하기 위한 것이다. 변화의 필요를 강조하기 위해 개인에게 작용하고 있는 힘을 재편성하는 과정, 즉 얼음이 녹아 차차 풀리듯이 태도나 감정을 완화시키는 과정이다.

변화는 예전의 방식에서 새로운 방식으로 움직이는 자체이다. 이 과정은 동일시(identification) 또는 내면화(internalization)에 의해 일어날 가능성이 높다(Kelman, 1958). 동일시는 개인의 환경 내에 하나 또는 그 이상의 모형이 제공되고, 그 개인이 자기를 그 모형처럼 되려고 노력하면서 새로운 행동 양식을 배울 때에 일어난다. 내면화는 개인이 처한 상황이 성공적인 대처를 위해 새로운 행동을 요구할 때 일어난다.

재동결은 새롭게 형성된 행동이 정형화된 행동으로 굳어지는 과정을 말한다. 즉, 재동결은 새로운 행태가 안정화되어 다른 형태로 변하지 않도록 만드는 것이다. 왜냐하면 재동결의 과정을 거치지 않는다면, 조직 변화에 반대하는 세력들이 조직의 행태를 예전의 방식으로 돌려버리기 때문이다. 세인(Schein, 1968: 112)은 "학습에 의해 내면화된 새로운 행동은 개인의 행동을 변화시키기 때문에 재동결은 자연적으로 촉진된다. 그러나 새로운 행동이 동일시를 통해 학습된 경우에는 새로운 대체 모형이 발견되든가 또는 그 새로운 행동(태도)에 대한 사회적인 지시나 강화가 없는 한, 오래 지속되지 않고 원래의 영향 모형(original influence model)과의 관계가 지속되는 동안만 지속한다"고 주장한다.

많은 교육 훈련 프로그램의 효과가 오래 지속되지 못하고 단명하게 되는 이유는 교육 참가자들이 훈련 과정을 이수하고 원래의 직장에 돌아왔을 때 새로이 학습된 행동 양식에 대해 강화가 없고, 더욱 나쁜 경우에는 적의(敵意)를 갖고 새로운 행동 양식을 무시하는 경우가 많기 때문이다. 따라서 새롭게 학습된 행동을 효과적으로 강화하는 방법을 고안하는 것이 모든 교육 훈련 프로그램에서 중요하다.

2. 계속적 변화 과정 모형

전술한 레빈(Kurt Lewin)의 모형은 그 단순성으로 인해 많이 이용되고는 있지만, 변화 과정이 계속적이라는 점을 간과하고 있다(Jones, 2010: 533). 여기서는 레빈이 제시한 모형의 문제점을 보완한 계속적 변화 과정 모형(continuous change process model)에 대해 살펴보기로 한다(Moorhead & Griffin, 2004: 528-530).

이 모형의 주요 특징은 계획적 변화를 최고관리층의 시각에서 보고 있다는 것과 레빈의 이론을 변화의 집행 단계에 포함시켜 놓았다는 것이다.

첫 번째 단계는 문제의 진단이다. 이 단계는 문제의 증상이 지각되어 변화 담당자(change agent)의 연구조사를 거쳐 문제를 진단하는 것이다. 조직의 최고관리층이 조직 내·외부의 어떤 압력 또는 추세가 조직의 변화를 요구하고 있다는 것을 인식하는 데에서 시작한다.

두 번째 단계는 문제의 요인을 구조적, 기술적 그리고 구성원의 행동 측면에서 분석하고, 조직에 존재하고 있는 여러 가지 공식적 또는 관습적인 제약 조건을 고려해 실행 가능한 변화 전략과 방법을 설정하는 것이다. 일단 이렇게 문제를 인식하면, 그러한 문제는 조직의 일반적인 문제 해결 과정 및 의사 결정 과정을 거치게 된다. 여기서 조직 자체, 조직 내의 과정, 고직이 생산하는 산출물 등이 어떻게 변화되어야 한다는 것에 관한 정의는 일반적으로 조직의 최고관리층이 내린다. 이러한 과정에서는 변화에 대한 여러 가지 대안이 제시되어 평가된 후 보통 한 가지 수용할 만한 대안이 선택된다.

세 번째 단계는 계획적 변화를 실행하는 단계로서 변화 담당자가 개입해서 조직의 구조적 변화가 추진되고 여러 가지 조직 개발 기법을 적용한다. 변화 과정의 초기에 조직은 변화 담당자, 즉 조직 변화를 관리하는 책임자를 구할 수도 있다. 변화 담당자는 최고관리층으로 하여금 조직의 문제를 인식하고 그러한 문제의 정의를 내릴 수 있도록 도와주기도 하고, 문제 해결에 관한 계획 작성 및 평가에 관여하기도 한다. 이러한 변화 담당자는 조직구성원일 수도 있고 외부 상담역일 수도 있다. 내부 인사인 경우는 조직구성원들, 그들이 수행하는 과업, 조직 내의 정치적 상황 등을 파악하기가 용이하기 때문에 변화를 추진하는 과정에서 발생하는 여러 가지 출처를 분석하는 데 효과적이다. 그러나 내부 인사는 소속된 조직에 너무 익숙해 있어 전체적 상황과 출처를 객관적으로 보지 못하는 경우도 많이 발생한다. 또한 일반적으로 조직구성원들은 내부 인사보다 외부 상담역이 상황을 공정하게 분석한다고 생각한다. 따라서 외부 상담역을 변화 담당자로 하는 경우가 많다.

변화 담당자가 조직 내 최고관리층이 아니라면, 조직 변화를 수행하는 담당자의 권한에는 조직 내 지위나 합법적 권한뿐 아니라 변화를 효과적으로 추진하는 데 필요한 모든 권한이 포함되어야 한다. 즉, 최고관리층의 지지만으로는 변화 담당자가 조직 변화를 효과적으로 추진할 수 없다는 것이다. 이러한 권한을 가진 변화 담당자의 감독 및 관리 하에 조직은 레빈이 제시한 해빙, 변화, 재동결의 과정을 거치게 된다.

마지막으로, 평가 및 통제 단계에서는 변화 담당자와 최고관리층이 조직 변화가 기대했던 효과를 가져왔는지를 평가한다. 즉, 조직 변화가 진행된 정도를 측정 및 평가한 후 변화 전략과 방법에 환류함으로써 변화의 과정을 전체적으로 조정하고 수정하는 것이다.

이러한 전체 과정을 통해 변화 담당자는 조직구성원들로 하여금 오래된 문제를 새로운 방식으로 인식하도록 도와주는 역할을 할 수 있다. 또한 조직의 변화는, 조직에서 너무 당연히게 받아들이는 것에 대해 변화 담당자가 도전함으로써 발생하는 갈등으로부터 새롭게 창출되기도 한다.

다만, 주의할 점은 각 단계가 다음 단계와 구별되는 것으로 논의했으나 실제 조직 변화는 연속적으로 이루어지고, 각 단계는 조직 내에서 동시에 발생하기도 한다는 것이다.

3. 조직 혁신에 대한 저항

조직이 도태되는 가장 큰 이유는 환경의 변화에 대응해서 조직이 변화하지 못하기 때문이다(이창원 외, 2012: 532-535). 조직이 변화하지 못하는 주요한 이유 중 하나는 현상을 유지하고 변화에 저항하는 조직의 경향 때문이다. 조직 혁신에 대한 저항은 조직 효과성을 낮추고, 생존 가능성을 저하시킨다(Hannan & Freeman, 1984).

1) 조직 혁신에 대한 저항

조직 혁신은 이를 집행하는 과정에서 조직구성원들과 조직 내 집단으로부터 많은 저항을 받을 수 있다. 여기서는 우선 조직 혁신에 대한 저항의 요인을 조직적 차원과 개인적 차원으로 나눠 살펴보기로 한다.

캐츠와 칸(Katz & Kahn, 1978: 36-68)이 제시하는 조직적 차원에서의 주요 저항 요인은 다음과 같다.

첫째, 구조적 타성(structural inertia)이다. 조직 구조라는 것 자체가 이미 조직의 안정성을 유지하기 위해 설계되었기 때문에 변화를 추구하는 조직 혁신에 저항하는 것은 당연하다는 것이다.

둘째, 변화를 너무 편협하게 시도한다는 것이다. 조직 혁신이 실패하게 되는 이유 중의 하나는 너무 편협한 관점으로 변화를 시도한다는 것인데, 예를 들어 직무 재설계를 추진하기 위해서는 직무 자체만을 고려해서는 안 되고 새롭게 설계된 직무를 수행할 사람, 부서, 보상 체계 등 다른 조직 요인도 함께 종합적으로 변화의 대상에 포함시켜야 한다는 것이다.

셋째, 집단의 타성이다. 어떤 조직구성원이 새로운 행동을 시도할 때, 다른 구성원들이 그러한 행동을 거부함으로써 그 구성원의 행동을 저지할 수 있다는 것이다.

넷째, 전문성이 위협받는다고 느낄 때 혁신에 저항한다. 조직 혁신은 조직 내 어떤 집단이 오랜 기간 동안 발전시켜 온 전문성을 단시간에 위협할 수도 있기 때문에 저항하게 된다는 것이다.

다섯째, 권력이 위협받는다고 느낄 때 혁신에 저항한다. 예를 들어 어떤 결정권을 행사하던 특정 집단이 조직 혁신으로 그러한 권한이 없어진다면 혁신에 저항하는 것은 당연하다는 것이다.

여섯째, 자원의 할당 면에서 불리하다고 느낄 때 혁신에 저항한다. 기존의 자원 할당 방법에 만족하고 있던 조직 내 집단은 조직 혁신이 가져올 새로운 자원 할당 방법이 자신에게 불리하다고 느끼게 되면 저항한다는 것이다.

2) 개인적 차원의 저항

다음 개인적 차원에서의 주요 저항 요인은 다음과 같다(Moorhead & Griffin, 2004: 541-542).

첫째, 습관이다. 조직구성원들은 업무를 수행하는 데 매일 같은 방식으로 하는 것이 용이하기 때문에 조직 혁신으로 인해 새로운 체계를 배운다는 것을 원하지 않는다는 것이다.

둘째, 안전이다. 조직구성원들은 그들이 현재 누리고 있는 직무나 직업에 관한 안전성이 조직 혁신으로 인해 위협받는다고 생각해서 조직 혁신에 저항하기 쉽다는 것이다.

셋째, 경제적 요인이다. 조직구성원들은 조직 혁신이 그들의 안정된 봉급을 위협할 수도 있고, 그들의 직무를 쓸모없게 만들지도 모른다는 두려움을 갖기 때문에 저항하게 된다는 것이다.

넷째, 미지(未知)에 대한 두려움이다. 즉, 자신에게 익숙한 기존의 체계가 무너지게 되면 아무것도 성취할 수 없게 될지 모른다는 두려움 때문에 조직 혁신에 저항하게 된다는 것이다.

다섯째, 인식의 부족이다. 즉, 집중의 부족 또는 선택적 집중 같은 인식의 부족으로 인해 새로운 규정이나 절차가 제정되어도 이러한 변화를 인식하지 못하고, 과거의 행동을 그대로 답습하는 경우가 발생한다는 것이다.

여섯째, 사회적 요인이다. 이것은 다른 사람들이 자신을 어떻게 생각할까 두려워 조직 혁신에 저항하기도 한다는 것으로, 소속 집단의 규범이 변화를 거부하는 경우 자신은 변화를 원해도 집단의 규범에 따라 혁신에 저항할 수 있다는 것이다.

조직 혁신에 대한 이러한 저항은 조직 변화에 대해 비협조적인 태도와 부정적인 반응을 보이게 한다. 또한 관리층에 대한 불신과 적대감도 발생할 수 있고, 구성원들 간의 상호 작용도 둔화되는가 하면, 구성원들의 사기 저하, 성과 저하, 이직률 상승까지도 발생할 수 있다(Luthans, 1981: 531-532).

부 록

정부조직법

[시행 2018. 6. 8.] [법률 제15624호, 2018. 6. 8., 일부개정]

제1장 총칙

제1조(목적) 이 법은 국가행정사무의 체계적이고 능률적인 수행을 위하여 국가행정기관의 설치·조직과 직무범위의 대강을 정함을 목적으로 한다.

제2조(중앙행정기관의 설치와 조직 등) ① 중앙행정기관의 설치와 직무범위는 법률로 정한다.

② 중앙행정기관은 이 법과 다른 법률에 특별한 규정이 있는 경우를 제외하고는 부·처 및 청으로 한다.

③ 중앙행정기관의 보조기관은 이 법과 다른 법률에 특별한 규정이 있는 경우를 제외하고는 차관·차장·실장·국장 및 과장으로 한다. 다만, 실장·국장 및 과장의 명칭은 대통령령으로 정하는 바에 따라 본부장·단장·부장·팀장 등으로 달리 정할 수 있으며, 실장·국장 및 과장의 명칭을 달리 정한 보조기관은 이 법을 적용할 때 실장·국장 및 과장으로 본다.

④ 제3항에 따른 보조기관의 설치와 사무분장은 법률로 정한 것을 제외하고는 대통령령으로 정한다. 다만, 과의 설치와 사무분장은 총리령 또는 부령으로 정할 수 있다.

⑤ 행정각부에는 장관이 특히 지시하는 사항에 관하여 장관과 차관(제34조제3항 및 제37조제2항에 따라 행정안전부 및 산업통상자원부에 두는 본부장을 포함한다)을 직접 보좌하기 위하여 차관보를 둘 수 있으며, 중앙행정기관에는 그 기관의 장, 차관(제29조

제2항 · 제34조제3항 및 제37조제2항에 따라 과학기술정보통신부 · 행정안전부 및 산업통상자원부에 두는 본부장을 포함한다) · 차장 · 실장 · 국장 밑에 정책의 기획, 계획의 입안, 연구 · 조사, 심사 · 평가 및 홍보 등을 통하여 그를 보좌하는 보좌기관을 대통령령으로 정하는 바에 따라 둘 수 있다. 다만, 과에 상당하는 보좌기관은 총리령 또는 부령으로 정할 수 있다.

⑥ 중앙행정기관의 차관보 · 실장 · 국장 및 이에 상당하는 보좌기관은 고위공무원단에 속하는 일반직공무원 또는 별정직공무원으로 보(補)하되, 특정직공무원으로만 보할 수 있는 직위의 경우에는 해당 법률에서 고위공무원단에 속하는 공무원으로 보할 수 있도록 규정하고 있는 경우로 한정하며, 별정직공무원으로 보하는 국장은 중앙행정기관마다 1명을 초과할 수 없다. 또한, 과장 및 이에 상당하는 보좌기관의 직급은 대통령령으로 정하는 바에 따른다.

⑦ 제6항에도 불구하고 대통령령으로 정하는 바에 따라 교육부의 보조기관 및 차관보 · 보좌기관은 교육공무원으로, 외교부의 보조기관 및 차관보 · 보좌기관은 외무공무원으로, 법무부의 보조기관 및 보좌기관은 검사로, 국방부의 보조기관 및 차관보 · 보좌기관과 병무청 및 방위사업청의 보조기관 및 보좌기관은 현역군인으로, 행정안전부의 안전 · 재난 업무를 담당하는 보조기관과 차관보 및 보좌기관은 특정직공무원으로, 경찰청과 해양경찰청의 보조기관 및 보좌기관은 경찰공무원으로, 소방청의 보조기관 및 보좌기관은 소방공무원으로 보할 수 있다.

⑧ 제6항 및 제7항에 따라 일반직공무원 또는 특정직공무원으로 보하는 직위 중 그 소관업무의 성질상 전문성이 특히 필요하다고 인정되는 경우 중앙행정기관별로 100분의 20 범위에서 대통령령으로 정하는 직위는 근무기간을 정하여 임용하는 공무원으로도 보할

수 있다.

⑨ 중앙행정기관이 아닌 행정기관의 보조기관 및 보좌기관과 행정기관의 파견직위(파견된 공무원으로 보하는 직위를 말한다) 중 제6항 전단에 규정된 직위에 상당하는 직위는 이를 고위공무원단에 속하는 공무원으로 보한다.

⑩ 이 법에 따른 중앙행정기관과 중앙행정기관이 아닌 행정기관의 차관보·보조기관 및 보좌기관에 대하여는 각각 적정한 직급 또는 직무등급을 배정하여야 한다.

제3조(특별지방행정기관의 설치) ① 중앙행정기관에는 소관사무를 수행하기 위하여 필요한 때에는 특히 법률로 정한 경우를 제외하고는 대통령령으로 정하는 바에 따라 지방행정기관을 둘 수 있다.

② 제1항의 지방행정기관은 업무의 관련성이나 지역적인 특수성에 따라 통합하여 수행함이 효율적이라고 인정되는 경우에는 대통령령으로 정하는 바에 따라 관련되는 다른 중앙행정기관의 소관사무를 통합하여 수행할 수 있다.

제4조(부속기관의 설치) 행정기관에는 그 소관사무의 범위에서 필요한 때에는 대통령령으로 정하는 바에 따라 시험연구기관·교육훈련기관·문화기관·의료기관·제조기관 및 자문기관 등을 둘 수 있다.

제5조(합의제행정기관의 설치) 행정기관에는 그 소관사무의 일부를 독립하여 수행할 필요가 있는 때에는 법률로 정하는 바에 따라 행정위원회 등 합의제행정기관을 둘 수 있다.

제6조(권한의 위임 또는 위탁) ① 행정기관은 법령으로 정하는 바에 따라 그 소관사무의 일부를 보조기관 또는 하급행정기관에 위임하거나 다른 행정기관·지방자치단체 또는 그 기관에 위탁 또는 위임할 수 있다. 이 경우 위임 또는 위탁을 받은 기관은 특히 필요한 경우에는 법령으로 정하는 바에 따라 위임 또는 위탁을 받은 사무

의 일부를 보조기관 또는 하급행정기관에 재위임할 수 있다.

② 보조기관은 제1항에 따라 위임받은 사항에 대하여는 그 범위에서 행정기관으로서 그 사무를 수행한다.

③ 행정기관은 법령으로 정하는 바에 따라 그 소관사무 중 조사 · 검사 · 검정 · 관리 업무 등 국민의 권리 · 의무와 직접 관계되지 아니하는 사무를 지방자치단체가 아닌 법인 · 단체 또는 그 기관이나 개인에게 위탁할 수 있다.

第7조(행정기관의 장의 직무권한) ① 각 행정기관의 장은 소관사무를 통할하고 소속공무원을 지휘 · 감독한다.

② 차관(제29조제2항 · 제34조제3항 및 제37조제2항에 따라 과학기술정보통신부 · 행정안전부 및 산업통상자원부에 두는 본부장을 포함한다. 이하 이 조에서 같다) 또는 차장(국무조정실 차장을 포함한다. 이하 이 조에서 같다)은 그 기관의 장을 보좌하여 소관사무를 처리하고 소속공무원을 지휘 · 감독하며, 그 기관의 장이 사고로 직무를 수행할 수 없으면 그 직무를 대행한다. 다만, 차관 또는 차장이 2명 이상인 기관의 장이 사고로 직무를 수행할 수 없으면 대통령령으로 정하는 순서에 따라 그 직무를 대행한다.

③ 각 행정기관의 보조기관은 그 기관의 장, 차관 또는 차장을 보좌하여 소관사무를 처리하고 소속공무원을 지휘 · 감독한다.

④ 제1항과 제2항의 경우에 소속청에 대하여는 중요정책수립에 관하여 그 청의 장을 직접 지휘할 수 있다.

⑤ 부 · 처의 장은 그 소관사무의 효율적 추진을 위하여 필요한 경우에는 국무총리에게 소관사무와 관련되는 다른 행정기관의 사무에 대한 조정을 요청할 수 있다.

第8조(공무원의 정원 등) ① 각 행정기관에 배치할 공무원의 종류와 정원, 고위공무원단에 속하는 공무원으로 보하는 직위와 고위공무원단에 속하는 공무원의 정원, 공무원배치의 기준 및 절차 그 밖에 필요한 사항은 대통령령으로 정한다. 다만, 각 행정기관에 배치하는 정무직공무원(대통령비서실 및 국가안보실에 배치하는 정무직 공무원은 제외한다)의 경우에는 법률로 정한다.

② 제1항의 경우 직무의 성질상 2개 이상의 행정기관의 정원을 통합하여 관리하는 것이 효율적이라고 인정되는 경우에는 그 정원을 통합하여 정할 수 있다.

제9조(예산조치와의 병행) 행정기관 또는 소속기관을 설치하거나 공무원의 정원을 증원할 때에는 반드시 예산상의 조치가 병행되어야 한다.

제10조(정부위원) 국무조정실의 실장 및 차장, 부·처·청의 처장·차관·청장·차장·실장·국장 및 차관보와 제29조 제2항·제34조 제3항 및 제37조 제2항에 따라 과학기술정보통신부·행정안전부 및 산업통상자원부에 두는 본부장은 정부위원이 된다.

제2장 대통령

제11조(대통령의 행정감독권) ① 대통령은 정부의 수반으로서 법령에 따라 모든 중앙행정기관의 장을 지휘·감독한다.

② 대통령은 국무총리와 중앙행정기관의 장의 명령이나 처분이 위법 또는 부당하다고 인정하면 이를 중지 또는 취소할 수 있다.

제12조(국무회의) ① 대통령은 국무회의 의장으로서 회의를 소집하고 이를 주재한다.

② 의장이 사고로 직무를 수행할 수 없는 경우에는 부의장인 국무총리가 그 직무를 대행하고, 의장과 부의장이 모두 사고로 직무를

수행할 수 없는 경우에는 기획재정부장관이 겸임하는 부총리, 교육부장관이 겸임하는 부총리 및 제26조 제1항에 규정된 순서에 따라 국무위원이 그 직무를 대행한다.

③ 국무위원은 정무직으로 하며 의장에게 의안을 제출하고 국무회의의 소집을 요구할 수 있다.

④ 국무회의의 운영에 관하여 필요한 사항은 대통령령으로 정한다.

제13조(국무회의의 출석권 및 의안제출) ① 국무조정실장 · 국가보훈처장 · 인사혁신처장 · 법제처장 · 식품의약품안전처장 그 밖에 법률로 정하는 공무원은 필요한 경우 국무회의에 출석하여 발언할 수 있다.

② 제1항에 규정된 공무원은 소관사무에 관하여 국무총리에게 의안의 제출을 건의할 수 있다.

제14조(대통령비서실) ① 대통령의 직무를 보좌하기 위하여 대통령비서실을 둔다.

② 대통령비서실에 실장 1명을 두되, 실장은 정무직으로 한다.

제15조(국가안보실) ① 국가안보에 관한 대통령의 직무를 보좌하기 위하여 국가안보실을 둔다.

② 국가안보실에 실장 1명을 두되, 실장은 정무직으로 한다.

제16조(대통령경호처) ① 대통령 등의 경호를 담당하기 위하여 대통령경호처를 둔다.

② 대통령경호처에 처장 1명을 두되, 처장은 정무직으로 한다.

③ 대통령경호처의 조직 · 직무범위 그 밖에 필요한 사항은 따로 법률로 정한다.

제17조(국가정보원) ① 국가안전보장에 관련되는 정보 · 보안 및 범죄수사에 관한 사무를 담당하기 위하여 대통령 소속으로 국가정보원을 둔다.

② 국가정보원의 조직 · 직무범위 그 밖에 필요한 사항은 따로 법률로 정한다.

제3장 국무총리

제18조(국무총리의 행정감독권) ① 국무총리는 대통령의 명을 받아 각 중앙행정기관의 장을 지휘 · 감독한다.

② 국무총리는 중앙행정기관의 장의 명령이나 처분이 위법 또는 부당하다고 인정될 경우에는 대통령의 승인을 받아 이를 중지 또는 취소할 수 있다.

제19조(부총리) ① 국무총리가 특별히 위임하는 사무를 수행하기 위하여 부총리 2명을 둔다.

② 부총리는 국무위원으로 보한다.

③ 부총리는 기획재정부장관과 교육부장관이 각각 겸임한다.

④ 기획재정부장관은 경제정책에 관하여 국무총리의 명을 받아 관계 중앙행정기관을 총괄 · 조정한다.

⑤ 교육부장관은 교육 · 사회 및 문화 정책에 관하여 국무총리의 명을 받아 관계 중앙행정기관을 총괄 · 조정한다.

제20조(국무조정실) ① 각 중앙행정기관의 행정의 지휘 · 감독, 정책 조정 및 사회위험 · 갈등의 관리, 정부업무평가 및 규제개혁에 관하여 국무총리를 보좌하기 위하여 국무조정실을 둔다.

② 국무조정실에 실장 1명을 두되, 실장은 정무직으로 한다.

③ 국무조정실에 차장 2명을 두되, 차장은 정무직으로 한다.

제21조(국무총리비서실) ① 국무총리의 직무를 보좌하기 위하여 국무총리비서실을 둔다.

② 국무총리비서실에 실장 1명을 두되, 실장은 정무직으로 한다.

제22조(국무총리의 직무대행) 국무총리가 사고로 직무를 수행할 수 없는 경우에는 기획재정부장관이 겸임하는 부총리, 교육부장관이 겸임하는 부총리의 순으로 직무를 대행하고, 국무총리와 부총리가 모두 사고로 직무를 수행할 수 없는 경우에는 대통령의 지명이 있으면 그 지명을 받은 국무위원이, 지명이 없는 경우에는 제26조 제1항에 규정된 순서에 따른 국무위원이 그 직무를 대행한다.

제22조의2(국가보훈처) ① 국가유공자 및 그 유족에 대한 보훈, 제대군인의 보상·보호 및 보훈선양에 관한 사무를 관장하기 위하여 국무총리 소속으로 국가보훈처를 둔다.

② 국가보훈처에 처장 1명과 차장 1명을 두되, 처장과 차장은 정무직으로 한다.

제22조의3(인사혁신처) ① 공무원의 인사·윤리·복무 및 연금에 관한 사무를 관장하기 위하여 국무총리 소속으로 인사혁신처를 둔다.

② 인사혁신처에 처장 1명과 차장 1명을 두되, 처장은 정무직으로 하고, 차장은 고위공무원단에 속하는 일반직공무원으로 보한다.

제23조(법제처) ① 국무회의에 상정될 법령안·조약안과 총리령안 및 부령안의 심사와 그 밖에 법제에 관한 사무를 전문적으로 관장하기 위하여 국무총리 소속으로 법제처를 둔다.

② 법제처에 처장 1명과 차장 1명을 두되, 처장은 정무직으로 하고, 차장은 고위공무원단에 속하는 일반직공무원으로 보한다.

제24조 삭제 <2017. 7. 26.>

제25조(식품의약품안전처) ① 식품 및 의약품의 안전에 관한 사무를 관장하기 위하여 국무총리 소속으로 식품의약품안전처를 둔다.

② 식품의약품안전처에 처장 1명과 차장 1명을 두되, 처장은 정무직으로 하고, 차장은 고위공무원단에 속하는 일반직공무원으로 보한다.

제4장 행정각부

제26조(행정각부) ① 대통령의 통할하에 다음의 행정각부를 둔다.

1. 기획재정부
2. 교육부
3. 과학기술정보통신부
4. 외교부
5. 통일부
6. 법무부
7. 국방부
8. 행정안전부
9. 문화체육관광부
10. 농림축산식품부
11. 산업통상자원부
12. 보건복지부
13. 환경부
14. 고용노동부
15. 여성가족부
16. 국토교통부
17. 해양수산부
18. 중소벤처기업부

② 행정각부에 장관 1명과 차관 1명을 두되, 장관은 국무위원으로 보하고, 차관은 정무직으로 한다. 다만, 기획재정부 · 과학기술정보통신부 · 외교부 · 문화체육관광부 · 국토교통부에는 차관 2명을 둔다.

③ 장관은 소관사무에 관하여 지방행정의 장을 지휘 · 감독한다.

第27조(기획재정부) ① 기획재정부장관은 중장기 국가발전전략수립, 경제 · 재정정책의 수립 · 총괄 · 조정, 예산 · 기금의 편성 · 집행 · 성과관리, 화폐 · 외환 · 국고 · 정부회계 · 내국세제 · 관세 · 국제금융, 공공기관 관리, 경제협력 · 국유재산 · 민간투자 및 국가채무에 관한 사무를 관장한다.

② 기획재정부에 차관보 1명을 둘 수 있다.

③ 내국세의 부과 · 감면 및 징수에 관한 사무를 관장하기 위하여 기획재정부장관 소속으로 국세청을 둔다.

④ 국세청에 청장 1명과 차장 1명을 두되, 청장은 정무직으로 하고, 차장은 고위공무원단에 속하는 일반직공무원으로 보한다.

⑤ 관세의 부과 · 감면 및 징수와 수출입물품의 통관 및 밀수출입단속에 관한 사무를 관장하기 위하여 기획재정부장관 소속으로 관세청을 둔다.

⑥ 관세청에 청장 1명과 차장 1명을 두되, 청장은 정무직으로 하고, 차장은 고위공무원단에 속하는 일반직공무원으로 보한다.

⑦ 정부가 행하는 물자(군수품을 제외한다)의 구매 · 공급 및 관리에 관한 사무와 정부의 주요시설공사계약에 관한 사무를 관장하기 위하여 기획재정부장관 소속으로 조달청을 둔다.

⑧ 조달청에 청장 1명과 차장 1명을 두되, 청장은 정무직으로 하고, 차장은 고위공무원단에 속하는 일반직공무원으로 보한다.

⑨ 통계의 기준설정과 인구조사 및 각종 통계에 관한 사무를 관장하기 위하여 기획재정부장관 소속으로 통계청을 둔다.

⑩ 통계청에 청장 1명과 차장 1명을 두되, 청장은 정무직으로 하고, 차장은 고위공무원단에 속하는 일반직공무원으로 보한다.

第28조(교육부) ① 교육부장관은 인적자원개발정책, 학교교육 · 평생교육, 학술에 관한 사무를 관장한다.

② 교육부에 차관보 1명을 둘 수 있다.

제29조(과학기술정보통신부) ① 과학기술정보통신부장관은 과학기술정책의 수립 · 총괄 · 조정 · 평가, 과학기술의 연구개발 · 협력 · 진흥, 과학기술인력 양성, 원자력 연구 · 개발 · 생산 · 이용, 국가정보화 기획 · 정보보호 · 정보문화, 방송 · 통신의 융합 · 진흥 및 전파관리, 정보통신산업, 우편 · 우편환 및 우편대체에 관한 사무를 관장한다.

② 과학기술정보통신부에 과학기술혁신사무를 담당하는 본부장 1명을 두되, 본부장은 정무직으로 한다.

제30조(외교부) ① 외교부장관은 외교, 경제외교 및 국제경제협력외교, 국제관계 업무에 관한 조정, 조약 기타 국제협정, 재외국민의 보호 · 지원, 재외동포정책의 수립, 국제정세의 조사 · 분석에 관한 사무를 관장한다.

② 외교부에 차관보 1명을 둘 수 있다.

제31조(통일부) 통일부장관은 통일 및 남북대화 · 교류 · 협력에 관한 정책의 수립, 통일교육, 그 밖에 통일에 관한 사무를 관장한다.

제32조(법무부) ① 법무부장관은 검찰 · 행형 · 인권옹호 · 출입국관리 그 밖에 법무에 관한 사무를 관장한다.

② 검사에 관한 사무를 관장하기 위하여 법무부장관 소속으로 검찰청을 둔다.

③ 검찰청의 조직 · 직무범위 그 밖에 필요한 사항은 따로 법률로 정한다.

제33조(국방부) ① 국방부장관은 국방에 관련된 군정 및 군령과 그 밖에 군사에 관한 사무를 관장한다.

② 국방부에 차관보 1명을 둘 수 있다.

③ 징집 · 소집 그 밖에 병무행정에 관한 사무를 관장하기 위하여

국방부장관 소속으로 병무청을 둔다.

④ 병무청에 청장 1명과 차장 1명을 두되, 청장은 정무직으로 하고, 차장은 고위공무원단에 속하는 일반직공무원으로 보한다.

⑤ 방위력 개선사업, 군수물자 조달 및 방위산업 육성에 관한 사무를 관장하기 위하여 국방부장관 소속으로 방위사업청을 둔다.

⑥ 방위사업청에 청장 1명과 차장 1명을 두되, 청장은 정무직으로 하고, 차장은 고위공무원단에 속하는 일반직공무원으로 보한다.

제34조(행정안전부) ① 행정안전부장관은 국무회의의 서무, 법령 및 조약의 공포, 정부조직과 정원, 상훈, 정부혁신, 행정능률, 전자정부, 개인정보보호, 정부청사의 관리, 지방자치제도, 지방자치단체의 사무지원 · 재정 · 세제, 낙후지역 등 지원, 지방자치단체간 분쟁조정, 선거 · 국민투표의 지원, 안전 및 재난에 관한 정책의 수립 · 총괄 · 조정, 비상대비, 민방위 및 방재에 관한 사무를 관장한다.

② 국가의 행정사무로서 다른 중앙행정기관의 소관에 속하지 아니하는 사무는 행정안전부장관이 이를 처리한다.

③ 행정안전부에 재난안전관리사무를 담당하는 본부장 1명을 두되, 본부장은 정무직으로 한다.

④ 행정안전부에 차관보 1명을 둘 수 있다.

⑤ 치안에 관한 사무를 관장하기 위하여 행정안전부장관 소속으로 경찰청을 둔다.

⑥ 경찰청의 조직 · 직무범위 그 밖에 필요한 사항은 따로 법률로 정한다.

⑦ 소방에 관한 사무를 관장하기 위하여 행정안전부장관 소속으로 소방청을 둔다.

⑧ 소방청에 청장 1명과 차장 1명을 두되, 청장 및 차장은 소방공무원으로 보한다.

제35조(문화체육관광부) ① 문화체육관광부장관은 문화 · 예술 · 영상 · 광고 · 출판 · 간행물 · 체육 · 관광, 국정에 대한 홍보 및 정부발표에 관한 사무를 관장한다.

② 문화체육관광부에 차관보 1명을 둘 수 있다.

③ 문화재에 관한 사무를 관장하기 위하여 문화체육관광부장관 소속으로 문화재청을 둔다.

④ 문화재청에 청장 1명과 차장 1명을 두되, 청장은 정무직으로 하고, 차장은 고위공무원단에 속하는 일반직공무원으로 보한다.

제36조(농림축산식품부) ① 농림축산식품부장관은 농산 · 축산, 식량 · 농지 · 수리, 식품산업진흥, 농촌개발 및 농산물 유통에 관한 사무를 관장한다.

② 농림축산식품부에 차관보 1명을 둘 수 있다.

③ 농촌진흥에 관한 사무를 관장하기 위하여 농림축산식품부장관 소속으로 농촌진흥청을 둔다.

④ 농촌진흥청에 청장 1명과 차장 1명을 두되, 청장은 정무직으로 하고, 차장은 고위공무원단에 속하는 일반직공무원으로 보한다.

⑤ 산림에 관한 사무를 관장하기 위하여 농림축산식품부장관 소속으로 산림청을 둔다.

⑥ 산림청에 청장 1명과 차장 1명을 두되, 청장은 정무직으로 하고, 차장은 고위공무원단에 속하는 일반직공무원으로 보한다.

제37조(산업통상자원부) ① 산업통상자원부장관은 상업 · 무역 · 공업 · 통상, 통상교섭 및 통상교섭에 관한 총괄 · 조정, 외국인 투자, 중견기업, 산업기술 연구개발정책 및 에너지 · 지하자원에 관한 사무를 관장한다.

② 산업통상자원부에 통상교섭사무를 담당하는 본부장 1명을 두되, 본부장은 정무직으로 한다.

③ 산업통상자원부에 차관보 1명을 둘 수 있다.

④ 특허 · 실용신안 · 디자인 및 상표에 관한 사무와 이에 대한 심사 · 심판사무를 관장하기 위하여 산업통상자원부장관 소속으로 특허청을 둔다.

⑤ 특허청에 청장 1명과 차장 1명을 두되, 청장은 정무직으로 하고, 차장은 고위공무원단에 속하는 일반직공무원으로 보한다.

第38조(보건복지부) ①보건복지부장관은 보건위생 · 방역 · 의정(醫政) · 약정(藥政) · 생활보호 · 자활지원 · 사회보장 · 아동(영 · 유아 보육을 포함한다) · 노인 및 장애인에 관한 사무를 관장한다.

② 보건복지부장관의 소관사무 중 감염병 및 각종 질병에 관한 방역 · 조사 · 검역 · 시험 · 연구 및 장기이식관리에 관한 사무를 분장하기 위하여 보건복지부장관 소속으로 질병관리본부를 둔다.

③ 질병관리본부에 본부장 1명을 두되, 본부장은 정무직으로 한다.

第39조(환경부) ① 환경부장관은 자연환경, 생활환경의 보전, 환경오염방지, 수자원의 보전 · 이용 및 개발에 관한 사무를 관장한다.

② 기상에 관한 사무를 관장하기 위하여 환경부장관 소속으로 기상청을 둔다.

③ 기상청에 청장 1명과 차장 1명을 두되, 청장은 정무직으로 하고, 차장은 고위공무원단에 속하는 일반직공무원으로 보한다.

第40조(고용노동부) 고용노동부장관은 고용정책의 총괄, 고용보험, 직업능력개발훈련, 근로조건의 기준, 근로자의 복지후생, 노사관계의 조정, 산업안전보건, 산업재해보상보험과 그 밖에 고용과 노동에 관한 사무를 관장한다.

第41조(여성가족부) 여성가족부장관은 여성정책의 기획 · 종합, 여성의 권익증진 등 지위향상, 청소년 및 가족(다문화가족과 건강가정사업을 위한 아동업무를 포함한다)에 관한 사무를 관장한다.

제42조(국토교통부) ① 국토교통부장관은 국토종합계획의 수립 · 조정, 국토의 보전 · 이용 및 개발, 도시 · 도로 및 주택의 건설, 해안 · 하천 및 간척, 육운 · 철도 및 항공에 관한 사무를 관장한다.

② 국토교통부에 차관보 1명을 둘 수 있다.

제43조(해양수산부) ① 해양수산부장관은 해양정책, 수산, 어촌개발 및 수산물 유통, 해운 · 항만, 해양환경, 해양조사, 해양수산자원개발, 해양과학기술연구 · 개발 및 해양안전심판에 관한 사무를 관장한다.

② 해양에서의 경찰 및 오염방제에 관한 사무를 관장하기 위하여 해양수산부장관 소속으로 해양경찰청을 둔다.

③ 해양경찰청에 청장 1명과 차장 1명을 두되, 청장 및 차장은 경찰공무원으로 보한다.

제44조(중소벤처기업부) 중소벤처기업부장관은 중소기업 정책의 기획 · 종합, 중소기업의 보호 · 육성, 창업 · 벤처기업의 지원, 대 · 중소기업 간 협력 및 소상공인에 대한 보호 · 지원에 관한 사무를 관장한다.

참고문헌

현대사회와 정부조직관리

강신택. 1987. 사회과학연구의 논리. 서울: 박영사.

강은숙, 김종석. 2019. 인간행동의 이해와 넛지: 행동경제학과 공공정책. 서울: 윤성사.

강인성. 2008. 지방정부 주민참여제도의 정책과정과 참여유형에 따른 영향력 분석: 16개 광역자치단체를 중심으로. 한국행정학보. 42(3): 215-238.

강형기. 1993. 지방정부와 주민간의 바람직한 관계. 사회과학연구. 10(1): 141-172.

김광식. 1999. 한국 NGO 시민사회단체: 21세기의 희망인가? 서울: 동명사.

김규정. 1987. 신고 행정학원론. 서울: 법문사.

김기태. 1997. 행정학. 서울: 대왕사.

김동현. 1984. 분권화와 정책집행모형. 한국정치학회보. 18: 337-347.

김문성. 1987. 정책집행에 관한 모형형성을 위한 실증적 연구: 에너지절약 정책집행을 사례로. 한국행정학보. 21(2): 399-415.

김병섭, 박광국, 조경호. 2008. 휴먼조직론. 서울: 대영문화사.

김병준. 1984. 정책집행연구의 비판적 고찰. 한국행정학보. 18(2): 479-492.

김병준. 1985. 정책집행에 있어 대상집단의 정책관여: 개념적 틀의 확립을 위한 시론. 한국정치학회보.19: 307-323.

김병준. 2011. 지방자치론. 서울: 법문사.

김상묵. 2017. 국가공무원의 공직가치: 공직가치모형의 개발과 검증. 한국행정연구. 26(2): 1-41.

김석준·이선우·문병기·곽진영. 2000. 뉴거버넌스 연구. 서울: 대영문화사.

김영래. 1998. 비정부조직(NGO)의 정치참여에 관한 비교연구. 공공정책연구. 4: 145-167.

김영종. 2000. 지방자치론. 서울: 형설출판사.

김인춘. 1997. 비영리영역과 NGOs: 정의, 분류 및 연구방법. 동서연구(연세대). 9(2): 5-35.

김재홍. 2004. 참여민주정치와 포퓰리즘. 씨알의 소리. 177: 78-91.

김종수. 2009. 행정조직문화의 중심 가치에 관한 연구: 15세기 조선왕조를 중심으로. 한국정책연구. 9(1): 87-106.

김종순. 1999. 한국 NGO의 실태와 발전방향: 민간환경단체를 중심으로. 한국행정연구. 8(1): 68-88.

김혁래. 1997. 한국의 시민사회와 비정부단체(NGO) 연구: 현황 및 발전전략. 동서연구(연세대). 9(2): 37-68.

김형렬. 1985. 효과적인 정책집행모형에 관한 고찰. 사회과학논집(연세대). 16: 67-83.

명승환. 2011. 플랫폼 정부 구현을 위한 전략 방안 연구. 한국정보화진흥원 미발표 연구보고서.

명승환, 최영훈. 2002. 디지털 사회와 행정의 투명성: 개념적 다면성과 연구과제. 한국행정학회 2002년 동계학술대회 발표논문집.

미래연구소. 1998. 지방자치단체간 갈등관리: 상수원갈등사례를 중심으로. 서울: 미래연구소.

박경효. 1990. 정책집행측면에서 본 한국가족계획사업실적의 결정요인. 한국행정학보. 24(2): 1003-1018.

박병옥. 2000. NGO와 정부간의 올바른 관계 정립 방안. 정부와 NGO. 한국행정학회 2000년도 기획세미나 발표논문집, 165-175.

박상필(a). 1999. 비영리단체(NPO)의 개념틀 정립을 위한 이론적 논의. 한국행정연구. 8(2): 159-182.

박상필(a). 1999. 시민단체와 정부 간의 견제·협력의 변증법적 조화 모색: 경제정의실천시민연합을 중심으로. 한국행정논집. 11(1): 31-49.

박상필(b). 1999. 비영리단체의 개념 틀 정립을 위한 이론적 논의. 한국행정연구. 8(2): 159-182.

박상필(b). 1999. 시민단체와 정부의 관계유형과 지원체계. 한국행정학보. 33(1): 261-278.

박우순. 2002. 조직진단의 윤리와 원칙. 한국행정학회 조직학연구회 편. 정부조직진단. 서울: 대영문화사.

박원표. 1999. 공공정책의 이론과 실제. 대전: 한남대학교출판부.

박재희. 1993. 사회보장정책 및 집행체계의 문제점과 개선방향. 한국행정연구. 2(3): 29-52.

박정택. 2002. 자기 주도적 참여 프로그램의 적용을 통한 민주 시민 의식 함양. 부산교육. 303: 182-188.

박정호. 2015. 공직가치 내재화에 관한 이론적 소고: 교육훈련 분야에 대한 함의를 중심으로. 한국인사행정학회보. 14(3): 191-217.

박태순. 2010. 갈등해결 길라잡이. 서울: 해피스토리.

박홍윤. 2009. 공공조직을 위한 전략적 기획론. 서울: 대영문화사.

신경훈. 1996. 지방자치와 주민참여. 익산: 원광대학교출판국.

신광영. 1999. 비정부조직(NGO)과 국가정책: 외국의 사례를 중심으로. 한국행정연구. 8(1): 29-43.

신희권. 1995. 지방자치와 지방정부-기업관계의 변화. 한국행정학보. 29(3): 733-745.

안경렬. 2000. 정부조직관리의 개혁 방향. 논문집. 18(1): 177-198.

안용식, 강동식, 원구환. 2000. 지방행정론. 서울: 대영문화사.

오석홍. 1995. 조직이론. 서울: 박영사.

오세덕, 이명재, 강제상, 임영제. 2007. 행정관리론. 서울: 대영문화사.

오세덕. 1999. 지방정부의 주민참여 활성화 방안. 행정문제연구. 6(1): 7-33.

우양호. 2009. 공공서비스 관리이론의 한국적 적실성에 관한 연구: 신공공관리론과 신공공서비스론을 중심으로. 부산대학교 박사학위논문.

유 훈. 1983. 정책유형과 정책집행. 행정논총(서울대). 21(1): 137-155.

유종해. 1992. 지방자치제의 본질과 방향. 노정현, 박우서, 박경원 공편. 지방자치시대의 도시행정. 서울: 나남.

육동일, 박대식. 1994. 지방정부에 대한 주민들의 태도와 참여에 관한 연구: 대전광역시를 중심으로. 한국행정학보. 28(4): 1325-1337.

윤재풍. 2014. 조직론. 서울: 대영문화사.

윤태범. 2000. 우리나라 정부의 반부패정책의 평가: 지속성의 확보 관점에서. 한국행정학보. 33(4): 129-151.

이규환. 1999. 한국지방행정론: 이론과 실제. 서울: 법문사.

이근주. 1999. 정부와 NGO간의 파트너십에 관한 연구: 환경 NGO를 중심으로. 서울: 한국행정연구원.

이도형(a). 2000. 행정학의 샘물. 서울: 선학사.

이도형(b). 2000. 지방자치의 하부구조: 연방제형자치, 서비스행정, 지역사회개발. 서울: 한울아카데미.

이명재. 2003. 조직발전론. 서울: 대영문화사.
이상철. 2012. 가치창조 조직론. 서울: 대영문화사.
이서행. 1991. 청백리 정신과 공직윤리. 서울: 인간사랑.
이승종. 1993. 성공적 정책집행을 위한 관리전략. 지방행정연구. 29: 85-105.
이승종. 1999. 지방정치참여와 시민교육. 행정논총. 37(2): 99-118.
이승종. 2001. 참여를 위한 실천적 시민교육방안. 시민교육연구. 33: 293-310.
이승철. 2000. 지방자치행정론. 대전: 한남대학교출판부.
이은구 외. 2001. 지방정부 경영전략론. 서울: 법문사.
이재은. 2004. 공무원 참여 프로그램 개발 및 활성화 방안에 관한 연구. 한국행정연구원.
이재은. 1993. 정책집행에 있어서의 위기관리 일반모형에 관한 연구. 연세대학교 대학원 행정학석사학위논문.
이재은. 2014. 코어 시스템(Core System)과 국가위기관리시스템의 개선 방향 - 세월호 재난관리 분석을 중심으로. 한국위기관리논집. 11(8): 1-18.
이재은. 2018. 위기관리학. 제2판. 서울: 대영문화사.
이종수 외. 1993. 새행정학. 서울: 대영문화사.
이종수. 2009. 행정학사전. 서울: 대영문화사.
이종수. 2010a. 새 미래의 행정. 서울: 대영문화사.
이종수 외, 2012. 새행정학. 서울: 대영문화사.
이종수. 2013. 한국 행정의 이해. 서울: 대영문화사.
이창원, 최창현, 최천근. 2012. 새조직론. 서울: 대영문화사.
이홍균. 1997. 국가와 시민사회 그리고 비정부조직: 서구와 한국의 비교연구. 동서연구(연세대). 9(2): 139-163.
이홍균. 1997. 국가와 시민사회 그리고 비정부조직: 서구와 한국의 비교연구. 동서연구. 9(2): 139-163.
임승빈. 1999. 행정과 NGO간의 네트워크 구축에 관한 연구. 서울: 한국행정연구원(98-11).
임승빈. 2000. 한일 지방정부의 정책과정에서의 NGO와 파트너십관계. 정부와 NGO. 한국행정학회 2000년도 기획세미나 발표논문집, 113-133.

임승빈, 명승환, 임정빈, 하동현, 김태곤, 권혁준, 이정철. 2019. SNS 민주주의와 주민참여. 서울: 윤성사.

임의영. 2017. 공공성의 철학적 기초. 정부학연구. 23(2): 1-29.

임창희, 홍용기. 2013. 조직론: 경영과 행정의 이론과 실제. 서울: 비앤엠북스.

장덕제. 1998. 정책집행에 있어 주민참여 과정 평가에 관한 사례연구. 논문집(목포과학대학). 22(2): 123-151.

정동근. 2000. 정부의 역할과 NGO의 기능. 정부와 NGO. 한국행정학회 2000년도 기획세미나 발표논문집, 97-112.

정문성, 김동일. 1998. 열린교육을 위한 협동학습의 이론과 실제. 서울: 형설출판사.

정우일, 하재룡, 이영균, 박선경, 양승범. 2011. 공공조직론 (제3판). 서울: 박영사.

정윤수. 2000. 지방자치와 주민참여. 동서연구. 12(1): 115-131.

정정화, 김찬동. 2015. 주민참여제도 현황 및 활성화 방안 연구. 한국정책학회.

조경호 외. 2014. 공공조직행태론. 서울: 대영문화사.

조명래. 1997. 환경행정에 대한 주민참여에 관한 연구: NGO활동을 중심으로. 지역사회개발연구. 22(1): 79-104.

주성수·서영진. 2000. UN, NGO, 글로벌 시민사회. 서울: 한양대학교 출판부.

주은옥. 2001. 집단 의사 결정 수업 모형에 관한 연구. 시민교육연구. 33: 311-332.

차경수. 2000. 현대의 사회과 교육. 서울: 학문사.

최병대, 권경득, 강인호. 2000. 지방자치단체 시민평가제의 효과적인 도입방안에 관한 연구. 한국지방자치학회보. 12(1): 29-50.

최성모·송병주. 1992. 정책집행의 정치적 성격과 특징: 의약분업정책을 중심으로. 한국행정학보. 26(3): 771-797.

최창현. 2012. 현대사회와 조직. 서울: 대영문화사.

최창호. 1990. 지방자치제도론. 서울: 삼영사.

최창호, 정세욱. 1984. 행정학. 서울: 법문사.

최호준. 1987. 시민행정학. 서울: 거목사.

행정자치부, 국토연구원, 한국지방행정연구원(b). 1999. 지방자치시대의 분쟁사례집 2: 분쟁유형별 사례모음. 서울: 행정자치부, 국토연구원, 한국지방행정연구원.

행정자치부, 국토연구원, 한국지방행정연구원. 1999. 지방자치시대의 분쟁사례집 1: 분쟁의 발생실태와 해결. 서울: 행정자치부, 국토연구원, 한국지방행정연구원.

ACIR. 1979. *Citizen Participation in American Federal System.* Washington D.C.

Aldrich, Howard E. 1972. Technology and Organizational Structure: A Reexamination of the Findings of the Aston Group. *Administrative Science Quarterly.* 17(1): 26.

Alexander, Ernest R. 1985. From Idea to Action: Notes for a Contingency Theory of the Policy Implementation Process. *Administration and Society.* 16(4): 403-426.

Archer, Clive. 1998. Nongovernmental Organization. Jay M. Shafritz(ed.). *International Encyclopedia of Public Policy and Administration, Vol 3.* Boulder, CO: Westview Press.

Arnstein, Sherry R. 1969. A Ladder of Citizen Participation. *Journal of the American Planning Association.* 35(4): 216-224.

Association of the Bar of the City of New York. Special Committee on the Federal Conflict of Interest Laws. 1960. *Conflict of Interest and Federal Service.* Cambridge, MA: Harvard University Press.

Bazerman, M. H., J. R. Curhan, D. A. Moore, & K. L. Valley. 2000. Negotiation. *Annual Review of Psychology.* 51: 279-314.

Beard, Edmund and Stephen Horn. 1975. Congressional Ethics: The View from the House. Washington, D. C.: Brookings Institution.

Beard, Edmund. 1978. Conflicts of Interest and Public Service. Richard Thomas De George and Joseph A. Pichler. eds. *Ethics, Free Enterprise and Public Policy.* New York: Oxford University Press.

Becker, Selwyn W. & Thomas L. Whisler. 1967. The Innovative Organization: A Selective View of Current Theory and Research. *The Journal of Business.* 40(4): 462-469.

Berman, Paul. 1978. The Study of Macro- and Micro- Implementation. *Public Policy.* 26(2): 157-184.

Blau, P. M. & R. A. Schenherr. 1971. *The Structure of Organizations*. New York: Basic Books.

Blau, P. M. 1972. Interdependence and Hierarchy in Organizations. *Social Science Research*. 1(1): 1-24.

Bowman, J. S. 1991. Introduction. J. S. Bowman. ed. *Ethical Frontiers in Public Management*. San Francisco: Jossey-Bass.

Bozeman, B. 1987. *All Organizations are Public.* San Francisco, CA: Jossey-Bass.

Bozeman, Barry. 2007. *Values, Value Theory, and Collective Action.* Public Value and Public Interest - Counterbalancing Economic Individualism. Washington, D. C.: Georgetown University Press, 113-131.

Brewer, Garry D. and Peter deLeon. 1983. *The Foundations of Policy Analysis.* Chicago, IL: The Dorsey Press.

Caiden, Gerald E. 2002. Enron, Accountancy and Professional Ethics. *Public Integrity*. 4(4): 321-332.

Carey, A. 1967. The Hawthorne Studies: A Radical Criticism. *American Sociological Review*. 32: 416.

Certo, Samuel C. and J. Paul Peter. 1990. *Strategic Management: A Focus on Process*. Singapore: McGraw-Hill, Inc.

Child, John. 1972. Organization Structure, Environment, and Performance: The Role of Strategic Choice. *Sociology*. 6(1): 1-22.

Comfort, Louis K. 1985. Integrating Organizational Action in Emergency: Strategies for Change. *Public Administration Review*. 45(Special Issue): 155-164.

Cooper, Terry L. 2013. *The Responsible Administrator: An Approach to Ethics for the Administrative Role*. 행정사상과 방법론 연구회 옮김. 공직윤리: 책임있는 행정인. 서울: 조명문화사.

Coser, L. 1956. *The Function of Social Conflict*. New York: Free Press.

Daft, R. L. 2007. *Organization Theory and Design* (9th ed.). St. Paul: West Publishing Company.

D'Aveni, Richard A. and Ian C. MacMillan. 1990. Crisis and the Content of

Managerial Communications: A Study of the Focus of Attention of Top Managers in Surviving and Failing Firms. *Administrative Science Quarterly*. 35: 634-657.

Davis, Michael. 1982. Conflict of Interest. *Business and Professional Ethics Journal*. 1(4): 17-27.

deLeon, Peter and E. Sam Overman. 1998. A History of the Policy Sciences. Jack Rabin, W. Bartley Hildreth, and Gerald J. Miller(eds.). *Handbook of Public Administration*(2nd ed.). New York: Marcel Dekker, Inc. 467-506.

deLeon, Peter. 1988. *Advice and Consent: The Development of the Policy Sciences*. New York: Russell Sage Foundation.

Denhardt, R. B. & Denhardt, J. V. 1999. *Leadership for Change: Case Study in American Local Government*. Arlington, VA: Price Water House Coopers Endowment for the Business of Government.

Durbin, Andrew J. 2006. *Essentials of Management*. Mason, OH: Thompson/South-Western.

Elmore, Richard F. 1979. Backward Mapping. *Political Science Quarterly*, 94; 601-616.

Emmet, Dorothy. 1967. *Rules, Roles, and Relations*. New York: St. Martin's Press.

Etzioni, Amitai. 1961. *Complex Organization: A Sociological Reader*. New York: Holt, Rinehart and Winston.

Foster, G. D. 1981. Law, Morality, and the Public Servant. *Public Administration Review*. 41(1): 29-33.

Francke, R. H. & Kaul, J. D. 1978. The Hawthorne Experiments: First Statistical Interpretation. *American Sociological Review*. 43: 623-643.

George, J. M. & G. R. Jones. 2007. *Understanding and Managing Organizational Behavior*. N.J.: Prentice-Hall.

Giddens, Anthony. 1999. The Third Way: The Renewal of Social Democracy. 한상진·박찬욱. 제3의 길. 서울: 생각의 나무.

Gyford, John. 1991. *Citizen, Consumers and Councils*. London: MacMillan.

Hage, J. & M. Aiken. 1969. Routine Technology, Social Structure and Organizational Goals. *Administrative Science Quarterly*. 14: 366-376.

Hall, R. H. 1977. *Organizations: Structure and Process*. Englewood Cliffs, N.J.: Prentice-Hall.

Hampton, William. 1991. *Local Government and Urban Politics*. London & New York: Longman House.

Hannan, M. & J. Freeman. 1984. Structural Inertia and Organizational Change. *American Sociological Review*. 49: 149-164.

Haque, M. S. 2001. The Diminishing Publicness of Public Service under the Current Mode of Governance. *Public Administration Review*. 61(1): 66-82.

Hardin, Garrett. 1977. *The Tragedy of Commons*. G. Hardin and J. Baden. eds. Managing the Commons. New York: Freeman.

Hargrove, Erwin C. 1975. *The Missing Link*. Washington, D. C.: Urban Institute.

Hargrove, Erwin C. 1977. Implementation. H. George Frederickson and Charles R. Wise(eds.). *Public Administration and Public Policy*. Lexington, MA: Lexington Books.

Harmon, M. M. & R. T. Mayer. 1986. *Organization Theory for Public Administration*. Boston: Little Brown.

Herek, Gregory M., Irving L. Janis, and Paul Huth. 1987. Decision Making during International Crises: Is Quality of Process Related to Outcome? *Journal of Conflict Resolution*. 31(2): 203-226.

Hinds, P. J. & D. E. Bailey. 2003. Out of Sight, Out of Sync: Understanding Conflict in Distributed Teams. *Organization Science*. 14(6): 615-632.

International Encyclopedia of the Social Sciences. Vol. 3. 1974. New York: The MacMillan Company & The Free Press.

Jehn, K. A. & E. A. Mannix. 2001. The Dynamic Nature of Conflict: A Longitudinal Study of Intragroup Conflict and Group Performance. *Academy of Management Journal*. 44(2): 238-251.

Jehn, K. A. 1994. Enhancing Effectiveness: An Investigation of Advantages of

Value Based Intragroup Conflict. *International Journal of Conflict Management*. 223-238.

Jones, Gareth R. 2007. *Organization Theory: Text and Cases*. New York: Addison-Wesley Publishing Company.

Jones, Gareth R. 2010. *Organizational Theory, Design, and Change*. Upper Saddle River, NJ: Pearson Education, Inc.

Joseph Tussman. 1960. *Obligation and the Body Politic*. New York: Oxford University Press.

Jun, Jong S. 1986. *Public Administration: Design and Problem Solving*. N.Y.: Macmillan Publishing.

Jun, Jong S. 1999. The Need for Autonomy and Virtues: Civic-minded Administrators in a Civil society. *Administrative Theory and Praxis*. 21(2): 218-226.

Kast, F. E. & J. E. Rosenzweig. 1974. *Organization and Management*. Tokyo: McGraw-Hill/Kogakusha.

Katz, D. & R. L. Kahn. 1978. *The Social Psychology of Organizations*. NY: Wiley.

Katz, N. 2007. *Interest Based Negotiation: A Primer for the Government Finance Officer Association*. New York: Unpublished.

Kelman, H. C. 1958. Compliance, Identification, and Internalization: Three Processes of Attitude Change. *Journal of Conflict Resolution*. 2: 51-60.

Kernaghan, Kenneth. 1975. *Ethical Conduct: Guidelines for Government Employees*. Toronto: Institute of Public Administration of Canada.

Kimberly, J. R. 1976. Organization Size and Structuralist Perspective: A Review, Critique and Proposal. *Administrative Science Quarterly*. 21(4): 571-597.

Kingdom, John. 1991. *Local Government and Politics in Britain*. New York & London: Philip Allan.

Kweit, Mary G. & R. W. Kweit. 1987. The Politics of Policy Analysis. J. Desario & S. Langton. ed. *Citizen Participation in Public Decision Making*. NY: Greenwood Press.

Landau, Martin. 1969. Redundancy, Rationality and the Problem of Duplication and Overlap. *Public Administration Review*. 29(4): 346-358.

Landsberger, H. 1958. *Hawthorne Revisited*. Ithaca, NY: Cornell University Press.

Lasswell, Harold D. 1975. Research in Policy Analysis: The Intelligence and Appraisal Functions. Fred I. Greenstein and Nelson W. Polsby(eds.). *Handbook of Political Science*. Vol. 6. *Policies and Policymaking*. Reading, MA: Addison-Wesley Publishing Co.

Lewin, K. 1947. Frontiers in Group Dynamics: Concept, Method and Reality in Social Sciences, Social Equilibria, and Social Change. *Human Relation*. 1(1): 5-41.

Lieberman, Jethro K. 1973. *How the Government Breaks the Law*. New York: Viking Penguin.

Luebke, Neil. R. 1987. Conflict of Interest as a Moral Category. *Business and Professional Ethics Journal*. 6(1): 66-81.

Luftman, J. N., *et. al*. 2004. *Managing the Information Technology Resource*. New Jersey: Pearson Education, Inc.

Luthans, F. 1981. *Organizational Behavior*. NY: McGraw-Hill.

March, James G. & Herbert A. Simon. 1958. *Organizations*. New York: John Wiley & Sons. 윤재풍 옮김. 1977. 조직이론. 서울: 박영사.

Margolis, J. 1979. Conflict of Interest and Conflicting Interest. T. L. Beuchamp and N. B. Bowie. eds. *Ethical Theory and Business*. Engliewood Cliffs, N.J.: Prentice-Hall. 361-372.

Martinez, J. Michael. 1998. Law versus Ethics: Reconciling Two Concepts of Public Service Ethics. *Administration and Society*. 29(6): 690-722.

McCann, J. & J. R. Galbraith. 1981. Interdepartmental Relationships. P. C. Nystrom & W. H. Starbuck. eds. *Handbook of Organizational Design*. New York: Oxford University Press.

Miles, Raymond E. & Charles C. Snow. 1978. *Organizational Strategy, Structure, and Process*. New York: McGraw-Hill.

Mintzberg, H. 1979. *The Structuring of Organizations*. Englewood Cliffs, NJ: Prentice-Hall.

Moorhead, G. & R. Griffin. 2004. *Organizational Behavior*. Boston, MA: Houghton Mifflin Company.

Mouzelis, Nicos. 1995. Modernity, Late Development and Civil Society. John A. Hall(eds.), *Civil Society: Theory, History, Comparison*. Cambridge, UK: Polity Press, 224-249.

Norton, Alan. 1994. *International Handbook of Local and Regional Government: A Comparative Analysis of Advanced Democracies*. England: Edward Elgar Limited.

O'Leary, R. & L. Bingham. 2007. *A Manager's Guide to Resolving Conflicts in Collaborative Networks*. Washington, D. C.: IBM Center for the Business of Government.

Penny, L. M. & P. E. Spector. 2005. Job Stress, Incivility, and Counterproductive Work Behavior: The Moderating Role of Negative Affectivity. *Journal of Organizational Behavior*. 26(7): 777-796.

Perrow, C. 1967. A Framework for the Comparative Analysis of Organizations. *American Sociological Review*. 32(2): 194-208.

Perrow, C. 1986. *Complex Organizations: A Critical Essay*. New York: McGraw-Hill.

Perry, Ronald W. and Alvin H. Mushkatel. 1984. *Disaster Management: Warning, Response, and Community Relocation*. Westport, CN: Quorum Books.

Petak, William J. 1985. Emergency Management: A Challenge for Public Administration. *Public Administration Review*. 45(Special Issue): 3.

Pfeffer, Jeffrey. 1978. *Organizational Design*. Arlington Heights, IL: AHM Publishing.

Poister, Theodore H. and Gregory Streib. 1997. Strategic Management: A Core Responsibility of Local Government Administrators. John J. Gargan. ed. *Handbook of Local Government Administration*. New York: Maecel

Dekker, Inc., 101-127.

Pressman, Jeffrey L. and Aaron Wildavsky. 1979. *Implementation*(2nd ed.). Berkeley and Los Angeles, CA: University of California Press.

Priem, R. L., D. A. Harris, & N. K. Muir. 1995. Structured Conflict and Consensus Outcomes in Group Decision Making. *Journal of Management*. 21(4): 691-710.

Pruitt, D. G. & J. Z. Rubin. 1986. *Social Conflict: Escalation, Stalemate, Settlement*. New York: Random House.

Pugh, D. S., D. J. Hickson, C. R. Hinnings, & C. Turner. 1969. The Context of Organization Structure. *Administrative Science Quarterly*. 14: 91-114.

Rahim, M. Afzalur. 2000. Managing Conflict in NGO: The U.S. Experience. 정부와 NGO(한국행정학회 2000년도 기획세미나 발표논문집). 서울: 한국행정학회, 405-421.

Robbins, Stephen P. 1983. *Organization Theory: The Structure and Design of Organizations*. Englewood Cliffs, NJ: Prentice-Hall.

Robbins, S. P. & T. A. Judge. 2011. *Organizational Behavior*. N.J.: Prentice-Hall.

Robbins, S. P. & T. A. Judge. 2011. *Organizational Behavior*. N.J.: Prentice-Hall.

Robbins, S. P. 1974. *Managing Organizational Conflict: A Nontraditional Approach*. Englewood Cliffs, N.J.: Prentice-Hall.

Robbins, Stephen P. & Mary Coulter. 2005. *Management*. Upper Saddle River, N.J.: Prentice-Hall.

Rosenbloom, David H. 1983. Public Administration: Theory and The Separation of Power. *Public Administration Review*. 43(3): 219-227.

Rosenbloom, David H. 1989. *Public Administration: Understanding Management, Politics, and Law in Public Sector*. N.Y.: McGraw-Hill.

Sabatier, Paul A. and Daniel Mazmanian. 1980. The Implementation of Public Policy: A Framework of Analysis. *Policy Studies Journal*. 8(1): 538-560.

Schein, E. H. 1968. Management Development as a Process of Influence. D. Hampton. ed. *Behavioral Concept in Management*. Belmont, CA:

Dickinson Publishing Co.

Schermerhorn, J. R., Jr. & J. G. Hunt, and R. N. Osborn. 2008. *Organizational Behavior*. 10th ed. N.J.: John Wiley & Sons.

Schneider, Anne L. 1982. Studying Policy Implementation: A Conceptual Framework. *Evaluation Review*. 6(6): 715-730.

Sennett, Richard. 1974. *The Fall of Public Man*. New York: Vintage Books.

Sharp, Elaine B. 1990. *Urban Politics and Administration*. NY: Longman.

Simon, Herbert A. 1957. A Behavioral Model of Rational Choice. H. A. Simon. eds. *Models of Man*. New York: John Wiley and Sons.

Simon, Herbert A. 1976. *Administrative Behavior: A Study of Decision-Making Processes in Administrative Organization*. 3rd. ed. New York: The Free Press.

Simon, Herbert A. 1977. *The New Science of Management Decision Making*. Englewood Cliffs, N.J.: Prentice-Hall.

Small, Joseph. 1976. Political Ethics: A View of the Leadership. *American Behavioral Scientist*. 19(5): 543-566.

Smith, Gerald E. and Carole A. Huntsman. 1997. Reframing the Metaphor of the Citizen-Government Relationship: A Value-Centered Perspective. *Public Administration Review*. 57(4): 309-318.

Stoker, Gerry. 1988. *The Politics of Local Government*. Hong Kong: MacMillan Education Ltd.

Stone, Clarence. 1980. Systemic Power in Community Decision Making. *American Political Science Review*. 74(4): 978-990.

Strauss, George. 1964. Workflow Frictions, Interfunctional Rivalry, and Professionalism: A Case Study of Purchasing Agents. *Human Organization*. 23(2): 137-149.

Tanzi, Vito. 1998. *Corruption around the World: Causes, Consequences, and Cues*. IMF Working Paper.

Terrien, F. W. & D. L. Mills. 1955. The Effect of Changing Size upon the Internal Structure of Organizations. *American Sociological Review*. 20(1): 11-13.

Thomas, John C. 1986. *Between Citizen and City*. Lawrence: University Press of Kansas.

Thomas, K. W. 1977. Toward Multidimensional Values in Teaching: The Example of Conflict Behavior. *Academy of Management Journal*. 2(3): 484-490.

Thompson, James D. 1967. *Organization in Action*. New York: McGraw-Hill.

Tierney, Kathleen J. 1985. Emergency Medical Preparedness and Response in Disaster: The Need for Interorganizational Coordination. *Public Administration Review*. 45(Special Issue). 77-84.

Van Meter, Donald S. and Carl E. Van Horn. 1975. The Policy Implementation Process: A Conceptual Framework. *Administration and Society*. 6(4): 445-488.

Vuono, Carl E. 1991. Desert Storm and the Future of Conventional Forces. *Foreign Affairs*. 70(2): 65-68.

Waldo, Dwight. 1980. *The Enterprise of Public Administration*. Novato, CA: Chandler & Sharp Publishers, Inc.

Waldo, Dwight. 1955. *The Study of Public Administration*. New York: Random House.

Wall, J. A. & R. R. Callister. 1995. Conflict and Its Management. *Journal of Management*. 21(3): 515-558.

Walton, R. E. & J. M. Dutton. 1969. The Management of Interdepartmental Conflict: A Model and Review. *Administrative Science Quarterly*. 14(1): 73-84.

Walton, R. E. & R. B. McKersie. 1965. *A Behavioral Theory of Labor Negotiations: An Analysis of a Social Interaction System*. New York: McGraw-Hill.

Webster's Third New International Dictionary. 1966. Springfield, MA: G. & C. Merriam Company, Publishers.

Weisband, Edward and Thomas M. Franck. 1975. *Resignation in Protest: Political and Ethical Choices between Loyalty to Team and Loyalty to Conscience in American Public Life*. New York: Grossman Publishers.

Widner, Ralph R. 1997. Citizen and Public Administrator: Rearranging the

Connection. *Administrative Theory and Praxis*. 19(3): 395-401.

Williams, Walter. 1982. The Study of Implementation: An Overview. Walter Williams, *et al.*, *Studying Implementation: Methodological and Administrative Issues*. Chatham, N.J.: Chatham House Publishers, Inc.

Woller, Gary M. 1998. Toward a Reconciliation of the Bureaucratic and Democratic Ethos. *Administration & Society*. 30(1): 85-109.

Woodward, Joan. 1965/1980. *Industrial Organization: Theory and Practice*. London: Oxford University Press.

Yanow, Dvora. 1993. The Communication of Policy Meanings: Implementation as Interpretation and Text. *Policy Sciences.* 26(1): 41-61.